感谢

暨南大学社会科学研究处

暨南大学中华文化港澳台及海外传承传播协同创新中心

新加坡李氏基金会

资助

暨南史學

JINAN SHIXUE

第二十九辑

主编 马建春

暨南大學出版社
JINAN UNIVERSITY PRESS
中国·广州

图书在版编目（CIP）数据

暨南史学. 第二十九辑 / 马建春主编. -- 广州 : 暨南大学出版社, 2025. 4. -- ISBN 978-7-5668-4148-3

Ⅰ. K207-53

中国国家版本馆 CIP 数据核字第 2025C7T043 号

暨南史学（第二十九辑）

JINAN SHIXUE（DI-ERSHIJIU JI）

主　编：马建春

出 版 人：阳　翼
责任编辑：冯　琳　詹建林　林　琼
责任校对：孙劭贤　许碧雅
责任印制：周一丹　郑玉婷

出版发行：暨南大学出版社（511434）
电　　话：总编室（8620）31105261
营销部（8620）37331682　37331689
传　　真：（8620）31105289（办公室）　37331684（营销部）
网　　址：http://www.jnupress.com
排　　版：广州尚文数码科技有限公司
印　　刷：广州市友盛彩印有限公司
开　　本：787mm×1092mm　1/16
印　　张：17.25
字　　数：357 千
版　　次：2025 年 4 月第 1 版
印　　次：2025 年 4 月第 1 次
定　　价：75.00 元

目　录

邮箱：jinanshixue@ sina. com

编辑部地址：广州市天河区黄埔大道西 601 号暨南大学中外关系研究所《暨南史学》编辑部（第二文科楼 806 室），邮编：510632

联系电话：020 - 85221991

丝绸之路最早文献《穆天子传》考

周运中

[提要] 现存最早的丝绸之路文献《穆天子传》是战国人根据少量西周记载加上战国交通知识写成，有很多破绽证明是战国成书。作者未到玉门关以西，所以仅在玉门关以东部分列出各种宝石和东南的桂、姜。西膜的“膜”是穆护，西域资料来自西膜，所以多次出现西膜语。行程经陇山，河宗氏无夷即羌姓无弋，在今兰州。周穆王游历赤水（恒河）、洋水（印度河）、黑水（阿姆河）出自想象，狮子泽是博斯腾湖，赛里斯（Seres）原意是狮子。瓜纑是楼兰，采石山是玉矿所在的马鬃山，文山是张掖七彩山，巨蒐是姑臧（今武威）。答堇、禾木是麻黄，即Haoma（Soma）。焚留山是松树山（祁连山），模堇是枸杞。

[关键词] 穆天子传；丝绸之路；西王母；昆仑山；西膜

千古奇书《穆天子传》是我国现存最早游记、最早丝绸之路文献，晋代郭璞首先作注，他是河东人，把开头地名都解释在山西，说西隃是雁门，误导不知多少代人！隃（榆）是通名，汉有榆中县在今兰州，陕北有榆林塞。周穆王从中原去西北，何必绕道晋北？周穆王所伐犬戎在西北，《穆天子传》卷四末尾总结西游行程，从宗周到河首（黄河源）全是向西，不可能是先北再西南，可见“山西说”大错！岑仲勉认为从泾陇西行，王贻梁竟说岑仲勉全错，李崇新否定岑仲勉的宝贵观点，① 说战国仍未打通关中去河西的道路，难道从山西去河西走廊的道路反而先通吗？周穆王从河宗氏到温谷乐都需三四天，多数人认为这段路程在青海乐都，而顾颉刚、王贻梁认为还在河套。王贻梁还说乌加河确实温暖，其实乌加河在河套地区，冬季谈不上温暖，乐都区所在的湟水下游属于青藏高原的谷地，气候才相对温暖。② 至于如何从河套飞到黄河源，他们用脱文解释，原文确有残缺，但也不能差这么多！

刘师培考出昆仑山四条大河位置，考出群玉山在帕米尔高原，可惜误以为铁山为铁门，说西王母在波斯东北；丁谦说西王母在波斯西部；顾实说周穆王疆域比蒙元还大，又说西王母是周穆王之女，如此荒诞之书，王贻梁竟然大赞，真是不辨妍媸。张星烺说"丁谦之书多武断，顾实之说亦夸张"，又说西王母在撒马尔罕，此说仍然太远。岑仲勉说西王母在乌拉尔山，从阿尔泰山南麓东返，不脱此前诸说的夸大。卫聚贤说穆王从青海到喀什，从哈密返回，不合常理。王贻梁说西王母在博斯腾湖，两说太近。钱伯泉说西王母在伊塞克湖，大旷原在楚河，位置太北，考证行程开头和昆仑山附近也有很多错误。王守春认为西王母在伊犁，大旷原在准噶尔；余太山认为在斋桑泊（巴尔喀什湖），位置更北。而且他考证的两地之间经常相距千里，读音也不符合。③

英国学者爱德尔（E. J. Eitel）认为西王母是族名音译，德国学者福尔克（A. Forke）认为西王母是阿拉伯的示巴（Shaba）女王，白鸟库吉认为西王母是藏语的青海（Tso—wongbo），昆仑山在青海。夏德（F. Hirth）认为周穆王到长城为止。法国学者沙畹（É. É. Chavannes）认为周穆王是秦穆公之误。④ 其实王母是女王，不是音译。西王母不可能远到西亚，沙畹不知春秋就有周穆王好游源自丹朱的传说，《国语·周语上》："昔昭王娶于房，曰房后，实有爽德，协于丹朱，丹朱凭身以仪之，生穆王焉。"《尚书·益

---

① 参见：岑仲勉：《〈穆天子传〉西征地理概测》，《中外史地考证》，中华书局，2004 年，第 5 – 12 页；王贻梁、陈建敏：《穆天子传汇校集释》，中华书局，2019 年，第 351 页；李崇新：《〈穆天子传〉西行路线研究》，《西北史地》1995 年第 2 期。

② 刘明光主编：《中国自然地理图集》，中国地图出版社，1998 年，第 131、207 页。

③ 刘师培：《穆天子传补释》，《刘师培全集》第二册，中共中央党校出版社，1997 年，第 542 – 549 页；丁谦：《穆天子传地理考证》，《地学杂志》1915 年第 7 – 11 期。顾实：《穆天子传西征讲疏》，中国书店，1934 年；张星烺编注，朱杰勤校订：《中西交通史料汇编》，中华书局，2003 年，第 57 – 89 页；卫聚贤：《古史研究》第二辑，述学社，1929 年，第 1 – 47 页；岑仲勉：《〈穆天子传〉西征地理概测》，《中外史地考证》，中华书局，2004 年，第 1 – 41 页；钱伯泉：《先秦时期的"丝绸之路"——〈穆天子传〉的研究》，《新疆社会科学》1982 年第 3 期；王贻梁、陈建敏：《穆天子传汇校集释》；李崇新：《〈穆天子传〉西行路线研究》，《西北史地》1995 年第 2 期；王守春：《〈穆天子传〉与古代新疆历史地理相关问题研究》，《西域研究》1998 年第 2 期；余太山：《〈穆天子传〉所见东西交通路线》，《早期丝绸之路文献研究》，上海人民出版社，2009 年，第 1 – 23 页。

④ 方豪：《中西交通史》，上海人民出版社，2008 年，第 29 – 30 页。

稷》："无若丹朱傲，惟慢游是好。"战国人不可能混淆周穆王和秦穆公。小川琢治考证的来去路线都走河西走廊，最远围绕东天山，不涉高原；西王母是西宛的音讹，在天山东北。① 史书无西宛之名，路线也考证错误。

一、《穆天子传》的由来

晋人在战国魏王墓发现《穆天子传》，《晋书》卷三《武帝纪》咸宁五年（279）十月戊寅："汲郡人不准掘魏襄王冢，得竹简小篆古书十余万言，藏于秘府。"卷三六《卫恒传》："太康元年，汲县人盗发魏襄王冢，得策书十余万言。"卷五一《束皙传》："太康二年，汲郡人不准盗发魏襄王墓，或言安厘王冢，得竹书数十车……《穆天子传》五篇，言周穆王游行四海，见帝台、西王母……武帝以其书付秘书校缀次第，寻考指归，而以今文写之。皙在著作，得观竹书，随疑分释，皆有义证。"陈梦家认为咸宁五年是太康元年（280）之误，太康元年出土，次年官收，误为二年出土。② 我认为本纪为编年体，不应大误。或是咸宁五年盗墓，太康元年发现，审案上报，太康二年（281）送到洛阳。

于省吾论证《穆天子传》可信，说是晚周人作。《穆天子传》卷四有"毛班"，西周有"毛伯班簋"。杨树达说此书亦有依据，不尽为虚构。唐兰说此书虽多夸张之语，写成时代较晚，但除盛姬一卷外，大体有历史根据。③ 杨宽竟认为《穆天子传》是西周历史。④ 其实仅有个别人物在西周金文出现，不能证明多数内容可信，此书应是战国人据西周资料，加上战国交通知识编出。《左传》昭公十二年（前530）楚国左史倚相说："昔穆王欲肆其心，周行天下，将皆必有车辙马迹焉。祭公谋父作《祈招》之诗，以止王心，王是以获没于祗宫。"则穆王听从劝告。《史记·秦本纪》说："造父以善御幸于周缪王……西巡狩，乐而忘归。徐偃王作乱，造父为缪王御，长驱归周，一日千里以救乱。缪王以赵城封造父，造父族由此为赵氏。"周穆王一日千里，回到中原，因而封造父在赵城，说明周穆王西游不可能远到西域。

卫聚贤举出十条证据，证明《穆天子传》是战国人伪造，他指出有更早的记载表明

---

① ［日］小川琢治：《穆天子传考》，江侠庵编译：《先秦经籍考》，上海文艺出版社，1990年，第241－254页。

② 陈梦家：《汲冢竹书考》，《六国纪年》，河北教育出版社，2000年，第598页。

③ 于省吾：《穆天子传新证》，《考古社刊》1937年第6期；杨树达：《毛伯班簋跋》，《积微居金文说》，科学出版社，1959年，第122－123页；唐兰：《西周青铜器铭文分代史征》，中华书局，1986年，第359页。

④ 杨宽：《西周史》，上海人民出版社，2003年，第603－622页。

周穆王未曾远游。《穆天子传》文法较繁，介词用“于”字，数目不用“又”字，已有铁器。有时大地名在小地名之后，有时省略名词，数目省去十字，都是汉语中的罕见现象。很可能出自中山国人西游的记载，被魏国人改造成书。①《国语》卷一：“穆王将征犬戎……得四白狼、四白鹿以归，自是荒服者不至。”《穆天子传》从穆王西征犬戎编出，出发地居然不是宗周（今西安），而是成周（今洛阳），卷四末尾说：“升于太行，南济于河。驰驱千里，遂入于宗周……自宗周瀍水以西，至于河宗之邦、阳纡之山三千有四百里。”从太行山南渡黄河，是指成周而非宗周，瀍水在洛阳。《穆天子传》以成周为宗周，显然是战国人造假。周穆王西征本为犬戎，可是到达犬戎之地，不仅没有战争，还饮酒作乐，《穆天子传》说：“犬戎□胡觞天子于当水之阳，天子乃乐，□赐七萃之士战。”这也证明是造假。《太平御览》卷八五引《归藏》：“昔穆王天子筮出于西征，不吉。”而《穆天子传》西征全程圆满，证明《穆天子传》不符合古书记载。

我再举出两方面重要证据，卷二说在西域的群玉山，载玉万只，但是卷四回程到黑水的采石山（今马鬃山）和巨蒐（姑臧，今武威）才列出各种玉石的名字，其中有的来自西域。在玉门关以西只说马、牛、羊，玉门关以东的文山（在今张掖）列出良马、用牛、守狗、牥牛、豪马、豪牛、龙狗、豪羊，这些牲畜在玉门关以西也有，但作者不提。这都说明作者依据的原始资料仅在玉门关以东，当时中原商人很少到玉门关之西。我又发现，周人在回程所赐出现桂、姜，但是去程竟无！桂、姜都是南方产品，不可能在更远的去路不赐出，反而在回程时赐出，这些都可以确证《穆天子传》是战国人所写。

周穆王西征犬戎，仅到陇山（六盘山）附近。《太平寰宇记》卷三二《泾州保定县》：“西王母祠，《周地图记》云：王母乘五色云降于汉武，其后帝巡郡国，望彩云以祠之，而云浮五色，屡见于此。《汉书》上之□□□也，因立祠焉。每水旱，百姓祷祈，时有验焉。”② 西王母是西部民族的女首领通名，祁连山、西域也有。《史记·卫将军骠骑列传》说霍去病攻祁连山：“获五王、五王母……千骑将得王、王母各一人。”《山海经·西次三经》：“（昆仑山）又西三百七十里，曰乐游之山……西水行四百里，［曰］流沙二百里，至于嬴母之山……又西北三百五十里，曰玉山，是西王母所居也。”西王母所居的玉山还在昆仑山西很远，《山海经》的西王母在青藏高原西北部，即《隋书》卷八三和《大唐西域记》卷四的女国（苏伐剌拏瞿呾罗国）。③ 尼雅遗址出土汉简有：

---

① 卫聚贤：《古史研究》第二辑，第1－47页。

② （宋）乐史撰，王文楚等点校：《太平寰宇记》，中华书局，2007年，第692页。

③ 周运中：《文明的交互：丝绸之路上的古代动物交流（西北篇）》，《南方文物》2018年第1期。

“王母谨以琅玕致问王。”① 战国人不知西王母为通名，误以为周穆王到了西域。于是有人根据西周留下的极少传说，加上战国时的交通知识，编出《穆天子传》。

二、中山、三晋与塞人

卫聚贤说《穆天子传》作者是中山国人，中山是白狄族，作者熟悉戎狄。此说立意新颖，但我认为作者未必是中山国人。因为《穆天子传》作者熟悉西周典制与地理，善赋诗。《左传》襄公四年（前569）魏绛说：“夷狄荐居，贵货易土。”夷狄重视商品，轻视土地。根据考古发现，战国时中山国虽已汉化，仍保留很多游牧民族风俗。②《史记·货殖列传》说中山仰机利而食，作巧奸冶，多美物，又说赵国北部：“不事农商。然迫近北夷，师旅亟往，中国委输时有奇羡。”晋北汉化之前即戎狄。《史记·赵世家》苏厉说赵惠文王云：“秦以三郡攻王之上党……踰句注，斩常山而守之。三百里而通于燕，代马胡犬不东下，昆山之玉不出，此三宝者亦非王有已。”赵国通过晋北获得代马、胡犬和昆仑之玉，河北省平山县中山王墓发现的双翼神兽像可能受到西域艺术影响。作者也不像是赵国人，因为书中虽然提到赵王祖先造父，但形象普通，所以也可能是魏人改编赵书。

西膜是《穆天子传》的焦点，全书多次提到西膜、膜拜、膜稷。郭璞注：“西膜，沙漠之乡。”这是郭璞误解，刘师培说西膜是塞迷（闪米特，Semites），即塞人；章太炎说是塞模（闪米特）；③ 岑仲勉认同是闪米特，又指出闪米特不是塞人。确实不是，我认为西膜是西方的膜，膜是波斯语族的巫师，塞人也是波斯语民族。上古波斯拜火教（祆教）的祭司是 magi/magus，音译为膜，膜的上古音是明母铎部 mak，唐代译为穆护，《旧唐书》卷十八《武宗纪》记载唐武宗灭佛时也禁止三夷教：“勒大秦穆护、祆三千余人还俗。”穆护就是祆教的祭司，大秦原来特指东罗马，此处泛指地中海东部。因为是巫师，所以有膜拜。《穆天子传》多次提到西域名词的西膜语读音，西膜之人在今张掖，正是因为作者在张掖听塞人巫师讲述西域，而自己未到过西域。

扶风县周原的召陈遗址乙区的西周晚期大型建筑遗址，1980 年发现两件蚌雕人头像，高鼻深目，头戴中亚塞人的尖帽，帽顶被割，刻上巫字，说明是西域巫师，尹盛平认为可能源自周穆王西游。④ 其实未必源自周穆王，梅维恒（Victor H. Mair）提出汉语

① 林梅村：《楼兰尼雅出土文书》，文物出版社，1985 年，第 88 页。

② 李学勤：《东周与秦代文明》，上海人民出版社，2007 年，第 64 页。

③ 章太炎：《膏兰室札记》，《章太炎全集》第一册，上海人民出版社，1982 年，第 273 页。

④ 尹盛平：《周穆王西巡狩与塞种部落》，《考古文物研究——纪念西北大学考古专业成立四十周年文集》，三秦出版社，1995 年，第 254－259 页。

的巫、武上古音为myag，来自原始印欧语的有力magh—，也即现代英语巫术magic的由来。①

魏王墓出土《穆天子传》，作者可能是魏人，卷五、卷六在郑、卫之地，卷五先在洧上、圃田泽、荥水、虎牢、夏启所居黄□室丘，又从曲山、九阿到寘軨、沍水之阳，到南郑（在今陕西华州）。郭璞注寘軨："即軨坂也，今在河东大阳县。"在今山西平陆。又注沍水之阳："今之沍津也，在河东河北县。"在今山西芮城。卷六在黄河下游的漯水，再从野王（今河南沁阳）、寘軨之隥、虞（今平陆县北）到南郑，多在魏国附近，卫地多属魏国，魏人熟悉郑卫之地。卷六竟然把十六个小地名的由来，全解释为源自周穆王的爱妃盛姬，周穆王出游不可能更改十六个地名，所以都是传说。这说明作者最熟悉卫地。战国初最强的是魏国，魏文侯用李悝变法，攻占黄河之西的秦国河西地，又用三年，北灭中山，约在前408年到前406年。又过二十多年，中山复国，约在前381年，魏文侯之子魏武侯救卫，败于赵、楚。魏与中山之间隔有赵国，不能有效控制中山。② 魏国仍有河西，河西通往西域，戎狄也有很多，所以魏国人编出《穆天子传》。

魏武侯之子惠王时，秦取河西，魏在前361年东迁大梁，《穆天子传》作者熟悉郑卫，描述圃田泽很大，不提其中的大梁，则写作时间不会太晚，应在魏惠王前后。《战国策·秦策四》称魏惠王"为逢泽之遇，乘夏车，称夏王，朝为天子，天下皆从"。《齐策五》："昔者魏王拥土千里，带甲三十六万，其强而拔邯郸，西围定阳，又从十二诸侯朝天子，以西谋秦。"《韩非子·说林上》："魏惠王为臼里之盟，将复立于天子。"③ 魏惠王纠集诸侯，朝见周天子，因此有魏人造出《穆天子传》是顺应时势。魏惠王之子是魏襄王，所以《穆天子传》出自襄王墓。王连龙认为《逸周书》出自魏人，④ 我发现《逸周书》的《史记》和《王会》在西北最详细，应出自三晋。⑤ 晋王常和戎狄通婚，赵襄子娶妻空同（崆峒）氏，晋人和戎狄关系紧密，这是周穆王去见西王母故事的文化基础。

三、《穆天子传》所记去程

今本《穆天子传》开头残缺，从漳水开始，前人多误以为在山西，我认为是在今甘

① ［美］梅维恒：《古代汉语巫（Myag）、古波斯语Maguš和英语Magician》，夏含夷主编：《远方时习——〈古代中国〉精选集》，上海古籍出版社，2008年，第55－86页。

② 段连勤：《北狄族与中山国》，广西师范大学出版社，2007年，第80－84页。

③ 杨宽：《战国史》，上海人民出版社，2003年，第301、343页。

④ 王连龙：《〈逸周书〉研究》，社会科学文献出版社，2010年，第24－26页。

⑤ 周运中：《九州考源》，台湾花木兰文化事业有限公司，2019年，第83－91页。

肃静宁县东北部的甘渭河，宋代有漳川堡，在今古城乡。其东部是六盘山，古称开头山，东南有千阳县（原名汧阳）。《穆天子传》下文说从钘山（开头山，六盘山）之西，绝钘山之队（隧），到滹沱之阳，西汉安定郡有滹沱（呼池）苑，在今泾源县，《汉书·平帝纪》元始二年（2）："罢安定呼池苑。"

再北到六盘山东的犬戎之地、当水之阳，当水即泾水源头弹筝峡。再西到隃关，到焉居、禺知之平。隃关即萧关，音近；焉居、禺知之平在西汉高平县，在今固原。《后汉书·西羌传》注引《竹书纪年》称周夷王"命虢公率六师，伐太原之戎，至于俞泉，获马千匹"。不其簋铭文："御方严允（猃狁），广伐西俞……余命女（汝）御，追于洛。女（汝）以我车，宕伐严允于高阴。"西俞即隃关之西，洛水是庄浪、静宁县的水洛河，高阴是泾水源头高山之北，《山海经·西次二经》说泾水出自高山。《小雅·六月》："猃狁匪如，整居焦获。侵镐及方，至于泾阳……薄伐猃狁，至于太原。"《出车》："王命南仲，往城于方。"《后汉书·西羌传》说周穆王迁犬戎到太原，在今固原。

焉居即焉耆、义渠，音近。禺知是牛氏，音近，禺是疑母侯部 ngio，牛是疑母之部 ngiə，在今会宁县，牛氏郡望是陇西、安定。《管子》有 5 次提到玉出禺氏，1 次说玉出牛氏，王国维认为禺氏、牛氏即月氏。① 我认为禺氏是牛氏，但不是月氏，月的上古音是疑母月部 nguat，读音不近。

再西到河宗氏子孙倗人，在黄河之西。今宁夏有彭阳县，西汉安定郡彭阳县在今镇原县，北地郡方渠县在今环县，方渠的上古音 bang – ga，读音接近朋（bəng）、彭（bang），本义是牛，维吾尔语、乌兹别克语是 buqa（布哈拉的由来），哈萨克语是 būqa，土耳其语是 boğa。倗人在今榆中县北部，《水经注》卷二《河水》记载赤晔川有支流牛官川，在祖厉河口西南。

再西到河伯（河宗氏）无夷之地，我认为无夷即《后汉书·西羌传》所记羌族姓氏无弋，即伏羲，原意是鱼，壮语的鱼是 bya，② 伏羲是水神，所以是河伯。羌族和汉族血缘最近，河宗氏在燕然山迎接周穆王，在今兰州东部。《史记·赵世家》说天神告诉赵襄子，子孙有赵武灵王："奄有河宗，至于休溷诸貉。"《正义》解释河宗在"龙门河之上流，岚、胜二州之地也"。岚州、胜州在今岚县、神木到河套，前人的描述严重缩小了赵国西北界。其实赵武灵王疆域到狼山，休、溷（浑）就是河西走廊的休屠、浑邪，所以河宗在今甘肃。

河宗氏在阳纡山，《吕氏春秋·有始》有秦之阳华薮，《周礼·夏官·职方》冀州之薮为阳纡，《淮南子·地形》有秦之阳纡，《修务》："禹之为水，以身解于阳盱之河。"前人多误以为阳华（阳纡）在河套或山陕，《尔雅·释地》："秦有杨陓。"郭璞

① 王国维：《月氏未西徙大夏时故地考》，《观堂集林》，河北教育出版社，2003 年，第 625 页。
② 周运中：《百越新史》，台湾花木兰文化事业有限公司，2020 年，第 19 – 27 页。

注："今在扶风汧县西。"可见地点难以确定，我认为阳华（阳纡）是地名的通名，《山海经》的《中次六经》末尾阳华山（今河南灵宝西部）紧邻《中次五经》末尾的阳虚山（今陕西洛南县东北），① 上古音的虚是溪母鱼部 khia，纡是影母鱼部 iua，阳华（阳纡）本义是朝阳的山洼，现在西北还有很多地方叫阳洼（洼或俗写为凹）。

西汉安定郡北部有媪围县，《水经注》卷二记载媪围县在今皋兰县南，我认为阳纡即媪围，"媪"通"温"，"温"和"阳"是同源字，"纡"和"围"是同源字。《山海经·海内北经》："从极之渊，深三百仞，维冰夷恒都焉。冰夷人面，乘两龙。一曰忠之渊，阳汙之山，河出其中。凌门之山，河出其中。"冰夷即河伯冯夷（无夷），凌门山指凌汛之门，黄河凌汛正是从兰州开始向北。

穆王向西渡河，到温谷乐都（今乐都区）、积石山南河。《穆天子传》卷二说周穆王游历昆仑山与赤水、洋水、黑水，《山海经·西次三经》说昆仑山："河水出焉，而南流注于无达。赤水出焉，而东南流注于氾天之水。洋水出焉，而西南流注于丑涂之水。黑水出焉，而西流于大杅。"刘师培根据地图上的方向，提出河水是于阗河（和田河），赤水是藏江水（雅鲁藏布江），洋水是印度河，黑水是阿母河（阿姆河），周穆王确定到了这四条河。② 岑仲勉在 1949 年指出：氾天之水即今雅鲁藏布江，印度称为布拉马普特拉（Brahmaputra），义为梵天之子，则赤水为恒河。丑涂水、洋水为印度河，黑水为阿姆河。③ 可惜他在 1957 年发表《穆天子传》考证时，又改口说赤水是和田河，洋水、黑水是叶尔羌河的上游，他没发现《穆天子传》的西域部分来自作者编造，误信《穆天子传》里程，所以下文考证位置太偏西北。我又指出，无达即黄河尾闾的无棣，丑涂之水是印度河，洋水是其支流萨特莱杰河，大杅即大夏（吐火罗）。④ 周穆王当然不可能游遍黄河、恒河、印度河、阿姆河的源头，距离很远，行程艰难。所以是《穆天子传》作者根据地图或他人游记，虚构周穆王游历四河源头。

前人未全面研究《山海经》，未发现昆仑山四大河位置，或误以为舂山是《西次三经》钟山（今且末县南），其实舂山即葱岭，音近，因此说是天下之高山，县圃即今塔什库尔干县城所在的金草滩。舂山之西的赤乌氏即塞人（Saka），与赤乌的上古音 tɕhyak－a 接近，葱岭之西正是塞人之地。《穆天子传》说的古公亶父"封丌璧臣长季绰于舂山之虱，妻以元女"，就是玄奘《大唐西域记》卷十二朅盘陁国（今塔什库尔干县）的公主堡故

---

① 周运中：《山海经通解》，台湾花木兰文化事业有限公司，2021 年，第 153－159 页。

② 刘师培撰，郑裕孚、钱玄同辑：《穆天子传补释》，宋志英、晁岳佩选编：《穆天子传研究文献辑刊》，国家图书馆出版社，2014 年，第 551 页。

③ 岑仲勉：《上古中印交通考》，《珠海学报》第二辑，1949 年，收入岑仲勉：《西周社会制度》，中华书局，2004 年。

④ 周运中：《〈山海经〉昆仑山位置新考》，《中国历史地理论丛》2008 年第 2 期。

事，说波利剌斯（波斯）国王娶汉人妇女，塞人和塔吉克人都是波斯语族群。

洋水（萨特莱杰河）有曹奴之人，余太山认为赤乌在莎车，曹奴（dzo－na）是丁零（tyeng－lieng），此说读音太远，南辕北辙。我认为曹奴即《大唐西域记》卷四在萨特莱杰河的设多图卢国（Satadru），音近。洋水来自羊同（今阿里），萨特莱杰河的源头朗钦藏布在羊同。

穆王又到东北的群玉山，郭璞说即《山海经》西王母住的玉山。《穆天子传》卷四最末说："自春山以西，至于赤乌氏春山三百里。东北还至于群玉之山，截春山以北。"说明群玉之山在喷赤河东北，即《山海经》昆仑山之西的玉山，于阗（和田）之西的产玉之地是子合国，《汉书》卷九十六上《西域传上》："西夜国，王号子合王，治呼犍谷……东与皮山、西南与乌秅、北与莎车、西与蒲犁接。蒲犁及依耐、无雷国皆西夜类也。西夜与胡异，其种类羌氐行国，随畜逐水草往来。而子合土地出玉石。"岑仲勉认为西夜即塞（Saka）之异译，我认为不是，西夜是羌藏族群，西夜是黑，黑的波斯语是siyâh，土耳其语是siyah，乌兹别克语、塔吉克语是siyoh，指藏族肤黑。《汉书》混淆西夜、子合，《后汉书·西域传》分清两地，子合出玉，在今叶城县西南。丁谦、顾实、张星烺、岑仲勉、钱伯泉认为子合国的产玉地是今叶城县南部的密尔岱山，即《山海经·西次三经》的密山。我认为密尔岱山在古代以产玉著称，位置符合《穆天子传》的群玉山，但不是《山海经》的密山，密山在昆仑山东北，我已考证在今若羌县东南。

又说周穆王到羽陵，我以为羽陵或即《魏略·西戎传》疏勒吞并的榆令国，位置不详。又说周穆王到剞闾氏，登铁山，吕调阳说剞闾氏在哈什河南岸特穆尔图岭北，刘师培说铁山是《新唐书·西域传》的铁门，丁谦说剞闾氏在达尔瓦斯部，顾实从之，小川琢治说在嘉峪关北，岑仲勉说剞闾氏在阿赖伊（Alai），钱伯泉说是伊犁。铁门在今乌兹别克斯坦南部的Buzgala关隘，① 铁门、伊犁太远，我认为剞闾氏是《汉书·西域传》的依耐国，音近，在今塔什库尔干县东北部。《汉书·西域传》说莎车国"有铁山，出青玉"，就是《穆天子传》的铁山，在依耐、莎车之间，今塔什库尔干县东部确实有铁矿，应即铁山所在。剞闾、依耐之名来自伊朗（Iran），因为塔吉克族是伊朗语族人群。徐松《汉书西域传补注》以为是莎车国的铁山，误以为《汉书》说铁山出青玉，指密尔岱山。②

向西到鄄韩氏："爰有乐野温和，穄麦之所草，犬马牛羊之所昌……天子大朝于平衍之中。"刘师培、顾实认为是撒马尔罕，吕调阳认为是都尔伯勒津回庄，丁谦认为是布哈尔，王贻梁认为在敦煌与罗布泊之间，余太山认为剞闾（giai－lia）是薪犁（siem－lyei），鄄韩（kiwən－hean）是鬲昆（kek－kuən），都在阿尔泰山北部，错乱不堪。我

① （唐）玄奘、辩机著，季羡林等校注：《大唐西域记校注》，中华书局，1985年，第99页。

② （清）徐松著，朱玉麒整理：《汉书西域传补注》，中华书局，2005年，第451页。

以为鄄韩是叶尔羌，11 世纪的马合木·喀什噶里《突厥语辞典》称为 Yarkand，yar 是崖，kant 是城，① 读音和地理都符合。叶尔羌在今莎车县，在剞闾的东北部而非西部，这是因为作者不明西域情况。

又向西到玄池、苦山、黄鼠之山、西王母之邦。关于玄池，刘师培说是咸海；小川琢治说是疏勒河下游的冥泽；丁谦、顾实说是布哈尔西南的登吉斯湖；王贻梁说是罗布泊；钱伯泉说是塔吉克斯坦东北部的喀拉湖，清代称为喀拉池，喀拉即黑，所以是玄池。玄池向西第十天，到西王母之邦，应在中亚。希罗多德说到中亚的玛撒该塔伊人有女王，王治来认为即周穆王所见的西王母。② 王母源自草原民族的收继婚，希罗多德说有塞西安国王在父亲死后与后母结婚，③ 如果按照《穆天子传》卷三说，从群玉山往西北走到西王母之邦，则西王母是中亚的塞人女王。但是《穆天子传》卷四末尾总结全部行程，则说西王母在大旷原之南 1 900 里，如果西王母在中亚，则大旷原还在中亚的北部，似乎太北，不能衔接下文回程地点。所以《穆天子传》西王母仍然应该是《山海经》的玉山西王母位置，是昆仑山上的女王。《穆天子传》卷三说西王母在西北，这是因为作者不明昆仑山地理，卷四末尾说到河首（黄河源）在河宗氏西 4 000 里，这段里程夸大，又说春山（葱岭）在河首西南 1 000 里，这段里程缩小，而且方向错误，春山是在黄河源的西北。洋水在西南，《穆天子传》卷三错为春山之北。可见《穆天子传》作者在昆仑山附近尤其错乱。《山海经》说西王母住在玉山，而《穆天子传》西王母则是在玉山之西 3 000 里。我们应以《山海经》为准，因为《山海经》的里程是从祁连山向西，逐山记载，比《穆天子传》里程可信。所以西王母在玉山之西 3 000 里的说法，也就不足为据。

周穆王又北到温山、溽水，多水泽平原，硕鸟解羽。塔里木盆地气温较高，溽水是塔里木河或车尔臣河，溽水即弱水，音近，指水势较弱，《山海经·大荒西经》说昆仑山有弱水环绕。大旷原在罗布泊附近，周穆王在此取鸟羽百车，《山海经·海外西经》："此诸夭之野，鸾鸟自歌，凤鸟自舞。凤皇卵，民食之。甘露，民饮之。"清代福庆的《异域竹枝词》："不耕不牧全自天，缉毛为衣藉翼眠。多事讽经兼礼拜，食鱼元已绝荤膻。"原注说罗布淖尔村"不耕五谷，不知游牧，以鱼为食，织野麻为衣，取天鹅绒为裘。卧藉水禽之翼"④。不耕不牧，食鱼衣羽，符合《山海经》和《穆天子传》的记载。《穆天子传》在塔里木盆地重点描写群玉山和罗布泊，因为中原人关心玉石，罗布泊比较近。

---

① （唐）玄奘、辩机著，季羡林等校注：《大唐西域记校注》，第 991 页。

② 王治来：《中亚通史·古代卷》，新疆人民出版社，2004 年，第 42 页。

③ ［美］W. M. 麦高文著，章巽译：《中亚古国史》，中华书局，2004 年，第 59 页。

④ 王利器、王慎之、王子今编：《历代竹枝词》，陕西人民出版社，2003 年，第 1609 页。

四、《穆天子传》所记回程

回程到大旷原北部智氏居住的狮子泽，即博斯腾湖。智氏即赛里斯，音近。古罗马人普林尼的《自然史》说赛里斯人身材高大，红发碧眼，① 显然是西域民族。已有学者指出赛里斯的原意不是丝，② 赛里斯源自丝是晚出附会。我认为赛里斯（Seres）是波斯语狮子（ser）的复数，希腊人托勒密的《地理志》记载赛里斯在焉耆，汉语狮子正是出自焉耆语，《穆天子传》卷一："狻猊，师子，亦食虎豹。"郭璞注："即师子也，出西域。"英国学者贝利（H. W. Bailey）研究，于阗塞人称狮子为 sarau，形容词形式是 sarvanai，抽象名词为 sarauna，狻猊源自塞语，狮子可能出自吐火罗 A 方言（焉耆语）的 sisäk。③《汉书·西域传》记载焉耆有三万多人，人口在绿洲各国仅次于龟兹。焉耆是天山南北的枢纽，位置重要，可能很早接触到狮子。

又东南到献水（孔雀河），往东南到瓜纑山，三周若城，阏氏、胡氏所保。瓜纑山指罗布泊附近的白龙堆（雅丹），类似城堡，今人俗称魔鬼城。瓜纑的上古音是 koa－la，即楼兰（Kroraina）。英语皇冠（crown）源自弯曲（汉语"冠""卷"的古音 kuan 同源），弯曲 curl 在古英语是 crulle，希腊语弯曲是 korōnē，对应汉语环绕、葫芦。周穆王又东南绝沙衍，指向东过沙漠到敦煌。

卷四说周穆王到滔水、苏谷，在今敦煌东部。东到重□氏，在今瓜州县。有采石山，出各种宝石。采石山即今肃北县马鬃山，有玉矿，原文列举的宝石也有很多来自西域。春山、巨蒐和采石山都有枝斯，钱伯泉指出枝斯即维吾尔语的玉（kash），即喀什、计式水（和田河）由来，我认为枝斯即西汉干齐县名由来，齐的上古音是从母脂部 dzyei，干齐县在今玉门西北部，这是汉代以前的地名。瑾瑜 kən－sjio 也是源自 kash，"瑜"读"输"，音近。

又有答堇，西膜之所谓木禾。郭璞注："祇谨两音。"我认为答堇是管堇之形误，所以读音是"祇谨"，即麻黄，蒙古语是 zeergene，音译为祇谨，波斯语是 hum，即上古波斯人崇拜的不死药 haoma，音译为禾木，倒误为木禾。大流士一世的 Susǎ 铭文有 Saka hauma－vargā，即饮豪麻汁的塞人。《山海经·海内西经》昆仑山："上有木禾，长五寻，大五围。"这是塞人巫师神化麻黄，因为麻黄能刺激中枢神经，使人兴奋，所以变

---

① ［英］H. 裕尔撰，［法］H. 考迪埃修订，张绪山译：《东域纪程录丛》，云南人民出版社，2002 年，第 164 页。

② 杨共乐：《Seres 国为"丝国"说质疑》，《北京师范大学学报》（社会科学版）2006 年第 6 期。

③ 林梅村：《狮子与狻猊》，《汉唐西域与中国文明》，文物出版社，1998 年，第 87－95 页。

成神药，3 800 年前的楼兰很多墓葬都有麻黄，《穆天子传》此处正是靠近楼兰。因为《穆天子传》作者其实不到玉门关以西，所以他在敦煌提到麻黄。前人多以为 Haoma 是印度不死药 Soma,① 我此前认为 soma 是升麻，《水经注》卷三六《若水》记载收靡县（今云南寻甸县）有解毒神药收靡（升麻），《山海经·大荒西经》说西南有寿麻国。屈原《九歌·大司命》："折疏麻兮瑶华，将以遗兮离居。"东汉王逸注："疏麻，神麻也。"大司命掌管生死，疏麻是神麻，即 Soma,② 也可能是 Soma 后来转指升麻。

穆王向东到文山，是今张掖的七彩山，山体有花纹。又东南到巨蒐氏，即《禹贡》雍州的渠搜，即姑臧，音近，在今武威。我已指出，巨蒐（渠搜）、姑臧是羊，山羊的英语是 goat，古英语是 gāt，古代高地德语是 geiz，俄语是 kozá，土耳其语是 keçi，绵羊的波斯语是 quč，都是同源字，音近渠搜。即商代在秦晋北部的曷方,③ 曷的上古音是匣母月部 hat，《史记·货殖列传》说赵北有羯羠，《匈奴列传》有白羊河南王，也即羯胡、契胡。渠搜的毛毯叫氍毹（氍毺），《穆天子传》说巨蒐人献[illegible][illegible]，这两个字，上面是"草"，下面疑是"既处"的误写。郭璞注："疑此纻葛之属。"古人误当成植物织品，我认为就是氍毹，因为"既处"的上古音 kiət－tsa 接近氍毹，《太平御览》卷七〇八引《南州异物志》："氍毹，以羊毛杂群兽之毳为之。"也即《禹贡》雍州的织皮。④

现在古浪、天祝县间的黑松驿镇是咽喉要道，汉代武威郡设苍松县，所以《穆天子传》的焚留山就是松树山，松树的德语 fuhr，挪威语 furu，丹麦语 fyr，保加利亚语、马其顿语、斯洛文尼亚语 bor，都接近"焚留"。月氏语是西部印欧语，证明月氏人原来确实在河西走廊。

周穆王又向南到阳纡山的东尾，在黄河之北，河伯之孙在皇天子山，有模堇，其叶是食，明后。我认为阳纡山的东尾在今景泰县附近，靠近枸杞著名产地中宁，模堇是枸杞，"明后"是"明目"的形误。模堇是印欧语的枸杞，丹麦语是 bukketorn，德语是 bocksdorn，前面的 bukke 或 bock，读音接近"模堇"，《抱朴子·仙药》说枸杞又名托卢，显然是译自印欧语 torn、dorn 等。周穆王渡河，过长松之隥、雷首山阿、髭之隥、钘山（六盘山）之队（隧），在今景泰到固原。又经翟道（今黄陵县西北）、太行山、黄河，到宗周（成周，今洛阳）。

---

① 饶宗颐：《塞种与 Soma（须摩）——不死药的来源探索》，《饶宗颐二十世纪学术文集》卷七《中外关系史》，中国人民大学出版社，2009 年。

② 周运中：《老庄思想的西域渊源》，台湾花木兰文化事业有限公司，2023 年，第 86－88 页。

③ 赵平安编著：《甲骨文"[illegible]"即"曷"字说——兼谈羯的族源》，《新出简帛与古文字古文献研究》，商务印书馆，2009 年，第 65－75 页。

④ 周运中：《九州考源》，第 211－216 页。

综上，《山海经·西次三经》虽然记载昆仑山脉，实质是西域南道。但《穆天子传》有来去两条路，还有很多族名、人名和商品，价值超过《山海经》。《穆天子传》去路是高原羌中道，回路是河西走廊道。《史记·秦始皇本纪》说秦朝疆域西至临洮、羌中，《大宛列传》说张骞回程："并南山，欲从羌中归，复为匈奴所得"。羌汉血缘接近，羌中道也很重要。从河宗氏到黄河源被夸大到4 000 里，《山海经》说西王母在玉山，《穆天子传》则误在玉山西3 000 里，可能是作者受到河西走廊人的误导，他们垄断贸易，不希望中原人去昆仑山，夸大距离来恐吓中原人。类似《后汉书·西域传》说甘英到西海（波斯湾），安息人说很难渡海到大秦，不希望汉和罗马直接往来，否则就不好居中牟利。

阿尔泰山以北的巴泽雷克5 号墓出土毛毯有图案是手持生命树的女神，接见骑马的国王，类似周穆王见西王母，《穆天子传》反映上古东方人仰慕西域女王。《山海经》和《穆天子传》的西王母在青藏高原西北部，即《隋书》和《大唐西域记》的女国，源自作者在河西走廊听到的传闻。汉代中原墓葬画像石上常有西王母和昆仑山，有玉兔捣药、羽人持芝等图案，反映汉人希望魂归西域仙山。张骞西使，导致西王母西移，《史记·大宛列传》："安息长老传闻条枝有弱水、西王母，而未尝见。"《后汉书·西域传》说大秦（罗马）："或云其国西有弱水、流沙，近西王母所居处，几于日所入也。"西王母越来越西，始终神秘，大概是使者故意为之，为了让皇帝有求仙想法。汉代另有西王母在青海之说，《汉书·地理志下》金城郡临羌县（今湟源县）："西北至塞外，有西王母石室、仙海、盐池。"《汉书·哀帝纪》建平四年（前3）春："大旱，关东民传行西王母筹，经历郡国，西入关至京师。民又会聚，祠西王母，或夜持火上屋，击鼓号呼相惊恐。"这证明汉代的西王母信仰影响巨大。魏晋的《汉武帝内传》和《汉武故事》衍出汉武帝见西王母故事，显然模仿《穆天子传》，西王母又从戎狄女王变成中原道教神灵。《穆天子传》和古希腊人记载的中亚史料拼接，就是2 400 年前的世界交通主轴。横扫欧亚的亚历山大，也在前327 年娶中亚贵族女子罗珊妮为妻，可谓东海西海，心同理同。

作者简介：
周运中，南京大学海洋文化研究中心特约研究员。

德宗朝回纥和亲称臣事辨伪

——兼论汉唐时期和亲的原则与性质

张　飘

[提要] 关于德宗朝回纥与唐和亲时是否称臣，不同史书的记载有明显差异，而从史源来看，回纥称臣的记载源自《邺侯家传》，是李繁为溢美其父而伪造的，并非史实。文章综合分析了汉唐时期的相关史籍和诏令，认为“和亲”一词的使用有严格的政治条件，不会在具有臣属关系的政权间使用。政权间相互独立，是汉唐时期和亲活动的基本原则。结合《盐铁论》中有关和亲政策的讨论，文章重新界定了和亲的性质和概念：是两个相互独立的政权通过联姻、使者交聘等多种方式订立和约，甚至结为盟国的政治活动。唐代以后，和亲才逐渐衍生出与异族政权联姻的含义。

[关键词] 和亲；外交；汉唐时期；回纥

作为王朝时期处理政权间关系的重要方式，学界关于“和亲”问题的研究已经相当深入，围绕其类型、意义、影响及不同时期的政策产生了丰富的成果，① 但在其内涵和性质这一核心问题上仍然存在分歧。目前多数学者将和亲视为民族政权之间具有政治目

---

① 相关研究成果参见崔明德：《近五十年来和亲研究的回顾与展望》，《社会科学管理与评论》1999 年第 3 期；杨艳芳：《近十年来和亲问题研究综述》，《新乡学院学报》（社会科学版）2010 年第 6 期；梅宽：《近十年国内和亲问题研究评述》，《卷宗》2018 年第 12 期。

的的联姻,① 但史书上关于和亲的记载并不完全符合这一概念，因此受到了部分学者的质疑。② 之所以出现分歧，是因为以往对和亲概念的界定，大多源自对史书中和亲记载的抽象和归纳，很少措意古人关于和亲问题的讨论，也忽视了其内涵在历史时期可能发生的变化。③ 本文以唐德宗朝回纥和亲之事切入，试图对其细节的差异记载展开辨析，进而讨论汉唐时期和亲的基本原则及核心内容，并重新界定其含义。

一、德宗朝回纥和亲称臣事辨伪

由于在平定安史之乱中的重要贡献，肃宗以后，与回纥的关系成为唐朝外交活动的重要课题，得到了君臣的一致重视，而和亲成为构建双方和睦关系的重要手段。至德元年（756）八月，“回纥、吐蕃遣使继至，请和亲，愿助国讨贼”，次月肃宗“封故邠王守礼男承寀为敦煌王，令使回纥和亲，册回纥可汗女为毗伽公主，仍令仆固怀恩送承寀至回纥部”④，完成和亲。乾元元年（758），肃宗又“诏以幼女封为宁国公主出降”⑤，继续保持双方的亲密关系。代宗即位后，虽然双方因仆固怀恩的叛乱一度兵戎相见，但

---

① 《辞海》中将“和亲”定义为“汉族封建王朝与少数民族首领，以及少数民族首领之间具有一定政治目的的联姻”，见夏征农主编：《辞海》，上海辞书出版社，1999 年，第 4675 页；崔明德认为和亲“指两个不同民族政权或同一种族的两个政权之间出于‘为我所用’的目的所进行的联姻”，见崔明德：《汉唐和亲史稿》，青岛海洋大学出版社，1992 年，第 2 页。

② 林正明突破“民族”和“政治联姻”的限制，认为和亲“是中国古代任何两个并存的朝廷或割据政权之间出于政策需要缔结的和好关系，历来主要指中原汉族朝廷与边疆少数民族朝廷或割据政权之间通过联姻和其他方式缔结和好关系”（林正明：《和亲通论》，《民族史研究》第一辑，中华书局，1987 年，第 15 页）；刘兴成从词义出发，结合历史时期的和亲案例，否定了和亲与政治婚姻的必然联系，将其概念定义为“不同政治实体在冲突或有此潜在可能的背景下，通过订立以某种或虚或实亲属伦常关系为基础的，旨在促使彼此化敌为友、增进感情的协议或盟誓”（刘兴成：《和亲辨义——对“和亲”即政治联姻传统观念的质疑》，《民族史研究》第十一辑，中华书局，2014 年，第 37 页）。对于这种情况，许多学者采取了折中的办法，林恩显将和亲分为狭义和广义两种，“狭义和亲指中原王朝（包括汉族及汉代边族）与边疆民族君长的和好同盟关系；而广义则还包括少数民族君长之间，政权间的异族政治婚姻关系”（林恩显：《中国古代和亲研究》，黑龙江教育出版社，2012 年，第 71 页）。但这种折中的解释难免有削足适履之嫌，也不便于相关问题的讨论。

③ 葛亮在讨论汉代的和亲问题时，同样否定了政治联姻的概念，认为唐代以后才“衍增了‘跨民族政治联姻’的含义”，见葛亮：《谁说王昭君嫁匈奴单于是“和亲”?》，《河北学刊》2004 年第 5 期。

④ 《旧唐书》卷一〇《肃宗本纪》，中华书局，1975 年，第 243 – 244 页。

⑤ 《旧唐书》卷一九五《回纥传》，第 5200 页。

大历四年（769）唐廷仍以“仆固怀恩女为崇徽公主，嫁回纥可汗”①，试图修复双方关系。这一政策也延续至德宗朝，“德宗初即位，使中官梁文秀告哀于回纥，且修旧好”②，双方随后再次和亲。然而，关于贞元三年（787）双方和亲之事，诸书的记载存在明显差异。

《新唐书·回鹘传》载：

后三年，使使者献方物，请和亲。帝蓄前恚未平，谓宰相李泌曰：“和亲待子孙图之，朕不能已。”泌曰：“陛下岂以陕州故憾乎？”帝曰：“然。朕方天下多难，未能报，且毋议和。”泌曰：“辱少华等乃牟羽可汗也……今请和，必举部南望，陛下不之答，其怨必深。愿听昏而约用开元故事，如突厥可汗称臣，使来者不过二百，市马不过千，不以唐人出塞，亦无不可者。”帝曰：“善”。乃许降公主，回纥亦请如约。③

《资治通鉴》亦载此事，而且丰富了德宗与李泌谈话的细节内容，④ 最终双方完成和亲，“既而回纥可汗遣使上表称臣及儿，凡泌所与约五事，一皆听命”⑤。但《旧唐书·回纥传》在约定的细节上颇有不同：

贞元三年八月，回纥可汗遣首领墨啜达干、多览将军合阙达干等来贡方物，且请和亲。四年十月，回纥公主及使至自蕃，德宗御延喜门见之。时回纥可汗喜于和亲，其礼甚恭，上言：“昔为兄弟，今为子婿，半子也。”又詈辱吐蕃使者，及使大首领等妻妾凡五十六妇人来迎可敦，凡遣人千余，纳聘马二千。⑥

---

① 《旧唐书》卷一一《代宗本纪》，第 293 页。

② 《旧唐书》卷一九五《回纥传》，第 5207 – 5208 页。

③ 《新唐书》卷二一七上《回鹘传上》，中华书局，1975 年，第 6122 – 6123 页。

④ 《资治通鉴》载“上曰：‘朕与之为怨已久，又闻吐蕃劫盟，今往与之和，得无复拒我，为夷狄之笑乎？’对曰：‘不然。臣曩在彭原，今可汗为胡禄都督，与今国相白婆帝皆从叶护而来，臣待之颇亲厚，故闻臣为相而求和，安有复相拒乎！臣今请以书与之约：称臣，为陛下子，每使来不过二百人，印马不过千匹，无得携中国人及商胡出塞。五者皆能如约，则主上必许和亲。如此，威加北荒，旁詟吐蕃，足以快陛下平昔之心矣。’上曰：‘自至德以来，与为兄弟之国，今一旦欲臣之，彼安肯和乎？’对曰：‘彼思与中国和亲久矣，其可汗、国相素信臣言，若其未谐，但应再发一书耳。’上从之”，见《资治通鉴》卷二三三，德宗贞元三年八月条，中华书局，1956 年，第 7501 – 7505 页。

⑤ 《资治通鉴》卷二三三，德宗贞元三年八月条，第 7505 页。

⑥ 《旧唐书》卷一九五《回纥传》，第 5208 页。

《唐会要》所载大致相同，且更为详细，① 不仅未有称臣之约，回纥可汗入朝所执也仅为子婿之礼。回纥是安史之乱爆发后唐朝最重要的外交伙伴，双方名分的确定是个相当严肃的政治话题，而不同史籍在这方面却存在明显差异，显然值得深入地讨论和分析。

首先从史源的角度来进行讨论。从前引文字来看，《新唐书》《资治通鉴》内容相似，显系同源，当与成书更早的《旧唐书》《唐会要》不同。现存《唐会要》一百卷，由宋人王溥在唐德宗朝苏冕、苏弁兄弟所撰《会要》和宣宗朝崔铉《续会要》四十卷的基础上，接续宣宗以后的典章制度编撰而成。关于贞元初回纥和亲之事的记载，在苏冕、苏弁《会要》或崔铉《续会要》中应该已经存在，不必晚至五代或北宋，在诸书中应属最早的。由于唐代建立了比较严格的修史制度，苏冕、苏弁撰《会要》时，与典章制度相关的起居注、日历、实录、国史等尚称完备，成为其编撰的主要参考，而实录由于内容翔实，又相对公开，② 在其中所占的比重尤大。《唐会要》卷六《和蕃公主·杂录》载：

> 初，王师平史朝义，北虏微有功，恃此不修臣礼。至贞元四年，回纥武义成功可汗，始遣使献方物，仍求结亲。德宗与群臣议，许之，遂以公主降焉。命使册可汗为勇猛分相智慧长寿天亲可汗，册公主为孝顺端正智慧长寿可敦，御制诗送之。事具《德宗实录》。③

相关记载源自《德宗实录》。《旧唐书·回纥传》的内容偏重与唐的和、战关系，而且

① 《唐会要》卷九八《回纥》载："贞元三年八月，回纥使合阙将军归蕃。初，合阙将虏命请婚于我，许以咸安公主嫁之，命公主见合阙于麟德殿，又令中使谒者赍公主画图赐之可汗。四年十一月，回纥公主及使至自本藩，德宗御延喜门以观之。可汗喜于和亲，其礼甚恭，乃言曰：'子婿，半子也。父患于西，我子也，当遣兵除之。'又骂辱吐蕃使，乃使其宰相等率众千余人，及妹吐骨禄毗伽公主、姨迷叔咄禄公主，及职使大首领等妻妾，凡五十六妇人来迎可敦，聘马三千匹"（上海古籍出版社，2006 年，第 2070－2071 页）；《册府元龟》卷九七九《外臣部·和亲二》载贞元"四年十月戊子，回纥宁国公主及使至，帝御延喜门观之，禁妇人及车舆观者。时回纥可汗喜于和亲，其礼甚恭，上言：'昔为兄弟，今为子婿。子婿，半子也。此犹父，彼犹子，若患西戎，子当除之。'又骂辱吐蕃使者。……庚子，诏以咸安公主出降回纥可汗，仍特置官署视亲王"（凤凰出版社，2006 年，第 11336－11337 页），内容与《唐会要》基本相同。

② 唐代官修起居注、日历等多藏于史馆，不准外传，而实录的流传范围比较广，《唐会要》卷六三《修国史》（第 1289 页）载太宗朝制度，实录修撰完成后"编之秘阁，并赐皇太子及诸王各一部，京官三品以上，欲写着亦听"，因而私人修史时较为容易利用。

③ 《唐会要》卷六《杂录》，第 89 页。

对此事的记载与《会要》基本一致，当同样出自《德宗实录》。①

《资治通鉴》关于此事的记载甚详，且有《考异》可供参考，为讨论其史源提供了便利。《资治通鉴》卷二三三“德宗贞元三年八月癸亥”条引《考异》：

> 《邺侯家传》：“九月，泌请与回纥和亲。十月，与回纥书。十二月，回纥遣聿支达干上表谢恩，皆请如宰相约和亲。”按《实录》：“八月丁酉，回纥遣默啜达干来贡方物，且请和亲。九月癸亥，遣回纥使合阙将军归其国。初，合阙将其君命请昏，上许以咸安公主嫁之，命见于麟德殿，且令赍公主画图就示可汗，以马价绢五万还之，许互市而去。”十二月，无聿支入聘之事。回纥自大历十一年以来，未尝入寇，信使往来，亦无不和及求和之迹。盖德宗心恨回纥，而外迹犹羁縻不绝。今回纥请昏，则拒绝不许，而李泌劝与为昏耳。其月数之差，则恐李繁记之不详。或者聿支即默啜与合阙，皆不可知也，若以默啜即为请昏之使，合阙即为谢恩之人。又泌论回纥凡十五余对，须半月以上。泌又云：“臣木夹中与书，令朝臣递，云一月可到，岁内报至。”自丁酉至癸亥，才二十六日耳。今依《实录》月日。②

《考异》所引《德宗实录》的内容与《唐会要》《旧唐书》基本一致，亦可证两书的史源，而《资治通鉴》显然还参考了《邺侯家传》。《邺侯家传》为李繁所作，大和三年（829）他因事下狱，“知且死，恐先人功业泯灭，从吏求废纸掘笔，著家传十篇，传于世”③，记录了其父李泌一生的功业和事迹。但这种记载难免有隐晦或溢美之嫌，陈振孙就对其表示怀疑：“然则韩公无乃溢美，而所述其父事，庸可尽信乎?”④ 司马光也注意到这一点，但并未否定其史料价值，“《家传》出于其子，虽难尽信，亦岂得尽不信！今择其可信者存之”⑤，仍然征引了相当多的内容，而编修《新唐书》的宋祁也保持了相同的原则。⑥ 受此影响，《新唐书》《资治通鉴》在这件事的记载上都特别突出了李

---

① 《旧唐书·回纥传》的史源待考，谢保成认为“似当源于中后期的实录”，见谢保成：《〈旧唐书〉的史料来源》，《唐研究》第一卷，北京大学出版社，1995 年，第 371 页。从贞元初唐与回纥和亲之事来看，此说可从。

② 《资治通鉴》卷二三三，德宗贞元三年八月条，第 7505 – 7506 页。

③ 《新唐书》卷一三九《李繁传》，第 4639 页。

④ （宋）陈振孙：《直斋书录解题》，上海古籍出版社，1987 年，第 198 页。

⑤ 《资治通鉴》卷二三三，德宗贞元五年（789）三月条，第 7519 页。

⑥ 宋祁在《李泌传》的赞语中称：“繁为家传，言泌本居鬼谷，而史臣谬言好鬼道，以自解释。既又著泌数与灵仙接，言举不经，则知当时议者切而不与，有为而然。繁言多浮侈，不可信，掇其近实者著于传”（《新唐书》卷一三九《李泌传》，第 4639 页）。

泌的作用。①

就此次和亲而言，两个史源提供了截然不同的叙事逻辑。根据《实录》，由于大历十三年（778）回纥曾入寇太原，“我师败绩，死者千余人”，唐与回纥的关系相当紧张。德宗即位之后曾试图修复，“使中官梁文秀告哀于回纥，且修旧好”，但并未得到对方的积极响应，“可汗移地健不为礼”。移地健可汗甚至一度要乘丧南下侵掠，为其相顿莫贺达干所阻，并引发政变，“顿莫贺自立号为合骨咄禄毗伽可汗，使其酋长建达干随文秀来朝”②。对于顿莫贺而言，他需要得到唐朝的承认来维持政权的稳定，并恢复与唐朝的和平关系，因此主动要求和亲，而这也是刚继位的德宗所追求的结果。双方一拍即合，随后和亲顺利完成。相较而言，《邺侯家传》的叙事逻辑则更具戏剧性。它将“回纥合骨咄禄可汗屡求和亲，且请昏，上未之许”作为故事的起点，使和亲成为回纥单方面的主动诉求，且这一诉求没有得到唐朝的积极回应。德宗拒绝和亲的理由是“陕州之耻”，即其以雍王身份担任天下兵马元帅时，在陕州为回纥所凌辱之事。③ 进而李泌进谏，并利用自己与回纥可汗的故旧关系而居中协调，最终促成包括称臣在内的“五事之约”，使和亲得以完成。在《邺侯家传》的叙事中，李泌成为和亲的主导者，而且回纥主动称臣也改变了安史之乱后双方“兄弟之国”的关系，既维护了唐朝上国的优越政治地位，也足以消解德宗的宿怨，显然是一件足以夸耀的政治功业。然而，这一叙事可能只是李繁的溢美之词，未必符合史实。

安史之乱后，唐朝在与回纥的往来中一直处于相对弱势的地位。由于倚重回纥为外援，唐廷极力避免与其交恶，致使大历年间回纥多次在京师抢掠坊市，斫伤官吏，并强迫唐朝以高价购买其马匹，“朝廷甚苦之”④。德宗即使因“陕州之耻”而心怀不满，即位之后也必须遣使告哀于回纥，“且修旧好”。在这种情况下，唐朝很难在双方的交往中

---

① 这种做法也受到一些学者的质疑。程大昌称：“《唐书》《通鉴》叙载李泌事，甚羡课其佐国之效，则德宗之世不见其为治世也。予常疑之。案今史所载，多本李繁《家传》，而繁乃泌子也，何可尽信？……予常疑《泌传》长尽归己，短尽在人，故书此以待详考”，见（宋）程大昌撰，刘尚荣整理：《程氏续考古编》卷一“李泌”条，大象出版社，2019 年，第 127 页。

② 《旧唐书》卷一四五《回纥传》，第 5207 – 5208 页。

③ 《旧唐书》卷一四五《回纥传》（第 5203 页）载宝应元年（762）十月，代宗以雍王李适为天下兵马元帅，东会回纥登里可汗营于陕州黄河北，“元帅雍王领子昂等从而见之，可汗责雍王不于帐前舞蹈，礼倨。子昂辞以元帅是嫡孙，两宫在殡，不合有舞蹈。回纥宰相及车鼻将军庭诘曰：‘唐天子与登里可汗约为兄弟，今可汗即雍王叔，叔侄有礼数，何得不舞蹈？’子昂苦辞以身有丧礼，不合。又报云：‘元帅即唐太子也，太子即储君也，岂有中国储君向外国可汗前舞蹈。’相拒久之，车鼻遂引子昂、李进、少华、魏琚各搒捶一百，少华、琚因搒捶，一宿而死。以王少年未谙事，放归本营”。

④ 《旧唐书》卷一四五《回纥传》，第 5207 页。

保持主动，而回纥也没有必要自降国格，以臣属的方式来完成和亲。贞元三年，在回纥使者请婚后，德宗有回复回纥可汗的国书，① 保留在时任翰林学士的陆贽的文集中。现节引于下：

> 皇帝敬问可汗弟：两国和好，积有岁年，申之以昏姻，约之以兄弟，诚信至重，情义至深。顷因贼臣背恩，构成嫌衅，天不长恶，寻已诛夷，使我兄弟，恩好如旧。周皓及踏本啜、黑达干等至，得弟来书，省览久之，良以为慰！……所附踏本啜奏，请降公主，姻不失旧，颇叶通规。待弟表到，即依所请，宣示百寮，择日发遣。缘诸军兵马，收京破贼，频立功勋，赏给数多，府藏虚竭，其马价物，且付十二万匹，至来年三月，更发遣一般，余并续续支付，弟宜悉也。②

国书书头的“皇帝敬问可汗弟”，表明双方依然保持了“兄弟之国”的关系。“皇帝敬问”的书头并非唐朝首创，在西汉前期发给匈奴的国书中就已经使用了，③ 代表了政权间平等地位。④ 从国书内容来看，德宗对和亲之事展现了相当积极的态度，并延续了代宗朝的政策，尽力满足回纥在经济上的贪求，也没有称臣等要求。即便说“五事之约”是李泌与回纥私下达成，但也没有遵守。贞元四年（788）回纥可汗入朝，虽然“喜于和亲，其礼甚恭”，但所执仅为翁婿之礼，而且“使大首领等妻妾凡五十六妇人来迎可敦，凡遣人千余”，使团人数也大大超过了约定，并非如《邺侯家传》所言的“凡泌所与约五事，一皆听命”。⑤ 虽然从“兄弟之国”转变为“翁婿之国”，⑥ 唐朝的地位有所提升，但双方并未确定臣属关系，所谓回纥称臣和亲之事只是李繁为彰显其父功绩的溢美之词，并非史实。

---

① 本文所言国书指不同政权之间传递国家意向的文书。唐朝的行政文书中并不存在“国书”这种形式，皇帝与其他政权君臣往来的文书一般采用慰劳制书或论事敕书的形式，相关研究参见［日］中村裕一：《唐代制敕研究》，汲古书院，1991 年。

② （唐）陆贽撰，王素点校：《陆贽集》卷一〇《与回纥可汗书》，中华书局，2006 年，第 300－301 页。

③ 《汉书》卷九四上《匈奴传上》载：“孝文前六年，遗匈奴书曰：‘皇帝敬问匈奴大单于无恙’。”（中华书局，1962 年，第 3758 页）。

④ 参见［日］金子修一：《关于唐代の国際文書形式について》，日本《史学杂志》1974 年总第 83 编第 10 期，第 29－51 页。

⑤ 《资治通鉴》卷二三三，德宗贞元三年八月条，第 7505 页。

⑥ 在此之后唐朝与回纥一直保持了“翁婿之国”的关系。唐末翰林学士杨钜所作《翰林学士院旧规》中，唐与回鹘可汗的国书书头仍然为“皇帝舅敬问回鹘天睦可汗外甥”，见（宋）洪遵编：《翰苑群书》卷五，《四库全书》总 595 册，台湾商务印书馆，1986 年，第 359－360 页。

二、汉唐时期和亲的相互独立原则

之所以关注贞元初回纥和亲时是否称臣，是因为其不符合两汉以来的和亲行为的基本特点。自汉初刘敬以来，① 和亲就成为中原王朝对待异族政权的重要方式，但从两汉的政治实践来看，和亲有着相对严格的适用原则，一般不会在具有臣属关系的政权间发生。换言之，“称臣”与“和亲”两种政治行为不应同时出现。

平城之围后，为了应对匈奴的军事压力，刘敬向汉高祖建议进行和亲，“陛下诚能以嫡长公主妻单于，厚奉遗之，彼知汉女送厚，蛮夷必慕，以为阏氏，生子必为太子，代单于”，试图通过婚姻构建亲属关系，“冒顿在，固为子婿；死，外孙为单于”，最终“可毋战以渐臣也”②。既然以匈奴的“称臣”为最终目标，那和亲时双方显然是相互独立的。汉文帝前元四年（前176），匈奴单于遗汉书曰：“天所立匈奴大单于敬问皇帝无恙。前时皇帝言和亲事，称书意合欢”，试图恢复与汉朝的和亲关系，随后文帝回复匈奴单于国书，亦称“皇帝敬问匈奴大单于无恙”，在称谓上保持了对等，表明了双方的平等地位。汉武帝即位后逐渐放弃和亲政策，转而主动进攻匈奴，后者迫于势衰，开始主动请求和亲。时匈奴伊稚斜单于“用赵信计，遣使好辞请和亲。天子下其议，或言和亲，或言遂臣之”。由于汉朝无力继续进攻，“和亲”和“臣之”成为两种对立的选择。丞相长史任敞建议趁匈奴新困而使其称臣，并奉命出使，而“单于闻敞计，大怒，留之不遣”③。自此之后，“匈奴震怖，益求和亲，然而未肯称臣也”④。相比于以往地位对等的和亲，称臣入觐显然不是伊稚斜单于能接受的条件。

汉宣帝五凤三年（前55），匈奴“虚闾权渠单于请求和亲，病死”⑤，随后呼韩邪单于继位，匈奴内部发生分裂。呼韩邪单于兵败后选择向汉朝称臣，并在甘露三年（前51）“朝天子于甘泉宫”⑥。竟宁元年（前33），呼韩邪单于再次入朝，且“自言愿婿汉氏以自亲”，随后汉元帝“以后宫良家子王墙字昭君赐单于”。⑦ 学界一般将王昭君的出

---

① 《汉书》卷九四下《匈奴传下》（第3830页）载：“昔和亲之论，发于刘敬。”

② 《汉书》卷四三《娄敬传》，第2122页。

③ 《汉书》卷九四上《匈奴传上》，第3771页。

④ 《汉书》卷九四下《匈奴传下》，第3813页。

⑤ 《汉书》卷八《宣帝纪》，第266页。

⑥ 《汉书》卷九四下《匈奴传下》，第3798页。

⑦ 《汉书》卷九四下《匈奴传下》，第3803页。

嫁视为汉朝与匈奴的和亲，甚至认为是汉朝和亲理论发展的表现，① 然细检史籍和诏令，汉廷却从未将此次联姻称为“和亲”，这也引发了学者们对其定性的质疑。② 东汉初，匈奴再次陷入分裂，南北匈奴对汉朝选择了截然不同的态度。建武二十四年（48）春，南匈奴“八部大人共议立比为呼韩邪单于，以其大父尝依汉得安，故欲袭其号。于是款五原塞，愿永为蕃蔽，扞御北虏”，欲仿效其祖呼韩邪单于，称臣纳贡。东汉君臣经过商议后同意其请求，随后南单于“复遣使诣阙，奉藩称臣，献国珍宝，求使者监护，遣侍子，修旧约”。③ 与此同时，北匈奴承袭了伊稚斜单于的态度，拒绝称臣，并不断遣使请求与汉朝和亲。建武二十七年（51），北单于“遣使诣武威求和亲”，而汉廷担心此举会招致南匈奴的猜疑而拒绝，次年“北匈奴复遣使诣阙，贡马及裘，更乞和亲”④。值得注意的是，对于南匈奴依宣帝故事的称臣内附，《后汉书》同样没有使用“和亲”的概念，却多次将其用以表述保持独立地位的北匈奴的求和，这种使用方式与《汉书》《史记》等是一致的。无独有偶，西汉元封中“遣江都王建女细君为公主”⑤，妻与乌孙昆莫，但由于乌孙向汉朝称臣，史籍中也并未将此次联姻称为“和亲”。那么，这是否意味着在汉朝的政治文化中，和亲有着明确的适用原则，只在相互独立的政权间使用？换言之，与臣属政权的政治联姻，在性质上与独立政权不同，而后者才能被称为“和亲”？

相比于后人撰修的史籍，诏令在表述上更能体现出当时的政治原则。唐人尤重三史，⑥ 对于两汉的典章制度颇为熟悉，故常引汉朝典故修饰诏书。而在唐朝出嫁公主于异族政权的诏书中，同样可以看到这种差异。景龙四年（710），唐中宗以金城公主嫁于吐蕃赞普，其诏书尚存，今节录于下：

---

① 晋文认为昭君出嫁呼韩邪单于使“汉匈和亲成为一种特殊的君臣关系”，这也表明汉代的和亲理论发生了巨大变化，“使汉朝在和亲过程中居于主导地位，也使和亲成为匈奴对汉求和臣服的标志”，见晋文：《两汉和亲理论的创立、发展与完善》，《重庆师范大学学报》（社会科学版）2021 年第 3 期。

② 葛亮认为汉代史籍中从未出现过“昭君和亲说”，将昭君出嫁称为“和亲”，是“和亲”词义在北朝隋唐之际衍增的结果，应该摒弃“昭君和亲说”（葛亮：《谁说王昭君嫁匈奴单于是“和亲”?》，《河北学刊》2004 年第 5 期）；王承斌也认为“昭君出塞并非隋唐以后人们常说的那种有联姻关系的和亲”［王承斌：《昭君出塞非联姻式“和亲”考论》，《河南师范大学学报》（哲学社会科学版）2011 年第 1 期］。

③ 《后汉书》卷八九《南匈奴传》，中华书局，1965 年，第 2943 页。

④ 《后汉书》卷八九《南匈奴传》，第 2945 – 2946 页。

⑤ 《汉书》卷九六下《西域传下·乌孙国》，第 3903 页。

⑥ 唐代的三史指《史记》《汉书》和《后汉书》。唐人对于史学的功能颇为重视，认为其地位仅次于经书，而史书中又尤重三史，刘知几称“世之学者，皆先曰五经，次曰三史，经史之目，于此分焉”，见（唐）刘知几：《史通》卷六《叙事》，上海古籍出版社，2009 年，第 153 页。

> 圣人布化，用百姓为心；王者乘仁，以八荒无外，故能光宅遐迩，财成品物，由是隆周理历，启柔远之图。强汉乘时，建和亲之义，斯盖御寓长策，经邦茂范。……顷者赞普及祖母可敦酋长等，屡披诚款，积有岁时，思托旧亲，请崇姻好。金城公主，朕之小女，长自宫闱，言适远方，岂不钟念？但朕为人父母，志恤黎元，始允诚祈，更敦和好，则边方宁晏，兵役休息，遂割深慈，为国大计。①

7世纪吐蕃统一青藏高原后，就成为唐朝西部一个强大的政权，并于贞观八年（634）遣使至长安求婚，后太宗“以文成公主妻之，令礼部尚书、江夏郡王道宗主婚，持节送公主于吐蕃”。松赞干布“见道宗，执子婿之礼甚恭”②，双方“甥舅”关系确立。此后双方战和相继，景龙四年中宗以雍王守礼女金城公主出降吐蕃赞普墀德祖赞后，“甥舅”关系进一步明确。③ 尽管地位上有高低之分，但双方一直是相互独立的政权，不存在臣属关系，因此诏书化用汉与匈奴和亲的典故，显然将两事等同。同样，乾元元年唐朝与回纥和亲，肃宗以次女宁国公主嫁与英武威远毗伽可汗，在诏书中也借用了同一典故，“是以周称柔远，克著康济之图；汉结和亲，式弘长久之策”④，而回纥此时也是独立于唐朝的“兄弟之国”⑤。

与此形成鲜明对比的是燕郡等几位公主嫁与外臣的诏书。开元十年（722），契丹首领李郁于“入朝请婚。上又封从妹夫率更令慕容嘉宾女为燕郡公主以妻之，仍封郁于为松漠郡王，授左金吾卫员外大将军兼静析军经略大使”⑥，诏书云：

> 汉图既采，蕃国是亲，公主嫁乌孙之王，良家聘毡裘之长，钦若前志，抑有旧章。余姚县主长女慕容氏，……公宫之教夙成，师氏之谋可则。今林胡请属析津，虽无外之仁，已私于上略，而由内之德，亦质于元女，宜光兹宠命，睦此蕃服，俾遵下嫁之礼，以叶大邦之好。可封为燕郡公主，出降与松漠郡王李郁于。⑦

诏书云“钦若前志，抑有旧章”，显指这种政治联姻有故事可循，即汉朝以细君公主

① 《唐大诏令集》卷四二《和蕃公主·金城公主降吐蕃制》，中华书局，2008年，第205页。

② 《旧唐书》卷一九六上《吐蕃传上》，第5221页。

③ 《旧唐书》卷一九六下《吐蕃传下》（第5246页）载：“其盟约，请依景龙二年敕书云：‘唐使到彼，外甥先与盟誓；蕃使到此，阿舅亦亲与盟。’”

④ 《唐大诏令集》卷四二《和藩公主·封宁国公主制》，第206页。

⑤ 乾元二年唐军收复东京，肃宗加封回纥叶护的诏书中有“以可汗有兄弟之约，与国家兴父子之军”之句。见《旧唐书》卷一九五《回纥传》，第5200页。

⑥ 《旧唐书》卷一九九下《契丹传》，第5352页。

⑦ 《唐大诏令集》卷四二《和蕃公主·封燕郡公主制》，第205页。

嫁与乌孙昆莫，及以王昭君嫁与匈奴呼韩邪单于。乌孙昆莫与匈奴呼韩邪单于俱称臣于汉，而契丹首领李郁于同样向唐朝称臣，显示出诏书在用典上的针对性。同样，开元八年（720）以东光公主嫁与奚国首领饶乐郡王鲁苏，诏书云“炎汉盛礼，蕃国是和，乌孙降公主之亲，单于聘良家之子，永惟前史，率由旧章”①；天宝三年（744）以和义公主嫁与宁远国奉化王，诏书亦云“呼韩来享，位列侯王，乌孙入和，义通姻好，怀柔之道，古今攸同”②，都是举此二事为例，而从不用汉匈和亲的典故。不仅如此，诏书、新旧《唐书》、《唐会要》等官方史籍在记述此类与外臣的政治联姻时，也从未使用过“和亲”一词，与两汉完全相同。这显然不是巧合，而是汉、唐和亲适用原则一致性的表现。

这种原则在魏晋南北朝的分裂时期同样适用。三国时孙吴败蜀汉于夷陵，后诸葛亮“遣尚书郎邓芝固好于吴，吴王孙权与蜀和亲使聘，是岁通好”③；《梁书·宗夬传》载萧齐“永明中，与魏和亲，敕夬与尚书殿中郎任昉同接魏使，皆时选也”④；北周天和三年（568）八月，“齐请和亲，遣使来聘，诏军司马陆逞、兵部尹公正报聘焉”⑤，这些和亲活动都是在相互独立的政权间进行的。史籍和诏令在这一点上保持的一致性，足以说明政权间相互独立，是汉唐时期和亲活动的基本原则。

三、汉唐时期和亲性质再论

既然汉唐时期和亲只在相互独立的政权间进行，那么其性质就需要重新界定了，而相关研究可以围绕时人的讨论展开。自刘敬以后，关于和亲的利弊就成为汉朝君臣讨论的热点问题，并常与军事征伐对称。班固在《汉书·匈奴传》的赞语中称，“久矣夷狄之为患也。故自汉兴，忠言嘉谋之臣曷尝不运筹策相与争于庙堂之上乎？……人持所见，各有同异，然总其要，归两科而已。缙绅之儒则守和亲，介胄之士则言征伐”⑥，其后的学者也都沿用了这一说法⑦。汉武帝以后，“缙绅之儒”和“介胄之士”曾围绕

---

① 《唐大诏令集》卷四二《和蕃公主·封东光公主制》，第205页。

② 《唐大诏令集》卷四二《和蕃公主·封和义公主制》，第206页。

③ 《三国志》卷三三《蜀书·后主传》，中华书局，1982年，第894页。

④ 《梁书》卷一九《宗夬传》，中华书局，1973年，第299页。

⑤ 《周书》卷五《武帝纪上》，中华书局，1971年，第75页。

⑥ 《汉书》卷九四下《匈奴传下》，第3830页。

⑦ 南朝时北魏侵扰宋边境，太祖访求御戎之略，御史中丞何承天上表称：“汉世言备匈奴之策，不过二科，武夫尽征伐之谋，儒生讲和亲之约，课其所言，互有远志”，见《宋书》卷六四《何承天传》，中华书局，1974年，第1706页；唐朝史臣在编修《周书·异域传》时也称：“况乎诸夏之朝，治乱之运代有；戎狄之地，强弱之势无恒。若使臣畜之与羁縻，和亲之与征伐，因其时而制变，观其几而立权，则举无遗策，谋多上算”，见《周书》卷五〇《异域传》，第921页。

这两种方式展开了激烈的讨论，其内容也被记录下来。《盐铁论》卷八《和亲》载：

> 大夫曰：自春秋诸夏之君，会聚相结，三会之后，乖疑相从，伐战不止；六国从亲，冠带相接，然未尝有坚约。况禽兽之国乎！春秋存君在楚，诘鼬之会书公，绐夷、狄也。匈奴数和亲，而常先犯约，贪侵盗驱，长诈之国也。反复无信，百约百叛，若朱、象之不移，商均之不化。而欲信其用兵之备，亲之以德，亦难矣。①

桑弘羊强调了“兵革”对于国家的重要意义，并总结了和亲政策实行以来的历史经验，认为匈奴虽然与汉朝多次和亲，但反复无常，并不遵守盟约，进而论证和亲政策的无效。文学之士则坚持“为政务以德亲近”的论调，认为应恢复与匈奴的和亲，且会收到“投桃报李”的效果。暂且不论对错，在这场关于和亲政策的讨论中，双方都没有论及姻亲关系，而将关注的重点放在了和约的订立上。

这种说法并不是个例。《盐铁论》卷八《结合》篇中，桑弘羊称“汉兴以来，修好结和亲，所聘遗单于者甚厚，然不纪重质厚赂之故改节，而暴害滋甚”，而文学之士在反驳时亦云“往者，匈奴结和亲，诸夷纳贡，即君臣外内相信，无胡、越之患”②，都将“和亲”等同于“结合”；司马迁在《太史公自序》中叙述各卷内容，“徙强族，都关中，和约匈奴。明朝廷礼，次宗庙仪法。作《刘敬叔孙通列传》第三十九”③，同样将和亲视为“和约”。这似乎表明，对于汉朝和亲而言，婚姻关系并非必备要素，④ 订立和约才是其最主要的内容。这也符合史臣将“和亲”与“征伐”对举的表述。《晋

---

① （汉）桓宽撰集，王利器校注：《盐铁论校注（定本）》卷八《和亲》，中华书局，1992年，第514页。

② （汉）桓宽撰集，王利器校注：《盐铁论校注（定本）》卷八《结合》，第479页。

③ 《史记》卷一三〇《太史公自序》，中华书局，1982年，第3316页。

④ 已有学者针对这一点展开讨论。葛亮从词义、约定内容、背景、动机等方面分析了汉代“和亲”的真实含义，即民族之间停止战争，捐弃仇怨，从而建立和平、友好、亲睦的关系，并结合史书中记载的和亲事例，论证了将和亲视为民族政治联姻的谬误（葛亮：《论汉代的民族“和亲”并非民族间的政治联姻——释两汉时期民族“和亲”之含义》，《河北学刊》2003年第6期）；刘兴成通过梳理史书中的和亲案例，认为政治联姻只是实现和亲的途径之一［刘兴成：《和亲辨义——对“和亲”即政治联姻传统观念的质疑》，《民族史研究》第十一辑，2014年，第26－30页］；从史书的记载来看，有时和亲只需要双方使者交聘就可以完成了。北周时，“突厥屡为寇患，朝廷将结和亲，令（元）晖买锦彩十万，使突厥。晖说以利害，可汗大悦，遣其名王随献方物”（《北史》卷一五《拓跋晖传》，中华书局，1974年，第576页）；南朝齐、梁与北魏和亲，也多是通过使职交聘完成的，《梁书》卷一九《宗夬传》（第299页）载“永明中，与魏和亲，敕夬与尚书殿中郎任昉同接魏使”。

书·天文志》载十辉之占，“凡战，两军相当，必谨审日月晕气，知其所起，……重背，大破；重抱为和亲”①。战争之前的占卜与婚姻无关，和亲显然指的是与“大破”相对的“议和”。三国时，蜀军惨败于夷陵，诸葛亮“以新遭大丧，故未便加兵，且遣使聘吴，因结和亲”②，双方议和；建武二年（495），北魏孝文帝率军进攻寿春，询问南齐使者崔庆远，“卿为欲朕和亲？为欲不合？”庆远曰：“和亲则二国交欢，苍生再赖；不和则两国交怨，苍生涂炭”，③ 最终孝文帝退兵；武德七年（624），突厥大举入侵关中，秦王李世民率军驰诣虏阵，质问颉利、突利可汗，“国家与可汗和亲，何为负约，深入我地”，随后天降大雨，“秦王潜师夜进，颉利大惊，乃请和亲”。④ 这些事例中的和亲均为议和之意，可见自汉至唐，订立和约才是和亲的主体内容。唐后期，名相陆贽在《论缘边守备事宜状》中仍称“务和亲者，则曰：‘要结可以睦邻好’，曾莫知我结之，而彼复解之也”⑤，并未发生变化。

另外，虽然班固称“和亲之论，发于刘敬”，但只是就汉朝与匈奴而言。作为一种政治活动的和亲，其源头可以追溯到春秋战国时期，而作为儒生的刘敬，只是利用对前朝历史的熟悉，用诸侯间常用的和亲方式来处理汉与匈奴的关系。桑弘羊在与文学之士的论辩中，就举了六国约合又背叛的例子，“六国从亲，冠带相接，然未尝有坚约”，而诸侯间的和亲，在史籍中也很常见。《史记》卷四〇《楚世家》就记载了战国时秦楚之间的和亲，“十四年，楚顷襄王与秦昭王好会于宛，结和亲”⑥。当时秦国刚刚打败韩国和魏国，秦昭王“令白起与韩、魏共伐楚”，随后因春申君的劝说“乃止白起而谢韩、魏。发使赂楚，约为与国”。⑦ 值得注意的是，《史记》在叙述秦、楚和亲后的关系时，使用了“与国”的概念。“与国”一词在先秦以来的典籍中很常见。《管子·八观》篇中有“敌国强而与国弱，谏臣死而谀臣尊”⑧；《战国策》载司马错之言，其中有“周，天下之宗室也；齐，韩之与国也”⑨，其中的“与国”均有党与之意，即为盟国⑩。由

① 《晋书》卷一二《天文志中》，中华书局，1974 年，第 332 页。

② 《三国志》卷三五《蜀书·诸葛亮传》，第 918 页。

③ 《南齐书》卷四五《萧遥昌传》，中华书局，1972 年，第 793 页。

④ 《唐会要》卷九四《北突厥》，第 2001 页。

⑤ （唐）陆贽撰，王素点校：《陆贽集》卷一九《中书奏议·论缘边守备事宜状》，第 603 页。

⑥ 《史记》卷四〇《楚世家》，第 1729 页。

⑦ 《史记》卷七八《春申君列传》，第 2393 页。

⑧ 黎翔凤撰，梁运华整理：《管子校注》卷五一《八观》，中华书局，2004 年，第 272 页。

⑨ 何建章注释：《战国策注释》卷三《秦策·司马错与张仪争论于秦惠王前章》，中华书局，1990 年，第 102 页。

⑩ 裴骃《史记集解》引如淳注，“相与交善为与国，党与也”；司马贞《史记索隐》引高诱注《战国策》，“与国，同祸福之国也”，见《史记》卷七《项羽本纪》，第 302 页。

此来看，和亲不仅意味着两个独立政权之间订立和约，特定情况下还有结为盟国的意义，尤其是同时存在两个以上的强大政权时。两汉时除匈奴外，周边没有足以匹敌的其他政权，和亲的结盟色彩并不明显，但魏晋以后和亲双方互为“与国”的情况就比较常见了。

三国时，吴蜀夷陵之战后，诸葛亮遣使与吴国和亲，“遂为与国”①，恢复了“联吴抗曹”的整体战略。萧梁“大同中，与魏和亲”②，其后侯景叛魏而为梁武帝所纳，萧介上表劝谏：“陛下爱匹夫而弃与国之好，臣窃不取也”③；《魏故齐献武高王闾夫人墓志》在追述柔然曾经的强盛及其与北魏的友好：“塞外诸国，唯此为大，既丰沮泽之产，实同娇子之强。世约和亲，恒为与国”④ 时，都将与己和亲的政权称为“与国”。唐朝依然如此。永泰二年（766），吐蕃首领论泣藏等来朝，代宗在《敕与吐蕃赞普书》中追溯两国过往，“朕共赞普，代为与国。自我玄宗至道大明孝皇帝与甥赞普和亲结好，将六十年”⑤；安史之乱爆发后，回纥帮助唐朝平叛，之后又多次与唐朝和亲，因此大中二年（848）宣宗在《议立回鹘可汗诏》称“回鹘久为与国，尝建大勋”⑥。另外，穆宗长庆元年（821）六月，吐蕃“犯青塞堡，以我与回纥和亲故也”⑦。如果和亲只是政治联姻或者议和的方式，想必不会招致吐蕃如此强烈的反应，但考虑到和亲带有的同盟性质，就不难理解其带给吐蕃的巨大压力了。通过和亲建立“与国”的关系，在唐朝处理藩国的诏书中也能看到。唐高宗平定高丽后令百济与新罗结盟，诏书云：“故立前百济大司稼正卿扶余隆为熊津都督，守其祭祀，保其桑梓，依倚新罗，长为与国，各除宿憾，结好和亲，恪承诏命，永为藩服。”⑧ 两个政权均为唐朝藩属，但彼此之间保持独立，故而可以和亲，而双方也通过和亲达成同盟，结为与国。

当然，正如前辈学者所揭示的，和亲的内涵在历史时期并非一成不变，唐朝以后逐渐衍生出了新的含义，而这种变化始于诗歌等文学作品。唐代女诗人梁琼有《昭君怨》一首，其中有“自古无和亲，贻灾到妾身。朔风嘶去马，汉月出行轮”⑨ 之句，显然将

---

① 《三国志》卷三五《蜀书·诸葛亮传》，第918页。

② 《梁书》卷四二《傅岐传》，第602页。

③ 《梁书》卷四一《萧介传》，第588页。

④ 墓志图版及录文见罗新：《王化与山险：中古边裔论集》，北京大学出版社，2019年，第85－86页。

⑤ （唐）独孤及撰，刘鹏、李桃校注：《毗陵集校注》卷一八《敕与吐蕃赞普书》，辽海出版社，2006年，第393页。

⑥ 《唐大诏令集》卷一二八《议立回鹘可汗诏》，第692页。

⑦ 《旧唐书》卷一九六下《吐蕃传下》，第5263页。

⑧ 《唐大诏令集》卷一二九《扶余与新罗盟文》，第698页。

⑨ 《文苑英华》卷二〇四《乐府》，中华书局，1966年，第1012页。

昭君出嫁呼韩邪单于视为和亲了。与此相同，梁献的《王昭君》有“君恩不可再，妾命在和亲”之句，东方虬的《王昭君》中也有“何须薄命妾，辛苦远和亲”① 的表达。由此来看，唐代文学作品中的和亲已经衍生出“和戎”，即中原王朝与边疆民族政权政治联姻的含义。这与政治语境下和亲的性质有很大差异，不仅没有政治地位独立的原则要求，且只能发生于汉族政权和少数民族政权之间，其核心内容也从“订立和约”演变为“政治婚姻”。这种含义到宋代被进一步强化，并且出现在了官方修撰的类书中。《册府元龟》将“和亲门”划入《外臣部》，而外臣即华夏周围所谓之夷狄，② 其内容基本都是中原王朝以联姻的方式羁縻异族政权的事例。这种选择标准显然无法完全涵盖前代史书中的和亲之事，尤其是三国及南北朝之间大量的和亲行为，③ 而那些史书中未被称为和亲的案例，比如汉与呼韩邪单于、乌孙昆莫等异族首领的联姻，却被纳入了和亲的范围。尽管与正史的记载存在较大差异，但《册府元龟》还是产生了巨大的影响，近代史家在讨论历史上的和亲问题时，都沿用了这一标准。④ 忽视和亲内涵在历史时期的变化，才是现今对和亲性质判断存在分歧的主要原因。

四、结语

通过以上讨论，我们可以重新界定汉唐时期“和亲”的概念：两个相互独立的政权通过联姻、使者交聘等多种方式订立和约，甚至结为盟国的政治活动。和亲在先秦时期就已经出现，是诸侯间邦交的常用方式，后被刘敬用于汉朝与匈奴外交关系的处理，成为此后中原王朝对待强大异族政权的重要方式。汉唐时期和亲常与征伐并称，其主体内容是订立和约，而政治联姻只是完成和亲的方式之一，并非必备要素。参与和亲的政权必须相互独立，而且在特殊情况，比如同时存在其他强大政权时，和亲还有结为盟友的含义。唐代以后，和亲的内涵逐渐发生变化，衍生出与异族政权联姻的含义。对汉唐时期和亲原则和性质的讨论，能够跳出“民族”“政治联姻”等因素对和亲政策研究的局

---

① 《全唐诗》卷一九《相和歌辞》，中华书局，1960 年，第 211 页。

② 《册府元龟》卷九五六《外臣部·总序》（第 11063 页）开篇云：“夫东方曰夷，被发而文身；南方曰蛮，雕题而交阯；西方曰戎，被发而衣皮；北方曰狄，衣羽毛而穴居。古者制夷蛮为要服，制戎翟为荒服。要服者贡，荒服者王。盖要、荒皆王者之外二臣也。”

③ 先秦以来许多和亲事例并未被收入《册府元龟·外臣部》的“和亲门”，却散见于其他篇章。如《帝王部·和好》（第 1594 页）载“天和三年八月，齐请和亲，遣使来聘，诏军司马逞、兵部尹公正报聘焉”；《奉使部·达王命》（第 7810 页）载“苏威为纳言，时突厥都蓝可汗屡为边患，使威至可汗所，与结和亲，即遣使献方物”。

④ 如王桐龄就认为“和亲政策者，汉族皇帝以本国公主嫁与外国君主，与之请求婚耦之谓”。见王桐龄：《汉唐之和亲政策》，《史学年报》1929 年第 1 期。

限，重新梳理其产生和演变的过程，并评价其历史意义。和亲概念的重新界定，对于理解汉唐时期的天下秩序和朝贡体系也提供了新的视角，具有重要意义。

作者简介：

张飘，西北农林科技大学农业历史研究所讲师。

唐高宗敕撰《西域国志》考述[①]

杨晓春　张平凤

［提要］ 唐高宗敕撰之《西域国志》（《西域图志》《西域志》《西国志》），是反映当时中国与西域的关系、对西域的认识的重要文献，可惜久已佚失。虽然研究者也讨论过此书的一些基本情况，但是分歧很大。《新唐书》《册府元龟》《通志》《玉海》有关《西域国志》的记载源自《唐会要》，不过信息尚比较简单。更为重要的是从与《西域国志》成书时代十分接近的同是高宗时期的佛教类书《法苑珠林》对此书的记载和引用，足以获悉比较明确而丰富的信息：《西域国志》有文字六十卷、《画图》四十卷，文字龙朔三年（663）始撰，《画图》麟德三年/乾封元年（666）绘，文字部分主要参考玄奘《西域传》（《大唐西域记》）和《王玄策行传》。而《法苑珠林》的引用文字，则可以说明《西域国志》系记载西域各国的情况，具体内容上与《王玄策行传》的关系更为密切。《法苑珠林》还记载了《画图》部分曾在中台（尚书省）绘成壁画，而参与绘图的有范长寿，《历代名画记》等唐代的画史著作显示其人是知名的画家。

［关键词］《西域国志》；《西域图志》；《西域志》；《西国志》；《法苑珠林》；西域

① 本文获“中央高校基本科研业务费专项资金”资助（Supported by “the Fundamental Research Funds for the Central Universities”）（项目编号：14370424）。

自《史记·大宛列传》和《汉书·西域传》以来，中国历代有关西域的公私记载甚多。此类文献留存至今的不少，然而佚失不存的似乎更多。有些佚失的书籍尚多有引用，也多见载录；而有些佚失的书籍却少有引用，历代记载也不多。唐高宗时期是唐代开拓西域的高峰时期，此时经高宗敕命修撰的《西域国志》一书，有文字六十卷、图画四十卷。皇皇巨著，可惜早已佚失，而且历代载录的也不算多。

各种文献记载中，此书名称很多，如《西域国志》《西域图志》《西域志》《西国志》等。关于书名，本文会加以讨论，行文中则统一称《西域国志》。①

当代学者中，专门讨论此书的并不多，偶见讨论，多是因为对于初唐两种著名的印度行记——玄奘的《大唐西域记》和王玄策的《王玄策行传》（《中天竺国行记》）的研究而连带涉及，并且都注意到《法苑珠林》的记载。冯承钧先生在《王玄策事辑》一文中因王玄策《中天竺国行记》为《西域志》所采录而注意到此书，并指出《法苑珠林》引用的《西国志》就是《西域志》；在辑出《法苑珠林》引用《中天竺国行记》条目的同时，也辑出了《法苑珠林》引用的《西域记》（《西国记》）的条目共七条，理由是“这几条很难同王玄策的《行记》分开”。② 早于冯承钧先生辑王玄策事迹的法国学者列维（S. Levi）曾辑出《法苑珠林》卷三十八引玄奘《西域传》述迦毕试国的一条：“古王寺有佛顶骨一片……唐龙朔元年（661）春初，使人王玄策从西国将来，今现宫内供养。”冯承钧先生翻译列维书时对此条作案语指出《法苑珠林》引玄奘书不见于今本《大唐西域记》，因此认为今本《大唐西域记》并非原本，曾经后人删改。③ 对此，岑仲勉先生指出《大唐西域记》成书于贞观二十年（646），不得记后来之龙朔元年王玄策事；而认为玄奘《西域传》即《新唐书·艺文志》著录之《西域图志》④，并猜测玄奘曾参与此书之编撰，故而道世以玄奘《西域传》称之。⑤ 对此，范祥雍先生指出《大唐西域记》不得和《西域图志》混淆，《法苑珠林》所引《西域传》即《大唐西域记》，可以比对原书而知。同时，连带讨论了《法苑珠林》和《新唐书·艺文志》记载的《西域志》（《西域国志》）的成书时代问题。他指出《法苑珠林》关于《西域志》成书

① 考虑到“国志”名可以比较好地显示此书分国记述的特点，又考虑到清代也官修了知名的《西域图志》，所以本文行文中统一称为《西域国志》。

② 冯承钧：《王玄策事辑》，《清华大学学报》1932 年第 8 卷第 1 期，收入冯承钧撰，邬国义编校：《冯承钧学术论文集》（上），上海古籍出版社，2015 年，第 163 – 193 页。

③ ［法］列维著，冯承钧译：《王玄策使印度记》，冯承钧译：《史地丛考》，商务印书馆，1931 年，第 41 – 58 页，收入冯承钧译：《西域南海史地考证译丛七编》，中华书局，1957 年，第 1 – 17 页。

④ 当作“《西域国志》”。

⑤ 岑仲勉：《西域记》，《圣心》1932 年第 1 期，收入岑仲勉：《中外史地考证》，中华书局，1962 年，第 297 – 298 页。

有三种不同记载，对于其中麟德三年的记载表示怀疑，认为麟德三年乃龙朔三年之误，并在《法苑珠林》记载基础上经调整提出龙朔三年始撰、乾封三年（668）成书的看法。还认为《新唐书·艺文志》显庆三年（658）成书的记载也是错误的。① 孙修身先生曾撰《官修〈西国志〉的编撰》一文，对于范祥雍先生的意见表示怀疑，并在《法苑珠林》记载的基础上，提出此书的编纂经过三个阶段。② 李宗俊先生《唐敕使王玄策使印度事迹新探》一文，认为《通典·边防典·西戎》的条目多出自王玄策《西域记》（《西域图记》）或唐官修的《西国志》，并非隋裴矩《西域图记》。③ 刘金波先生《唐〈西域图志〉及相关问题考》一文则探讨了《西域国志》产生的历史背景，即唐太宗及高宗时期对于西域的开拓状况；也利用两《唐书》以及《唐会要》的简略记载，叙述了《西域国志》的一般情况。④ 只是未能利用有关《西域国志》最为重要的《法苑珠林》中的记载，不免是一大不足。

显然，《法苑珠林》是现在关于《西域国志》研究最为重要的史料。不但《法苑珠林》编纂之时相去《西域国志》之成书时代很近，有可能翔实地了解《西域国志》的基本情况，而且《法苑珠林》还详细引用了《西域国志》的数段文字，有助于我们具体认识《西域国志》的内容。本文试综合《法苑珠林》以及两《唐书》、《唐会要》等文献，比较详细地讨论《西域国志》的成书、书名、卷数等问题，并且根据《法苑珠林》的摘引文字进一步讨论《西域国志》的内容，最后则就《西域国志》图画部分的相关问题也略作讨论，希望更为全面地展示《西域国志》这一重要的佚书的状况。

一、《西域国志》之书名、卷帙、撰者与著录——两《唐书》和《唐会要》等记载的分析

《西域国志》的基本信息，在五代、宋代初年编纂成书的唐代史书中多有所见，如《旧唐书》《新唐书》《唐会要》《册府元龟》等。

《旧唐书·许敬宗传》载：

> 然自贞观已来，朝廷所修《五代史》及《晋书》《东殿新书》《西域图志》

---

① 范祥雍：《〈大唐西域记〉阙文考辨》，《文史》第13辑，中华书局，1982年，收入范祥雍：《范祥雍文史论文集（外二种）》，上海古籍出版社，2014年，第182－208页。

② 孙修身：《官修〈西国志〉的编撰》，《王玄策事迹钩沉》，新疆人民出版社，1998年，第264－266页。

③ 李宗俊：《唐敕使王玄策使印度事迹新探》，《西域研究》2010年第4期。

④ 刘金波：《唐〈西域图志〉及相关问题考》，《中华文化论坛》2011年第5期。

《文思博要》《文馆词林》《累璧》《瑶山玉彩》《姓氏录》《新礼》，皆总知其事，前后赏赉，不可胜纪。①

《新唐书·许敬宗传》载：

然自贞观后，论次诸书，自晋尽隋，及《东殿新书》《西域图志》《姓氏录》《新礼》等数十种，皆敬宗总知之，赏赉不胜纪。②

《新唐书》所载往往出自《旧唐书》，而更为简略。上引《新唐书·许敬宗传》符合《新唐书》编纂的一般情况。

《新唐书·艺文志》则载：

《西域国志》六十卷。（高宗遣使分往康国、吐火罗，访其风俗物产，画图以闻。诏史官撰次，许敬宗领之，显庆三年上）③

又《新唐书·西域传》载：

西域平，帝遣使者分行诸国风俗物产，诏许敬宗与史官撰《西域图志》。④

而《唐会要》载：

其年（显庆三年）五月九日，以西域平，遣使分往康国及吐火罗等国，访其风俗物产及古今废置，画图以进，令史官撰《西域图志》六十卷，许敬宗监领之。书成，学者称其博焉。⑤

又载：

---

① 《旧唐书》卷八二《许敬宗传》，中华书局，1975年，第2764页。

② 《新唐书》卷二二三上《奸臣上·许敬宗传》，中华书局，1975年，第6338页。

③ 《新唐书》卷五八《艺文志二》，第1506页。按：括号中为原注，后引文献同此。另本文引用文献的公元纪年和少数补充说明的文字也用括号表示。

④ 《新唐书》卷二二一上《西域传上》，第6232页。

⑤ （宋）王溥：《唐会要》卷三六《修撰》，中华书局，1955年，第656页。

西域既平，遣使分往康国及吐火罗国，访其风俗物产及古今废置，画图以进，因令史官撰《西域图志》六十卷。①

除此之外，时代稍晚一些的宋代史书也有记载。如《册府元龟》载：

许敬宗，为中书令。显庆三年五月，帝以西域尽平，遣使分往康国及吐火罗等国，访其风俗物产，及古今废置，画图以进，因命史官撰《西域图志》六十卷，敬宗监领之。书成，学者称其该博焉。②

《通志·艺文略》载：

《西域国志》六十卷。③

《玉海》载：

唐《西域图志》
《西域图志》六十卷。西域平，高宗遣使分往康国、吐火罗，访其风俗物产，画图以闻，诏史官撰次，许敬宗领之。显庆三年上。《会要》：显庆三年五月九日，以西域平，遣使分往康国、吐火罗国等，访风俗物产及古今废置，画图以进，令史官撰《西域图志》。书成，学者称其博。(《西域传》同)④

《玉海》最为晚出，引用了《唐会要》，还提到《西域传》，应即《新唐书·西域传》。

以上的记载，除去两《唐书》中的《许敬宗传》只是列出一个书名可以不论外，《新唐书·艺文志》《新唐书·西域传》和《唐会要》四处记载的总体一致性非常突出，如敕撰、六十卷、许敬宗领衔、显庆三年始撰等各个方面。仔细分析，可以发现《新唐书》和《唐会要》两书的文句、用词非常一致，应该存在着承袭关系。查《唐会要》

---

① （宋）王溥：《唐会要》卷七三《安西都护府》，第1323页。按："画"原文作"尽"，据文意及前引卷三六改。

② （宋）王钦若等编纂，周勋初等点校：《册府元龟》（校订本）卷五六〇《国史部七·地理》，凤凰出版社，2006年，第6425页。

③ （宋）宋樵著，王树民点校：《通志二十略·艺文略》卷四《地里·蛮夷》，中华书局，2009年，第1585页。

④ （宋）王应麟：《玉海》卷一六《地理·异域图书》，影清光绪九年（1883）浙江书局本，江苏古籍出版社、上海书店，1987年，第301页。

宋太祖建隆二年（961）进呈，而且唐宣宗以前的记载利用了唐人的《会要》著作，而《新唐书》则成于宋仁宗嘉祐五年（1060），则《新唐书》所载应该出自《唐会要》。至于成书更晚的《册府元龟》和《玉海》，亦皆出自《唐会要》。

然而《唐会要》的两处记载还略有不同。一作“康国及吐火罗等国”，一作“康国及吐火罗国”，《新唐书·艺文志》作“康国、吐火罗”出于后者，而《新唐书·西域传》作“诸国”则出于前者。按《唐会要》前一记载见于《修撰》部分，故而《新唐书·艺文志》得以利用；后一记载见于《安西都护府》部分，故而《新唐书·西域传》得以利用。《册府元龟》和《玉海》二书也应分别出自《唐会要》的相应部分。由此看来，除去两《唐书》中的《许敬宗传》的记载或许独有来源外，其余记载，均源自《唐会要》。

那么，两种记载，应以哪一种为准确呢？

有关高宗时派使康国，《唐会要》“康国”条载：“显庆三年，高宗遣果毅董寄生列其所居城为康居都督府，仍以其王拂呼缦为都督。”① 时间和前述《唐会要》等所载完全一致。《唐会要》“史国”条又载：“显庆三年，遣果毅董寄生列其所治为陆沙州，以其王昭武失阿曷为刺史。”② 可知显庆三年高宗遣使董寄生往康国设置羁縻府的同时，还遣使史国设置羁縻州。显庆三年，于龟兹复置安西都护府，这为唐朝进一步往西开拓创造了条件。

有关高宗时派使吐火罗国，最为知名的当数王名远，同样也是一次设置羁縻府州的行动。《唐会要》载：

> 龙朔元年六月十七日，吐火罗道置州县使王名远进《西域图记》，并请于阗以西、波斯以东十六国分置都督府及州八十、县一百一十、军府一百二十六，仍以吐火罗国立碑，以记圣德，诏从之。以吐火罗国叶护居遏换城置月氏都督府，嚈哒部落活路城置大汗都督府，诃达罗支国王居伏宝瑟颠城置条枝都督府，解苏王居数瞒城置天马都督府，骨咄施国王居沃沙城置高附都督府，罽宾国王居遏纥城置修鲜都督府，失范延国王居伏戾城置写凤都督府，石汗郝国王居髓城置悦般州都督府，护特犍国王居遏密城置奇沙州都督府，怛没国王居怛没城置姑默州都督府，乌拉喝国王居摩喝城置旅獒州都督府，多勒建国王居低保那城置昆墟州都督府，俱密国王居褚瑟城置拔州都督府，护密多国王居模达城置乌飞州都督府，久越得建国王居步师城置王庭州都督府，波斯国王居疾凌城置波斯都督府。各置县及折冲府。并隶安西都督府。③

① （宋）王溥：《唐会要》卷九九《康国》，第1774页。

② （宋）王溥：《唐会要》卷九九《史国》，第1777页。

③ （宋）王溥：《唐会要》卷七三《安西都护府》，第1323－1325页。原书详细开列各州的情况，此处引用略。

关于波斯，又载："龙朔元年，其国王卑路斯使奏频被大食侵扰，请兵救援之。诏遣陇州南由令王名远充使西域，分置州县，因列其地疾陵城为波斯都督府，授卑路斯为都督。"①《通典》、两《唐书》相关记载的总体情况以及在吐火罗和波斯设都督府的情况，与《唐会要》略同。② 然而《唐会要》又载："显庆三年，访其（按：指罽宾）国俗，云王始祖馨孽，今王曰曷撷支，父子传位已十二代。其年，列其城为修鲜都督府。龙朔初，授其王修鲜等十一州诸军事，兼修鲜都督。"③ 又载"三年，其（按：指吐火罗）叶护那史乌泾波奉表告立，高宗遣置州县使王名远到其国，以所理阿缓大城为月氏都督府，仍分其小城为二十四州，以乌泾波为都督"④。此处之三年，承此前的永徽元年（650）纪事，则应为永徽三年（652）。然而从高宗年间开拓西域的总体过程看，永徽三年显然失之过早了。史书编纂过程中，年号纪年很容易由于文字删削而误连上条，此条记载或许也是因此之故。那么是不是就是显庆三年呢？吴玉贵先生详考相关问题，认为显庆三年往阿姆河以南设置州县的使者有王名远；此后的龙朔元年，应波斯之请，唐朝又再次派王名远到西域，对阿姆河以南的都督府、州进行调整。其中还引《新唐书·艺文志》关于《西域国志》的记载以为说明。⑤

那么，可知《唐会要》的两种记载中，以"康国及吐火罗等国"为可取。而专门举出康国和吐火罗国两地，和董寄生主要往康国、王名远主要往吐火罗国有关，王名远的职衔就是吐火罗道置州县使。大约董寄生负责阿姆河以北，王名远负责阿姆河以南。

一致性之下更为明显的不同是书名，或作《西域图志》，或作《西域国志》。作《西域图志》者，有《旧唐书·许敬宗传》《新唐书·许敬宗传》《唐会要》《册府元龟》《玉海》；作《西域国志》者，有《新唐书·艺文志》和《通志·艺文略》，两书相

---

① （宋）王溥：《唐会要》卷一〇〇《波斯国》，第1783页。

② 《通典》卷一九三《边防九·西戎五》载："龙朔元年，吐火罗置州县使王名远进《西域图记》，并请于阗以西、波斯以东十六国分置都督府及州八十、县一百、军府百二十六，仍于吐火罗国立碑以纪圣德。帝从之。"[（唐）杜佑撰，王文锦、王永兴、刘俊文等点校：《通典》，中华书局，1988年，第5277页。"吐火罗置州县使王名远进《西域图记》"原作"吐火罗置州县，使王名远进《西域图记》"，今改]《旧唐书》卷一九八《西域传》载："卑路斯龙朔元年奏言频被大食侵扰，请兵救援。诏遣陇州南由县令王名远充使西域，分置州县，因列其地疾陵城为波斯都督府，授卑路斯为都督。"（第5312－5313页）《新唐书》卷四三下《地理志》载："西域府十六、州七十二。[龙朔元年，以陇州南由令王名远为吐火罗道置州县使，自于阗以西，波斯以东，凡十六国，以其王都为都督府，以其属部为州县。凡州八十八，县百一十，军府百二十六。"（第1335页。"军府"，原书标点作"军、府"，今改）]

③ （宋）王溥：《唐会要》卷九九《罽宾国》，第1776页。

④ （宋）王溥：《唐会要》卷九九《吐火罗国》，第1773页。

⑤ 吴玉贵：《唐代西域羁縻府州建制年代及其与唐朝的关系》，《新疆大学学报》1986年第1期。

同，可以看作《通志·艺文略》因袭了《新唐书·艺文志》的缘故。前面已经论述《新唐书·艺文志》的记载出自《唐会要》，那么为何独独把书名由《西域图志》改为《西域国志》呢？是另有著录的根据，还是查核了原书呢？

这个问题，恰恰是《法苑珠林》的记载可以解答的。当然，《法苑珠林》的记载可以解答的不止于此，还提供了新的信息、提出了新的问题。

二、《西域国志》之成书与书名、卷帙、资料来源——《法苑珠林》记载的分析

两《唐书》、《唐会要》等文献中的记载虽然各有依据，但是距《西域国志》之成书毕竟已两百多年。而此书在唐僧道世所纂集的佛教类书《法苑珠林》中不但有所记载，而且还摘录了数条，《法苑珠林》纂成于高宗总章元年（668），距《西域国志》成书时代非常之近。显然，《法苑珠林》的记载是更值得重视的。

《法苑珠林》有关《西域国志》书名、卷数、成书等基本文献信息的记载共有五处。现按照在《法苑珠林》一书中出现的先后次序，摘录于后，并作综合分析。

第一处作《西国志》，为《六道篇·阿修罗部·感应缘》摘引《西国志》瞻波国修罗窟的一段记载后所附：

> 《西国志》六十卷，国家修撰。奉敕令诸学士画图，集在中台，复有四十卷。从麟德三年起首，至乾封元年夏末方讫。①

第二处作《西国志》，见于《敬佛篇·观佛部·感应缘》：

> 当时奉敕令京城巧匠至中台，使百官诸学士监看，令画《西国志》六十卷《图》有四十卷。②

第三处作《西国志》，见于《感通篇·述意部》。《感通篇》分作《述意部》和《圣迹部》两部分，《述意部》相当于序言，《圣迹部》则摘录了《西域传》（《大唐西域记》）和《王玄策传》有关佛教圣迹的记载，是《感通篇》的主体部分。为便于理解《述意部》中有关《西国志》的叙述，全引《述意部》如下：

---

① （唐）道世撰，周叔迦、苏晋仁校注：《法苑珠林校注》卷五《六道篇·阿修罗部·感应缘》，中华书局，2003 年，第 174 页。本文所引《法苑珠林校注》，标点偶或有所改动，未一一注明。

② （唐）道世撰，周叔迦、苏晋仁校注：《法苑珠林校注》卷一四《敬佛篇·观佛部·感应缘》，第 488 页。

> 敬寻释教，肇自汉明。终至皇唐，政流历代，年将六百。輶轩继接，备尽观方。千有余国，咸归风化。莫不梯山贡职，望日来王。而前后传录，差互不同。事迹罕述，称谓多惑。虽沾余润，幽旨未圆。夷夏殊音，文义颇备。推究圣踪，难以致尽。故此土诸僧，各怀郁怏。时有大唐沙门玄奘法师，慨大道之不通，悯释教之抑泰。故以贞观三年季春三月，吊影单身，西寻圣迹。从初京邑，渐达沙州，独陟崄塞，伊吾、高昌，备经危难。时值高昌王麹氏为给货资，传送突厥叶护衙所。又被将送雪山以北诸蕃胡国，具观佛化。又东南出大雪山。昔人云：葱岭停雪，即是雪山。奘亲目睹。过此雪山，即达印度。经十年后，返从葱岭南、雪山北，具历诸国，东归于阗、娄兰等，凡经一百五十余国。备历艰辛，人里莫比。至贞观十九年冬初，方达京师。奉诏译经兼敕令撰出《西域行传》一十二卷。至今龙朔三年，翻译经论，未似奘师游国博闻，翻经最多。依《奘法师行传》《王玄策传》及西域道俗，任土所宜，非无灵异。敕令文学士等总集详撰，勒成六十卷，号为《西国志》，《图画》四十卷，合成一百卷。从于阗国至波斯国已来，大唐总置都督府及州、县、折冲府，合三百七十八所。九所是都督府，八十所是州，一百三十三所是县，一百四十七所是折冲府。四洲所宜，人物别异者，并简配诸篇，非此所明。今之所录者，直取佛法圣迹住持，别成一卷。余之不尽者，具存大本。冀后殷鉴，知有广略矣。①

此段文字有关《西国志》之处，并不易理解。其中的关键则有两点，一是“依《奘法师行传》《王玄策传》及西域道俗”是不是指的《西国志》的编纂所依据的资料；二是“大本”所指。

第四处作《西国志》，见于《破邪篇·感应缘》之《妄传邪教》。此文详述历代道教造作伪经特别是窃取佛经而造伪经的情形，引证《西国志》说明世尊说法等佛教圣迹的可信，反衬道经缺乏说经时间、地点等之不可信。其中有关《西国志》的叙述为：

> 如佛说经，并置如是我闻，说时说处，证经生信。即如唐太宗文皇帝及今皇帝，命朝散大夫卫尉寺丞上护军李义表、副使前融州黄水县令王玄策等二十二人，使至西域。前后三度，更使余人。及古帝王前后使人往来非一。皆亲见世尊说经时处，伽蓝圣迹，及七佛已来所有征祥，灵感变应，具存《西国志》六十卷内，现传流行，宰贵共知。②

---

① （唐）道世撰，周叔迦、苏晋仁校注：《法苑珠林校注》卷二九《感通篇·述意部》，第887－888页。

② （唐）道世撰，周叔迦、苏晋仁校注：《法苑珠林校注》卷五五《破邪篇·感应缘》，第1661页。按：“唐太宗文皇帝”有的版本作“大唐太宗文皇帝”，当是。

第五处作《西域志》，见于《传记篇·杂集部》中道世“随所见闻者”列出的中土著述目录，其中有：

> 《西域志》六十卷　《画图》四十卷
>
> 右此二部合成一百卷，皇朝麟德三年奉敕令百官撰。①

《西域志》列在王玄策《中天竺国行纪》十卷之后。

相关问题，以下分别讨论：

第一，书名问题。上引《法苑珠林》有关记载，多数称作《西国志》，只有一例称作《西域志》。但是《法苑珠林》摘引的时候（下一节分析时会引用），又多数作《西域志》。总之，就是《法苑珠林》一书之中，也是不统一的。

第二，卷帙问题。上引《法苑珠林》显示，文字有六十卷，图画有四十卷，合计一百卷。

由此反观《唐会要》、两《唐书》等记载，可知《西域图志》六十卷是不准确的说法。

第三，成书时间问题。《法苑珠林》关于成书时间的记载，出现三种说法：一是“麟德三年起首，至乾封元年夏末”，仔细阅读原文，这个时间段似乎指的是《画图》部分。二是“龙朔三年”。三是“麟德三年”，从行文看，似乎是开始修撰的时间。因为麟德三年改元乾封元年，所以学者早就对麟德三年至乾封元年的时间段表示怀疑。范祥雍先生认为其中的麟德为龙朔之误，于是得到龙朔三年至乾封元年这一时间段。对此，孙修身先生仍然表示怀疑：

> 对于范祥雍先生划定的《西（域）国志》的撰著时间，虽然较为宽容为三年左右，似乎应说问题是解决了，但是，我们因此而产生了一些新的疑问：其一是，《新唐书·艺文志》关于此书撰著时间是龙朔三年之前，彼此有矛盾。其二是，在道世《法苑珠林·感通篇·圣迹部》中，我们看到当年的记事谓龙朔三年，王玄策在婆罗林观石柱的记文，计算佛灭度时间之事。如果，于其时，王玄策还在印度婆罗林未曾归来的话，书的作者是由何处得到此条资料而记入书中的呢？其三是，道世和王玄策是同时人，过从甚密。又都勤于著述，并随时通报情况，如前及《法苑珠林》的录文所示。其四是，《法苑珠林》的序文，明谓其书时成于唐高宗龙朔元年，此书卷29以及《西国志》的成书情况，也和范祥雍先生之《西（域）国志》成书于唐高宗龙朔三年说相抵牾。②

---

① （唐）道世撰，周叔迦、苏晋仁校注：《法苑珠林校注》卷一〇〇《传记篇·杂集部》，第2885页。

② 孙修身：《王玄策事迹钩沉》，第264－266页。

第一条理由，似乎不能成立。如果《新唐书·艺文志》的记载不能肯定为完全正确，便不能根据这一理由而否定其他的说法。据前文分析，《新唐书·艺文志》出自《唐会要》，而《唐会要》只是说显庆三年遣使访问康国、吐火罗国等国，收集了一些资料，然后令史官撰写《西域国志》，并没有谈及何时成书。《新唐书·艺文志》显庆三年成书的说法（也就是孙修身先生所谓的龙朔三年前）实际上是并不可信的。第二条理由令人费解。所谓《法苑珠林·感通篇·圣迹部》即此书卷二十九，本文前文已说明《感通篇》分为《述意部》和《圣迹部》，并引用了《述意部》全文。其《圣迹部》引《西域传》有云："又从此东北大林疏崄，行五百里至拘尸那揭罗国，属中印度。城荒人少，城内东北角塔，是纯陀故宇，其井犹美，营供所穿。城西北四里，度阿恃多伐底河（唐云有金）。近西岸娑罗林，两林中间相去数十步，中有四树特高。作大砖精舍，中造佛涅槃像，北首而卧，傍高二百余尺。前有石柱，记佛灭相。有云：当此土三月十五日者。说有部云：当此九月八日。诸部异议云。至今龙朔三年，则经一千二百年，此依菩提寺石柱记也。"① 这应该就是孙修身先生所言之出处。《西域传》的文字一般认为出自《大唐西域记》②，而较原文为省略，致有文句不通之处，如"傍高二百余尺"一句就不知所指。当然，《大唐西域记》的原文也并无"至今龙朔三年"一句。《法苑珠林》同卷之中，引了《王玄策行传》，但是并无娑罗林的相关内容。原来孙修身先生将上引《法苑珠林》这段记载凭空添加了"王玄策"三字。只是《法苑珠林》纂成于高宗总章元年（668），在龙朔三年之后。第三条理由所谓"如前及《法苑珠林》的录文所示"，指引用的《法苑珠林》卷五《战斗部·感应缘》所述"余见玄策，具述此事"。此条全文，本文后文将会引用分析。然而仅仅根据这一句话，就说道世与王玄策"过从甚密。又都勤于著述，并随时通报情况"，怕是不能使人信服的，道世完全可能只是看到了王玄策的书而已。第四条理由也颇有令人费解之处。孙修身先生谓"《法苑珠林》的序文，明谓其书时成于唐高宗龙朔元年"，按《法苑珠林》只有李俨一序，序中云："故于大唐总章元年，岁在执徐，律惟沽洗，三月三十日纂集斯毕。"并非如孙修身先生所言之龙朔元年，并且也在龙朔三年之后。"此书卷29以及《西国志》的成书情况"一句，文意不甚显豁，《法苑珠林》卷二十九关于《西国志》的成书，本文前文已经引用，未明确说明《西国志》的成书时间，但是有龙朔三年字样，似乎和范祥雍先生所云龙朔三年至乾封元年并不矛盾。

---

① （唐）道世撰，周叔迦、苏晋仁校注：《法苑珠林校注》卷二九《感通篇·圣迹部》，第901页。

② （唐）道世撰，周叔迦、苏晋仁校注：《法苑珠林校注》认为此段出自《大唐西域记》卷六。查对原书，发现差异也很明显，特别是译名不同，也不能说就直接引自《大唐西域记》。相关问题，见后文分析。

孙修身先生自己的观点是：《新唐书・艺文志》显庆三年成书的记载是可信的，但是指此书撰著的第一阶段；此后再度补入王玄策三使印度后所得的新资料，合为六十卷，成于龙朔三年，这是成书的第二阶段；第三即最后阶段，则是画图部分，乾封元年绘成。

范祥雍先生的说法，最大的问题是将“麟德”改为“龙朔”，虽然看似解决了问题，却并没有任何根据，当然不可取。孙修身先生立足于《法苑珠林》的记载，所作分析确实是更为可取的。只是他深信《新唐书・艺文志》显庆三年成书的记载，一定要弥合《法苑珠林》与《新唐书・艺文志》之间的差异，不免使得他的结论也有可议之处了。

重新讨论《西域国志》的成书年代，一来要摒弃《新唐书・艺文志》显庆三年成书之误说，对此前文已作说明。二来要理解前述高宗显庆、龙朔年间的西域开拓，特别是派董寄生、王名远二人出使诸国的基本史实，以此为背景，便可以理解《法苑珠林》的相关记载了。

据前文详引《唐会要》高宗时在西域设置羁縻府州的历史记载及吴玉贵先生的考证，可以列出如下时间表：

显庆三年，于龟兹复置安西都护府，高宗遣果毅董寄生往康国设康居都督府、史国设陆沙州；置州县使王名远往罽宾国置修鲜都督府、吐火罗置月氏都督府。

龙朔元年，吐火罗道置州县使王名远进《西域图记》，并请于阗以西、波斯以东十六国分置都督府及州八十、县一百一十、军府一百二十六，诏从之。重设月氏都督府等十六都督府。

《西域国志》之修撰，只能在龙朔三年之后，《新唐书・艺文志》所载显庆三年成书显然是不可信的。其实，《新唐书・艺文志》所依据的《唐会要》，谓“显庆三年五月，帝以西域尽平，遣使分往康国及吐火罗等国，访其风俗物产及古今废置，画图以进，因命史官撰《西域图志》六十卷，敬宗监领之”。并未明言显庆三年开始修撰，更非显庆三年成书，显庆三年是“遣使分往康国及吐火罗等国”的年代。转而再看前引《法苑珠林・感通篇・述意部》中的记载，则明确为“至今龙朔三年”，可以看作《西域国志》始撰的年代。虽然《法苑珠林・感通篇・述意部》紧接着提到“敕令文学士等总集详撰，勒成六十卷，号为《西国志》，《图画》四十卷，合成一百卷”，但是也不能把龙朔三年看成是全书纂成的年代。《法苑珠林》不断有所增补，“至今龙朔三年”是一开始写作时的口吻，“勒成六十卷，号为《西国志》，《图画》四十卷，合成一百卷”，已经是经过修改后的措辞了。最有可能的，便是龙朔三年先纂成文字部分，此后的麟德三年/乾封元年则是图画部分开始和完成的时间。《法苑珠林校注・破邪篇・感应缘》谓太宗、高宗时遣使及古代帝王遣使“皆亲见世尊说经时处，伽蓝圣迹，及七佛已来所有征祥，灵感变应，具存《西国志》六十卷内”，那也应是先纂成的文字部分。

第四，资料依据问题。仍需回到前引《法苑珠林・感通篇・述意部》的记载。此段记载谓“依《奘法师行传》《王玄策传》及西域道俗，任土所宜，非无灵异。敕令文学士等总集详撰，勒成六十卷，号为《西国志》，《图画》四十卷，合成一百卷”。说明此书的编纂主要依赖的是玄奘、王玄策二人的行记。唯有如此，才能迅速成书，且卷帙可观。“及西域道俗”，“道”指佛教的情况，“俗”指佛教之外的情况，不知“及”字是否为“记”之讹？

唐代中外关系的相关人物中当属太宗时期玄奘最为著名，《奘法师行传》即《大唐西域记》，此书现存，共十二卷，① 组织的基本方式是玄奘所经的西域各国。王玄策出使印度约略同时而稍晚，相关事迹在《旧唐书·西域列传·天竺》以及《新唐书·西域列传·天竺》中都有记载，但是眉目颇不清晰，且有错乱之处。但折中两书的记载，大致可以知道在太宗、高宗时期王玄策等人有三次出使印度的经历。王玄策著《中天竺国行记》一书，共十卷，见录《旧唐书·经籍志》和《新唐书·艺文志》，应是记录其几次出使印度的见闻的文字，原书已佚，但在《法苑珠林》中多有摘引，称《王玄策行传》或《王玄策传》《西国行记》。可见道世对王玄策的书也非常熟悉，因此前引道世的判断是有充分依据的。最早辑录其遗文的是1900年的法国学者列维，20世纪20年代日本出版的《大正新修大藏经》也有辑录，作为《游方记抄》之一种，只录出处，主要出自《法苑珠林》。因为《法苑珠林》引用的《西域志》（《西国志》）中再次引用王玄策书，《大正藏》辑出时还兼顾了《西域志》（《西国志》），因此所辑题作《唐王玄策中天竺行记并唐百官撰西域志逸文》。标题下注：“《中天竺行记》，又名《西国行传》《西国行记》，其文载在《法苑珠林》《诸经要集》等，今唯略示所在。”② 根据辑本，可以估计是以西域各国来组织成文的。因此，可以进一步推测《西域国志》也同样是以西域各国来组织成文的。《西国志》或者《西域国志》这样的书名，正显示以西域各国来组织是其基本的结构特点。

《法苑珠林·感通篇·述意部》又谓“四洲所宜，人物别异者，并简配诸篇，非此所明。今之所录者，直取佛法圣迹住持，别成一卷。余之不尽者，具存大本。冀后殷鉴，知有广略矣”，说明《西域国志》的基本内容乃是“四洲所宜，人物别异者”，主要系对西域各国自然条件、居民状况的记载。而“简配诸篇”，是说将“《奘法师行传》《王玄策传》及西域道俗”的记载，分门别类进行编纂。至于“今之所录者，直取佛法圣迹住持，别成一卷”，则说明《法苑珠林·感通篇·述意部》之后的《圣迹部》大量引用的玄奘《西域传》（《奘师传》）以及《王玄策行传》（《王玄策传》），实际上直接的来源是《西域国志》。

《法苑珠林·感通篇·圣迹部》引玄奘《西域传》，出现了“至大唐龙朔元年春初，

① （唐）玄奘、辩机原著，季羡林等校注：《大唐西域记校注》，中华书局，1985年。
② 《大正新修大藏经》，No. 2089，台湾新文丰出版股份有限公司，1982年，第995页。

使人王玄策从西国将来，今现宫内供养”①，“至今龙朔三年，则经一千二百年，此依菩提寺石柱记也”②，“于大唐显庆年中，敕使卫长史王玄策因向印度过净名宅，以笏量基，止有十笏，故号方丈之室也”③，“贞观二十三年有使图写迹来”④ 等记载。玄奘《大唐西域记》成书于贞观二十年（646），这些年份都不应在书中出现，那么为何会出现这种情况呢？正是因为《法苑珠林》所引并非根据《大唐西域记》原书，而是引录了《大唐西域记》的《西域国志》的缘故。这也正是从《法苑珠林·感通篇·述意部》中可以读出的印象。

“至今龙朔三年”，还见于前引《法苑珠林·感通篇·述意部》，都是《西域国志》龙朔三年始撰留下的痕迹。

《法苑珠林·感通篇·圣迹部》引录玄奘《西域传》（《奘师传》）以及《王玄策行传》（《王玄策传》）等文献之后，还有“略陈圣迹，依如前述。具列俗纪，备存大本”⑤ 一句，这显然是和《法苑珠林·感通篇·述意部》最末的“余之不尽者，具存大本。冀后殷鉴，知有广略矣”一句相呼应的。“大本”是一个屡屡见于汉文佛教典籍特别是佛教目录一类典籍中的术语。如《高僧传》载：“昔汉灵之时，竺佛朔译出《道行经》，即小品之旧本也，文句简略，意义未周。士行尝于洛阳讲《道行经》，觉文章隐质，诸未尽善，每叹曰：‘此经大乘之要，而译理不尽，誓志捐身，远求大本。’遂以魏甘露五年，发迹雍州，西渡流沙。既至于阗，果得梵书正本，凡九十章。”⑥“大本”大略就是原本的意思。所谓“余之不尽者，具存大本”“具列俗纪，备存大本”，就是说《西域国志》原书的记载内容要丰富得多。

前引《法苑珠林·破邪篇·感应缘》的记载，谓“即如唐太宗文皇帝及今皇帝，命朝散大夫卫尉寺丞上护军李义表、副使前融州黄水县令王玄策等二十二人，使至西域。前后三度，更使余人。及古帝王前后使人往来非一。皆亲见世尊说经时处，伽蓝圣迹，及七佛已来所有征祥，灵感变应，具存《西国志》六十卷内”，则说明除了王玄策的记载，还有更早的记载，也包含在内。《圣迹部》还引有一条梁《职贡图》，正是这方面的例证。

根据上述《法苑珠林》的记载以及相应的分析，可以归纳《西域国志》的基本情

---

① （唐）道世撰，周叔迦、苏晋仁校注：《法苑珠林校注》卷二九《感通篇·圣迹部》，第 891 页。

② （唐）道世撰，周叔迦、苏晋仁校注：《法苑珠林校注》卷二九《感通篇·圣迹部》，第 901 页。

③ （唐）道世撰，周叔迦、苏晋仁校注：《法苑珠林校注》卷二九《感通篇·圣迹部》，第 903 页。

④ （唐）道世撰，周叔迦、苏晋仁校注：《法苑珠林校注》卷二九《感通篇·圣迹部》，第 904 页。

⑤ （唐）道世撰，周叔迦、苏晋仁校注：《法苑珠林校注》卷二九《感通篇·圣迹部》，第 915 页。

⑥ （南朝梁）慧皎著，汤用彤校注：《高僧传》卷四《义解一》，中华书局，1996 年，第 145 页。

况如下：《西国志》（《西域国志》）文字六十卷、《画图》四十卷，文字龙朔三年始撰，《画图》麟德三年/乾封元年绘，文字部分主要参考玄奘《西域传》（《大唐西域记》）和《王玄策行传》。

有图有文，可称为图志，所以《西域国志》又称《西域图志》。而《唐会要》等文献《西域图志》六十卷的记载，则是不准确的；当然，作为此书的文字部分六十卷，有的文献称“国志”而不称“图志”，也可以说是准确的称呼。

三、《法苑珠林》另外几处引用《西域志》（《西国志》）文字的综合分析

《西域国志》卷帙不小，但后来很少有引用，也少有人作辑佚的工作（冯承钧先生曾辑过七条）。除了上一节推测《法苑珠林·感通篇·圣迹部》就出自《西域国志》，在《法苑珠林》的其他部分还多次引用过此书的文字，约略可窥此书之一斑。其中引作《西域志》的有六条，分别如下：

第一条：

《西域志》云：娑罗双林树边别有一床，是释迦佛塑像在上，右胁而卧。身长二丈二尺四寸，以金色袈裟覆上，今犹现在，数放神光。又王舍城东北是耆阇崛山，有佛袈裟石。佛在世时，将就池浴，脱衣于此。有鹫鸟衔袈裟升飞，既而坠地，化成此石。纵横叶文，今现分明。其南有佛观日命弟子难陀制造袈裟处。并数有瑞光现。大唐使人王玄策等前后三回往彼，见者非一。①

第二条：

《西域志》云：罽宾国广崇佛教，其都城内有寺名汉寺。昔日汉使向彼，因立浮图。以石构成，高百尺。道俗虔恭，异于殊常。寺中有佛顶骨，亦有佛发，色青螺文，以七宝装之，盛以金匣。王都城西北有王寺，寺内有释迦菩萨幼年龀齿，长一寸。次其西南有王梵寺，寺有金铜浮图，高百尺。其浮图中有舍利骨，每以六斋日，夜放光明，照烛绕承露盘，至其达曙。②

---

① （唐）道世撰，周叔迦、苏晋仁校注：《法苑珠林校注》卷三五《法服篇·感应缘》，第1107页。

② （唐）道世撰，周叔迦、苏晋仁校注：《法苑珠林校注》卷三八《故塔部·感应缘》，第1221－1222页。

第三条：

《西域志》云：波斯匿王都城东百里大海边有大塔。塔中有小塔，高一丈二尺，装众宝饰之。夜中每有光曜，如大火聚。云：佛般泥洹五百岁后，龙树菩萨入大海化龙王，龙王以此宝塔奉献龙树。龙树受已，将施此国王，便起大塔，以覆其上。自昔以来有人求愿者，皆叩头烧香奉献华盖。其华盖从地自起，徘徊渐上，当塔直上，乃至空中。经一宿变灭，不知所在。①

第四条：

《西域志》云：龙树菩萨于波罗奈国造塔七百所。自余凡圣造者无量，直于禅连河上建塔千有余所。五年一设无遮大会。

西域乾陀罗城东南七里有雀离浮图。推其本缘，乃是如来在世之时，与诸弟子游化此土，指城东曰："我入涅槃后二百年，有国王名迦尼色迦，在此处起浮图。"佛入涅槃后二百年，有国王字迦尼色迦，出游城东，见四童子垒牛粪为塔，可高三尺，俄然即失矣。王怪此童子，即作塔笼之。粪塔渐高，挺出于外，出地四百尺，然后始定。王更广塔基三百余步，从地构木，始得齐等。上有铁栿，高三百尺。金盘十三重，合去地七百尺。施功既讫，粪塔如初，在大塔南三百步。时有婆罗门不信是粪，以手探之，遂作一孔。年岁虽久，粪犹不烂。以香泥填孔，不可充满。今有天宫笼盖之。雀离浮图自作已来，三为天火所灾。国王修之，还复如本。父老云："此浮图天火七烧，佛法当灭。"塔内佛事，悉是金玉。千变万化，难得而称。旭日始开，则金盘晃朗；微风暂发，则宝铎铿锵。西域浮图，最为第一。

雀离浮图南五十步有一石塔。其形正直，举高二丈。甚有神变，能与世人表作吉凶之征。以指触之，若吉者，金铃鸣应；若凶者，假令人摇，亦不肯鸣。②

第五条：

《西域志》云：乌苌国西南有檀特山，山中有寺，大有众僧。日日有驴运食，无控御者。自来留食还去，莫知所在。③

---

① （唐）道世撰，周叔迦、苏晋仁校注：《法苑珠林校注》卷三八《故塔部·感应缘》，第1222页。

② （唐）道世撰，周叔迦、苏晋仁校注：《法苑珠林校注》卷三八《故塔部·感应缘》，第1222－1223页。

③ （唐）道世撰，周叔迦、苏晋仁校注：《法苑珠林校注》卷三九《伽蓝部·致敬部·感应缘》，第1254页。

第六条：

《西域志》云：王玄策至大唐显庆五年九月二十七日菩提寺，寺主名戒龙，为汉使王玄策等设大会。使人已下，各赠华氎十段，并食器，次申呈使献物龙珠等，具录大真珠八箱，象牙佛塔一，舍利宝塔一，佛印四。至于十月一日，寺主及余众僧饯送使人。西行五里，与使泣涕而别曰："会难别易，物理之然。况龙年老，此寺即诸佛成道处。为奏上于此存情，预修当来大觉之所。"言意勤勤，不能已已。①

卷五引有《西国志》一条，作为第七条：

《西国志》云：中印度在瞻波国西南山石涧中，有修罗窟。有人因游山修道，遇逢此窟。人遂入中，见有修罗宫殿处，妙精华卉，乍类天宫，园池林果，不可述尽。阿修罗众既见斯人，希来到此，语云："汝能久住以不？"答云："欲还本处。"修罗既见不住，遂施一桃与食讫。修罗语言："汝宜急出，恐汝身大，窟不得容。"言讫走出，身遂增长，形貌粗大，人头才出，身大孔塞，遂不出尽。自尔已来，年向数百，唯有大头如三硕瓮。人见共语，具说此缘。人悯语云："我等凿石，令汝身出，其事云何？"答云："恩泽。"人奏国王，具述此意。君臣共议："此非凡人，力敌千人，若凿令出，傥有不测之意，谁能抗之？"因此依旧。时人号为大头仙人。唐国使人王玄策已三度至彼，以手摩头共语，了了分明。近有山内野火，烧头焦黑，命犹不死。《西国志》六十卷，国家修撰，奉敕令诸学士画图，集在中台，复有四十卷。从麟德三年起首，至乾封元年夏末方讫。余见玄策，具述此事。②

《法苑珠林》卷七还引有《西国传》一条，但开头称"《王玄策行传》云"，则此《西国传》应该也就是《西国志》，也即《西域国志》。此条可以作为第八条：

《王玄策行传》云：吐蕃国西南有一涌泉，平地涌出激水，遂高五六尺，甚热，煮肉即熟。气上冲天，像似气雾。有一老吐蕃云："十年前其水上激，高十余丈，然始傍散。有一人乘马逐鹿，直赴泉中。自此已来，不复高涌。泉中时时见人骸骨涌出。垂氎布水，须臾即烂。或名为镬汤。此泉西北六七十里，更有一泉，其热略

① （唐）道世撰，周叔迦、苏晋仁校注：《法苑珠林校注》卷三九《伽蓝部·致敬部·感应缘》，第 1254 页。

② （唐）道世撰，周叔迦、苏晋仁校注：《法苑珠林校注》卷五《六道篇·阿修罗部·感应缘》，第 173－174 页。

> 等。时时盛沸，般若雷声。诸小泉温，往往皆然。”今此震旦诸处，多有温汤，准此亦是镬汤。故《四分律》下文佛言：王舍城北有热汤，从地狱中来。初出甚热，后流至远处稍冷。为有余水相和，所以冷也。（右此一人出《西国传》。）①

综合以上引用文字，可以就《西域国志》的具体内容等情况略作分析：

第一，《西域国志》记西域各国的情况。以上引用文字，第一条娑罗双林树在拘尸那揭罗国（据《大唐西域记》卷六），王舍城东北耆阇崛山在摩揭陀国；第二条有关罽宾国；第三条波斯匿王都城在室罗伐悉底国（据《大唐西域记》卷六）；第四条有关波罗奈国、乾陀罗国；第五条有关乌苌国；第六条菩提寺在摩伽陀国（据《法苑珠林·感通篇·圣迹部》引《王玄策行传》）；第七条有关瞻波国；第八条有关吐蕃国。

第二，《西域国志》与《王玄策行传》关系密切。以上八条之中，第一、六、七条都提及王玄策，第八条明确写出引《王玄策行传》。这和上节所述《西域国志》主要参考了《王玄策行纪》是一致的。

第一条称耆阇崛山，显示出并非来自《大唐西域记》，《大唐西域记》改作姞栗陀罗矩吒山，并注：“唐言鹫峰，亦谓鹫台。旧曰耆阇崛山，讹也。”② 第三条称波斯匿王，也显示出并非来自《大唐西域记》，《大唐西域记》改作钵逻犀那恃多王，并注：“唐言胜军。旧曰波斯匿，讹略也。”③ 第四条波罗奈国，《大唐西域记》作婆罗痆斯国；④ 乾陀罗，《大唐西域记》作健驮罗。⑤

四、《西域国志》之图画部分

《西域国志》有图四十卷，有可能就是像职贡图一类的西域各国人物形象的图画。此类图像历有流传。

与一般的职贡图类图像不同的是，《西域国志》的图像部分还曾绘成壁画。《法苑珠林》载：

---

① （唐）道世撰，周叔迦、苏晋仁校注：《法苑珠林校注》卷七《六道篇·地狱部·感应缘》，第 261－262 页。

② （唐）玄奘、辩机原著，季羡林等校注：《大唐西域记校注》卷九《摩揭陀国下》，第 725 页。

③ （唐）玄奘、辩机原著，季羡林等校注：《大唐西域记校注》卷六《室罗伐悉底国》，第 485 页。

④ （唐）玄奘、辩机原著，季羡林等校注：《大唐西域记校注》卷七《婆罗痆斯国》，第 557 页。

⑤ （唐）玄奘、辩机原著，季羡林等校注：《大唐西域记校注》卷二《健驮罗国》，第 232 页。

> 唐麟德二年，简州金水县北三学山，旧属益州，寺僧慧昱，今权例得住益州郭下空慧寺。至麟德元年，从州故往荆州长沙寺瑞金铜像所，至诚发愿，意欲图写瑞像供养。访得巧匠张净眼，使洁净如法，已画得六躯，未有灵感。至第七躯，即放五色神光，洞照内外，远近皆睹。经于七日，光渐隐灭。道俗惊喜，不可具述。慧昱将此像来入长安，未及庄饰，并欲画左右侍者菩萨圣僧供养具等。当时奉敕令京城巧匠至中台，使百官诸学士监看，令画《西国志》六十卷，《图》有四十卷。慧昱为外无好手，就中台凭匠范长寿装画。像在都堂，至六月七日夜至三更初，像放五色光明，彻照堂外。有守堂人出外起止，见堂上火出，谓内失火，惊走唱叫。堂内当直官十人并兵士三十余人，为天热并露身眠，光普照身，人人相见，身体赤露，惊起具服。唯有一官姓石，名怀藏，素无信心，但见外光，看身纯黑。光照彻旦方歇。其石怀藏发露自责，尽诚悔过，亦不见光，照身得明。及诸院官人兵士等闻唤见光，并来看之。闻见之者，并皆发心，尽行斋戒。诸官人等各画一本，至家供养。（京城道俗共知，故不别引记也）①

其中“麟德元年”，在“麟德二年”之后，或为“麟德三年”之误。如此，便与前引《法苑珠林·六道篇·阿修罗部·感应缘》“奉敕令诸学士画图，集在中台，复有四十卷。从麟德三年起首，至乾封元年夏末方讫”一致。

绘图的场所是“中台”，即国家最高政务机关尚书省。《初学记》记尚书省云：“唐龙朔二年，更名中台。咸亨初，复为尚书省。”② 至于都堂，则为尚书省之正堂，为尚书令听事之所。③ 上引中台绘图故事，正是在尚书省改名为中台的时候。总之，这个故事也显示出《西域国志》为官方修撰的特点。高宗派使的时候，已经着意收集图像资料。龙朔元年使王名远进《西域图记》，名为“图记”，应该是有图有文的体例。或许，这类资料也是《西域国志》所参考的。

前引《法苑珠林·六道篇·阿修罗部·感应缘》作“奉敕令诸学士画图，集在中台，复有四十卷”，同作“中台”。只是一般的学士，哪能画图？谓“令诸学士画图”，

---

① （唐）道世撰，周叔迦、苏晋仁校注：《法苑珠林校注》卷一四《敬佛篇·观佛部·感应缘》，第 488 – 489 页。

② （唐）徐坚等：《初学记》卷一一《职官部上》，中华书局，1980 年，第 258 页。

③ （宋）宋敏求：《长安志》卷七《唐皇城·承天门街之东面第四横街之北》，《宋元方志丛刊》第 1 册，影清乾隆四十九年（1784）镇洋毕氏灵岩山馆刻《经训堂丛书》本，中华书局，1990 年，第 107 页。

不如此处的“使百官诸学士监看”更合情理。

参与绘画的工匠很多，所谓“京城巧匠”。其中的绘者范长寿，就是当时知名的画家，有关其人，唐代文献中还有一些记载。如《酉阳杂俎》载：

> （长乐坊赵景公寺）三阶院西廊下，范长寿画西方变及十六对事。宝池尤妙绝，谛视之，觉水入深壁。①

《历代名画记》所载都城长安的寺观壁画，有三处为范长寿所画：

> （西明寺）三阶院，蔡金刚、范长寿画。
> （净法寺）东壁，范长寿画（与裴孝源《录》同）。西壁亦妙，失人名。
> 玄都观殿内，范长寿画。②

《历代名画记》还有范长寿的小传：

> 范长寿（下品），师法于张僧繇，官至司徒校尉（《风俗图》《醉道士图》传于代）。僧悰云：“博赡繁多，有所雅尚。至于位置，不烦经略。”（窦云：“掣打捉笔，落纸如飞。虽乏窈窕，终是好手。”）③

《唐朝名画录》则列作妙品中，其小传云：

> 范长寿，国初为武骑尉，善画风俗、田家、景候、人物之状，人间多有。今屏风是其制也。凡画山水、树石、牛马、畜产，屈曲远近，放牧闲野，皆得其妙，各尽其微。张僧繇之次也。又僧彦悰《续画品》云：“其博赡繁多，未见其亲迹，可居妙品。时又有何长寿，亦与齐名，近代少见其画也。”④

---

① （唐）段成式著，方南生点校：《酉阳杂俎·续集》卷五《寺塔记上》，中华书局，1981年，第249页。

② （唐）张彦远著，俞剑华译注：《历代名画记》卷三《记两京外州寺观画壁》，上海人民美术出版社，1964年，第68页。

③ （唐）张彦远著，俞剑华译注：《历代名画记》卷九，第171页。

④ （唐）朱景玄：《唐朝名画录》，《景印文渊阁四库全书》第812册，台湾商务印书馆，1982－1986年，第369页。《酉阳杂俎》和《唐朝名画录》有关范长寿的两条记载，俞剑华译注《历代名画记》时已注出。

范长寿确实是一位高水平的画家。

前引《法苑珠林》的记载不够明朗，不过可以估计所画《西域国志》的图画就是壁画，所以需要大量的工匠参与其中。当然，唐代知名的画家几乎都参与壁画的绘制，《历代名画记》中有大量的实例。

五、结语

唐高宗敕撰《西域国志》是唐代前期有关西域地区最为重要的官方文献。虽然原书已佚，但是今存的与之成书时代十分接近的佛教类书《法苑珠林》足以使我们对《西域国志》有比较明确的认识。

第一，《西域国志》一书书名历代记载颇多不同，除了《西域国志》，还有《西域图志》《西域志》《西国志》等名。《法苑珠林》叙述和引录其中文字的时候，大多数称之为《西国志》。

第二，《西域国志》有文字六十卷、《画图》四十卷，合为一百卷。文字撰写在先，图画绘制在后，因此有的记载中称此书六十卷。有关文字编纂、图画绘制的时间，记载亦颇多不同，学者的意见差异也很大，以《法苑珠林》的记载为主要依据并结合高宗时期与西域关系的基本背景，可以得出文字系龙朔三年始撰，《画图》则在麟德三年/乾封元年绘制。

第三，《西域国志》的文字部分主要参考了玄奘《西域传》（《大唐西域记》）和《王玄策行传》。由此可以明了《西域国志》规模颇为可观且迅速成书的原因所在。此外，还引用了一些更早的记载。

第四，《法苑珠林》的引用文字，还可以说明《西域国志》系记载西域各国的情况，大致就以罗列西域各国的情况组织成文。而具体内容上与《王玄策行传》的关系更为密切。一方面是引用文字中就出现了王玄策的或者他的行记的名称，另一方面几处地名的译名系统正是《大唐西域记》所批评的旧译。

第五，《西域国志》的图画部分还曾绘成壁画，位置就在中台（尚书省），显示《西域国志》作为一种官方文献的特质。参与绘图的有范长寿其人，《历代名画记》等唐代的画史著作显示其人是知名的画家。

作者简介：
杨晓春，南京大学历史学院教授；张平凤，南京博物院副研究馆员。

争为上宾：中古东亚诸国“争长”事件新论

吴凌杰

［提要］通过对中古时期东亚诸国“争长”事件的探讨，以及其对外蕃等次的划分，即可明显发现唐朝对诸蕃的座次有着自己的安排逻辑——以诸蕃本国的地域进行方向划分，再根据“蕃望”进行前后划分。唐朝依照“蕃望”构建了对诸蕃地位的认知，但这种认知遭到了现实国际关系的挑战。与会的诸蕃基于自身的实力与地位，来确定自己的势力范围，奠定自己的天下观念与蕃属体系。唐朝与外蕃两种不同的国际地位认知，在宴会时发生了激烈的碰撞，这便是“争长”事件爆发的根本原因。

［关键词］唐代宾礼；争长；域外交流；

一、引言

崔致远有着“东国儒宗”的美誉，作为新罗人的他，少年时便来到唐朝求学，并辗转于各地为官，曾一度入高骈幕府任职。现今在《崔致远文集》中留有他写的《谢不许北国居上表》，该文章背景是渤海国王子大封裔出使唐朝，面见昭宗时，要求唐朝将渤海的位次排在新罗之上，昭宗对此断然拒绝，于是崔致远替新罗王上献表文，以示感激之意。现今可见，这道表文为我们了解“争长”事件提供诸多信息，兹截录部分引文于下：

臣某言：臣得当蕃宿卫院状报，去乾宁四年七月，渤海贺正王子大封裔，进状请许渤海居新罗之上。伏奉敕旨：国名先后，比不因强弱而称；朝制等威，今岂以盛衰而改？宜仍旧贯，准此宣示者。①

从引文可见，渤海要求位次在新罗之上被昭宗拒绝，而昭宗拒绝的理由是诸蕃国的位次以及朝廷仪轨，不能因诸蕃势力兴衰而更改，并且下令对新罗、渤海的位次，要继续按照“旧贯”执行。

那么什么是“旧贯”？唐朝依据什么原则制作出“旧贯”？由此，值得进一步思考的是，唐朝在大型活动中如何安排外蕃的座次？这种安排是否有着“一定之规”？对于这些问题的探讨，无疑会加深我们对唐代宾礼的理解。现今学界对“争长”的研究较多，但大多数基于“争长”双方实力的消长、本国国际地位的认知，以及东亚国家之间的外交关系等角度展开论述，② 较为忽视唐朝在“争长”事件中扮演的角色。在看似题无剩义之处，给我们留下了诸多有待深入的空间。

换言之，“争长”事件爆发的本质，在于诸蕃不满于唐朝对他们的座次安排，其背后所反映的是唐朝对诸蕃地位的认知，遭到了现实国际关系的挑战。职是之故，我们认为探讨上述问题，借此深入了解唐朝对座次的规则及其背后逻辑，或能为解释“争长”问题提供新的思路，亦能窥见宾礼制度与现实国际关系之间的张力。③

---

① ［新罗］崔致远著，李时人、詹绪左编校：《崔致远全集》，上海古籍出版社，2018 年，第 546 页。

② ［日］滨田耕策：《唐の渤海と新羅の争長事件》，《古代東アジア史論集（下巻）》，（东京）吉川弘文館，1978 年，第 343 页；（韩）卞麟锡：《당나라 때 외국 사장들이 앞다투어 연구한 것》（《唐代外国使争长研究》），《아시아 연구》（《亚细亚研究》）1985 年第 28 期；张碧波、张军：《渤海与新罗“争长”的背后——新罗崔致远文集读后》，《北方文物》1999 年第 3 期；王小甫：《唐朝与新罗关系史论——兼论统一新罗在东亚世界中的地位》，荣新江主编：《唐研究》第 6 卷，北京大学出版社，2000 年，第 155－171 页；福田忠之：《唐朝之东北亚诸国观及东北亚诸藩国国际地位——以唐代各国争长事件为中心》，王小甫主编：《盛唐时代与东北亚政局》，上海辞书出版社，2003 年，第 372－406 页；［日］石见清裕著，王博译：《唐代的民族、外交与墓志》，西北大学出版社，2019 年。

③ 有关中古宾礼概念在正史之间的流变与定义，可参见吴凌杰：《中古五礼次序的变迁与礼学思想的转型》，《中华文化论坛》2023 年第 1 期；吴凌杰：《走向五礼：汉唐之际正史“礼”类典志的变迁与意义》，《史学理论研究》2023 年第 3 期；吴凌杰：《何以为宾：试论经学视域下“宾礼”概念的构建》，《天府新论》2023 年第 5 期。

二、“蕃望”：唐朝蕃夷管理条例的成立

为了管理诸蕃的事务，唐朝曾经特令鸿胪寺制作过“蕃望簿”，《新唐书·百官志》“鸿胪寺”条云：“鸿胪寺，卿一人，从三品；少卿二人，从四品上；丞二人，从六品上，掌宾客及凶仪之事。领典客、司仪二署。凡四夷君长，以蕃望高下为簿，朝见辨其等位，第三等居武官三品之下，第四等居五品之下，第五等居六品之下，有官者居本班。”①从中可见，唐朝将诸蕃分为五等，其中第三等蕃使的位次在三品武官之下，第四等蕃使的位次在五品武官之下，以此类推，曾受唐朝册封过的诸蕃，其使者则位次在本班。

相似记载见于《唐六典》“鸿胪寺典客令”云：“凡酋渠首领朝见者，则馆而以礼供之（三品已上准第三等，四品、五品准第四等，六品已下准第五等。其无官品者，大酋渠首领准第四等，小酋渠首领准第五等）。”②这是对上述《新唐书·百官志》的逆向记载，它从官品出发确定诸蕃的等次，三品官的诸蕃，在蕃望上可定为第三等，四品、五品官可定为第四等，六品官可定为第五等，对于无官品的酋渠首领，则按照部落大小，赐予第四等或第五等的待遇。由此可见，鸿胪寺曾经对“四夷君长”专门根据“蕃望高下”制作过“蕃望簿”，这个“蕃望簿”便是昭宗所谓的“旧贯”，它是唐朝对诸蕃等级次序详细的划分。它的基本原则是依据官阶高低确定蕃望等次，并给予对应待遇。

蕃望作为唐朝对外夷的管理准则，在唐朝任用与赏赐诸蕃时发挥着作用。如《册府元龟·外臣部》“入覲条”就记载太宗在“贞观二十三年正月，制蕃王分为三蕃，以次朝集”③。朝廷按照蕃望，将诸蕃分列，以次朝见。而在《新唐书·百官志》“主客郎中条”亦云：“主客郎中、员外郎各一人，掌二王后、诸蕃朝见之事。……客初至及辞设会，第一等视三品，第二等视四品，第三等视五品。蕃望非高者，视散官而减半，参日设食”④，表明“蕃望”还用于各种场合对外夷使者的供给食料。⑤唐朝多次从诸蕃部落

---

① 《新唐书》卷四八《百官志三》，中华书局，1975 年，1257 页。

② （唐）李林甫等撰，陈仲夫点校：《唐六典》卷一八，中华书局，2014 年，第 506 页。

③ （宋）王钦若等编纂，周勋初等校订：《册府元龟》卷九九九，凤凰出版社，2006 年，第 11555 页。

④ 《新唐书》卷四六《百官志一》，第 1196 页。

⑤ 在供给食料时，蕃望第一等可准三品、第二等可准四品、第三等可准五品给予俸料，粗看之下，这与前述有所抵牾，石见清裕对此解释道：“使节留唐期间的食料，由于预先减去了剩余部分的关系，蕃望与官品的对应被降等计算了。”［日］石见清裕著，王博译：《唐代的民族、外交与墓志》，第 316 页。

中选拔子弟，使其进入护卫与仪仗队担任亲侍官，如《册府元龟·帝王部》“来远”条引云：“帝击破突厥，其蕃望子弟多授以侍卫之官。”①太宗在击破突厥后，依照蕃望将突厥部落子弟授予侍卫官。这种风气在玄宗时期依旧存在，《巡幸东都赐赉从官敕》云：“出震奋豫，……亲王赐物八十匹……入仗突厥吐蕃使，共赐物五百匹。令鸿胪据蕃望高下、节级分付。”②从中可见，“入仗突厥吐蕃使”便是按照蕃望从诸蕃之中选拔出来的，而突厥与吐蕃的蕃望较高，故他们进入了仪仗队，在跟随玄宗巡幸东都时，得到赐物五百匹的奖励，鸿胪寺会根据他们蕃望的等次以及官阶高低节级分发。那些担任护卫官的蕃夷，往往也会为自己“蕃望”和待遇与他人不均产生抱怨。在《册府元龟·外臣部》“请求条”引云：

（开元）六年十一月丁未，阿史特勒仆罗上书诉曰：“仆罗克吐火罗叶护部下管诸国王都督、刺史总二百一十二人，……仆罗祖父已来，并是上件诸国之王，蕃望尊重。仆罗兄般都泥利承嫡继袭，先蒙恩敕，差使持节就本国册立为王。然火罗叶护积代以来，于大唐忠赤，朝贡不绝。本国缘接近大食、吐蕃，东界又是四镇。……仆罗至此，为不解汉法，鸿胪寺不委蕃望大小，有不比类流例，高下相悬，即奏拟授官。窃见石国、龟兹，并余小国王子、首领等入朝，元无功效，并缘蕃望授三品将军。况仆罗身恃勤，本蕃位望与亲王一种比类，大小与诸国王子悬殊，却授仆罗四品中郎。……久被沦屈，不蒙准例授职，不胜苦屈之甚。”敕鸿胪卿准例定品秩，勿令称屈。③

石见清裕、王义康等人对此已作简要介绍，不复赘述。④ 从引文可知，仆罗作为唐朝从吐火罗中选拔的侍卫官，在中宗神龙元年（705）便“蒙恩敕授左领军卫、翊府中郎，将至今经一十四年”，但是鸿胪寺在赐予官爵时，却对“石国、龟兹，并余小国王子、首领”这群“元无功效”之人，并缘蕃望授三品将军。三品将军依照前引《唐六典》可知，在蕃望上处于“第三等”，而仆罗则只是正四品下的左领军卫、翊府中郎将，在蕃望上处于“第四等”，这让他感到愤愤不平。于是仆罗一方面强调自己是吐火罗国王的弟弟，是吐火罗的亲王，地位远高于小国的王子，据此指责鸿胪寺“不委蕃望大小”，没有按照“蕃望”高低等级来授予官爵；另一方面也指出吐火罗是“上件诸国之

---

① （宋）王钦若等编纂，周勋初等校订：《册府元龟》卷一七〇，第 1892 页。

② （宋）宋敏求编：《唐大诏令集》卷七九，中华书局，2008 年，第 454 页。

③ （宋）王钦若等编纂，周勋初等校订：《册府元龟》卷九九九，第 11557 – 11558 页。

④ ［日］石见清裕著，王博译：《唐代的民族、外交与墓志》，第 310 – 311 页；王义康：《唐代册封与授受四夷官爵试探》，《清华大学学报》（哲学社会科学版）2018 年第 3 期。

王，蕃望尊重”，而谢飏国、罽宾国等国均为其藩属国，在地位上吐火罗就高于其他小国，而且对“大唐忠赤，朝贡不绝”，“每征发部落下兵马讨论击诸贼，与汉军相知，声援应接”，使得大唐的边境免有侵渔。因此玄宗下令鸿胪寺按照蕃望重新确定仆罗的官爵品秩，勿令称屈。这表明“蕃望”不仅反映了诸蕃的地位差异，而且也直接影响着唐朝对他们的待遇。

“蕃望”作为唐朝管理诸蕃的基本准则，也用于宴会之中。如在开元十三年（725）玄宗封禅泰山时，四方云集于泰山下参与典礼，在《旧唐书·礼仪志》中对众人位次有过排序：“玄宗御朝覲之帐殿，大备陈布。文武百僚，二王后，孔子后，诸方朝集使，岳牧举贤良及儒生、文士上赋颂者，戎狄夷蛮羌胡朝献之国，突厥颉利发，契丹、奚等王，大食、谢䫻、五天十姓，昆仑、日本、新罗、靺鞨之侍子及使，内臣之番，高丽朝鲜王，百济带方王，十姓摩阿史那兴昔可汗，三十姓左右贤王，日南、西竺、凿齿、雕题、牂柯、乌浒之酋长，咸在位。”① 从此段史料可见，玄宗在封禅泰山时，陪同之人众多，不仅有文武百官、二王后、孔子后以及地方朝集使、贤良儒生等人，还有许多外国使者，如何安排这些人的位次，特别是外国使者的位次成了现实需求。从这份诸国使者的位次名单来看，这应当是鸿胪寺当时安排位次的原文，极有可能源自散佚的“蕃望簿”。

从引文“内臣之蕃”等语可见，鸿胪寺对于位次的安排有着“内臣之蕃”与“外臣之蕃”的区别。王义康在分析时指出：“‘内臣之蕃’不仅有高丽、百济、十姓摩阿史那兴昔可汗这些被唐朝灭亡后重新册立的政权，而且还有日南、西竺、凿齿、雕题、牂柯、乌浒这些位于唐朝岭南与西南边境的小国。”② 这表明“内臣之蕃”指的是处于唐朝羁縻控制之下的诸蕃之地。那么对应的“突厥颉利发，契丹、奚等王，大食、谢䫻、五天十姓，昆仑、日本、新罗、靺鞨之侍子及使”便属于“外臣之蕃”，它们是不受唐朝控制的独立政权，故以“外臣”称之。从这份名单所显示的诸国位次可见，它的排列规则是按照“方位”与“实力”的综合考虑，从西北方向的突厥、契丹、奚、大食与东南方向的日本、新罗、靺鞨并立，依实力强弱分先后。

《开元礼》多次记载了诸蕃参与皇帝举行的各种活动，如郊庙、巡狩、讲武，以及加元服、纳后、册太子等，他们在这些活动中充当仪式的见证者，皇帝也以此表明活动的盛大，营造出天命所归、万邦来朝的景象。在礼仪活动中安排诸蕃的位次，成为鸿胪寺必须考虑的问题。如在“吉礼·皇帝封祀泰山”条云：“设国客位，东方、南方于文

① 《旧唐书》卷二三《礼仪志三》，中华书局，1975 年，第 900 页。

② 王义康：《唐代册封与授受四夷官爵试探》，《清华大学学报》（哲学社会科学版）2018 年第 3 期。

官东南，每国异位，北面西上；西方、北方于武官西南，每国异位，北面东上。”① 依旧是遵循着本国的地域进行方向划分的原则。又如在“嘉礼·皇帝元正冬至受群臣朝贺”条云：“设诸方客位：三等以上，东方南方于东方朝集使之东，每国异位，重行，北面西上；西方北方于西方朝集使之西，每国异位，重行，北面东上；四等以下分方位于朝集使六品之下，重行，每等异位。”②唐朝依照着本国方位与实力强弱进行区分，蕃望成了排列位次的关键。蕃望在三等以上的诸蕃使者，鸿胪寺按照方向划分，东方、南方来客安排在东方朝集使的东面，西方、北方来客则安排在西方朝集使的西面。对那些蕃望较低，等次在四品以下的诸蕃使者，则统统安排在六品以下朝集使的下方，不再具体规定朝向与位次。这表明唐朝依照蕃望对诸蕃安排了等级分明的位次。

唐人的元会图也能反映出宴会时诸蕃的座次，目前学界对此关注不多。如在宋人董逌的《广川画跋》中，就收录有唐人创作的元会图，虽然原图失传，但董逌对图的内容进行过详细的描述，可为我们提供诸多信息。如他对唐贞观年间的《王会图》描述云：“秘阁《王会图》，帐录总幅二十四，亡者十有二矣。其传制犹可概见，盖王者元旦受朝之图也。……臣得考于载籍，殆唐贞观所受贡于四海者也。”③从董逌描述可知，此画为唐贞观年间太宗元旦受外蕃朝贺之图，虽然图已经亡佚，幸运的是董逌将图中诸蕃座位次序记录了下来。文云：

> 有事告办，鸿胪导客，次序而列。凡国之异，各依其方：东首以三韩、百济、日本、渤海，而扶桑、勿吉、琉求、女国、挹娄、沃沮次之；西首以吐蕃、高昌、月氏、车师、党项，而轩渠、嚈达、迭伏罗、丁令、师子、短人、掸国次之；南首以交趾、沅溪、哀牢、夜郎，而板楯、尾濮、西僰、附国、莋都等次之；北首以突厥、匈奴、铁勒、靺鞨，而大漠、白霫、室韦、结骨后次之。夷琛蛮赆，瑰奇怪谲，璀璨错落，为一时美观。尝考之，贞观十七年其制如是。④

从中可见，此处朝贺将诸蕃分为“东、南、西、北”四列，继而分为两个等级，如以“东列”为例，“三韩、百济、日本、渤海”并在东列第一排，“扶桑、勿吉、琉求、

---

① （唐）萧嵩等撰，周佳、祖慧点校：《大唐开元礼》卷六三，浙江大学古籍研究所编纂：《中华礼藏·总制之属》第一册，浙江大学出版社，2016年，第474页。

② （唐）萧嵩等撰，周佳、祖慧点校：《大唐开元礼》卷九七，第640页。

③ （宋）董逌著，张自然校注：《广川画跋校注》，河南大学出版社，2012年，第134页。有关此画的具体年代考证，可见李昀：《敦煌壁画中的职贡图绘研究之一——维摩诘经变与贞观〈王会图〉》，《艺术工作》2021年第6期。

④ （宋）董逌著，张自然校注：《广川画跋校注》，第135页。

女国、挹娄、沃沮”并在东列第二排。唐朝的元会一般在殿内举行，大体为东西两列，而非东南西北四列，这种安排方式既不同于《旧唐书》与《开元礼》仅分“东、西”两列，又不同于单列前后，故我们怀疑此图应当是画家基于贞观十七年（643）元日朝会的理想化创作，而非现实安排。不过诸国方位及位次先后还是大体遵循着本国的地域进行方向划分、以实力强弱进行前后划分的原则。

总之，通过以上我们对位次的梳理，便可发现唐人对诸蕃座次的安排有着自己的逻辑，即按照“蕃望”首先以诸蕃本国的地域范围进行划分，将东方、南方来客安置在东列，将西方、北方来客安排在西列，皆面北而坐。再以诸蕃实力强弱划分等次，受唐朝册封、有官身的列于本班之中，未受唐朝册封、无官身的视部落大小、强弱进行准等折算，这便是鸿胪寺制作“蕃望簿”的基本精神原则。理解了唐朝安排座次的基本原则，为我们重新审视“争长”事件提供了方向。

三、“册封”：唐朝对外蕃的册封及其地位认知

既然唐朝以官阶划分蕃望等级，那么唐朝对诸蕃进行过哪些册封呢？厘清相关史实记载，对于反观“争长”事件背后的等级问题，无疑具有帮助，故我们梳理了两《唐书》、《资治通鉴》等文献的记载，并参考前人（如王义康等人）的研究，对唐朝历次册封的对象、封号等制作了表格，具体见表1：

表1　唐代册封诸蕃一览表

名称	具体的册封官爵信息
高句丽	武德七年（624）册高建武为上柱国、辽东郡王、高丽王；仪凤二年（677）册高藏为辽东州都督、朝鲜王；垂拱二年（686）册高宝元为朝鲜郡王；圣历元年（698）授高宝元左鹰扬大将军，封忠诚国王；圣历二年（699）授高德武安东都督
百济	武德七年册为扶余璋带方郡王、百济王；仪凤二年册扶余隆为带方郡王
新罗	武德七年册为金真平乐浪郡王、新罗王；贞观九年（635）增册柱国；龙朔二年（662）增册开府仪同三司、上柱国；龙朔三年（663）增册鸡林州大都督；贞元元年（785）增册检校太尉、使持节、大都督、鸡林州刺史、宁海军使
渤海	先天二年（713）册大祚荣为左骁卫院外大将军、渤海郡王；开元七年（719）增册忽汗州都督；宝应元年（762）册大钦茂为渤海国王；贞元十一年（795）册大嵩琳为渤海郡王；元和三年（808）册元瑜为银青光禄大夫、检校秘书监、渤海国王

（续上表）

名称	具体的册封官爵信息
南诏	永徽六年（655）册细奴逻为巍州刺史；上元元年（760）册逻盛为巍州刺史；开元元年（713）授盛逻皮为沙壹州刺史，册为台登郡王；开元二十六年（738）封皮逻阁为云南王，加开府仪同三司；贞元十年（794）册异牟寻为南诏王
奚	开元二十二年（734）授可度者使持节六州诸军事、饶乐都督，封楼烦县公；显庆五年（660）授李尽忠为松漠都督；开元四年（716）授李大酺为都督，封饶乐郡王
契丹	开元二十二年授窟哥为使持节十州诸军事、松漠都督，封无极县男；显庆五年授枯莫离弹汗州刺史，封归顺郡王；开元四年，以李失活为都督，封松漠郡王
吐谷浑	贞观九年册慕容顺为可汗；贞观十年（636）册为河源郡王、可汗
吐蕃	贞观二十三年（649）册封弄赞为驸马都尉、西海郡王
薛延陀	贞观二年（628）册夷男为可汗；贞观十二年（638）册夷男二子为小可汗
东突厥	贞观十三年（639）册阿史那思摩为可汗
西突厥	贞观二十二年（648）册贺鲁为泥伏钵叶护，二十三年增为安西都督；垂拱元年（685）册阿史那元庆为兴昔亡可汗，兼昆陵都护；长安三年（703）册阿史那怀道为十姓可汗，开元四年（716）增为蒙池都护、碛西节度使
后突厥	万岁通天元年（696）册默啜为颉跌利施大单于、立功报国可汗

注：对头衔的变更，我们只注明首次册封的时间，对常态延续的头衔不复赘录。

从表1中可见，唐朝对诸蕃的册封有着不同的等级，由此反映出不同的地位。如海东三国——高句丽、百济、新罗，三者在武德七年都被唐朝册封了郡王头衔，但高句丽与百济和唐朝爆发战争，先后被灭国，而新罗，唐朝对它的册封则不断提高，从乐浪郡王到上柱国再到检校太尉，从新罗王到鸡林州大都督再到鸡林州刺史、宁海军使，不仅表明新罗的官阶在不断提升，对唐朝的重要性也愈发加强，而且也说明唐朝逐步将新罗从“化外之地”纳入唐朝治理体系。对南诏而言，前期被封为刺史，等到开元年间才逐渐册封为郡王、云南王，到德宗年间被册为南诏王。这一方面是南诏与唐朝屡有战争，故唐朝对其册封较晚，且官阶较低；另一方面也说明唐朝难以将南诏纳入国家羁縻体系之中。

对于奚、契丹、吐蕃、薛延陀以及东、西突厥等政权，唐朝则无力控制，无法将其纳入羁縻体系，它们也不承认唐朝的地位，故唐朝对他们的册封次数较少，而且册封的多为可汗、单于、叶护等头衔，在头衔上多加“归顺”“立功报国”等象征节义的词语。如武宗会昌三年（843）黠嘎斯遣使朝贡，并求唐朝册命，李德裕认为黠嘎斯遣使者送太和公主归国，并击讨黑车子有功，宜与册命，但武宗则持否定意见，认为：“加可汗之名即不修臣礼，踵回鹘故事求岁遗及卖马，犹豫未决。”① 最终在李德裕的劝谕之下，武宗给予了黠嘎斯册命。从中可见，黠嘎斯等政权虽然不受唐朝直接控制，但是获得唐朝的册命，赐封可汗亦为美事，它代表了自己获得唐朝的认可，而唐朝亦通过给予册命的形式，加强对周边政权与国家的影响。对此，王义康指出：“册封首领为君长意味着君长在部落内部的统治地位得到唐的承认、具有合法性，授予官职意味着将其纳入唐的官僚体制，唐再将都督府、都护府监临其上，从而实现其间接统治。”② 此观点无疑是正确的，我们亦认为唐朝的册封主要遵从其政权内部的传统与权力结构，其册封意图不在于管辖与控御，而是获得他们的表面臣服。

概言之，唐朝对不同政权进行了不同形式的册封，从册封的等级、头衔以及册封时间的先后，都能体现唐朝对该政权的认知与理解，由此构建起了不同等级的层次化册封，并体现出唐朝对诸蕃地位的差序化认知，在这个差序化结构中，既有如高句丽、百济及东、西突厥这种被唐朝灭亡、归入唐朝版图的政权；又有如新罗完全依附于唐朝的附属国；也有如南诏时和时叛，以及如奚、契丹等唐朝难以管控的羁縻国；还有与唐朝分庭抗礼、不认同唐朝册封的日本及吐蕃等对等之国。

四、“争长”：外蕃之间的地位认知及其处理

有关唐代外蕃“争长”事件大体有三个较为知名的案例，一是开元十八年（730）《旧唐书·突厥传》记载的突厥与突骑施“争长”；二是天宝十二年（753）《续日本纪》记载的日本与新罗“争长”；三是崔致远撰写的《谢不许北国居上表》所载乾宁四年（897）渤海派遣王子大封裔出使唐朝，上表要求昭宗准许渤海使臣位次居于新罗使臣之上。此外以“争长”为名的事件还有《旧唐书》记载的回纥与黑衣大食于阁门“争长”，但不涉及位次的变化，故不纳入讨论范围。我们兹将上述三者的史料节录于下：

《旧唐书·突厥传》：

> （开元）十八年，苏禄使至京师，玄宗御丹凤楼设宴。突厥先遣使入朝，是日亦来预宴，与苏禄使争长。突厥使曰：“突骑施国小，本是突厥之臣，不宜居上。”苏禄使曰：“今日此宴，乃为我设，不合居下。”于是中书门下及百僚议，遂于东西幕下两处分坐，突厥使在东，突骑施使在西。宴讫，厚赉而遣之。③

① 《资治通鉴》卷二四七，中华书局，2011 年，第 8096 页。

② 王义康：《唐代册封与授受四夷官爵试探》，《清华大学学报》（哲学社会科学版）2018 年第 3 期。

③ 《旧唐书》卷一九四下《突厥下》，第 5191 页。

《续日本纪》：

（天平胜宝六年春正月）丙寅，副使大伴宿祢古麿，自唐国至。古麿奏曰：“大唐天宝十二载，岁在癸巳正月朔癸卯，百官、诸蕃朝贺。天子于蓬莱宫含元殿受朝。是日，以我，次西畔第二吐蕃下，以新罗使，次东畔第一大食国上。古麿论曰：自古至今，新罗之朝贡大日本国久矣。而今列东畔上，我反在其下。义不合得。时将军吴怀实见知古麿不肯色，即引新罗使，次西畔第二吐蕃下，以日本使次，东畔第一大食国上。”①

《谢不许北国居上表》：

臣某言：臣得当蕃宿卫院状报，去乾宁四年七月，渤海贺正王子大封裔，进状请许渤海居新罗之上。伏奉敕旨：国名先后，比不因强弱而称；朝制等威，今岂以盛衰而改？宜仍旧贯，准此宣示者。②

从这三个“争长”事件，不难发现争长的双方都是彼此相邻，或者熟悉，彼此之间有着一定的认知。而相隔较远的国家，难以发生“争长”，如武宗会昌三年黠嘎斯入朝，武宗“上引对，班在渤海使之上”③。双方就没有因为班次高下发生争执，由此可见“争长”事件的前提，便是双方对彼此有着基本的认知。

如前所述，唐朝对蕃国位次安排的原则，是依照本国的地域进行方向划分，按照实力强弱定蕃望等级进行位次划分，这既是《新唐书·百官志》所谓“凡四夷君长，以蕃望高下为簿，朝见辨其等位”的基本原则，也是“蕃望簿”的根本精神。那么将目光重回到上述“争长”事件，以天宝十二年《续日本纪》所载的日本与新罗“争长”为例展开探讨。

虽然新罗的“蕃望”不明，但唐朝多次对其进行过册封。在武德七年高祖册封新罗真平王金白净为乐浪郡王；到了贞观九年太宗在续封乐浪郡王外，加新罗善德王金德曼为柱国；龙朔二年新罗王金春秋卒，其子金法敏继位，高宗在乐浪郡王的基础上，增封其为开府仪同三司、上柱国；龙朔三年随着唐与新罗联手攻灭百济，唐在百济故地设置鸡林州大都督府，授予新罗王金法敏为鸡林州大都督；贞元元年新罗王金乾运卒，德宗

① ［日］藤原继绳等编撰：《续日本纪》卷一九，［日］黑板胜美编：《国史大系·第二卷》，（东京）经济杂志社，1897 年，第 307 页。

② ［新罗］崔致远著，李时人、詹绪左编校：《崔致远全集》，第 546 页。

③ 《资治通鉴》卷二四七，第 8095 页。

授予金良相为检校太尉、使持节、大都督、鸡林州刺史、宁海军使，册封为新罗王。按照官阶而言，新罗在高宗年间获得的“开府仪同三司”为从一品的文散官，在德宗年间获封的“检校太尉”虽然是检校官，但其官阶为正一品。① 上引《唐六典》只写道“三品已上准第三等”，那么新罗获封的官阶，必然在第三等之上。而唐朝虽然多次有意册封日本，但日本并未同意，故其地位似乎要按“其无官品者，大酋渠首领准第四等，小酋渠首领准第五等”② 的原则来排列，从此角度而言，日本居于新罗之下似有道理。但前引开元十三年玄宗封禅泰山时日本位在新罗之前，《王会图》所述贞观十七年（643）的元旦宴会日本与新罗并列，说明在唐朝眼中日本较为特殊，以往学界论述过唐朝对日本并非待以附属国，而是平等的身份，兹不赘论，故唐朝将日本位在新罗之后，确实有误。

而唐朝面对日本与新罗的“争长”，最终的解决方案是将日本与吐蕃分列东、西两列的第一位次，而将新罗放在西列第二位次、大食放在东列第二位次。这无疑是对前述“蕃望”之“以诸蕃本国的地域范围进行划分”原则的违背，唐朝妥协背后的逻辑应该是吐蕃与日本，同为唐朝“对等之国”之缘故，故使其双方各位次第一。如吐蕃，从现存史料可见，唐朝对吐蕃的册封仅有高宗年间授弄赞为驸马都尉、封西海郡王这一例，随着冲突升级，双方矛盾加剧，不断爆发战争，于是吐蕃与唐朝为“敌国之礼”，形成了事实上的对等关系，故唐朝将日本与吐蕃安排在同列，当有二者同为唐朝对等之国的原因。

而唐朝将新罗与大食同在第二位次，有关大食的蕃望，虽然史书对唐朝册封大食的记载较少，但在《册府元龟·外臣部》“褒议”条引云：“（天宝）十二载七月辛亥，黑衣大食遣大酋望等二十五人来朝，并授中郎将，赐紫袍、金带、鱼袋，放还蕃。”③ 即便我们不清楚对大食国王的册封，至少“大酋望”应当是大食国使者中较高级别的官员，对于大食国高级别的官员，唐朝对其也仅册封为从四品的“中郎将”，那么从册封的官阶而言，新罗无疑类似大食，只不过大食与日本并不相邻，如同新罗与吐蕃并不相邻一样，它们互不熟悉，因此将新罗位次从东面第二调整为西面第二，将大食从西面第二调整为东面第二，无疑是唐朝对新罗与日本“争长”的调和处理，背后利用的便是调整后，双方的互不熟悉。

当然，正如我们此前所说，唐朝对“争长”事件的处理，违背了蕃望的原则，即从

---

① 我们注意到对不同的政权，唐朝给予的检校官亦不同，如德宗贞元元年，于阗王尉迟曜请求德宗册兄长尉迟胜的儿子为于阗国王，最终德宗封其为检校光禄卿，使其还国。囿于史料原因，具体册授的检校官与国家势力关系，暂时难以讨论。参见《资治通鉴》卷二三二，第7587页。

② （唐）李林甫等撰，陈仲夫点校：《唐六典》卷一八，第506页。

③ （宋）王钦若等编纂，周勋初等校订：《册府元龟》卷九七五，第11289页。

方向来说不合理。对照其他史料记载，这种安排也与前引开元十三年玄宗封禅泰山时的座次，不仅差异巨大，而且方向不一。以往日本学界的滨田耕策、石见清裕等人以将军吴怀实对宴会座次的随意调换，及与《册府元龟》日本来朝的记载进行比对，发现两者并不相符，由此论证过《续日本纪》此处史料为伪造，表明日本模仿唐朝处理外交的意图。① 而通过以上我们的论述，也认为此处史料记载真假参半，难以为信。

如若我们进一步结合开元十八年突厥与突骑施“争长”来看，无论是日本与新罗、突厥与突骑施，还是新罗与渤海，这三个“争长”事件的挑起者都认为对方是自己的附属国，也是“争长”事件爆发的焦点。在日本眼中，新罗朝贡日本国久矣，故其位次反在新罗之下，于义不合。在突厥眼中“突骑施国小，本是突厥之臣”，故不宜居上。新罗认为渤海“本为疣赘部落。靺羯之属，寔繁有徒，是名粟末小蕃，尝逐句骊内徙……其酋长大祚荣始受臣蕃第五品大阿餐之秩”②。渤海是靠着新罗的册封才得以发展的。而唐朝对日本、渤海、新罗三者亦有不同的认知，如对在册封上，新罗国王受封官位一般是检校太尉，而渤海国王受封官位一般是检校秘书监，新罗在官品上较渤海更高。又据《续日本纪》“光仁天皇十年三月”条云：

> 辛卯，领唐客使等奏言，唐使之行，左右建旗，亦有带仗，行官立旗前后，臣等察之古例，未有见斯仪。…… 往时，遣唐使粟田朝臣真人等，发从楚州，到长乐驿，五品舍人宣敕劳问。此时，未见拜谢之礼。又新罗朝贡使王子泰廉入京之日，官使宣命，赐以迎马。客徒敛辔，马上答谢。但渤海国使，皆悉下马，再拜儛踏。③

日本、新罗、渤海三国的朝贡使，一同进入长安时，唐朝派官员向他们宣读命令、赐给马匹。对唐朝的招待，日本使者坐在马背上并无致谢，新罗朝贡坐在马背上敛辔答谢，但渤海国使者却要下马舞蹈，表示谢意。从中可见，三国不仅自我认知的地位不同，在唐朝的认知中也不同。在日本的自我认知是与唐朝平等之国，故无须致谢；新罗是唐朝朝贡体系的一员，自我认知为唐朝藩属国，故坐在马背上致谢；渤海则是唐朝的羁縻之地，故下马舞蹈致谢。而唐朝官员对三者的不同表现，并无异议，表明对三者地位亦是如此认可，在唐朝看来新罗地位高于渤海。那么当渤海与新罗“争长”时，昭宗以“国名先后，比不因强弱而称；朝制等威，今岂以盛衰而改”为由，对渤海进行驳斥，也是对旧有蕃属原则的维护。故“争长”背后体现的不仅是各国对本国实力的评判

---

① ［日］滨田耕策：《唐の渤海と新羅の争長事件》；［日］石见清裕著，王博译：《唐代的民族、外交与墓志》，第 310 页。

② ［新罗］崔致远著，李时人、詹绪左编校：《崔致远全集》，第 547 页。

③ ［日］藤原继绳等编撰：《续日本纪》卷三五，第 624－625 页。

以及国际地位的认知，更是对自己构建国际关系的维护。

换言之，“争长”的每个国家都有一套基于国际关系的认知，通过此种认知不仅构建起了属于自己的势力范围，而且也产生了自己的天下观念与蕃属体系。然而“蕃望”这种唐朝基于自己对周边国家的认知体系，在现实运行中碰到了他国的认知，两种认知发生了矛盾，这便是“争长”事件爆发的深层次原因。

从唐朝对“争长”事件的处理结果上看，对日本与新罗争长处理为新罗在西、日本在东，对突厥与突骑施亦为突骑施在西、突厥在东。可见，唐朝都将让挑起者“坐东面西”，居于主位，让应对者“坐西面东”，居于客位，无疑缓和了“争长”双方的矛盾，而自《汉书》以来，皆有“东向”的客位更加尊崇的原则，自然也隐含着唐朝对后者的弥补。①由此不难看出，面对“争长”时，唐朝的统治者总拥有着多元化的知识资源可供选择，在表面上对“争长”发起者有着安抚，而暗地里则又会使用另外一种知识，对“争长”的应对者进行安抚，以期达到调停的作用，这种多元化的知识资源，是外夷所缺少的，也是唐代统治者得以应对的文化仓库。

当然，玄宗宴请突厥与突骑施之会，并非前述诸国参与的唐朝的典礼盛会，在规模上较小，在性质上更偏向于私人宴会，当突厥提出突骑施为其属臣，位次当在其下时，突骑施从宴会的主题出发，指出此宴为其所设，自当其位在上，这是极为有利的理由，它表明了私宴不同于公宴，无须考虑政治寓意，又力图摆脱双方实力不均、强弱悬殊的局面。

总之，通过以上我们对“蕃望”的梳理以及“争长”的探讨，便可发现唐朝为了厘清诸蕃来往的诸多事宜，特意令鸿胪寺创制了“蕃望簿”，将诸蕃按照实力强弱、领土大小等条件，划分为五个等次的“蕃望”，每个等次“蕃望”对应的诸蕃国享受着不同的待遇，这样便于唐朝对他们进行安排与管理。在宴会时，唐朝依照“蕃望”将诸蕃国的地域范围进行划分，将东、南方来客安置在东列，将西、北方来客安排在西列，皆面北而坐。再以诸蕃实力强弱划分等次，受唐朝册封、有官身的列于本班之中，未受唐朝册封、无官身的视部落大小、强弱进行准等折算。但是参与宴会的各国依然基于自己对国际关系的理解，产生了属于自己的蕃属认知，这种认知与唐朝的“蕃望”之间产生了矛盾，这便是“争长”事件爆发的深层次原因。

五、结语

行文至此，我们便可对开头提出的诸多疑问作出妥帖的解释。中古时期亚洲诸国交

---

① 王贞平亦持有此观点，参见［新加坡］王贞平：《唐代宾礼研究：亚洲视域的外交信息传递》，中西书局，2017 年，第 74 页。

流较为频繁，唐朝为了厘清与周边国家来往的诸多事宜，特意下令鸿胪寺制作了“蕃望簿”，这个“蕃望簿”是唐朝根据册封时官职的高低，以及诸蕃国实力强弱、领土大小等因素进行的等次划分，共分为五个等次，每个等次的“蕃望”享受着唐朝不同的待遇。这便是前引昭宗所谓的“旧贯”。

唐朝在宴会时，对诸蕃的座次有着自己的安排逻辑，即以诸蕃本国的地域进行方向划分，将东、南方来客安置在东列，将西、北方来客安排在西列，皆面北而坐。再根据“蕃望”进行前后划分，受唐朝册封、有官身的列于本班之中，未受唐朝册封、无官身的视部落大小、强弱进行准等折算，这便是唐朝安排座次的基本原则。

唐朝依照“蕃望”对诸蕃地位的认知，遭到了现实国际关系的挑战。即与会的诸蕃都有一套基于国际关系的认知，通过此种认知，不仅构建起了属于自己的势力范围，而且也产生了自己的天下观念与蕃属体系。两种认知在宴会时发生了激烈的碰撞，这便是“争长”事件爆发的根本原因。过往学界关注点偏重于“争长”参与者，而对唐朝在其中的角色论述阙如，无疑是具有缺憾的。

实际上，通过以上探讨，我们认为“争长”事件的背后，不仅是为了维护本国地位，保持国家尊严，更是对本国实力与国际地位的宣示，借以延续原本“争长”双方的藩属关系。最终为了保持宴会的和气，唐朝将座位重新进行了调整，让挑起者“坐东面西”，居于主位，让应对者“坐西面东”，居于客位，一方面缓和了“争长”双方的矛盾，另一方面将应对者“坐西面东”的处理，则隐含着唐朝对后者的弥补。

作者简介：
吴凌杰，中山大学历史学系博士研究生。

北宋永定陵案发覆

——兼论乾兴元年的政局演变

常志峰

［提要］ 北宋乾兴元年（1022）的永定陵案看似事出偶然，但是其中存在着当事人政治关系发展的必然性。从入内押班雷允恭因为“官品非当”之隐忧而求赴山陵，到刘太后对其态度上的必然转变，可见真仁之际刘太后与丁谓、雷允恭之间政治关系的裂痕，从而映射出当时政局的演变。这一转变和永定陵案的发生相互伴随，互为因果，且此次机会又被参知政事王曾等人抓住，以皇陵事故为借口，将丁谓一党尽数打倒。同时，王曾等人也借由打击丁谓一党，限制了刘太后在权力交替中对皇权的进一步侵夺，既避免了本朝“吕、武”之事的再现，也奠定了宋仁宗初年的政治格局。

［关键词］ 永定陵案；雷允恭；乾兴政局；丁谓；刘太后

一、引言

一般而言，真仁之际的历史探索，上承北宋开国史，下启宋代士大夫政治之滥觞，作为政治史研究的关键节点之一，受到的关注自然也较多。但其中鲜有将永定陵案本身作为研究对象的，基本上都是在研究其他人物或事件时，作为枝节提及。例如研究刘太后者，会将其作为刘太后政治生涯中的关键环节之一；① 研究丁谓者，则多视其为丁氏政治生涯终结的标志；② 等等。而在叙述当时整体历史脉络的研究时，学者也因为永定陵案为一偶发事件，经常作一笔带过式的处理，从而忽视其中的很多细节。但是为了尽可能细致地勾勒真仁之际的政局变化，也有学者将其进行了剖析，比如：邓小南先生在论及北宋“祖宗之法”的正式提出和仁宗朝前期的政治时，将永定陵案发生之前的背景以及造成结果的相关原因都作了较为深入的论述。其将丁谓一党何以会因为永定陵案而被打倒的原因，归结在丁谓与刘太后政治关系的转变上，这既是对之前诸多零散研究的一个总结，③ 也为笔者的进一步讨论提供了线索和启发。但是邓先生毕竟是在叙述“祖宗之法”的形成过程，并未专门视其为研究对象，所以在政治史视角下专门研究永定陵案尚有可为。

于政治史研究之外，尚有许多研究视角落在了皇陵的风水堪舆之上。例如一些考古学人在调查宋陵整体布局之后，从阴阳堪舆上将永定陵进行空间上的分析，进而在言及永定陵案时从这一方面进行探讨。他们大多把雷允恭改移皇堂之事归结为弃吉穴而不用，使得王曾等丁谓的反对派们抓住把柄，促其倒台，这也符合相关史料中对于此事的

---

① 例如刘静贞：《从皇后干政到太后摄政——北宋真仁之际女主政治权力试探》，《中国妇女史论集续集》，稻乡出版社，1991 年，第 138 – 139 页；祝建平：《仁宗朝刘太后专权与宋代后妃干政》，《史林》1997 年第 2 期，第 35 页；杨翠微：《论章献明肃刘太后》，《面向二十一世纪：中外文化的冲突与融合学术研讨会论文集》，1998 年，第 76 – 77 页；贾志扬：《刘后及其对宋代政治文化的影响》，《宋史研究论文集——国际宋史研讨会暨中国宋史研究会第九届年会编刊》，2000 年，第 134 – 135 页；田志光、梁嘉玲：《北宋真仁之际皇权交接与章献皇后的政治考量——兼论儒家理念对宋代女主预政的双面影响》，《社会科学》2022 年第 4 期；刘广丰、陈桂苹：《宋代幼主即位模式的确立——以北宋刘太后垂帘听政为论》，《宋史研究论丛》第 34 辑，科学出版社，2023 年。

② 例如［日］池泽滋子：《丁谓研究》第一章《鹤相丁谓的政治功过》，巴蜀书社，1998 年，第 66 – 70 页；王瑞来：《宋代权相第一人（下）——君臣关系个案研究之五：丁谓论》，《河南大学学报》（社会科学版）2009 年第 4 期，第 100 页。

③ 参见邓小南：《祖宗之法·北宋前期政治述略》，生活·读书·新知三联书店，2014 年，344 – 355 页。对于此处政治史描述涉及永定陵案的研究尚有张其凡、白效咏：《乾兴元年至明道二年政局初探——兼论宋仁宗与刘太后关系之演变》，《中州学刊》2005 年第 3 期；刘广丰：《寇、丁之争与宋真宗朝后期政治》，暨南大学硕士学位论文，2006 年，第 78 – 88 页；朱倩倩：《宋真宗晚年权力交接问题探析》，《宋史研究论丛》第 24 辑，科学出版社，2019 年。此外，顾宏义先生从真宗“遗诏”中对刘太后“处分军国事”上是否增有“权”字为切入点，通过辨析文献，揭示了真仁之际丁谓、王曾的政争与彼时之政局，参见顾宏义：《谁增“权”字：宋仁宗继位初年丁谓、王曾政争发覆》，《中山大学学报》（社会科学版）2023 年第 4 期。

叙述取向。① 也有研究将宋人当时的风水观念、堪舆思想和永定陵案相结合来分析研究。② 这固然是从当时的思想观念出发，但是所依照的大都是各处阴阳堪舆学说，从其中找寻永定陵案的相关依据，缺少对当时整体的政治影响和背景的宏观考察。正如黄仁宇先生所说："在面对皇帝陵寝的修建时，廷臣们的争执往往集中在风水问题上，即用技术的名义去解决道德问题，进而作为党争的依据。"③ 永定陵案也基本符合这一规律，即将技术问题变成政治斗争的借口和依据。本文旨在将这一偶然事件背后的必然因素尽可能挖掘出来，通过对各方政治权力关系变化的探究，并结合事件本身的一些细节考索，以期将以往较为笼统或模糊的说法加以总结，④ 使永定陵案整体的政治背景更为清晰。

二、雷允恭与山陵之任

乾兴元年二月戊午（十九日），宋真宗驾崩，在随之而来的一系列丧葬事务中，皇帝山陵的筹建无疑是重中之重。但是，这次修陵的工程旁生枝节，而且其风波被引入朝堂之上，变成了一宗改变当时政治局势的大案。起初，修奉山陵的差遣人员按照以往惯例已经完备，入内押班雷允恭却强烈要求加入其中。在他如愿抵达陵上伊始，判司天监邢中和却提出一种风水更利于皇族但施工难度和风险更高的皇堂穴位方案，雷允恭竟同意方案。就是在新改皇堂的挖掘过程中，出现了邢中和预先警言的土石相伴且皇堂出水的情况，继而雷允恭的不轨行为被告发，并被杖杀于陵上。此案牵连者甚众，伺机在旁

---

① 参见冯继仁：《论阴阳堪舆对北宋皇陵的全面影响》，《文物》1994 年第 8 期；秦大树：《试论北宋皇陵的等级制度》，《考古与文物》2008 年第 4 期；高晓东：《论北宋的皇陵制度》，《鸡西大学学报》2012 年第 6 期。

② 参见陈朝云：《南北宋陵》，中国青年出版社，2004 年，第 35 – 36 页；赵鸣衿：《永定陵案的再探讨》，《天中学刊》2014 年第 1 期；潘晟：《北宋皇位继承的地理术数"观察"与"预言"》，《中华文史论丛》2016 年第 4 期；刘未：《宋代皇陵布局与五音姓利说》，《浙江大学艺术与考古研究》第 3 辑，浙江大学出版社，2018 年；刘未：《宋元时期的五音墓地》，《古代文明》第 16 卷，上海古籍出版社，2022 年，第 215 – 216、244 – 249 页。

③ 黄仁宇：《万历十五年》，中华书局，2007 年，第 118 页。

④ 陈朝云与赵鸣衿两位先生从"五音姓利"的堪舆角度出发，对永定陵案有了初步的探讨，赵鸣衿先生并论及了陵案对丁谓仕途的影响，可参见陈朝云：《南北宋陵》，第 35 – 36、39 – 40 页；赵鸣衿：《"永定陵案"的再探讨》，第 121 – 124 页。后刘未先生将"五音姓利"堪舆法之理论及具体运作方式做了深入研究，使得永定陵案背后的风水理论进一步得以明晰，参见刘未：《宋代皇陵布局与五音姓利说》，《浙江大学艺术与考古研究》第 3 辑，2018 年；刘未：《宋元时期的五音墓地》，《古代文明》第 16 卷，第 215 – 216、244 – 249 页。

的参知政事王曾等人也以此事为机，打击丁谓一党并促使其倒台。永定陵案结束后，自宋真宗末年以来的动荡朝局得以暂时告一段落，皇权更迭时期的权力纷争暂时落下了帷幕，新的政治势力开始活跃于朝堂之上。

从事件本身的发展过程来说，入内押班雷允恭的赴陵之任无疑是其肇端，而对于他的任命，也颇有些特殊色彩，据《续资治通鉴长编》（以下简称《长编》）记载：

> 时按行使副及修奉都监既受命逾旬矣，乃特命允恭与张景宗同管勾山陵一行事。①

可以看出，当时修奉山陵的相关差遣已经过去十多天了，而他却能在人员都已齐备的情况下继续管勾山陵之事。但是联系当时真宗刚刚晏驾，新的政治格局亟待确立，权力更迭时期的政局尚不明朗等政治背景，以及雷允恭与丁谓正处于紧密合作、内外勾通的关键时期，管勾山陵之事无疑会使其在相当长的一段时间内难以在朝。权其利弊，使我们不得不对雷允恭求赴山陵的动机感到疑惑。

在之前研究的普遍认识中，这一情况都被归结为雷允恭的肆意骄纵。但也有一些研究较为敏锐地看到了更深层次的原因，例如何冠环先生在论述雷允恭在此事上的动机时，就将之总结为急欲“趁机立功和发财”②，但是结合其所处朝局和身份地位，此解释尚存可补之处，于细节处也需要分析讨论，而这些地方正是陵案有待发覆之一隅。对于雷允恭急切地求赴山陵，史料作如下记载：

> 始，宦官以山陵事多在外，允恭独留不遣，自请于太后，太后不许。允恭泣曰：“臣遭遇先帝，不在人后，而独不得效力于陵上，敢请罪。”太后曰：“吾非有所靳于汝也，顾汝少而宠幸，不历外任，今官品已高，近下差遣难以使汝。若近上名目，汝不知法禁，妄有举动，适为汝累。”允恭泣告不已。③

这段记载虽有几分情景化色彩，但是从其中的蛛丝马迹我们可以看出一些事态端倪。从雷允恭的角度来看，当时的宦官大多效力于陵上，但自己“独留不遣”。而且北

---

① （宋）李焘撰，上海师范大学古籍整理研究所、华东师范大学古籍整理研究所点校：《续资治通鉴长编》（以下简称《长编》）卷九八，乾兴元年六月庚申，中华书局，2004 年，第 2283 页。

② 何冠环：《北宋内臣蓝继宗事迹考》，《中国文化研究所学报》2010 年第 50 期。

③ 《长编》卷九八，乾兴元年六月庚申，第 2283 页。

宋的宦官数量虽前后变化较大，但仍然是远不及前朝，① 那么在有限的宦官群体中，身为高阶内侍的雷允恭却未被派遣，显然就有可能让位高年少的他心感不平、难以接受。于刘太后而言，此处对雷允恭无疑是“关怀备至”的，可以说为他考虑得很周到，也显得宠幸异常。但是细品刘太后之言，在关拂的言辞外，亦含有深刻的危机和警示意味，可最后还是允其所请，将“近上名目”的修陵重任委于雷允恭。在此处，史料记述的倾向是：雷允恭的泣告求赴显得任性非常，刘太后则完全就是一个被动接受的形象，甚至可以说就是成全了雷允恭的“面子”。在此，我们完全看不出来雷允恭对于山陵之任有任何的额外企图，基本上就是在彰显自己的荣宠。那除此以外雷允恭就没有其他的想法了？之前学者提及的立功求财之欲又根据何在？要明晰其中的答案，我们就要知道当时的山陵差遣事于宦官而言意义几何。

诚然，对于众多朝廷差遣，事成之后按功劳进行奖励甚至拔擢都是情理之中的，所谓“近上名目”的修奉山陵事自然也不会例外。奖励在当时无外乎两种，一为经济奖励，再者就是官阶迁转等一系列的擢升，这是惯例或者制度下的。而在私底下，具体提举修奉的宦官还会有一定的灰色收入。虽然自宋太宗以来，皇帝的遗制中总会出现“山陵制度，务从俭约”② 的习惯式语言，但在实际的皇陵工程中实难克俭节约，而且往往是花费糜多。③ 其花费一方面是皇陵建造本身费用；另一方面，新的即位者也对修陵官员和军士大加恩赏。因此，皇陵的营建必然是“油水”颇多。更为重要的是，内侍宦官们本身就是代表内廷督建皇陵，其特权不言而喻，尤其是具体提举山陵事务的几位高阶内侍，他们甚至会参与监督皇帝生前遗物珍宝的安放，其中自然就包括了雷允恭。这从后来的表现中，也得到了证实，史载：

（雷允恭）得隐盗官物金玉万计。④

---

① 关于北宋时期的宦官数量最初记载有“太祖初定天下，掖庭给事不过五十人”，见《宋史》卷四六六《宦者传一》，中华书局，1985 年，第 13599 页。到了仁宗时记载：“自供奉官至黄门，以一百八十人为定员”，见《长编》卷一七五，皇祐五年（1053）闰七月戊辰，第 4221 页。虽然在元祐之后，宦官数量增长极多，但是在宋真宗之时，人数应该不至于太多，又可参见《宋史》卷一六六《职官志》，第 3940 – 3941 页。关于北宋宦官数量的前后期变化亦可见（宋）王林著，诚刚点校：《燕翼诒谋录》卷五，中华书局，1981 年，第 46 页。

② （宋）佚名著，司义祖整理：《宋大诏令集》卷七《遗制》，中华书局，第 29 – 31 页。

③ 参见徐吉军：《论宋代厚葬》，《浙江学刊》1992 年第 6 期；陈朝云：《南北宋陵》，中国青年出版社，2004 年，第 278 页；叶春芳：《北宋皇帝葬礼探考》（上），《深圳大学学报》（人文社会科学版）1993 年第 10 卷第 4 期。

④ （清）徐松辑，刘琳等校点：《宋会要辑稿》礼三七之七，上海古籍出版社，2014 年，第 1559 页上。

（雷允恭）盗库金三千一百一十两、银四千六百三十两、锦帛一千八百匹、珠四万三千六百颗、玉五十六两及当进皇堂犀带一、药金七十两。①

允恭等盗没方中金宝以万计。②

以上是雷允恭在案发后的罪条之一，其中或许会有所夸大，可在陵建工程中的贪墨之迹无疑也是客观存在的。但若就此断定雷允恭起初就是为了财货而去赴山陵，恐怕作为内侍中的高级官员，单纯的敛财还不足以让他在刘太后面前泣告以求。那么除了贪墨财货，雷允恭是否也像其他宦官一样谋求官阶的迁转?

以刘太后所言，当时雷允恭已经是“少而宠信”，而且“官品已高”，在求赴山陵之际，雷允恭为“西京作坊使、普州刺史、入内押班”。③ 这个官职在宦官队列中确实是很高的。具体来讲，在这一官衔里，入内押班即“入内内侍省押班”的简称，其为入内内侍省长官之一。景德三年（1006），入内内侍省成立，与内侍省形成了并立的管理机构，简称“两省”，④ 亦称“前后省”（前省：内侍省；后省：入内内侍省），据载：

入内内侍省与内侍省，号为前、后省。而入内省比前省尤为亲近。通侍禁中、役服亵近者，隶入内内侍省。供侍殿中、备洒扫之职、役使杂品者，隶内侍省。⑤

所以这“前后省”之称不仅是空间方位上的描述，也反映着两者的职掌和与统治者的亲疏之别。另外，在叙迁模式上也呈“后省官阙，则以前省官补”⑥ 的形式，虽然这种模式源起于何时尚待细考，但是已足以说明两省高下之别。雷允恭于入内内侍省中，可以说早已是“通侍禁中”的亲近宦官了，且“押班已上领省事”⑦，这所领之省事自然就是领入内内侍省事。入内内侍省押班已属内侍中的高位，进一步的升迁则为“押班

① 《长编》卷九八，乾兴元年六月庚申，第2284页。

② （宋）谢维新：《古今合璧事类备要》前集卷六二《丧礼门》之《山陵》，《中华再造善本·唐宋编》第259之28册，国家图书馆出版社，2013年，第14页。

③ 《长编》卷九八，乾兴元年六月庚申，第2283页。又见《宋史》卷四六八《雷允恭传》，第13654页。

④ 关于内侍省和入内内侍省的形成过程、两者关系以及相关制度运作参见丁义珏：《北宋前期的宦官：立足于制度史的考察》，北京大学博士学位论文，2013年，第21－32页。

⑤ （宋）马端临著，华东师范大学古籍研究所、上海师范大学古籍研究所点校：《文献通考》卷五七《职官考十一》，中华书局，2011年，第1701页（下引本文献省略著者及点校者）。又见《宋史》卷一六六《职官志》，第3939页。

⑥ 《文献通考》卷五七《职官考十一》，第1701页。

⑦ （清）徐松辑，刘琳等校点：《宋会要辑稿》职官三六之一，第3887页上。

次迁副都知，次迁都都知，遂为内臣之极品”①。身居押班之位的雷允恭距离“内臣极品”，不过也就两步之遥了。即便尚未登上这一高峰，但在通常情况下，押班及都知也都被统称为“省官”②，可见二者相差无几。

除了押班之任，雷允恭还系有“西京作坊使、普州刺史”的官衔，这虽然是一遥郡刺史衔，但是在当时非高阶内侍不可授。元丰改制之前，押班以内殿崇班已上充，③ 内殿崇班为大使臣，其上即为诸司副使。彼时雷允恭已跨过诸司副使，居于诸司正使之一的西京作坊使，而诸司正使并非轻易除授。至于刺史，本为武臣阶官，北宋开国伊始，宦官不曾除授节度使到诸州刺史，到了宋太宗后期才开始出现，而且只有升到都知、押班之后，方可配这样的系衔。④ 由此，其权位之显亦可见一斑。

所以在当时，雷允恭是在宦官群体中位高权重的代表之一，从入内内侍省押班到内侍省都知、入内内侍省都知仅寥寥数人，而且大都是久宦宫禁、年高勋显之人，比如与他同赴山陵管勾一行事的张景宗就既是其上级，更是其前辈。很明显雷允恭要想在这方面提升，就得要顶替和超越这些人。虽然雷允恭当时的年龄无法明确，可是与在他之上的几位内侍都知相比，显然还是太过年轻。要让如此年轻的人来继续升擢，进而领导内廷，这在本朝是不曾有的。所以从他的年龄上就可以看出要想继续升为都知，还需要一些年资。除此以外，北宋初期，对于内朝宦官的叙迁磨勘制度尚未完善，宦官的升迁有一定的随意性。虽然刘太后言雷允恭“少而宠信”可以作为解释其官居高位的理由之一。但是这种信任之下的恩擢也意味着他的根基是不牢固的，因为当时立有功劳的宦官才能符合当时的擢升制度，而雷允恭只凭恩幸就会有官品非当之虞。

进一步而论，在仁宗嘉祐六年（1061）之前，“内臣未尝磨勘转官，唯有功乃迁”⑤。但是如果分析雷允恭之前的履历，就会发现他所立之功与迁擢基本不相配。《长编》记载：

> 初，允恭、从愿尝发周怀政天书妖妄事，并擢内殿崇班，仍隶入内内侍省，及是，当出就班列。⑥

---

① 《文献通考》卷五七《职官考十一》，第 1701 页。

② （宋）洪迈撰，孔凡礼点校：《容斋随笔·容斋四笔》卷十六《寄资官》，中华书局，2005 年，第 822 页。

③ （清）徐松辑，刘琳等校点：《宋会要辑稿》职官三六之一，第 3887 页上。

④ 参见《宋史》卷四六六《王仁睿传》，第 13601－13602 页。关于宋代宦官的叙迁制度可具体参见余华青：《中国宦官制度史》，上海人民出版社，1993 年，第 332－334 页。

⑤ （清）徐松辑，刘琳等校点：《宋会要辑稿》职官三六之一二，第 3893 页下。

⑥ 《长编》卷九七，天禧五年（1021）十月戊申，第 2255 页。

内殿崇班是低级宦官步入高阶内侍的标志，正如前文所述，要想成为押班，必须“以内殿崇班已上充”，这是雷允恭进入内侍高阶的关键阶段，而雷允恭被擢为内殿崇班是由于揭发周怀政天书之事。关于此事，之前未见记载，但是揭发之事大抵应发生在诛杀周怀政之后。其原因有二：一者，周氏被诛杀的直接原因是密谋政变被告发，非天书妖妄之事。而天书之事实乃周怀政事败之后“谓等并发朱能所献天书妖妄事”①，其中的“谓等”极有可能就包括雷允恭等人；再者，周怀政直到被执拿之前依然权势汹汹，真宗对其仍然信任未寝，雷允恭等不可能会在周怀政尚把控内廷之时与其公开为敌。②所以这一发生在周氏事败之后的“功劳”顶多也就是清算之余功，并不足与直接将政变告发的杨崇勋等内侍相提并论。③ 然立此等功的雷允恭在此之后却是平步青云，在周怀政事败八个月左右，即被任命为“皇太子宫都监，同管勾资善堂、左右春坊事”④，不久官阶又在内殿崇班的基础上升为内殿承制。到乾兴元年二月真宗驾崩时，他已经是“西京作坊使、普州刺史、入内内侍省押班”。即使周怀政刚被诛杀雷允恭就被升为内殿崇班，这之间也不过用了一年半左右的时间，在此期间再未见其立有何功，然擢升之速，于宋代宦官群体中亦属罕见。虽然当时内侍磨勘迁转的时限并未固定下来，但是在仁宗时朝臣议论内侍磨勘时提到：

> 旧制，内侍十年一迁官。枢密院以为侥倖，乃更定岁数倍之。畋言：“文臣七迁，而内侍始得一磨勘，为不均。宜如文武官僚例，增其岁考。”遂诏南班以上仍旧制，无劳而尝坐罪徒者，即倍其年。⑤

可见直到仁宗时期，宦官的磨勘时限依然远久于文武官员。所以在正常规则下，雷

---

① 朱能献天书之事一直是由周怀政及其所遣内侍操控，并且呈送天书的最后一环必然经周氏之手，故而也可称之为周氏所献天书，详见《长编》卷九六，第2209－2211页。

② 依李焘之按语可知，周怀政在被捉拿之前出入禁中自如，并且真宗皇帝并未有疏远其之意，周氏之权势仍然很大，《宋史》卷四六六《周怀政传》记载天禧三年（1019）之后“怀政日侍内廷，权任尤盛，于是附会者颇众，往往言事获从，同列位望居右者，必排抑之”，又详见《长编》卷九六，天禧四年（1020）七月甲戌，第2209页。但是根据《宋史》卷四六八《雷允恭传》记载此事为：“周怀政伪为天书，允恭豫发其事，怀政死，擢内殿崇班。”但其很可能将语序倒置，使人误以为因为雷允恭参与揭发其事后，导致周怀政被诛杀，以此擢升为内殿崇班。依文中之辨析，此说不可取。

③ 杨崇勋等告变直接导致周怀政政变败露，其事详见《长编》卷九六，天禧四年七月甲戌，第2208－2209页。

④ 《长编》卷九七，天禧五年四月丁未，第2245页。

⑤ 《宋史》卷三〇〇《杨畋传》，第9966页。

允恭不可能在一年多时间内就完成其他内侍几年甚至几十年都难以企及的升迁。①那么他是通过怎样的非正常方式得到快速擢升的?

其实在雷允恭被擢为内殿崇班之时，就应该依制“出就班列”。所谓“出就班列”就是当内侍在宦官独立的官阶系统中达到最高（东头供奉官）后，如需再转，则要依武臣改转之例，并转归吏部，改注外任差遣。宦官转出后方可依照武臣之法授予诸司使副和节度使到诸州刺史的官称。② 但是雷允恭并没有按照这一程序，而是寄资于内，继续留用。③所以当时雷允恭的官阶本身就存在“品第非当”的情况，虽然依仗刘太后的宠信，短期内得此高阶显位，但是不合正规的渠道和制度规定，显然隐藏着根基不稳的特质，而且如要再获升擢，就不能一直寄资于内廷，必然要归流于外朝升迁体系，彼时立功就会变得更为重要。故而，其对“近上名目”的山陵之任有如此强烈诉求，就很容易让我们怀疑是否切于立功，而这一点在之后的改移皇堂行为中也进一步得到印证。史载：

> 三月己亥，允恭驰至陵下，判司天监邢中和为允恭言：“今山陵上百步，法宜子孙，类汝州秦王坟。”允恭曰：“如此，何不用?”中和曰：“恐下有石若水耳。”允恭曰：“先帝独有上，无他子，若如秦王坟，当即用之。”中和曰：“山陵事重，按行覆验，时日淹久，恐不及七月之期。”允恭曰：“第移就上穴，我走马入见太后言之，安有不从。”允恭素贵横，众莫敢违，即改穿上穴。④

在这段对话中，司天监官员邢中和的风水建议是否得当我们不得而知，但是雷允恭在存在重大隐患的情况下，依然一意孤行地要改移皇堂穴位。他为什么要冒这样的风险呢？难道单纯地只是为当时的仁宗皇帝着想，就此改变皇室血脉单薄的隐忧？的确，我们不能否定在古人心中固有的风水观念，但是将所有希望都放在尚不明确的未来之上，显然是不靠谱的，况且当时的皇帝年仅十三岁。而按照山陵差遣的职掌来说，山陵穴位是归按行使副选定的，这在雷允恭未到之前就已经选定完毕，且完成这项工作的是雷允恭的上级及同僚——入内内侍省都知蓝继宗和与其地位相近的内侍省押班王承勖，⑤ 他

---

① 有关于宋代内侍宦官磨勘制度可参见裴海燕：《北宋的宦官管理制度》，《中国史研究》1999 年第 4 期。

② 参见（宋）洪迈撰，孔凡礼点校：《容斋随笔·容斋四笔》卷一六《寄资官》，第 822 – 823 页；苗书梅：《宋代宗室、外戚与宦官任用制度述论》，《史学月刊》1995 年第 5 期；裴海燕：《北宋的宦官管理制度》，《中国史研究》1999 年第 4 期；曹杰：《品阶管理与内外秩序：宋代内臣寄资制度述论》，《文史》2018 年第 1 辑。

③ 《长编》卷九七，天禧五年十月戊申，第 2255 页。

④ 《长编》卷九八，乾兴元年六月庚申，第 2283 页。

⑤ （清）徐松辑，刘琳等校点：《宋会要辑稿》礼三七之六，第 1558 页。

的执意改穴无疑就意味着这两人之前的工作是无效的。但是雷允恭不顾得罪上司和同侪，毅然决然地改穴，除了福泽子孙的冠冕理由外，恐怕更重要的是欲将按行皇堂的功劳揽入自己名下。当然，联系之前求赴山陵的急切，改移皇堂和立功之欲也能在内侍中树立自己的威信，这也符合其性格与心态。

最后对于雷允恭的泣求动机就会得出一个综合的判断，主要因素当然就是希望通过山陵差遣之功，来消除自己升迁过快所带来的隐忧，同时也堵悠悠众口的非议。当然，这样做也能树立自己在内侍中或朝廷中的权威，如果被排除在山陵差遣之外，显然就与其彼时之心态相悖。而满足自己财货之私，也是在过往潜规则允许下的附带。所以在这样的考虑之下，我们对雷允恭急切地求赴山陵之任就有了一个接近全面的理解。但是之前也提到过，刘太后对雷允恭是有清楚的认识的，她明显知道雷允恭赴任之后就会骄纵妄为，那为何还要同意这一请求，这背后是否有着更深层次的背景或者谋划？

三、刘太后与丁谓政治关系之转变

之前我们从宦官雷允恭的角度观察了永定陵案的开始，从那段具有戏剧场景的史料记载中提炼出两个关键问题：一是欲求雷允恭自身的求赴山陵动机，二是从刘太后的立场出发来看待这一事件。史料所体现的雷允恭修奉山陵所做之事基本与刘太后的预言相符合，实在是有先见之明，可反思其料事于先的话又似乎相当诡异，比如其言：“若近上名目，汝不知法禁，妄有举动，适为汝累。”① 此话按照一般解读，会认为是对雷允恭的了解以及关心，而事情最终的结果也恰如其言，雷允恭终为其妄为所累，但是如若换一个角度来观察，即刘太后眼中雷允恭的形象问题，就会发现迥然面貌。

作为刘太后倚重的宫中亲信，雷允恭在其眼里不仅年轻恃宠，而且不知法禁，做事必有妄举。刘太后明显对于雷允恭是充满着怀疑的，这一点在她任命年长的入内都知张景宗与其同赴山陵也可得到印证。那么在这样的认识之下又委其外任差遣，是不是就有一种刻意为之的可能性。当然这只是一种猜测，如需清晰其意图，我们则要对相关背景作一定的探究。

雷允恭是在刘太后的宠信之下成为内侍大珰的，这一点是毋庸置疑的。但是雷允恭何以会如此受宠却在史料中鲜有提及。只有在之前周怀政一事上表明他属于刘太后、丁谓集团。而前文也说到在此事上他也只是“豫发其事”②，参与其中而已，但是在之后他逐渐接替了周的职位，其中原因亦不见于史籍。不过他参与的所有政治事件都有着丁谓的身影，二者的关系确系非同一般，据记载：“允恭既与丁谓交结，谓深德之，允恭

---

① 《长编》卷九八，乾兴元年六月庚申，第2283页。

② 《宋史》卷四六八《雷允恭传》，第13645页。

倚谓势，日益骄恣无所惮。”① 这句话存在着一种变化过程，即雷允恭与丁谓的结交，对丁谓的作用应该是很大的，以至于丁谓对他很感激，但是随着丁谓在外朝的势力愈来愈大，丁谓的权势也对雷允恭有所“反哺”。雷允恭内有刘太后宠信，外有丁谓为势，使得他在内侍中成为最炙手可热的人物。所以对于雷允恭而言，除了刘太后对自己的政治作用外，丁谓的影响和帮助肯定也是他短期内迅速崛起的主要因素。这也造成了在皇堂改穴的问题上，丁谓一时态度暧昧，唯唯诺诺。当时：

> 允恭见谓，具道所以。谓亦知其不可，而重逆允恭意，无所可否，唯唯而已。允恭不得谓决语，入诳太后曰：“山陵使亦无异议矣。”②

我们先不论刘太后在此处扮演了怎样的角色，但在皇陵改穴如此重大的事情面前，向来谨慎多智的丁谓竟因为不愿得罪雷允恭而不置可否，纵容其妄为，如若不是雷允恭对他助力甚大的话，丁谓当不至于态度如此暧昧。这种帮助对丁谓来说到底意义几何？也许在分析过丁、雷二人的关系发展过程之后会更为明了。

在天禧四年之前，关于丁、雷二人的交往记载十分有限，只在天禧三年记载有：

> 丁酉，知江宁府丁谓言，中使雷允恭诣茅山投进金龙玉简，设醮次，七鹤翔于坛上。上作诗赐谓。③

这时候的丁谓虽处在外放地方官的政治低谷期，但已经和雷允恭有相当紧密的政治合作了，有可能之前两人就已经有所联系，同时也不能否认丁谓后来的回朝与雷允恭在内廷操作有关的可能性。总而言之，从天禧三年开始，他们在政治上就已经是有互为引援的可能。天禧四年，当寇准和周怀政等人被赶下政治舞台后，丁谓、曹利用、钱惟演等人开始逐渐把持各中枢要津。于内廷而言，雷允恭亦逐渐取代了周怀政之前的职务，虽然这些职务的担任并未直接说明得益于丁谓的襄助，但是从一些部门职务任命上还是可见一斑，比如在当时教导皇太子（也就是后来的仁宗皇帝）和后来议政的临时机构——资善堂的相关差遣官职上：“庚子，宰臣丁谓请自今兼太子师傅，十日一赴资善堂，宾客已下只日更互陪侍讲学，上可之。”④ 在丁谓成为太子之师后仅一个月内，雷允恭就被任命为内廷掌管资善堂日常事务的宦官，即“夏四月丁未，以内殿崇班雷允恭

---

① 《长编》卷九八，乾兴元年六月庚申，第 2283 页。

② 《长编》卷九八，乾兴元年六月庚申，第 2283 页。

③ 《长编》卷九三，天禧三年四月丁酉，第 2144 页。

④ 《长编》卷九七，天禧五年三月庚子，第 2244 页。

为皇太子宫都监，同管勾资善堂、左右春坊司事。”①

对于资善堂这一掌握皇储的关键部门，当时由于议政的中心逐渐由皇帝的御殿听政转移到资善堂会议，此部门基本上成为朝廷的政治中心。而且此机构兼有东宫潜邸意涵，所以担任资善堂的日常管理者，对雷允恭来说不仅是进入了当时政坛的核心圈，而且还为自己的未来发展打下基础，实在是意义非凡。② 其实丁、雷二人的这种合作模式在之前的寇准和周怀政时期已经出现过了，同样是外臣、内侍把控着资善堂。所以可以说，丁谓和雷允恭基本上取代了寇准、周怀政的合作模式。至于在雷允恭的这次关键任职中，丁谓起到多大的作用，我们暂无法得知，但是，若以之前寇、周二人的形式来映照，至少可以说明丁谓是将其引入，作为这一要害部门的政治搭档。其中的任命肯定难脱刘太后的首肯，却也促使丁、雷二人的关系更为紧密。

从天禧末年开始，真宗皇帝的“不豫”情况越来越严重，内廷的刘皇后（即后来的刘太后）成为朝政的主要掌舵人，但女主所掌的内廷与外朝之间必定要有一个沟通的桥梁，才能使其权力上传下达，所以作为亲信的内侍宦官就自然而然地成为内外沟通之关键，而雷允恭就充当着这样的角色。在真宗驾崩之后，权力的分配成为焦点，当时内外朝的交流更加频繁，实际也就是丁谓等人和刘太后的交流。这时，作为中间“桥梁”的雷允恭自然就成为其中的重要一环，甚至有左右政治走向的能量。史载：

> 丁谓独欲皇帝朔望见群臣，大事则太后与帝召对辅臣决之，非大事悉令雷允恭传奏，禁中画可以下。曾曰：“两宫异处而柄归宦者，祸端兆矣。”谓不听。③
>
> 癸亥，太后忽降手书，处分尽如谓所议。盖谓不欲令同列预闻机密，故潜结允恭使白太后，卒行其意。及学士草词，允恭先持示谓，阅讫乃进。④

此时的雷允恭已然是刘太后和丁谓之间不可或缺的一环，因为这种临时的内外朝沟通模式，他的权力自然也达到了一个顶点，引起王曾所谓权柄归宦官的隐忧。而在丁、雷二人的这种交通模式下，二人的联系就会较之以前更进一步，甚至多有勾连不法。⑤

---

① 《长编》卷九七，天禧五年四月丁未，第 2245 页。

② 关于资善堂会议及其机构特点可参见周佳：《北宋中央日常政务运行研究》，中华书局，2015 年，第 76－82 页；范帅：《宋代资善堂制度研究》，《宋史研究论丛》第 18 辑，河北大学出版社，2016 年，第 17－40 页；贾海鹏：《宋代资善堂研究》，西北大学硕士学位论文，2018 年。

③ 《长编》卷九八，乾兴元年二月庚申，第 2273 页。

④ 《长编》卷九八，乾兴元年二月癸亥，第 2273 页。

⑤ 在丁谓、雷允恭勾连内外廷之际，两人在许多往常禁忌之事上也不加限制，例如搜罗丁、雷二人之罪名时有：“谓尝托允恭令后苑匠所造金酒器示之，又出允恭尝干谓求管勾皇城司及三司衙司状。”事见《长编》卷九八，乾兴元年六月庚申，第 2285 页。

同时，这样的权力膨胀，使雷允恭在刘太后面前也显得愈加无所忌惮，其内心深处可能也对自己的地位估计甚高，所以当我们看到其回朝要求改皇堂穴位时，对刘太后的话语就多含不恭：

> 及允恭入白太后，太后曰："此大事，何轻易如此？"允恭曰："使先帝宜子孙，何为不可？"太后意不然之，曰："出与山陵使议可否。"①

刘、雷两人的这番交谈与他们的地位极为不符，甚至雷允恭隐隐有强硬意味在其中，而刘太后则充满迂回商量之意。显而易见，雷允恭的这种做法可能已经让刘太后相当不满了，而这种不满也很可能会牵引到与雷允恭交通甚密的丁谓身上。雷允恭的种种妄为，在刘太后眼中也会是依仗了外朝丁谓之势力，二者紧密联系，也互相影响。

另一方面，自从寇准一派的势力被逐渐排除出朝廷之后，丁谓的权势也渐渐无人匹敌，主要的宰执大臣基本从属于他，在李迪也被贬黜后，宰执就基本是围绕丁谓而建立起来的。② 一般地，当政治对手被击败之后，政治同盟内部就会发生变化，刘太后和丁谓的关系也符合这一特点。在真宗驾崩之后，这样的情况慢慢凸显出来，而雷允恭的求赴山陵任正好与这段时间相合。由于刘太后与丁谓的政治关系发生着变化，作为与丁谓关系密切的内侍，雷允恭自然也会卷入其中。至于刘太后对雷允恭态度的转变，一方面确实来源于其日益骄纵，更为重要的是，丁谓已经成为刘太后政治道路上的一个隐患。丁、雷二人的这种合作模式，使得刘太后的视听有被壅塞之嫌，进一步甚至会有被架空的危险。这种情况表现在以下两个方面：

其一，宰执大臣都以丁谓马首是瞻，重大决定也以丁谓的决定为准绳，例如：

> 太后尝以上卧起晚，令内侍传旨中书，欲独受群臣朝。谓适在告，冯拯等不敢决，请谓出谋之。及谓出，力陈其不可，且诘拯等不即言，由是稍失太后意。又尝议月进钱充宫掖之用，太后滋不悦。③

此事一方面说明丁谓至少在形式上已经控制着朝廷大事的决议，其他宰执的话语权已经相对较少了，冯拯虽同为宰相，但明显受到丁谓的指摘。丁谓的问题就在于他已将

---

① 《长编》卷九八，乾兴元年六月庚申，第 2283 页。

② 在此期间除丁谓为宰相外，任中正担任参知政事，曹利用为枢密院正职，丁谓姻亲钱惟演也为枢密副使。从天禧四年六月至丁谓罢相的宰执成员表可参见张其凡、刘广丰：《寇准、丁谓之争与宋真宗后期政治》，《暨南史学》第 5 辑，暨南大学出版社，2007 年，第 34 – 35 页。

③ 《长编》卷九八，乾兴元年六月庚申，第 2285 页。

最高权力的信息渠道单一化，成为内外朝正常沟通的阻碍。另一方面，此处刘太后明显想用冠冕之理由来进一步扩大自己的执政权力，丁谓却予以拒绝，可见丁谓也不想刘太后之权力无外延地扩大，这一点在文莹的《续湘山野录》中描写得更为明显：

仁庙初纂临，升衮冕，才十二岁，未能待旦，起日高时，明肃太后垂箔拥佑。一日，遣中人传旨中书，为官家年小起晚，恐稽留百官班次，每日祇来这里休（语断）会。首台丁晋公适在药告，惟冯相拯在中书，覆奏曰："乞候丁谓出厅商议。"殆丁参告，果传前语。晋公口奏曰："臣等止闻今上皇帝传宝受遗，若移大政于他处，则社稷之理不顺，难敢遵禀。"晋公由此忤明肃之旨，复面责同列曰："此一事，诸君即时自当中覆，何必须候某出厅，足见顾藉自厚也。"①

此处虽有冯拯等不欲直面刘太后的政治诉求，将难题抛给丁谓的嫌疑，但是刘太后所欲之事能否达成竟取决于丁谓的同意与否，这显然并不是一个最高权力掌控者想要见到的。而且此时丁谓逐渐有了想要摆脱刘太后、掌控朝局和左右君主的欲望，这在此事之后，冯拯对其评说中就可见一斑，冯拯说道："渠必独作周公，令吾辈为莽、卓，乃真宰存心也。"② 这一点在丁谓自己的言论中也颇有显露：

宰相丁公（谓）在中书，暇日语同僚曰："西汉高祖何如主？"或曰："旧布衣取天下，观其创业垂统，规摹宏远，实英雄主也。"丁曰："何英雄之有？张良导之左则左，陈平劝之右则右，及项羽既死，海内无主，天下自归之，盖随流委顺，与物无竞，一田舍翁耳。"又尝言古今所谓忠臣孝子，皆不足信，乃史笔缘饰，欲为后代美谈者也。此虽仅乎戏，抑斯言之玷。③

此处之言虽出自王曾的笔记，但是联系之前丁谓的一些相关事例，④ 其平时说出这样的话也是很有可能的，总而言之，其欲弄权的心态一直就存在着。

---

① 参见（宋）文莹著，郑世刚、杨立扬点校：《续湘山野录》，"仁宗初纂临"条，中华书局，1984 年，第 71 页。

② （宋）文莹著，郑世刚、杨立扬点校：《续湘山野录》，"仁宗初纂临"条，第 71 页。

③ （宋）王曾著，张剑光、孙励整理：《王文正公笔录》，大象出版社，第 269－270 页。

④ 例如，在草拟罢黜李迪的诏书时，当值舍人宋绶请其罪名，丁谓言："春秋无将，汉法不道，皆其事也。"而且"词既上，谓犹嫌其不切。"事见《长编》卷九八，乾兴元年二月戊辰，第 2274 页。在其后李迪贬谪过程中又"使人迫之"，史载："谓使人迫之，或讽谓曰：'迪若贬死，公如士论何？'谓曰：'异日诸生记事，不过曰'天下惜之'而已。'"一句"天下惜之"亦可见丁谓当时所言所行之一斑。见《宋史》卷三一〇《李迪传》，第 10174 页。

其二，对于上面丁谓不依刘太后之命，还是在于当初设定临朝听断方式的时候，刘太后听从丁谓的建议，并手诏确立其为处理政务的重心而导致的。凡是重大事件都要经丁谓阅讫，且外朝之务，先由其摘选是否进呈，而且所有的文书都要经过中间人雷允恭才能沟通。这就很容易使刘太后产生蒙蔽之感，所以她在要处理丁谓时说道："谓前附允恭奏事，皆言已与卿等议定，故皆可其奏，近方识其矫诬。"①

在这样的情况下，刘太后自然也对日益骄纵的雷允恭好感渐消，最后派遣其赴山陵之任，很大程度上有心存摒除之意，而这一点在实录中也有确实之笔墨，《仁宗实录》允恭附传云："允恭日益骄横，太后恶而疏之，故遣修陵城涧道。"②

所以从刘太后的角度出发，对于雷允恭求赴山陵差遣之事，从一开始的顾虑和不同意，到最后同意，刘太后极可能是考虑打断丁、雷二人的政治勾连，毕竟雷允恭管理山陵修奉之后，就算暂时不能完全打破既有的政治模式，也可以将内廷与丁谓沟通之人易换。

虽然几乎所有的史料将雷允恭赴山陵任和改皇堂穴位都归结在其骄纵妄为之上，而且刘太后完全扮演着一个不知情的被蒙蔽者的角色。但是通过上面的背景和人物关系的挖掘，我们明显能感觉到，在面对新的政治局势时，刘太后很有意地适时作出自己的安排。或者其并非刻意，但事随时易，她与丁谓之间的政治合作已经裂痕渐显。而雷允恭作为丁谓权力环节中重要的一环，自然会被视为威胁之一，更何况他不自知的妄为也迎合了局势的变化。丁谓或许已经意识到了问题的严重性，当永定陵案被举发之后，对自己的反对者们倍加防范，③ 但是潜伏的政治对手们已经嗅到了刘、丁之间关系危机的气味。在永定陵事件真正爆发时，这些对手利用刘、丁等人早已存在的政治裂痕，及时地将雷允恭事件加以利用并放大，使丁谓集团被彻底地逐出政治舞台。

四、王曾等人对永定陵案的利用

在上述政治关系及背景之下，雷允恭开始主持山陵工程，从史料记载来看，其新选

---

① 《长编》卷九八，乾兴元年六月庚申，第 2285 页。

② 《长编》卷九八，乾兴元年六月庚申，第 2284 页。按：此处李焘虽用《龙川别志》对此实录进行了辩驳，但是其漏洞颇大，一者，《龙川别志》作为笔记记载资料原始性有待商榷；再者，李焘按语中的理由没有实质性证据来证明，而是代之以自己的看法，显然不够有说服力，故笔者认为《仁宗实录》之附传应得其实。

③ 丁谓在雷允恭事件发生后对大臣的防范可从王曾留身奏事显现，当时王曾以兄之子改嗣为借口入奏刘太后，丁谓才稍微放松了戒备。其事参见《长编》卷九八，乾兴元年六月庚申，第 2285 页。又见（宋）王铚著，朱杰人点校：《默记》卷上，中华书局，1981 年，第 9 – 10 页。

定的皇堂穴位出问题似乎是必然的。新移皇堂大致在四月上旬开始动工，但是到了五月（辛卯）二十三日，施工人员就发现果如判司天监邢中和预先警示的一样，新移皇堂土石甚多，而且有出水的情况。这时负责提领工役的武将——修奉山陵部署夏守恩果断暂停，并上奏待命。虽然这次上奏被丁谓压了下来，并有意包庇雷允恭，但此时另外一群人却将事件引向了丁谓、雷允恭完全不愿看到的局面，《宋会要辑稿》有载：

> 丁谓复言，虽掘见泉水，缘已及元料，请便修筑地基。既从之，而内侍毛昌达入奏，具言皇堂为允恭擅移向东南二十步。即诏中书审议，复请令继宗、承勖与司天监亟往参定，又命入内押班杨怀玉同之。时谓欲庇允恭擅移之罪，众皆疑惧不决，遂请命吕夷简、鲁宗道等往视焉。①

在这里，内侍毛昌达明显知道丁谓要包庇雷允恭，但是依然将所发事故入奏刘太后。而且当令山陵按行使副蓝继宗、王承勖等宦官迅速前去参定时，他们还请命非丁谓一党的吕夷简、鲁宗道同往。宦官们的这种行动，完全是要将雷允恭置于死地的架势。除了蓝继宗、王承勖很可能是因为雷允恭改移皇堂穴位，对他们的工作成绩提出了挑战，其他内侍对雷允恭的不满也是由来已久。雷允恭的诸多行为在内侍中已经形成了不好的印象，这一点还不光来自对年少位高的嫉妒，比如：

> 初，允恭、从愿尝发周怀政天书妖妄事，并擢内殿崇班，仍隶入内内侍省，及是，当出就班列。允恭欲专权力，乃绐从愿同受告牒，即密请回新命，褒封其世母，遂独得仍旧入禁中。②

正如《宋史》所评价的，雷允恭“颇慧黠”③，这种小聪明的把戏只能蒙蔽一时，长此以往，无疑会将自己推向众所不容的地步。更何况他所欺之人又常常是背景和实力都比较深厚，比如此处的刘从愿，即为在内廷深耕多年的已故大宦官刘承珪之养子。

到了这一步，雷允恭已经是“墙倒众人推”，丁谓想要再包庇已经是不可能。对于丁谓而言，雷允恭已经逐渐成为一颗弃子，最重要的是不能将自己也陷入其中。主要调查人员吕夷简等深谙丁谓心理，也为防其疑心，所有调查都“止罪允恭，略无及丁之语”④，最后在六月四日将雷允恭下狱。此时的丁谓虽然处于危局之中，但是因为对朝

---

① （清）徐松辑，刘琳等校点：《宋会要辑稿》礼二九之二四，第 1331 页下。

② 《长编》卷九七，天禧五年十月戊申，第 2255 页。

③ 《宋史》卷四六八《雷允恭传》，第 13654 页。

④ 参见（宋）魏泰著，李裕民点校：《东轩笔录》卷三，中华书局，1983 年，第 27 页。

局的把控尚比较严密，所以还未使此事直接牵连到自己。而且以吕夷简领衔的第一次覆按，基本上按照丁谓的设想在发展。① 而一直环伺在旁的王曾抓住时机，他想利用皇堂问题将雷允恭之案与丁谓牵连在一起。《长编》记载：

允恭既下狱，王曾欲因山陵事并去谓，而未得间。一日，语同列曰："曾无子，将以弟之子为后，明日朝退，当留白此。"谓不疑曾有异志也。曾独对，具言谓包藏祸心，故令允恭擅移皇堂于绝地，太后始大惊。②

王曾的这次突然发难，直接将丁谓与刘太后早已岌岌可危的合作关系斩断。我们看到，他将雷允恭移皇堂的行为完全归为丁谓的授意，太后表现为后知后觉，方始大惊。六月二十五日，刘太后在经过与王曾的密谈之后，已经决定彻底放弃丁谓等人，当日的资善堂会食就未通知他：

癸亥，辅臣会食资善堂，召议事，谓独不与，知得罪，颇哀请。③

紧接着刘太后开始对丁、雷二人定罪，在朝对中刘太后正式表明了自己的态度，史载：

及对承明殿，太后谕拯等曰："谓身为宰相，乃与允恭交通。"因出谓尝托允恭令后苑匠所造金酒器示之，又出允恭尝干谓求管勾皇城司及三司衙司状，因曰："谓前附允恭奏事，皆言已与卿等议定故皆可其奏，近方识其矫诬。且营奉先帝陵寝，所宜尽心，而擅有迁易，几误大事。"④

于此处，刘太后对丁谓的罪责都集中在他与雷允恭的内外勾结上，其他的都是一些枝节，甚至连山陵之罪也只是附带于其末。从刘太后所强调的罪责重心来看，之前王曾与她密谈的内容应该不止于山陵事故。王曾之所以能够打动刘太后，就在于我们前面提到的——他已然敏锐地觉察到刘太后与丁谓、雷允恭等人之间的矛盾，并利用这一点，强调丁谓、雷允恭对内外朝的控制已经威胁到了刘太后的切身利益，自然就会使得刘太

① 此次覆按的总结商讨于丁谓府第进行，具体商议过程也由丁谓主持，可见当时丁谓尚对局势发展有着相当控制力，具体参见《长编》卷九八，乾兴元年六月庚申，第2284页。

② 《长编》卷九八，乾兴元年六月庚申，第2285页。

③ 《长编》卷九八，乾兴元年六月庚申，第2285页。

④ 《长编》卷九八，乾兴元年六月庚申，第2285页。

后赞成“倒丁”，而他们共同抓住的口实就是这次山陵之事。在这样的契机之下，刘太后早已抛却了之前的合作关系，在与冯拯等人的廷对中，甚至欲将只负有连带责任的丁谓也杀掉。① 王曾的聪明之处也就在此，他利用的就是刘太后的“倒丁”心态，然后将丁谓结交雷允恭和山陵擅移事联系到了一起，使得丁谓的山陵责任被放大。这在丁谓的罢相敕书中也被明确下来，言其：“密交孽寺，致山园之擅移。曾靡敷陈，形简札以潜通。”② 因为王曾知道，如果只以皇堂穴位问题来处置丁谓，一来罪责不够重；再则，其罪实际上是难以成立的，原因在于皇堂选地本身就难以说清楚孰对孰错，而且真相也并非史料记载中那样——新穴不善，旧穴甚佳。

在吕夷简、鲁宗道等第一次覆按皇陵之后，王曾受特命对皇陵又进行了覆按，并决定将原按行地作为皇堂穴位，这之间却存在着微妙的反复，据载：

> 癸卯，又遣龙图阁直学士权知开封府吕夷简、龙图阁直学士兼侍讲鲁宗道、入内供奉官任守忠覆视皇堂，既而咸请复用旧穴，乃诏辅臣会谓第议。明日，特命王曾再往覆视，并祭告。谓请俟曾还，与众议不异，始复役。诏复役如初，唯皇堂须议定乃修筑。曾卒众议。③

前后两次覆视的症结都在于皇堂穴位的择定上，雷允恭所选之新穴显然是不能再用了。是另择吉地，还是恢复旧穴，前后充满着谨慎和犹豫。但是如果不恢复旧穴，那就意味着旧穴也存在问题，那岂不是与雷允恭之举一般无二了？窃以为王曾最后决定依旧用旧穴，除了众议难拂之外，还考虑到雷允恭之罪的确立。但旧穴很可能是存在问题的，否则也不会被反复覆视之后才敲定，这一点也在决定皇堂深度的问题时得到了验证。因为当时王曾作出了一番不同于以往惯例的决定，史载：

> （六月）十六日，王曾等上言：“得司天监主簿侯道宁状：‘按由吾《葬经》，天子皇堂深九十尺，下通三泉。又一行《葬经》，皇堂下深八十一尺，合九九之数。’今用一行之说。”④

关于王曾为何选择依一行《葬经》，将皇堂定位八十一尺，其并未有更客观的说明，

---

① 参见《长编》卷九八，乾兴元年六月庚申，第 2285 - 2286 页。

② （宋）佚名著，司义祖整理：《宋大诏令集》卷六六《丁谓罢相谪太子太保分司西京敕》，第 322 页。

③ 《长编》卷九八，乾兴元年六月庚申，第 2284 页。

④ （清）徐松辑，刘琳等校点：《宋会要辑稿》礼二九之二四，第 1331 页下。

而此处也仅仅以合“九九之数”为理由，实难有说服力。且关于北宋其他朝皇堂深度及其风水依据，已有研究作过总结，从其中看出永定陵确是一特例。① 那王曾采用这一特殊做法的原因到底是什么？或许我们可以从永定陵园区内其他墓穴的情况得到一些启发：

一是真宗永定陵（雷允恭所移穴位）：

> 开筑之际，土石相半，兴作逾月，皇堂内东北隅石脉通泉，夏守恩停役上闻。②

二是章懿李皇后园陵：

> 庄懿皇太后开坟，梓宫上有水湿痕，下面有泉眼出水。③

这是明确记载于史册的两次陵寝地宫出水的记录，可见当时在永定陵区域内，挖掘地宫过程中出水是很有可能的，那么王曾刻意依一行之说，将深度定为八十一尺，是不是也是因为这一因素？秦大树先生对此作出过肯定的判断，④ 所以恢复原按行处为皇堂时也极可能是出现了出水的情况或征兆。当然，由于王曾掌握着当时的话语权，自然是不会声张，但是之后关于“定陵兆应”的谶语就开始流言不绝，比如宋人何薳在其笔记《春渚纪闻》中记载：

> 信州白云山人徐仁旺，尝表奏，与丁晋公议迁定陵事。仁旺欲用牛头山前地，晋公定用山后地，争之不可。仁旺乞禁系大理以俟三岁之验，卒不能回。仁旺表有言山陵之害云：“坤水长流，灾在丙午年内，丁风直射，祸当丁未年终，莫不州州火起，郡郡盗兴。”闻之者，初未以为然。至后金人犯阙，果在丙午，而丁未以后，诸郡焚如之祸，相仍不绝，幅员之内，半为盗区。其言无不验者。⑤

这里虽然还是将永定陵之兆应算在丁谓头上，但事实是王曾已经按原按行地对真宗进行了安葬，可见重新安葬之地也并不能避免兆应的发生。除了有祸乱之验外，因仁宗皇帝子嗣不衍，之后又有许多应兆之言将二者牵连起来。这样的文字在其他正史之中是难存的，宋人也鲜少敢将此等皇室禁语大张旗鼓地诉之于文字。但是在之后，尤其是在

---

① 参见冯继仁：《论阴阳堪舆对北宋皇陵的全面影响》，《文物》1994 年第 8 期。
② 参见（清）徐松辑，刘琳等校点：《宋会要辑稿》礼三七之七，第 1559 页上。
③ 参见（清）徐松辑，刘琳等校点：《宋会要辑稿》礼三二之二〇，第 1462 页上。
④ 参见秦大树：《试论北宋皇陵的等级制度》，《考古与文物》2008 年第 4 期。
⑤ （宋）何薳著，张明华点校：《春渚纪闻》卷一《定陵兆应》，中华书局，1983 年，第 2 页。

明清两朝，许多文人在反观真宗陵寝之事时，却将皇嗣之事自然而然地归结到永定陵的风水之验上。比如明清时，许多士人在思考明武宗无后时，也将其归于明孝宗泰陵修建中，墓室冒水，选穴不佳。从而联系到真宗永定陵之事，认为仁宗皇帝亦是如此。① 如果真的依堪舆兆应而论，那么王曾岂非也是罪不可恕？

其实对于王曾借助雷允恭擅移皇堂穴位将丁谓逐出朝廷的做法，无论时人还是后世史家都认识得比较清楚，比如王夫之在评论此事时就说道：

> 移山陵于水石之穴，以为宜子孙者，司天监邢中和之言也；信而从之者，雷允恭也；谓无能为异而听之，庸人之恒态也。苟当其罪以断斯狱，中和以邪说窜，允恭以党邪逐，谓犹得末减，而不宜以此谴大臣。曾乃为之辞曰："包藏祸心，移皇陵于绝地。"其不谓之深文以陷人也奚辞？夫穿地而得水石，谓非习其术者，而恶能知之？石藏于土，水隐于泉，习其术者，自谓知之，以术巧惑人，实固不能知也。浸使中和、允恭告曾于石未露水未涌之时，而为之名曰宜子孙，曾能折以下有水石而固拒之乎？真宗既不葬于此矣，仁宗无子，继有天下者，非真宗之裔，又岂曾仍用旧穴之罪乎？中和以为宜子孙，妄也；曾曰绝地，亦妄也。两妄交争，而曾偶胜。中和、允恭且衔冤于地下，勿论谓矣。②

王夫之此言并不是为丁谓、雷允恭等人翻案开罪，而是站在一个更为客观的高度来评判整个事件。或许对王曾的批评言有所过，但若以真宗最后的安葬结果而论，王夫之觉得王曾之罪实不小于雷允恭、邢中和等辈。对于丁谓来讲，由于一直以来就在朝廷内外声名不佳，士人们虽知道王曾是以计逐之，但是无不称快，得人所望也就成了王曾最终成功的因素之一。

丁谓与刘太后的关系虽然在真宗驾崩之后有转变迹象，但是相较于王曾来说，还是更为紧密的。因为王曾的表现都是本着抑制刘太后权力而来的，其对刘太后的权力抑制也是当时士大夫普遍担忧的结果，而且这一担忧还被总结为"吕武之忧"③。在乾兴元年的权力嬗递过程中，刘太后及其政治合作者几乎把持了朝廷内外，主少国疑的情况让众多官员士人有岌岌可危之感，正如明人陈邦瞻所言："方宋真宗之寝疾也，事皆决于

---

① 参见（明）陈汝锜：《甘露园短书》卷七《墓地一》，明万历刻清康熙重修本，第二十五叶 B—二十六叶 A；又见（清）俞正燮著，涂小马、蔡建康、陈松泉校点：《癸巳类稿》卷一二《书宋志真宗永定陵事后》，辽宁教育出版社，2001 年，第 402 – 404 页。

② （清）王夫之著，舒士彦点校：《宋论》卷三《真宗》，中华书局，1964 年，第 72 – 73 页。

③ 参见（宋）王称：《东都事略》卷五一《王曾传》，台湾"中央"图书馆影印本，1991 年，第 763 页。

刘后，而太子非后出，丁谓以奸邪乱政，钱惟演复以后戚佐之，一有动摇则宋事去矣。”① 所以丁谓作为刘太后在外朝的代言人，王曾等人必须将之剪除，丁谓去，则其党自消。再加之丁、王二人的矛盾也与日俱增，② 于公于私两者都不可能相协于朝堂，所以雷允恭改移皇堂之事就成为王曾不能放过的机会。

王曾利用永定陵案的机会，将马上就要成为权臣的丁谓打倒，而且遏制了刘太后对皇权的进一步分离。这种遏制不仅在于适时地剪除其羽翼，还将刘太后暂权军国事的模式固定下来。丁谓被逐之后，王曾由参知政事升为次相，进一步开始规范和制定刘太后与仁宗共同执政的相关制度，从制度上避免了皇权的继续分离，其中最重要的就是垂帘制度的确立。刘太后的听政模式被固定下来后，君主处理政务的权力被分予太后和宰执的手中。虽然太后还会以内侍作为沟通内外的手段之一，但是总体而言两者是合作稳定的关系。故而太后权力和外朝宰执之间形成的这种相对平衡，使垂帘时期的政治局势被固定下来，且一直过渡到仁宗皇帝亲政之时。

对于刘太后而言，她当然是不会任由王曾所摆布的，与王曾一道，将丁谓等人渐次贬黜也是建立在重新收回更大权力的基础上。而且刘太后自始至终对于王曾都怀有芥蒂，这种防备自然是源于王曾对其权力的限制。具体表现则是在永定陵案后首相的任命上，刘太后迟迟不愿王曾出任。天圣元年（1023），在冯拯生病后，需有人代替其首相之位，刘太后却引早已被贬地方的王钦若再入中书。可见当时刘太后期望一直委顺于己的王钦若能够帮助自己，并制衡王曾等人，然而这时候的朝局已经不是真宗朝时的面貌，大臣们对王钦若的行为也是“往往驳议”，使其在朝中难有作为。③ 大臣们的这种表现不光是对王钦若这样的佞幸之臣的反抗，也是对前朝女主持国的防范，而这一点贯穿着整个刘太后执政时期。以王曾为首的大臣通过永定陵案罢黜丁谓等人，并将刘太后执政的模式逐渐成形。虽然在天圣朝时双方多有往来反复，大臣们之间也多有斗争，但是在维护皇权的红线上，大家都一直保持着警惕性，即使是在王曾被罢黜地方后，这一点仍然是所有士大夫共守的准则。

---

① （明）陈邦瞻:《宋事纪事本末》卷二三《丁谓之奸》，中华书局，2015 年，第 180 页。

② 丁谓、王曾二人的矛盾在乾兴元年已经不断显露，例如在二月戊辰时，王曾见丁谓对寇准、李迪等人大加罪责，“疑责太重，丁谓熟视曾曰：‘居停主人恐亦未免耳。’盖指曾尝以第舍假准，曾踧然惧，遂不复争”。由此可见，王曾自然心中明白，如果有时机，丁谓也必然难容自己，更何况王曾从来都不是丁谓的政治合作者。参见《长编》卷九八，乾兴元年二月戊辰，第 2274 页。

③ 参见《长编》卷一〇一，天圣元年九月丙寅，第 2333 页。

五、余语

永定陵案中的偶然现象背后蕴藏着诸多必然因素，而这些必然因素则成为整个事件的前进导向。可以这么说，即使没有真宗山陵事故，丁谓、雷允恭等人在真仁之际的权力交替中，也必然要与刘太后的政治关系产生裂变，而伺机在侧的王曾等人也必将与其展开权力争夺。于刘太后、丁谓而言，王曾等人的行为阻挡了他们扩大自己权力的可能性，实质上，士大夫将打倒丁谓视为限制刘太后分离皇权的必要条件。而于刘太后自身来说，乾兴元年正是其权力谋取最大化的关键时期，所以不管是政治合作者丁谓，还是一直亲附于自己的雷允恭，只要是对自己的权力扩展有所阻碍，就会将其果断舍弃，但是王曾恰恰利用了这一点。而这些信息不能用通常所谓显而易见的臆断来总结，而是充斥在永定陵案这一事件的细节和隐晦之处，所以用发事件之覆的方式来尽可能勾勒其深层面貌。

然而，在整个案件的探究中势必会将一些地方遗漏，比如：在雷允恭请赴山陵之前，丁谓就已经对刘太后的不满有所察觉了，但是仍然任由雷允恭妄为，使事态不断恶化，也不加以阻止。其中的原因一方面是来自与雷允恭关系的特殊，另一方面的原因还是源自刘太后，这一层尚未有所明晰。另外，文章是通过政治关系的演变来观察当时政局的变化，主要以核心人物为主，故对其他人物有所忽视。例如在刘太后与丁谓的沟通之中，除了有雷允恭，还有刘氏姻亲钱惟演，他也是十分重要的“桥梁”；在王曾等“倒丁”过程中，吕夷简也是王曾巨大助力之一；等等。对这些重要人物也应该作进一步的研究，如此才能使这一段政治史研究更深入充分。

作者简介：
常志峰，复旦大学历史学系博士研究生。

泰定元年（1324）诸王不赛因请官初考①

阿布都沙拉木·克热木

［**提要**］据《元史》和波斯史书载，伊利汗不赛因于泰定元年底遣使元朝为其异密出班（Chupan）请官。纵观史料，鲜有诸王专为属下异密向宗主国——元朝请官之例。可见，不赛因汗为其权臣请官有特殊的历史背景。本文根据相关多语种记载，围绕不赛因汗与异密出班关系，综合考察此事件起因、具体时间，以及所揭示伊利汗国内部政治与元朝在其中的作用等问题。

［**关键词**］伊利汗国；不赛因；异密出班

13—14 世纪初，异密出班在完者都汗和不赛因汗统治时期的伊利汗国政坛上占据重要地位。先贤已对异密出班的生平历史有一定研究。② 其中，托马斯·奥尔森（Thomas

---

① 本文系国家社会科学基金中国历史研究院重大历史问题研究专项 2023 年度重大招标项目"中国与中亚关系史研究"（项目批准号：23VLS025）、新疆社会科学院院级青年专项项目"清朝与浩罕国早期关系研究（1759—1799）"（项目批准号：25QYJ26）阶段性成果。

② Charles Melville，"Abū Sa'īd and the revolt of the amirs in 1319"，in Denise Aigle（ed.），*L'Iran face à la domination mongole*，Tehran，1997，pp. 89 – 120；Judith Kolbas，*The Mongols in Iran*（*Chingiz Khan to Uljaytu*），Routledge，2006；Michael Hope，*Power，Politics，and Tradition in the Mongol Empire and the Ilkhanate of Iran*，Oxford University Press，2016，pp. 188 – 194；Charles Melville，"Wolf or Shepherd? amir Chupan's attitude to Government"，in Teresa Fitzherbert and Julian Raby（eds.），*The Court of the Ilkhans*，*1290 – 1340*，Oxford university Press，1996，pp. 79 – 93；Charles Melville，*The Fall of Amir Chupan and the Decline of the Ilkhanate*，*1327 – 37*：*A Decade of Discord in Mongol Iran*，Indiana University Research Institute for Inner Asian Studies，1999.

Allsen）在研究元朝赐予伊利汗国统治阶层的各种名号时，仅罗列了不赛因汗为异密出班请官后，由元政府赐予后者的爵号“开府仪同三司、翊国公”①，对其进行英译，但未作深入研究。② 而查理斯·麦里维力（Charles Melville）根据托马斯·奥尔森对出班汉语名号的英译来推测，元朝已知异密出班掌管伊利汗国，不赛因汗并无实权的政治状况。③ 但笔者认为此说似不妥，具体将在后文继续探讨。基于此，本文依不同史书记载，围绕1317—1325年间不赛因汗与异密出班关系，考察不赛因汗为异密出班请官起因、具体时间等诸多历史背景，以及此事件所揭示的伊利汗国在14世纪初期的内部政治情况和元朝在其中扮演的角色等问题。

若想理解不赛因汗为何给异密出班请官，需先厘清不赛因汗登位前后情况，以及异密出班在伊利汗国政治中的地位等问题。以下为笔者根据相关史书，梳理不赛因汗与异密出班在伊利汗国朝野中的情况，以便更好了解和分析不赛因汗为异密出班请官的具体历史背景。

异密出班早在合赞汗时期，凭借其军事才能成为高级将领。据《完者都史》（*Tarīkh-i Uljaytu*）、《史集续编》（*Ḏayl-e Jāme‘ al-tawārīḵ*）、《谢赫歪思史》（*Ta'rīkh-i shaikh Uwais*）等史书载，异密出班在完者都汗时期，进一步成为伊利汗国大臣，可在伊利汗下达的圣旨用印并在众异密中排在首位。④ 马穆鲁克史学家载，甚至在1311年时，他已经“统驭了完者都汗降疆域内的一切事物”⑤。完者都汗殁后，异密出班压制政敌，拥立年幼的不赛因汗，以便控制实权。据《旅行者的伴侣》（*Habibu's-siyar*）、《四兀鲁思史》（*Tarīkh-i arba' ulus*）等史书所载，完者都汗之子不赛因生于七〇四年十一月八日（1305年7月2日）。七一三年（1313—1314），完者都汗将其任命为呼罗珊总督。七一

① 《元史》卷二九《泰定帝纪一》，中华书局，1976年，第651页。

② Thomas Allsen, “Notes on Chinese Titles in Mongol Iran”, *Mongolian Studies*, Vol. 14, 1991, p. 33.

③ Michael Hope, *Power, Politics, and Tradition in the Mongol Empire and the Ilkhanate of Iran*, p. 191.

④ ［日］大塚修、赤坂恒明：《カーシャーニーオルジェイトゥ史》，名古屋大学出版会，第369、377、380页；Gottfried Herrmann, *Persische Urkunden der Mongolenzeit: Text-und Bildteil*, Harrassowitz, 2004, p. 79；Хафиз Абру, *Дополнение к собранию историй Рашида*, Переведено Э. Р. Талышханова, Изд - во “ЯЗ”, 2011, с. 33 - 34；Abu Bakr al-Qutbi al-Ahri, *Ta'rīkh-i shaikh Uwais*, Abu Bakr al-Qutbi al-Ahri, Ta'rikh-i shaikh Uwais, Trans. by J. B. Van Loon, Amsterdam, Mouyon & CO., 1954, pp. 46 - 48；邱轶皓：《蒙古帝国视野下的元史与东西文化交流》，上海古籍出版社，2019年，第152页。

⑤ Michael Hope, *Power, Politics, and Tradition in the Mongol Empire and the Ilkhanate of Iran*, p. 188.

六年底（1317 年 3 月），不赛因在 Mazanderan 得知父亲去世的消息。他跟其老师（Atabik）Sevinch 在 Sultaniya 与异密出班等朝臣会晤，并于七一七年二月一日（1317 年 4 月 15 日），通过忽里勒台大会登基汗位。① 关于不赛因汗登基，《史集续编》的记载最为详细，除个别差异外，其中细节与上述著作基本一致。② 据《谢赫歪思史》载，推举不赛因登位的大臣和异密也不少，如不赛因汗的老师，畏兀儿人 Sevinch、异密 Iranjin 等人实力也不容小觑。③ 但异密出班凭借在军队中的威严，力排众议，控制了年幼的不赛因汗。譬如，帖木儿帝国时期史学家穆恩尼丁・纳坦兹（Muin al-Din Natanzi）所著《穆恩尼史选》（*Muntakhab al-Tawarikh-i Muini*）记载：不赛因汗登位不久，“他除了君主（Padishah）的名号外，什么都没有留下”④。《谢赫歪思史》载：“由于不赛因汗年幼，出班掌控了政府的一切权力……出班征服了整个领域。”⑤ 这显然会引起诸部不满：“速檀不赛因汗统治早期，由于君主非常年轻，以及异密出班的强势，伊拉克、阿塞拜疆和呼罗珊的许多王子和那颜举兵起义。”⑥ 不少文武大臣在异密出班掀起的权力斗争中成了牺牲品，其中还包括著名历史学家拉施特。⑦ 诸多史书均载关于异密出班镇压叛军的相关历史，但其描述略有差异。⑧ 其中最重要的是，驻于呼罗珊的察合台系诸王 Yasawur 的起义。因为 Yasawur 起兵时金帐汗国君主月即别汗也趁机入侵伊利汗国，平定叛乱与反击月即别的入侵成为异密出班进一步控制伊利汗国内政的重要一环。据阿不鲁的《史集续编》载，七一八年（1318—1319），当不赛因汗忙于镇压呼罗珊的 Yasawur 叛乱时，“从钦察草原方面，君主月即别率领无数军队，通过打耳班（Darband）往呼罗珊方向赶

---

① Khwandamir, *Habibu's-siyar* (*Tome three*), W. M. Thackston (trans. and ed.), Harvard University Press, 1994, p. 113; Мирза Улуғбек, *Тўрт улус тарихи* (*Тарих-и арбаъ улус*), таржимаси. Бўрибай Ахмадов, Чўлпан, 1993, б. 268.

② Хафиз Абру, *Дополнение к собранию историй Рашида*, с. 72 – 75.

③ Abu Bakir al-Qutbi al-Ahri, *Tarikhi shayikh Uwais*, p. 51; Charles Melville, "Abū Sa'īd and the revolt of the amirs in 1319", p. 93.

④ Mu'īn al-Dīn Muḥammad b. Hindūshāh Natanzī, *Muntakhab al-Tawārīkh-i Mu'īnī*, Kitāb-Furūshī-yi Khayyām, 1957, p. 142.

⑤ Abu Bakir al-Qutbi al-Ahri, *Tarikhi shayikh Uwais*, p. 53.

⑥ Khwandamir, *Habibu's-siyar* (*Tome three*), p. 113.

⑦ 关于拉施特遇害细节可参见《史集续编》和《旅行者的伴侣》等史书相关内容，参见 Хафиз Абру, *Дополнение к собранию историй Рашида*, с. 72 – 75; Khwandamir, *Habibu's-siyar* (*Tome three*), p. 113 – 114.

⑧ Abu Bakir al-Qutbi al-Ahri, *Tarikhi shayikh Uwais*, p. 52; Мирза Улуғбек, *Тўрт улус тарихи* (*Тарих-и арбаъ улус*), б. 268 – 269; Charles Melville, "Abū Sa'īd and the revolt of the amirs in 1319", pp. 91 – 92.

来”。不赛因汗得知后召集异密们前来阻截，但异密们忙于平定 Yasawur 军队。“此时，月即别让异密 Keikhata 带领前锋军，经过哈扎尔（Khazar）草原，率无数军队，赶到了打耳班。此之前，速檀不赛因让手下 Barmiyaz 率一部分军队。但他知悉敌军的状况之后，认为自己没有能力予以阻击，于是折返至不赛因汗的帐殿并向他禀报了（月即别汗）那支胜利军来临的消息。这时，速檀不赛因身边军队业已溃散，仅剩下不足一千骑兵。于是，他从侍从、马夫、驼夫，以及其他人员组建了一支千人的军队，来到 Kur 河畔。速檀下令让所有人将（营地）毡房沿着河边长线布置，这样敌军会认为我军数量非常多。常胜的、无数的军队（遵照）在河边散开了，河的对岸已被劫掠和毁坏。当异密出班得知月即别大军与速檀针锋相对，他离开了呼罗珊，速往（Kur）河畔。他率领两队骑兵，宛如雷电。他来到 Kur 河畔之际，打算渡河（并攻打敌军）。当月即别的军队得知之后，他们中间产生了恐惧和畏怯”①，于是异密出班率军两万渡河打击月即别军队，并最终使他撤军。也就是说，异密出班在击退金帐汗国军队中起了重要作用。此后，据《四兀鲁思史》载，异密出班以在战中表现消极等理由，再次清除了自己在朝中的政敌：“异密出班回师后，首先在速檀的充满吉祥的斡儿朵，颁布君主诏令，将与月即别汗交战的 Qurmishi Ibni Alinaq Kirayit 等异密逮捕并收监。”② 此举导致诸异密再次组织起义，趁不赛因汗赴 Sultaniya 时，攻打在格鲁吉亚（Gurjistan）的异密出班。③《四兀鲁思史》言，此战异密出班惨败并投奔在 Sultaniya 的不赛因汗，最终不赛因汗亲自率军剿灭起义军，保住了出班。此战后，马年（Yunt），七一九年七月二十日（1319 年 9 月 13 日），不赛因汗被送尊号“Bahadur”（勇士/巴图鲁）。④ 但《四兀鲁思史》此载经不起推敲，因为其将不赛因汗与异密出班放在同一个战线，还将不赛因描述为保护出班的角色。这与其后面的记载互为矛盾。⑤ 譬如，《四兀鲁思史》又载异密出班镇压多次叛乱并掌控朝廷大权之后，不赛因汗的汗位如同虚设，“猴年（Bichin），七二一年（1321—1322），异密出班（Amir Chupan sulduz）甚至看不起他（不赛因）的汗位了”⑥。紧接着，异密出班利用家族势力，进一步加强对伊利汗不赛因的控制。譬如，《史集续编》载，七二二年（1322—1323）鲁木（Rum）地区总督、异密出班之子异密 Timur

---

① Хафиз Абру, *Дополнение к собранию историй Рашида*, с. 84 – 86.

② Мирза Улугбек, *Тўрт улус тарихи*（*Тарих-и арбаъ улус*）, б. 269.

③ 关于此期间异密们谋划杀死异密出班的细节可参见阿不鲁的相关描述。参见 Хафиз Абру, *Дополнение к собранию историй Рашида*, с. 96 – 102.

④ Мирза Улугбек, *Тўрт улус тарихи*（*Тарих-и арбаъ улус*）, б. 270.

⑤ 关于此问题可参考查理斯·麦里维力的相关研究，此不赘述。参见 Charles Melville, “Abu Sa‘id and the revolt of the amirs in 1319”, pp. 89 – 92.

⑥ Мирза Улугбек, *Тўрт улус тарихи*（*Тарих – и арбаъ улус*）, б. 272.

Tash 举兵反叛并联系马穆鲁克速檀，准备攻占呼罗珊、伊拉克等地。异密出班申请出战，他抓获 Timur Tash 后送至不赛因汗处理：“（不赛因）速檀为了异密（出班）的颜面，原谅了他儿子的罪状并告诫了他。再次向他敞开关爱的双手，又赐他一个顶戴、一件尊贵的长袍，下达诏书，过一段时间后让他再任鲁木异密之职。”①《谢赫歪思史》更直白地讲：“（不赛因）速檀将 Timur Tash 还给了其父亲。”② 出班之子反叛，居然未受惩罚，还毫发无损重任旧职。此外，异密出班还掌控了伊利汗国大臣的任命和废除权：“（臣）Ruknaddin 在诸蒙古速檀执政期间，先成为处于中间位置的官。之后，在幸运的促使与其爷爷的帮助下，凭借他自身的优点，成功受到了那颜（Noyan）出班的恩惠。于是，皇室对他的崇恩与日俱增。首先他成了那颜出班的备受尊重的继承人。之后他在国家的瓦即儿（Vezir）部门任了高职。但他在自己的位置上没有停留许久，因为异密出班及其子（应指出班之子 Damashiq Khoja）对于他的看法发生了变化。最终，他被异密出班杀死了。”③ 另有，不赛因汗身边的权臣 Alishah 因与出班之子 Timur Tash 发生矛盾，于七二四年（1323—1324）突然离世。《谢赫歪思史》怀疑他的死可能是出班父子下毒所致。④ 从以上大臣的遭遇来看，异密出班及其子几乎掌控了朝廷大臣的命运。《谢赫歪思史》记载，也就在这一时期出班实力达到了最高峰，他的儿子分别掌管了鲁木、格鲁吉亚、呼罗珊、克尔曼（Kirman）、阿塞拜疆等省。⑤ 出班的儿子 Damashiq Khoja 甚至放出轻视不赛因汗的言语。⑥ 从此基本可以判定，1324 年之后，异密出班已经完全控制了伊利汗国政治大权。⑦ 阿不鲁也将此时间称为“异密出班的统治时期”。⑧

此后，七二五年（1324—1325）异密出班率大军经过格鲁吉亚，攻入钦察草原。诸史书载，这是一场由异密出班主动进行的，旨为金帐汗国多次侵略而报仇的远征。笔者拙见，此次远征实际上是异密出班通过掠夺性征战来加强和拉拢伊利汗国军队的一次尝试，譬如《四兀鲁思史》载：“（异密出班）进入速檀月即别汗的国度，大量掠夺此国

---

① Мирза Улуғбек，*Тӯрт улус тарихи*（*Тарих-и арбаъ улус*），б. 272；Хафиз Абру，*Дополнение к собранию историй Рашида*，c. 113.

② Abu Bakir al-Qutbi al-Ahri，*Tarikhi shayikh Uwais*，p. 53.

③ Хафиз Абру，*Дополнение к собранию историй Рашида*，c. 113，115.

④ Abu Bakr al-Qutbi al-Ahri，*Ta'rīkh-i shaikh Uwais*，p. 54.

⑤ Abu Bakr al-Qutbi al-Ahri，*Ta'rīkh-i shaikh Uwais*，p. 54.

⑥ Abu Bakr al-Qutbi al-Ahri，*Ta'rīkh-i shaikh Uwais*，p. 54.

⑦ Michael Hope，*Power，Politics，and Tradition in the Mongol Empire and the Ilkhanate of Iran*，p. 196.

⑧ Хафиз Абру，*Дополнение к собранию историй Рашида*，c. 141.

并很快就回师了”①;《史集续编》载，出班率领军队经格鲁吉亚和打耳班等地，攻入月即别汗的土地并“在那片土地上，异密出班抢劫、俘获和毁坏他们，没有留下任何东西，他从那里威严地凯旋”②。与此同一年，异密出班将其女 Bagdad Khatun 嫁给了不赛因汗。据载，“Bagdad Khatun 进入宫殿之后，开始介入国家和经济事务”③。出班此举也是为了更进一步控制不赛因汗。同时，异密出班派长子异密哈桑率军占领伽色尼（Ghazna）地方，自己率军开往呼罗珊，离开前还将其子 Damashiq Khoja 留在不赛因汗身边。④ 这明显是为了在自己不在首都期间，监视和控制不赛因汗。《四兀鲁思史》言：“异密出班让 Damashiq Khoja 留守速檀国的都城，自己开往呼罗珊。异密 Damashiq Khoja 开始随心所欲地介入速檀决策的一部分和一切。（以至于）速檀除了‘汗’的头衔外，什么都没有剩下。汗对此十分不满。”⑤ 可见，出班通过安排子女控制不赛因汗，以便达成取得朝政大权的目的。但作为非黄金家族出身的部族首领，出班若想更进一步强化其在伊利汗国的权威，需要各大兀鲁思，尤其宗主国——元朝的认可和支持。故此，异密出班及其家族在完全掌控伊利汗国内政之际，以不赛因汗的名义派使抵达元大都“请官”。不赛因汗为异密出班请官的记载出自《元史》《谢赫歪思史》《史集续编》等史书中，具体如表 1 所示：

① Мирза Улуғбек，*Тўрт улус тарихи*（*Тарих-и арбаъ улус*），б. 272 – 273.

② 关于此次战斗详细可参见 Хафиз Абру，*Дополнение к собранию историй Рашида*，c. 115.

③ Мирза Улуғбек，*Тўрт улус тарихи*（*Тарих-и арбаъ улус*），б. 273，277;《四兀鲁思史》载，“不赛因汗末年，他爱上 Dilshat Khatun，Bagdad Khatun 被数落，于是 Bagdad Khatun 给速檀喝了毒药，致其死亡”。不赛因殁后，Bagdad Khatun 煽动伊朗地区瓦剌（Uyrat）等部众，反对新上位的 Arpa 汗并将其杀死。之后，七三六年（1336—1337）十月，在她的推荐下，Musa 汗继位。从此可见异密出班家族对不赛因汗政权的控制程度。参见 Мирза Улуғбек，*Тўрт улус тарихи*（*Тарих-и арбаъ улус*），б. 278；关于 Bagdad Khatun 的情况还可参见 Хафиз Абру，*Дополнение к собранию историй Рашида*，c. 116，138.

④ Мирза Улуғбек，*Тўрт улус тарихи*（*Тарих-и арбаъ улус*），б. 273 – 274.

⑤ Мирза Улуғбек，*Тўрт улус тарихи*（*Тарих-и арбаъ улус*），б. 275.

表1　不赛因汗为异密出班请官的记载

《元史》	《谢赫歪思史》	《史集续编》
泰定元年“十一月癸巳（1324年11月27日），诸王不赛因言其臣出班有功，请官之，以出班为开府仪同三司、翊国公，给银印、金符”①。	“七二七年（1326—1327），异密出班在报达过冬。（不赛因）汗的使臣借道月即别汗的领土，从中国前来，月即别汗的使臣也跟随他们。……合罕得知他的情况之后，给他赐予了四个兀鲁思的异密之位。他的名字被记在中国、察合台（Jaghatāy）、钦察草原（Dasht-i Qifchāq）、伊朗国（Īrān）的四份诏书（yarlīgh）中。”②	七二五年（1324—1325）“合罕向异密出班派遣了一位使者。这位使者以君主的尊贵名义来到哈烈城（Herat）遇见了（异密）出班。合罕认为/认定异密出班是伊朗和图兰的大异密（Amir al-umara）。异密出班向使者表示了敬重之心，赏了他礼物，以及给合罕奉上了礼物和赠品”③。

结合上文梳理，我们可以很清楚地看到，伊利汗国使团抵达元大都的时间与出班完全控制不赛因汗的时间相吻合，这并非偶然。因此，我们有理由怀疑此次出使元朝的行动是否由出班策划。传世文献可为此提供证据。譬如，《谢赫歪思史》和《史集续编》的记载显示，来自元朝的使团回国之后，先去见了异密出班，而非不赛因汗，查理斯·麦里维力等学者也注意到了此点。④ 这可充分佐证此次出使极有可能是异密出班借不赛因汗的名义一手策划的。而且，《谢赫歪思史》又载，此次使团在回国途中分别去了察合台汗国和月即别汗执政的金帐汗国。⑤ 这也可能被理解为，异密出班刻意让他们绕过这些兀鲁思，宣读元朝对其赐官的诏书，告知自己得到大汗任命一事。

纵观传世文献，元朝皇帝又是蒙古各大兀鲁思的宗主，被称为大汗，其地位最高。⑥ 蒙古各大兀鲁思历代汗王也遵循这种宗藩关系，承认元朝皇帝的宗主地位。譬如，蒙古

---

① 《元史》卷二九《泰定帝纪一》，第651页。

② Abu Bakr al-Qutbi al-Ahri, *Ta'rīkh-i shaikh Uwais*, pp. 54 – 55.

③ Хафиз Абру, *Дополнение к собранию историй Рашида*, c. 119.

④ Michael Hope, *Power, Politics, and Tradition in the Mongol Empire and the Ilkhanate of Iran*, p. 191.

⑤ Abu Bakr al-Qutbi al-Ahri, *Ta'rīkh-i shaikh Uwais*, pp. 54 – 55.

⑥ 刘迎胜：《察合台汗国史研究》，上海古籍出版社，2006年，第2页。

各大兀鲁思境内完成的史书中，只有元朝皇帝才被称作大汗，即“合罕”（Qa'an），而其他宗王只能冠有“汗王”（ḫan）的尊号。① 《元史》中其他兀鲁思汗王只记有本名，不带任何汗王尊号。② 这种宗藩传统一直延续至各大兀鲁思衰亡。实际上，这是一种基于大蒙古国大一统思想演变而来的制度认同。从这个意义来讲，异密出班假借不赛因汗名义，为自己争取元朝支持，以便提高和进一步巩固自己在伊利汗国政治地位的举动是顺理成章的。

相形之下，《元史》和《谢赫歪思史》《史集续编》的记载有所差异。首先，《元史》载，元朝应不赛因汗要求，命出班为开府仪同三司和翊国公，又赐给他银印、金符等。从史料来看：①“开府仪同三司”是沿承东汉的开府制度和仪同三司制度，在曹魏和西晋时期形成并正式确立的官号，一直延续到元朝。开府仪同三司是朝廷对有功大臣的重赐，官品为一品。历史时期，开府仪同三司一般通过加官或赠官的形式授予将军、光禄大夫等高级官员，其授予品级和身份也有较为严格的限制，授予对象主要包括皇族、外戚、门阀大族、周边藩国和少数民族首领等。③ 元朝沿用前朝惯例，曾多次赐给诸王及权臣开府仪同三司的待遇。②翊国公。其中“翊”表示“辅佐，辅助”之意。《元典章》记载，“国公”作为爵号“正从一品，奉赠三代”④。③“银印”的赏赐在元朝也有明确规定。异密出班虽获赐正一品高官，但作为诸王手下大臣，只能获准拥有银印。一般赐予正一品的银印的规格为“三寸，三台，银八十两五钱，物料钱八钱”⑤。此外，“金符”是元代皇帝授予立功权臣的一种信物，普遍使用于军队中。综合而言，元朝政府给异密出班授予开府仪同三司的高爵，赐他银印和金符，品级与诸王仅低一等。需要说明的是，从元朝赐予出班的银印以及“翊国公”等可言，元朝可能知道异密出班已经掌管伊利汗国朝廷，但并不意味着元朝追认他是与伊利汗同等地位的人物，故也明确强调他是伊利汗不赛因的“臣”。而且，从出班的后续命运而言，出班在伊利汗国境内的统治基础也出现了危机，他的手下也纷纷倒向不赛因汗，不赛因汗借此机会最

---

① 据《史集》，元宪宗蒙哥和元世祖忽必烈都带有合罕（Qa'an）的尊号，而伊利汗国君主旭烈兀被称为“旭烈兀汗（ḫan）”，见［伊朗］拉施特著，余大钧等译：《史集》（第一卷第二分册），商务印书馆，2017年，第134页。

② 譬如《元史》中的术赤后王名单。可参见《元史》卷一一七《术赤传》，第2906页。

③ 李鹏飞：《两晋南朝开府仪同三司研究》，郑州大学硕士学位论文，2020年，第11－13页。

④ 洪金富校订：《元典章》卷一一《吏部五·职制二》，台湾“中央研究院”历史语言研究所，2016年，第500－501页。

⑤ 洪金富校订：《元典章》卷二九《礼部二·礼制二》，第964页。

终得以消灭出班及其余党。[1] 故此，查理斯·麦里维力的相关观点仍需深入。

其次，《谢赫歪思史》《史集续编》均言元朝大汗赐他为大异密（Amir al-umara）。[2]《四兀鲁思史》记载，不赛因汗登位后“将 Amir al-umara 的职位赐给了异密出班”[3]。估计获赐元朝大汗下发的大异密任命书才是异密出班策划此次“请官”的主要目的。据史料，大异密，即 Amir al-umara[4]，也出现于伊利汗国史书《书记规范》，其地位居于众异密之上。笔者认为，此职位与马穆鲁克史学家乌马里（al-ʻUmarī）在其《眼历诸国行纪》（*Masālik al-Abṣār fī Mamālik al-Amṣār*）一书中提到的众别（伯克）之长（Beklerbek）几乎可以对等：伊利汗国的“兀鲁思异密共有四人，其中最大的一位是‘众别之长’”[5]。按照乌马里的记述，汗身边的大异密主要负责军事相关事务，财产和民事纠纷则由瓦即儿（wāzir）处理。然而，实际情况与此不同。譬如，《四兀鲁思史》所载，异密出班安排自己的女儿嫁给不赛因汗并掌管经济事务。[6] 实际上，如出班等大异密早已控制了国家大机器中的主要部门，对汗权造成了极大威胁。至于《谢赫歪思史》所言，合罕封赐出班为四大兀鲁思，即“中国、察合台（Jaghatāy）、钦察草原（Dasht-i Qifchāq）、伊朗国（īrān）”的大异密职位一事，不见于其他兀鲁思史书，尤其没法与《元史》相关记载对证。这种说法极有可能是异密出班自编并传播出去的。目的就是借助元朝大汗在伊利汗国的权威，加强自身统治。

此外，笔者在查阅资料时发现，1337 年由伊利汗国史学家夏班喀拉（Shabānkārah'ī）编写的史书《世系汇编》（Majma'al-Ansab）记载，异密出班被手下遗弃后，不赛因汗追

---

① Хафиз Абру, *Дополнение к собранию историй Рашида*, с. 132；关于异密出班及其家族的结果，也就是其 1326—1327 年之后的命运，《谢赫歪思史》《四兀鲁思史》和《史集续编》等著作记载尤为详细，参见 Abu Bakr al-Qutbi al-Ahri, *Ta'rīkh-i shaikh Uwais*, p. 55 – 56；Хафиз Абру, *Дополнение к собранию историй Рашида*, с. 133 – 138, 170 – 180；Мирза Улуғбек, *Тўрт улус тарихи*（*Тарих-и арбаъ улус*）, б. 122 – 123.

② 关于伊利汗国官号异密，即 Amir 词意可参见 C. E. Bosworth, "*AMĪR*", *Encyclopædia Iranica*, Vol. I, Fasc. 9, 1989, pp. 956 – 958.

③ Мирза Улуғбек, *Тўрт улус тарихи*（*Тарих-и арбаъ улус*）, б. 268.

④ 该词义为酋长首领，异密中的异密，可表示众异密之长。参见北京大学东方语言文学系波斯语教研室编：《波斯语汉语词典》，商务印书馆，1981 年，第 166 页；邱轶皓：《蒙古帝国视野下的元史与东西文化交流》，第 160 页。

⑤ 邱轶皓：《蒙古帝国视野下的元史与东西文化交流》，第 151 页。

⑥ 其实异密的权力不限于军务，也涉足于其他领域。譬如，《史集》载：“大部分重要事务和君主的需要由异密和宰相们办理。”参见［伊朗］拉施特著，余大钧等译：《史集》第三卷，商务印书馆，2017 年，第 358 页。

杀出班及其家族。此时，异密出班曾想逃往元朝，并借助兵力夺回权力。① 查理斯·麦里维力认为，出班此想法完全是一种不切实际的想象。② 然而，若我们结合元朝赐予异密出班的各种官号和爵位来看，出班此想法并非基于想象。因为元朝政府已经赐他“开府仪同三司”的待遇，故出班即便得不到元朝兵援，完全可以凭元朝皇帝的赐官诏书在中原寻求庇护。同时，我们根据夏班喀拉的这段记载也许能推出，出班假借不赛因汗的名义向元朝请官的另一个目的应可能是利用元朝皇帝的赐官诏令，为自己谋求后路。但这一点仍需进一步求证。

结语

本文根据《元史》与波斯史书，考察泰定元年伊利汗国君主不赛因汗遣使，为其权臣异密出班请官相关事宜。经本文研究，伊利汗国使人于泰定元年十一月癸巳，即1324年11月27日到达元朝。若综合波斯史料记载而言，伊利汗国使团返回时间大致为1325—1326年。可见，伊利汗国使团应该在1323年初从本土出发，此也正是异密出班及其家族镇压敌对势力，一步步掌控伊利汗国的关键时期。据史载，鉴于1317—1325年间伊利汗国朝政逐渐被异密出班掌控的实事，此次出使元朝请官一事极有可能是异密出班一手策划的。元朝虽远离伊利汗国并无法左右其内政，但作为宗主国，其在伊利汗国仍有很高的权威。这也是异密出班通过向元朝请官来提高和巩固自身政治地位的主因。总之，作为元朝西部诸王首次，也是唯一一次为兀鲁思大异密请官，其可为考察不赛因汗统治时期的伊利汗国内政，及伊利汗国与元朝之间的关系等问题提供崭新的视角。

作者简介：
阿布都沙拉木·克热木，新疆社会科学院历史研究院助理研究员。

① Muḥammad ʻ Alī Shabānkāraʼī, Majma ʻ al-Ansāb （ed.）, *Mīr Hāshim Muhadith*, Muʼasisih Intishārāt-i Amīr Kabīr, 1984, p. 283.

② Michael Hope, *Power, Politics, and Tradition in the Mongol Empire and the Ilkhanate of Iran*, p. 194.

元代外来移民的汉语书写：以《丁鹤年集》为中心的探讨①

马 娟

[提要] 本文在吸取前人研究成果的基础上，尽可能收集了元代著名诗人丁鹤年诗集的十八种版本，并进行对比，在此基础上深入探讨了他的汉语书写活动，认为诗人在保持母族文化的前提下，更多地汲取了以儒家为代表的主流文化，从而使他能够以汉文书写来表达忠君爱国、忧国忧民的思想感情。除此之外，还结合地方志资料对丁鹤年家族成员的相关史实进行考证，补充了前人所忽略之处。通过对丁鹤年一生的汉语书写来理解元代外来移民的文化转变过程。

[关键词] 元代；外来移民；丁鹤年；汉语书写

13世纪初，随着蒙古的崛起、大蒙古国的建立、成吉思汗及其子孙的东征西战，世界历史进入一个新的发展阶段，原有的政治格局被打破重组，人类面临一个前“全球化”的时代。这个时代最突出的特征之一即前所未有的移民运动。这一规模空前的移民运动大致可分为两种类型：战争移民与和平移民。二者以元朝的建立为时间节点分为前后两个时期。在这种历史大背景下，大量域外尤其是遭受战争罹害地区的居民或被迫或自愿东来。这些外来移民经过蒙元时期的几次籍户后成为蒙古大汗统治下的编户齐民，

---

① 本文系2020年度国家社会科学基金一般项目“元帝国统治下的外来移民研究”（项目批准号：20BZS047）阶段性成果。

从此定居于广袤的元帝国，繁衍生息，他们的后代遂成为外来移民之后裔，与千千万万蒙古大汗统治下的诸色人户生活在一起，从事不同的职业，展开种类各异的活动，其中尤以学习汉文化、用汉语书写等活动令世人瞩目。丁鹤年就是其中非常典型的代表。他的家世背景、生活的时代与社会、个人与家族遭遇，以及他的汉语书写诸方面，均能够给笔者充足的理由来以他为个案探讨元代外来移民的面相。

一

丁鹤年为元末明初著名的回回诗人，在这一时期的诗坛上极具声名。有人甚至这样说：丁鹤年是元代西域诗人群体中在明代生活时间最长的一位，他的谢世，标志着元代西域诗人群体的终结，而他的诗歌则折射出元明易代的社会变迁，同时也反映出元末明初文坛风气的转变。①

正因其声名以及特殊的家庭出身，丁鹤年及其诗歌、诗集受到学界重视，研究成果也比较丰富。最早注意到这方面的当是一代史学大师陈垣先生。他在《元西域人华化考》分别详细考证了丁鹤年的族属、宗教信仰和诗集的版本情况，并指出错谬之处。②20世纪80年代初，丁生俊先生撰《丁鹤年》一书，③ 是迄今所见唯一一部关于丁鹤年的传记著作，具有开创之功。丁先生还编注有《丁鹤年诗辑注》，④ 除据相关版本收录丁鹤年诗歌外，与丁鹤年有关的史料作为附录也收入其中，并对诗歌作注出解，可谓目前收录丁鹤年诗歌最全的专著。著名元史专家周清澍先生曾对元人现存文集做过完整的调查，在此基础上编有《元人文集版本目录》，⑤ 是学习这方面知识的最佳导引书。其中即列有关于丁鹤年诗集的各种版本和藏于全国各地图书馆的状况，为笔者的研究提供了极大的便利。导夫著有专文详细介绍了《丁鹤年诗集》的版本、流传，以及所藏图书馆方面的信息，可与周清澍先生的文字互为补充。⑥ 同时导夫集多年之力研究丁鹤年诗歌，出版了《丁鹤年诗歌研究》，⑦ 在叙述、考证丁鹤年及其本人经历的基础上，从文学角度深度探讨了丁鹤年诗歌的内容、类型、情感等，肯定了他对中国诗歌所作的贡

① 王忠阁：《丁鹤年与元末明初社会的变迁》，《民族文学研究》2008年第3期，第122页。

② 陈垣：《元西域人华化考》，上海古籍出版社，2000年，第70－74页。

③ 丁生俊：《丁鹤年》，宁夏人民出版社，1982年。

④ 丁生俊编注：《丁鹤年诗辑注》，天津古籍出版社，1987年。

⑤ 周清澍编：《元人文集版本目录》，南京大学出版社，1983年，第84－86页。

⑥ 导夫：《丁鹤年诗集主要版本叙录》，《宁夏大学学报》（人文社会科学版）2002年第3期。

⑦ 导夫：《丁鹤年诗歌研究》，宁夏人民出版社，2003年。

献。这部著作体现了作者深厚的文献学与诗歌鉴赏方面的功力，先后有三篇书评进行评介。①

蒙元史大家萧启庆先生曾探讨过元明之际的蒙古、色目人遗民，丁鹤年即为其文色目人部分的个案之一。萧氏据元亡后这两个群体遗民的行为表现，分为激烈型与温和型两类，而丁鹤年被列入温和型中，同时他还属于四明遗民圈的一分子，文中称丁鹤年愿作一“真正隐士，忘却世事”。② 袁宗刚则从遗民心态作为切入点讨论了丁鹤年在元明易代之际的心态转变，认为丁鹤年报君亲恩心态更多地表现在他对“孝道”的坚守方面。③ 武君亦有同一角度的论述，特别强调以丁鹤年等人为代表的元代遗民在传承传统文化领域所发挥的重要作用。④

对于丁鹤年个人的研究，笔者认为有两篇重要的论文。一是杨镰先生的《元诗文献新证》，⑤ 它虽是对新编《全元诗》文献价值的介绍，但在列举其对元史研究的重要性时提到丁鹤年。杨先生通过多种资料互证，最后在《元人才调集》中发现有关丁鹤年的小传，从而解决了长期以来学界关于丁鹤年名与字的纷乱问题。二是刘迎胜师对于丁鹤年及其家族的考证。⑥ 刘师首先据鹤年与其姐月娥均取汉姓，且有与汉人通婚之现象推测其生母为汉人，并且是其父职马禄丁之次妻；其次顺着鹤年表兄赛景初这条线索推出其父长妻为纳速剌丁之女、江浙行省平章政事乌马儿之姐妹。而纳速剌丁之女之所以嫁官阶不高的职马禄丁乃因该女非纳速剌丁正妻所生，鹤年兄烈瞻与爱理沙应即纳速剌丁之女所生。此外，刘师还指出，丁鹤年与汉人、南人来往更密切，与回回人除亲属外，未见和其他同族人有联系。该文进一步明确了丁鹤年的家族关系，解决了之前一直处于模糊状态的问题，而且所论有理有据，令人信服。

---

① 王毓红：《独特视角观照下的丁鹤年诗歌——评导夫〈丁鹤年诗歌研究〉》，《宁夏大学学报》（人文社会科学版）2004 年第 6 期；孙纪文：《徜徉于历史探赜与现实观照之中——评导夫〈丁鹤年诗歌研究〉》，《西北第二民族学院学报》（哲学社会科学版）2006 年第 3 期；刘世杰：《筚路蓝缕启山林——评导夫〈丁鹤年诗歌研究〉》，《宁夏大学学报》（人文社会科学版）2010 年第 1 期。

② 萧启庆：《元明之际蒙古色目遗民》，《内北国而外中国》上册，中华书局，2007 年，第 173 页。

③ 袁宗刚：《从慷慨悲戚、忠孝两全到渴望超越——元少数民族遗民士人心态转变探究》，《西华大学学报》（哲学社会科学版）2014 年第 4 期。

④ 武君：《抉择·执念·使命：元遗民的心态与诗学观——以戴良、丁鹤年、李祁、王礼为例》，《浙江师范大学学报》（社会科学版）2018 年第 5 期。

⑤ 杨镰：《元诗文献新证》，《山西大学学报》（哲学社会科学版）2007 年第 3 期。

⑥ 刘迎胜：《丁鹤年及其家族》，《元史及民族与边疆研究集刊》第 26 辑，上海古籍出版社，2014 年。

其他相关研究多是文学或文化层面的论述。① 张杰在梳理20—21世纪百余年间关于丁鹤年的研究史时指出，绝大部分研究集中于对其诗歌的讨论方面，偶尔涉及其卒年、墓址、交游、诗风方面，但停留于旧说，总体上缺少新意与深度。作者认为急需对史料进行认真爬梳考辨，从而提升丁鹤年研究的“历史厚度与理论深度”。② 笔者以为，除以上所介绍对推动丁鹤年研究有贡献的成果外，大部分研究的确如张杰所言，人云亦云的现象比较突出。笔者无力打破旧局，但求跳出文献学、文学的窠臼，尝试以元代外来移民的汉语书写为视角来探讨丁鹤年诗集背后的故事。

二

关于丁鹤年的家世与经历，以戴良和乌斯道的记载颇为详细，学界主要是据此来研究其家族成员、游学等方面的活动。同时，这也是研究丁鹤年诗歌背景的重要途径。但二者侧重点不同，前者不仅提及丁鹤年前三代人之名，且对其人生经历叙述详赡，一直记到深忌色目人的方国珍据浙东，丁鹤年因此避居慈溪之时。亦即是说，幸赖戴良传记，我们得以了解丁鹤年在元朝的活动与经历。而后者所记为入明后丁鹤年为其生母迁葬之事，聚焦点在于突显其“孝”。

据戴良《高士传》可知，鹤年为西域人，其曾祖父阿老丁③，曾叔祖父乌马儿④皆为元初巨商。其祖上起家入仕乃因“世祖皇帝徇地西土，军饷不继，遂杖策军门，尽以其资归焉，仍数从征讨，下西北诸国如拉朽。延谕以功授官，阿老丁年老不愿仕，特赐田宅，留京奉朝请。乌马儿擢某道宣慰使，其后招降吐蕃有大功，遂自宣慰拜甘肃行中书左丞”⑤。此处“世祖皇帝徇地西土”所指殊为模糊。刘迎胜师认为是指忽必烈奉蒙

① 如张文澍：《风霜万里苦吟人——论元末回回诗人丁鹤年》，《民族文学研究》2005年第2期；马志英：《丁鹤年宗教诗论析》，《民族文学研究》2014年第2期；周湘瑞：《从元诗看“西北子弟”对汉族文化的认同》，《学术月刊》1998年第12期；刘嘉伟：《多元文化的交融：色目诗人丁鹤年的文化底蕴新探》，《中华文化论坛》2022年第3期；等等。

② 张杰：《20世纪以来丁鹤年研究综述》，《文教资料》2014年第15期。

③ 刘迎胜正确地将其还原为‘Alā al-Dīn，见刘迎胜：《丁鹤年及其家族》，《元史及民族与边疆研究集刊》（第26辑），第1页。笔者在此补充其波斯文原文عالع الدين，其意为“宗教之荣光”，据 Salahuddin Ahmed，*A Dictionary of Muslim Names*，New York University Press，1999，p. 12。

④ 刘迎胜将其还原为‘Umar，见刘迎胜：《丁鹤年及其家族》，《元史及民族与边疆研究集刊》第26辑，第1页。笔者补充其波斯文原文عمر，其意与عامر联系在一起，意为繁荣的，充满生机、巨大的，其词根عمر，意为生命，据 Salahuddin Ahmed，*A Dictionary of Muslim Names*，p. 214。

⑤ （元）戴良：《九灵山房集》卷一一《高士传》，《丛书集成初编》第三册，中华书局，1985年，第151页。

哥汗征大理之事。①《明史·文苑传》径直将“西土”改为“西域”。② 笔者以为此处所谓“世祖皇帝徇地西土”当为太祖之误，从之后所叙“下西北诸国如拉朽”来看，与成吉思汗西征更契合，这一时期也是中亚、西亚外来移民东来之高潮期。另外，世祖并未进行过大规模西征。总之，鹤年曾祖以资助其力，事成之后而得授官。只不过阿老丁“不愿仕”，得赐田宅以留居京城。这是丁鹤年家族作为外来移民定居中土的第一代。曾叔祖则被授“某道宣慰使”，他之后又因招降吐蕃而立大功，遂升至甘肃行省左丞。

关于鹤年曾祖阿老丁，有学者认为他就是修建杭州真教寺的回回大师阿老丁。如丁生俊、导夫就提出这种观点，但未加深论。③ 刘嘉伟亦持相同看法，并提供了两条旁证加以佐证。一是鹤年曾祖阿老丁是元初巨商，而修建真教寺的阿老丁也是富商，并援引白寿彝先生的推测“奥斯玛可能是阿老丁之别号”加以佐证。二是引用《武林掌故丛编》“晚习天方法，庐于先人之墓。卒葬其旁，遂为丁氏垅”一句谓其先人葬于杭州。这种说法颇值得怀疑。④

首先，据相关史料记载：“真教寺，大文锦坊南。元延祐间，回回大师阿老丁所建。”⑤ 这里明确说真教寺建于延祐年间，延祐为元仁宗年号，时为1314—1320年。戴良云“世祖皇帝徇地西土”成功后论功行赏，而“阿老丁年老不愿仕”，可知此时阿老丁已步入老年，即便真教寺建于延祐元年即1314年，距1264年已近半个世纪，阿老丁已逾百岁，则其建真教寺的可能性必然很小。其次，上引史料中根本没有提及建真教寺的回回大师阿老丁的其他信息，更无称其为“富商”的记载。因此，笔者以为，鹤年曾祖阿老丁与修建真教寺的阿老丁并非同一人。元代以阿老丁为名的回回人不在少数，因此在勘同时需小心谨慎。

鹤年祖为苫思丁，《丛书集成初编》所收《九灵山房集·高士传》作“苦”，⑥ 此为“苫”之误，丁生俊先生在收录这条史料时已改。刘迎胜师对其名的还原与释义十分正确，⑦ 兹不赘述。苫思丁因其父之功而荫叙为临江路达鲁花赤。临江路在元代为上路，

---

① 刘迎胜：《丁鹤年及其家族》，《元史及民族与边疆研究集刊》第26辑，第1页。

② （清）张廷玉等：《明史》卷二八五《文苑一·丁鹤年传》，中华书局，1974年，第7713页。

③ 丁生俊编注：《丁鹤年诗辑注》，第3页；导夫：《丁鹤年诗歌研究》，第24页。

④ 刘嘉伟：《多元文化的交融：色目诗人丁鹤年的文化底蕴新探》，《中华文化论坛》2022年第3期，第14页。

⑤ （明）田汝成：《西湖游览志》卷一八《南山分脉城内胜迹》，上海古籍出版社，1980年，第239页。

⑥ （元）戴良：《九灵山房集》卷一一《高士传》，《丛书集成初编》第三册，第151页。

⑦ 刘迎胜：《丁鹤年及其家族》，《元史及民族与边疆研究集刊》第26辑，第3页。笔者补充其波斯文原文شمس الدين。

至元十三年（1276）隶属江西行都元帅府，次年改临江路总管府。① 元朝规定，上路秩正三品，达鲁花赤一员，正三品。② 可见苫思丁官阶不低。他任职期间颇有惠政，深受当地百姓爱戴。史料说他由北晋王从官起家，累升为临江路达鲁花赤。③ 对此，刘迎胜师认为他们因忽必烈征大理而成为其家奴，因此苫思丁才会成为晋王甘麻剌的从官。④ 笔者认同刘迎胜师关于苫思丁与晋王关系的推断。

鹤年父职马禄丁，刘迎胜师指出其名为阿拉伯语 Jamāl al-Dīn 之音译，意为“教门之美”。⑤职马禄丁乐善好施，以其祖之资周济贫穷之人，不尚虚名，四十岁才出仕，由丞相野怜真推荐做了临州县簿，再升武昌县达鲁花赤。⑥ 刘迎胜师发现顺帝朝有一位至正九年（1349）任湖广行省左丞者，名亦怜真班，但很谨慎地说亦怜真班是否为举荐职马禄丁的野怜真，待考。⑦ 笔者在《元史》中找到另一位曾任湖广行省左丞相者，名亦怜真，那么，这两位与野怜真丞相是否可勘同为同一人呢？经过考证推理，笔者认为推荐职马禄丁入仕的正是后一位亦怜真，而与亦怜真班无涉。理由如下：

现有关于丁鹤年研究均认同其出生于元统三年（1335），⑧ 他十二岁时父亲职马禄丁去世，⑨ 据此可知其父去世时间为至正六至七年，即 1346—1347 年。戴良明确说职马禄丁“年四十应野怜真丞相辟，主临川县簿，以治行高等升武昌县达鲁花赤”⑩。则职马禄丁入仕时间在 1306—1307 年间。据《元史》载，亦怜真乃蒙古怯烈氏也先不花之子，“事裕宗于东宫，为家令。累拜银青荣禄大夫、湖南等处行中书省左丞相。延祐元年卒”⑪。由是知，亦怜真卒年为 1314 年。在这之前的 1306 或 1307 年亦怜真还在世，他又曾任湖广行省左丞相，荐举职马禄丁是很有可能的，何况亦怜真与野怜真亦可完全勘同。而刘迎胜师文中所提到的亦怜真班内容见于至正九年（1349），⑫ 此时职马禄丁

---

① （明）宋濂等：《元史》卷六二《地理志》，中华书局，1976 年，第 1510 页。

② （明）宋濂等：《元史》卷九一《百官志七》，第 2316 页。

③ （元）戴良：《九灵山房集》卷一一《高士传》，《丛书集成初编》第三册，第 151 页。

④ 刘迎胜：《丁鹤年及其家族》，《元史及民族与边疆研究集刊》第 26 辑，第 1 页。

⑤ 刘迎胜：《丁鹤年及其家族》，《元史及民族与边疆研究集刊》第 26 辑，第 3 页。其波斯文拼写为جمال。

⑥ （元）戴良：《九灵山房集》卷一一《高士传》，《丛书集成初编》第三册，第 151 页。

⑦ 刘迎胜：《丁鹤年及其家族》，《元史及民族与边疆研究集刊》第 26 辑，第 3 页。

⑧ 如王德毅、李荣村、潘柏澄编：《元人传记资料索引》第一册，中华书局，1987 年，第 8 页；丁生俊编注：《丁鹤年诗辑注》，第 341 页；导夫：《丁鹤年诗歌研究》，第 3 页；等等。

⑨ （元）戴良：《九灵山房集》卷一一《高士传》，《丛书集成初编》第三册，第 151 页。

⑩ （元）戴良：《九灵山房集》卷一一《高士传》，《丛书集成初编》第三册，第 151 页。

⑪ （明）宋濂等：《元史》卷一三四《也先不花传》，第 3267 页。

⑫ （明）宋濂等：《元史》卷四三《顺帝本纪五》，第 886 页，亦怜真班至正十二年（1352）以江浙行省左丞相改江西行省左丞相，分别见第 896、898 页。

已去世。故职马禄丁的入仕与亦怜真班没有关系，而与亦怜真有关。亦怜真又可写作野怜真。亦怜真之所以举荐职马禄丁，主要原因在于他“治行高等”。

武昌县在元代隶属于湖广行省武昌路下辖七县之一，户一万五千八百五，故被划为下县，① 因此武昌县达鲁花赤秩从七品。② 武昌县达鲁花赤虽为“七品芝麻官”，但职马禄丁为人清廉，有惠政，故解官之日，当地百姓为之“筑种德之堂”，“愿留居毋去”，职马禄丁“亦爱其土俗异他处，遂家焉”。③ 这是元代这一外来移民家族定居武昌之始，丁鹤年即以武昌人自谓。

职马禄丁有五子，鹤年最幼。鹤年四兄中两人姓名无考，另两位一名烈瞻，一名爱理沙。据鹤年诗可知，烈瞻为其二兄，官至万户，且看《哭阵亡仲兄烈瞻万户》：

独骑铁马突重围，斩将搴旗疾似飞。金虎分符开幕府，玉龙横剑卫邦畿。
委身徇国心方尽，裹革还乡愿竟违。病卧沧江怜弱弟，看云徒有泪沾衣。④

鹤年此诗称其兄烈瞻官职为“万户”。元代设有万户府，为军事机构，分上、中、下三种类型，各设万户一名。上万户府掌兵七千以上，秩正三品；中万户府掌兵五千以上，下万户府掌兵三千以下，二府万户皆从三品。⑤ 据此官职可知，烈瞻曾任军职。另，《元史》中有一条关于烈瞻的记载：“章佩监丞普颜帖木儿、翰林修撰烈瞻招谕沔阳。”此事发生的时间是至正十五年（1355），此时元朝南北多地已被农民起义军所占据，朱元璋乘势取之。元朝命郡王只儿瞰伯、湖广行省右丞卜兰奚攻讨河南。烈瞻也受命去招谕沔阳。⑥ 沔阳在至元十二年（1275）归附元朝，一度被改为复州路，三年后升为沔阳府，⑦ 隶属于河南江北行省。烈瞻很可能就是在这次招谕沔阳时战死的。笔者注意到此处提及烈瞻称其为“翰林修撰”。按，元朝于至元元年（1264）正式设立翰林兼国史院，至元二十六年（1289）掌管教亦思替非文。延祐元年（1314）另设回回国子学，教习亦思替非文的任务转归此处，下设属官中即有翰林修撰，秩从六品。⑧ 据此可见，烈瞻至少应该是了解亦思替非文或波斯文的，故可任职回回国子学翰林修撰之职。另外，笔者

① （明）宋濂等：《元史》卷六三《地理志六》，第1524页。

② （明）宋濂等：《元史》卷九一《百官志七》，第2318页。

③ （元）戴良：《九灵山房集》卷一一《高士传》，《丛书集成初编》第三册，第151页。

④ 《丁鹤年集》卷二《哀思集》，《丛书集成初编》，中华书局，1985年，第21页；丁生俊编注：《丁鹤年诗辑注》，第86页。

⑤ （明）宋濂等：《元史》卷九一《百官志七》，第2310－2311页。

⑥ （明）宋濂等：《元史》卷四四《顺帝本纪七》，第925页。

⑦ （明）宋濂等：《元史》卷五九《地理志二》，第1418页。

⑧ （明）宋濂等：《元史》卷八七《百官志三》，第2189－2190页。

在《秘书监志》中发现有一条关于烈瞻的记载："烈瞻，至正六年二月初六日参。字廷杰。"① 这里提到的烈瞻从时间来看，很有可能就是鹤年次兄。如此，则可初步勾勒其仕途，初任秘书监吏员即奏差，后入回回国子学任翰林修撰，最后升为万户，这既可以解释为何他会被派遣前往招谕沔阳，也能够明白为何鹤年称烈瞻为"万户"。据这条史料还可知晓之前学者都未曾注意的问题，即烈瞻虽取回回人名，但他同时还有汉式的字，即"廷杰"。笔者将烈瞻之名还原为波斯文 Raja，意为"希望""愿望"。② 笔者的这点发现可补《元人传记资料索引》对于烈瞻的介绍。③

鹤年另一位留有姓名的兄长为爱理沙。刘迎胜师将其名还原为 ʻAlī al-Rizā，④ 笔者将其还原为 ʻAlī al-Shāh，意为"王之顶点"或"王之极致"。明人取回回人名字中多"丁"（"丁"为波斯文 دين 汉语音译，意为"宗教"），鹤年兄爱理沙丁。⑤《元诗选》中爱理沙的小传中云："字允中，鹤年之次兄。至正间进士，官应奉翰林文字。"如上所述，鹤年次兄为烈瞻，因此，刘迎胜师认为他可能是鹤年三兄。⑥ 笔者认同这种看法。"应奉翰林文字"如同烈瞻所任翰林修撰一样，也是回回国子学的属官之一，秩从七品。⑦ 可见，爱理沙也同兄长烈瞻一样，应是懂亦思替非文或波斯文的。《元诗选》小传称爱理沙"字允中"。⑧ 鹤年有一首诗是写给爱理沙的，即《读应奉兄登科记怆然伤怀因成八韵》：

> 射策彤庭被宠荣，遗编三复若为情。重伤赵璧经时毁，翻恨隋珠彻夜明。
> 江洪有书传太乙，佳城无郭葬长庚。青云路断甘沦没，碧海尘飞苦变更。
> 自信为臣当委质，谁能向贼更求生。家贫寡弱遗妻子。道远存亡隔弟兄。
> 一旦音容成永诀，十年涕泪镇交横。茫茫原隰无求处，独立长风送雁声。⑨

据此诗内容，应是在爱理沙去世后创作的。《元诗选》收其三首诗，分别为《题九灵山

---

① （元）王士点、商企翁著，高荣盛点校：《秘书监志》卷一一《题名·奏差》，浙江古籍出版社，1992 年，第 221 页。

② Salahuddin Ahmed, *A Dictionary of Muslim Names*, p. 168.

③ 王德毅、李荣村、潘柏澄编：《元人传记资料索引》第四册，第 2446 页。

④ 刘迎胜：《丁鹤年及其家族》，《元史及民族与边疆研究集刊》第 26 辑，第 4 页。

⑤ （明）蒋一葵：《尧山堂外纪》卷七七，明刻本。

⑥ 刘迎胜：《丁鹤年及其家族》，《元史及民族与边疆研究集刊》第 26 辑，第 5 页。

⑦ （明）宋濂等：《元史》卷八七《百官志三》，第 2190 页。

⑧ （清）顾嗣立编：《辛集·海巢集》，《元诗选·初集》下册，中华书局，1987 年，第 2319 页。

⑨ 《丁鹤年集》卷二《哀思集》，《丛书集成初编》，第 23 – 24 页；丁生俊编注：《丁鹤年诗辑注》，第 98 – 99 页。

房图》《题前余姚州判官叶敬常海堤遗卷》和《题钟秀阁》，这是戴良读书之地，彼时戴氏在宁波避乱。①

鹤年还有一首诗，题为《送四兄往杭后寄》：

> 临别强言笑，独归情转哀。离魂凄欲断，孤抱郁难开。
> 太守堤边柳，征君宅畔梅。过逢如见忆，烦寄一枝来。②

如前所述，既然烈瞻为鹤年二兄，爱理沙为三兄，则此诗中的四兄应是鹤年最小的兄长，惜未提及其名。诚如刘迎胜师所推测，烈瞻与爱理沙之母为纳速剌丁次妻所生之女，江浙行省平章政事乌马儿之姐妹。丁鹤年避乱所奉出逃的“母夫人”即此人，非鹤年生母冯氏。

鹤年亲人中还需要提及的是他的姐姐丁月娥。鹤年与月娥可能均为冯氏所出。她聪慧能干，通经史之义。鹤年幼时的启蒙老师就是月娥。刘迎胜师引用明王圻（1530—1615）所撰《续文献通考》中关于月娥的记载，并认为这是有关月娥最早的资料。③笔者在读史过程中发现戴良为月娥死节曾撰有《十女墓记》。此外，乌斯道作《月娥传》，时间均早于王圻。不过戴良《九灵山房集》未收此记，笔者在光绪年间所修《安徽通志》中发现了戴良所撰记文，兹引如下：

> 丁月娥者，西域人也，军职马禄丁之女，芜湖葛通用④之妻。自幼贞懿婉柔，蒸蒸孝友。长益小心敬顺，谨饬不怠。其归葛氏，葛家之冢妇卢方掌内政。月娥事之如事姑，待诸娣从女皆有恩。卢大喜，日率诸妇诸女诣月娥，请曰：“某承姑绪言，命主中馈，佐烝尝。然惧无以为阴教倡，敢以诸妇诸女属之，娣惟朝夕谕诲，必有济。”于是阃以内，皆秩然由于礼，纯然化于正，上诏下唯，号为德门。已而南北兵起，卢谓郡有城郭可依，兵卫可恃，仍属月娥携诸妇诸女至郡。郡有儒士张纲中者，与葛有连，遂僦其屋以居。无何，沔寇奄至，城失守。月娥慨然曰：“吾簪缨家女，忍见犬豕耶？”即抱所生女赴水死。诸妇诸女咸愕然，相顾曰：“母尝导师我以礼，闲我以正。今临难背去，尚得在世称人乎？”自长及幼并婢媵凡九人，皆争相入水，无一敢后者。事稍定，家人物色得其尸。时大暑已七日，月娥颜貌如生，而手所抱女犹凛不可夺。余亦相挽尸水中，久而不泛，见者以为异。父老怜而

① （清）顾嗣立编：《辛集·海巢集》，《元诗选·初集》下册，第2319页。
② 《丁鹤年集》卷一《海巢集》，《丛书集成初编》，第5页。
③ 刘迎胜：《丁鹤年及其家族》，《元史及民族与边疆研究集刊》第26辑，第4页。
④ 此处误，“用”应为“甫”。

语之曰："十人死既同，葬不宜异处。"遂择故居之南黄池里开大圹瘗之，题之为"十女墓"。①

这段史料反映了月娥短暂的一生与经历，尤详于元末寇乱之际，月娥为保家族名誉、自身清白而抱幼女赴水而死之事，意在表彰其节烈之气。乌斯道《月娥传》与此大致不差。② 后世所出关于月娥的史料不出这两种范围。

现有史料中，除丁鹤年的直系亲属外，还有些涉及他的亲属，这方面前人都已有研究，如鹤年从兄吉雅谟丁，字元德，汉名马元德；族兄马速忽，字子英，又以马子英之名行于世，为元末画家，擅画竹石与梅花；表兄赛景初，元末著名散曲家，咸阳王赛典赤之后；另一表兄为吴惟善；等等。他们均有诗作留存于世，为我们研究这一外来移民家族的汉语书写活动提供了可能与空间。

三

丁鹤年于至元元年（1335）出生在武昌。此前两年顺帝即位，权臣伯颜改元统为至元。鹤年两岁时，广东爆发朱光卿、聂秀卿起义，建大金国，以赤符为年号；同年二月，河南汝宁棒胡造反；后至元四年（1338），江西袁州彭莹玉、周子旺率众起义，在这一带播下了反抗元朝统治的火种。次年开封杞县孟范谋反；至正四年（1344）爆发盐徒郭火你赤起义。③ 可见，自丁鹤年出世后，各地的起义开始不断爆发，直至至正十一年（1351）徐寿辉等以红巾为号，聚众起义，该年十月攻占蕲水，并以此为都城，建国号"宋"，拥徐寿辉为皇帝。越年袭取武昌。④ 正是在这一年，年仅十七岁的丁鹤年因战乱而"奉母夫人"出奔镇江，去投靠那里的亲属。这位母夫人即刘迎胜师所推断的纳速剌丁之女。从此开启他一生颠沛流离的生活。

---

① （清）吴坤、沈葆桢修，何绍基、杨沂孙纂：光绪《安徽通志》卷六〇《舆地志·陵墓·十女墓》，第19页；另见（清）赵绍祖撰：《安徽金石略》卷五《元十女墓记》，光绪二十九年（1903）贵池刘氏刻《聚学轩丛书》本；余谊密等修，鲍实等纂：民国八年《芜湖县志》卷五《烈女志·烈妇·元》，《中国方志丛书·华中地方》第88号，台湾成文出版社有限公司，1970年，第1128页。需要说明的是，《安徽金石略》所录为戴良所撰记，而《芜湖县志》即据此所作。虽然均谓录文为戴良所撰，但《安徽通志》和《安徽金石略》在文字方面依然不尽相同，以前者为详。

② （明）乌斯道著，徐永明点校：《春草斋文集》卷七《月娥传》，浙江古籍出版社，2012年，第167－168页。

③ 周良霄、顾菊英：《元史》，上海人民出版社，2003年，第605－608页。

④ 周良霄、顾菊英：《元史》，第627页。

鹤年自小有志于学，以清苦自任，与寒畯贱士等。因此有人说：

> “汝贵家子，不效祖父为官人，顾乃过自矫激如此。”鹤年曰：“吾宗固贵显，然以文学知名于世者恒少。吾欲奋身为儒生，岂碌碌袭先荫苟取禄位而已耶?”乡之诸儒长者以其年幼而有志，多乐教之。①

上引史料说明丁鹤年虽出于贵显之家，但他对于家族中无人以文学留名于世的现状不满，并有意去弥补这一缺憾，颇有为族争光的意思。这一意识为他的汉语书写活动埋下了关键的伏笔。因此乡人中的儒士都很乐意传学于他。据称，鹤年十七岁时已通《诗》《书》《礼》三经。当时著名的大儒、江西人周怀孝寓居武昌，向他问学者摩肩接踵，但周氏唯独器重鹤年，还有意带他去豫章，并妻以爱女。对此，鹤年以母老，兄长皆在千里之外为官，需奉养母亲为由婉拒，“母闻而遣之”。这里所说的“母”未知是鹤年生母还是嫡母，无论是哪一位母亲，都是支持他去豫章跟随周怀孝学习的，可能也隐含着责备鹤年拒绝与周氏联姻的意味。鹤年对此的看法是：“人之所以为学者，学为孝耳。今舍晨昏之养，而从师远游，人其谓斯何?”② 可见，鹤年是非常看重孝道的，他认为如果为了学习而舍弃对父母的敬养，这样的求学不要也罢。鹤年的“孝”在其个性中体现得相当显著，以至于乌斯道专门为之作《丁孝子传》。

鹤年生于1335年，卒于1424年，享年九十岁。在这漫长的岁月里，他见证了国家的灭亡、双亲的离世、兄长的阵亡、姐姐的赴死这一系列切肤之痛，目睹了百姓在战乱中的无助与卑微，感受到时代巨变带给外来移民的生存危机。在这种社会历史背景下，他唯有寄情于纸，写下他的所感所想，以泄胸中块垒，因而留下了不少诗篇。据导夫估测，现存丁鹤年诗歌有三百多首；③ 丁生俊先生认为丁鹤年的诗歌绝不止三百多首。④

学界对《丁鹤年集》的版本情况多有探讨。陈垣先生在20世纪30年代指出当时通行的版本主要有两种，一是《艺海珠尘》本三卷，题名为《丁孝子诗集》；一是《琳琅秘室丛书》本四卷，题曰《丁鹤年集》，并指出这两个版本均为明刻本，以诸多证据指正了黄丕烈等人误认四卷本为元刻本的错误。⑤ 据周清澍先生统计，丁鹤年诗集版本共十四种，分列如下：⑥

---

① （元）戴良：《九灵山房集》卷一一《高士传》，《丛书集成初编》第三册，第152页。

② （元）戴良：《九灵山房集》卷一一《高士传》，《丛书集成初编》第三册，第152页。

③ 导夫：《丁鹤年诗歌研究》，第22页。

④ 丁生俊编注：《丁鹤年诗辑注》，第6页。

⑤ 陈垣：《元西域人华化考》，第70－73页。

⑥ 周清澍编：《元人文集版本目录》，第84－86页。

①《鹤年诗集》三卷（分别为元刊本、清影写元刊本与明初刊本）；

②《鹤年海巢集》（清抄本，北图藏二册，南图藏一册）；

③《松谷诗集》（明万历潘是仁刊《宋元四十三家集》本）；

④《丁鹤年集》一卷（《四库全书·集部·别集类》）；

⑤《丁孝子诗集》三卷（清乾隆刊《艺海珠尘·石集·乙集》，傅增湘校，嘉庆吴省蔺听彝堂刻）；

⑥《鹤年诗集》三卷（《湖北先正遗书·集部》，沔阳卢氏影印文津阁本）；

⑦《丁鹤年诗集》三卷（《四明丛书》第四集）；

⑧《丁鹤年集》三卷（清胡珽校讹，咸丰本《琳琅秘室①丛书》第四集）；

⑨《丁鹤年集》四卷（清胡珽校讹，清董金鉴续校；清光绪十四年董金鉴活字印《琳琅秘室丛书》本，傅增湘校补并跋；《丛书集成初编·文学类》）；

⑩《海巢集》一卷（《元诗选·初集·辛集》）；

⑪《丁鹤年先生诗集》一卷（明正统九年楚藩刻本，其中第23－63页配清抄本，三册；清金氏文瑞楼抄本；清抄本）；

⑫《丁鹤年先生诗集》一卷（清康熙金侃抄本，一册，周叔弢跋）；

⑬《丁鹤年先生诗集》一卷（清抄本，一册，鲍廷博校，丁丙校并跋、陶运百跋）；

⑭《海巢集》三卷（清康熙十七年金侃抄本，一册，金侃跋）。

丁生俊先生认为《海巢集》可能是鹤年自编的，没有刻印本，只有手抄本流传于民间。明永乐年间有人刻印了鹤年诗集，至正统二年（1437）因“板废不存”，四明章廷玉重刻了鹤年诗集，并谓流传至今的《丁鹤年诗集》主要有两种版本，一为四卷本，分别收入《琳琅秘室丛书》和《四明丛书》中；一为三卷本，分别收进《艺海珠尘》和《湖北先正遗书》，民国时期四卷本又被收入《丛书集成》。通过对比不同版本，丁生俊先生发现这几个版本中都存在错收现象，四卷本比三卷本流传广泛，影响也大，《丁鹤年诗辑注》即以四卷本为主进行编注。②

导夫对于《丁鹤年诗集》主要版本的统计如下：③

①《丁鹤年集》（八千卷楼藏本、抄本）；

②《丁鹤年集》（沈曾植藏本）；

③《丁鹤年诗集》（金侃校录本）；

④《元诗选·海巢集》；

⑤《鹤年诗集》（皕宋楼）；

⑥《文渊阁四库全书·鹤年诗集》；

---

① 原文“室”误作“宝”，见周清澍编：《元人文集版本目录》，第85页。

② 丁生俊编注：《丁鹤年诗辑注》，第9－10页。

③ 导夫：《丁鹤年诗集主要版本叙录》，《宁夏大学学报》（人文社会科学版）2002年第3期，收入导夫：《丁鹤年诗歌研究》，第173－187页。

⑦《艺海珠尘·丁孝子诗集》；

⑧《丁鹤年集》（许宗彦抄本）；

⑨《丁鹤年集》（沈岩抄本）；

⑩《丁鹤年先生诗集》（知不足斋抄本）；

⑪《丁鹤年集》（嘉业堂）；

⑫《琳琅秘室丛书·丁鹤年集》；

⑬《丁鹤年诗集》（陈增抄本）；

⑭《鹤年先生诗集》（铁琴铜剑楼本）；

⑮《丁鹤年集》（莫友芝旧抄三卷本）；

⑯《湖北先正遗书·集部·丁鹤年集》三卷；

⑰《四明丛书·丁鹤年诗集》；

⑱《丛书集成初编·丁鹤年集》。

总计十八种。上述这些版本中，导夫先生认为第五种乃明正统年间的一个三卷本，后被清末著名藏书家陆心源所得，在他去世十三年后，皕宋楼藏书被其长子陆树藩全部售与日本岩崎氏静嘉堂文库，因此该版本可能藏于日本静嘉堂。

对比周清澍先生与导夫关于《丁鹤年集》版本的研究可发现，二者有同有异。相同之处如下：沈曾植所藏明初刊本、《四库全书》本、《艺海珠尘》本、《湖北先正遗书》本、《四明丛书》本、《琳琅秘室丛书》本、《丛书集成初编》本、《元诗选》本；相异之处则表现在，周先生所列《鹤年诗集》有元刊本，且有清影写元刊本，附有丁丙跋。导夫认为皕宋楼《鹤年诗集》是正统年间（1436—1449）的三卷本，由宋兵王校录。① 而周先生所列信息更详细，指出这是清金氏文瑞楼抄本，藏于北图，除宋宾王校外，还有胡惠墉跋文。此外，周先生对于该版本还列有明正统九年（1444）的楚藩刻本，藏于南图。② 至于金侃校本，《元人文集版本目录》指出有两种不同的跋文，一为周叔弢，一为金侃本人。③ 另，该书所列《松谷诗集》不见于其他各论著，为其独有。④

导夫还详细列举了不同的《丁鹤年诗集》版本藏于各大高校图书馆或其他图书馆的情况，为我们了解此一诗集的版本与收藏状况提供了极为全面而又便利的信息。而丁生俊先生的《丁鹤年诗辑注》是目前最便于利用的版本，本文的研究重点不在于版本对比，而是聚焦于诗人丁鹤年的汉语书写，故主要以《丛书集成初编》本与《丁鹤年诗辑注》为主，间接参考其他版本。

---

① 导夫：《丁鹤年诗集主要版本叙录》，《宁夏大学学报》（人文社会科学版）2002 年第 3 期，收入导夫：《丁鹤年诗歌研究》，第 59 页。

② 周清澍编：《元人文集版本目录》，第 85 页。

③ 周清澍编：《元人文集版本目录》，第 86 页。

④ 周清澍编：《元人文集版本目录》，第 84 页。

四

关于丁鹤年的名与字，存在不同的说法。明人蒋一葵谓："丁鹤年，字鹤年。"① 清初顾嗣立编《元诗选》为丁鹤年作小传亦云："鹤年，以字行，一字永庚，西域人也。"② 后世即以此为准，认为鹤年有两个字，鹤年与永庚，而以字行，从未提及其名。杨镰先生利用被人忽视的史籍《元人才调集》的记载，发现一位诗人小传为"丁守中，字鹤年，其先西域人"，从而解决了守中与鹤年之间的关系。③ 而清人钱熙彦所编《〈元诗选〉补遗》中收录丁守中诗共计 36 首，但未对诗人多着一字。④ 此外，清人梁绍壬谓丁鹤年号"友鹤山人"。⑤ 我们现在可据杨镰先生的研究确定丁守中即丁鹤年，故可以这样说，丁鹤年名守中，以字为世人所知。而守中之名恰可与其兄爱理沙允中相呼应。据钱熙彦云，守中有诗文集《守中集》，未知与《鹤年集》是否为同书异名。顾嗣立云爱理沙字允中当为误记，应改为名允中。⑥

丁鹤年出生于元代后期政局动荡之际，农民起义，军阀混战，百姓流离失所，出身贵显的鹤年，在时代巨变的浪潮中亦不例外。可以说他的一生几乎都是在丧乱与颠沛中度过的，他用汉语诗歌的形式揭示了元明易代之时一个外来移民家族的兴衰悲苦。

据史料记载，丁鹤年自幼喜读儒书，"吾欲奋身为儒生"是他毕生追求的理想。刘迎胜师从元代荫序制度的角度出发，认为丁鹤年不是不想入仕，只是这种制度规定只有长子可承荫父职，其他子弟是没有机会的。⑦ 正如萧启庆先生所指出的那样，这正是元代许多官宦家子弟也拼命挤科举这座独木桥的原因所在。⑧ 笔者对此有不同的看法。

---

① （明）蒋一葵：《尧山堂外纪》卷七七。

② （清）顾嗣立编：《辛集·海巢集》，《元诗选·初集》下册，第 2293 页。此说还见于（清）李前泮修，张美翊纂：光绪《奉化县志》卷三二《寓贤》："丁鹤年，字永庚，回回人，避兵四明，尝寓奉化，有诗集四卷，其寄菩提寺主诗盖寓奉化时作也。《明史》参《丁鹤年诗集》。"《中国方志丛书·华中地方》第 204 号，台湾成文出版社有限公司，1975 年，第 1707 页。

③ 杨镰：《元诗文献新证》，《山西大学学报》（哲学社会科学版）2007 年第 3 期，第 46－47 页。

④ （清）钱熙彦编：《〈元诗选〉补遗·壬集·丁守中》，中华书局，2002 年，第 936－945 页。

⑤ （清）梁绍壬：《两般秋雨庵随笔》卷六《丁鹤年》："方知丁鹤年即友鹤山人，元末隐居，建文时没于成都。"道光十七年（1837）汪氏振绮堂刻本，第 31 页。

⑥ （清）顾嗣立编：《辛集·海巢集》，《元诗选·初集》下册，第 2319 页。

⑦ 刘迎胜：《丁鹤年及其家族》，《元史及民族与边疆研究集刊》第 26 辑，第 18 页。

⑧ 萧启庆：《元代科举与菁英流动：以元统元年进士为中心》，《内北国而外中国》上册，中华书局，2007 年，第 196 页。

试看戴良的记载。丁鹤年奉母夫人奔走镇江，行程异常艰难，耗时三月始达，为维持生计，鹤年“虽佣贩贱业，骑射卑职，皆趋为之不问”。母夫人去世后，他往依从兄吉雅谟丁，此时鹤年父职马禄丁旧友、江南行御史台大夫拜住素知鹤年，欲举辟之；接着御史迭烈图秃满迭儿欲荐其为学官；因鹤年有孝名，故胡普颜帖木儿欲举孝廉；而浙东廉访佥事都坚不花则延请鹤年至其家教授诸子，后欲荐其入馆阁，但聘书未出，鹤年已离去；还有南台御史沙蓝答儿欲召鹤年以备咨访；江西闽海二道因其儒学素养而欲辟之。凡此种种举荐，均被鹤年所婉拒。① 另外，他的从兄吉雅谟丁中至正十七年（1357）进士第，② 此时鹤年已二十四岁，如果他有意仕进，完全可以参加此次科举考试。从以上所举来看，鹤年在元末的仕进机会并不少，但他都没有利用这些机会步入仕途，可见他的确无意官场，而愿为成为一介儒生而奋斗。还要提及的是，关于浙东廉访佥事都坚不花，笔者未能发现更多有关此人的记载，但找到一首鹤年所作《送进士都坚不花出宰三山》，诗云：

> 龙沙公子龙头客，锦绣胸襟玉雪颜。一日蜚英惊四海，九天承宠宰三山。
> 花前封印青春醉，槐下鸣琴白昼闲。守令近民勤圣念，早须报政五云间。③

这首诗表明都坚不花考中状元，盛赞其富有才华，得宠于皇帝，而且在福州任职颇有政绩。笔者以为，两位都坚不花当为同一人，他与鹤年关系密切，又曾中进士，故有延请并荐举鹤年之举。

丁鹤年自幼接受儒家教育，曾入武昌南湖书院就读。戴良说鹤年父职马禄丁去世时，年仅十二岁的鹤年认为“短葬”即伊斯兰教规定的速葬“非古制”，而以儒家传统纪念其父，服衰三年，八年不饮酒。其实伊斯兰教也是禁酒的，戴良也明确提到其俗“所止者独酒”。④ 由此可见，鹤年在遵守族规的同时又加入了中国传统的葬俗成分，结合两种不同的丧葬文化表达对父亲的哀思与纪念。鹤年因笃爱儒家文化，从小立志为族争光，欲以文学留名，因此乡人中的儒者乐意教他，而寓居武昌的大儒周怀教也欲招他为弟子，十七岁即通《诗》《书》《礼》三经，具备了深厚的儒学素养。这种素养与颠沛流离的经历融合在一起，成就了鹤年独特的诗风。

萧启庆先生在研究元代色目诗人金哈剌时曾指出，“哈剌虽未能以诗名大显于元朝

---

① （元）戴良：《九灵山房集》卷一一《高士传》，《丛书集成初编》第三册，第 152 页。

② 丁生俊编注：《丁鹤年诗辑注》，第 343 页。

③ 《丁鹤年集》卷一《海巢集》，《丛书集成初编》，第 6 页；丁生俊编注：《丁鹤年诗辑注》，第 26 页。

④ （元）戴良：《九灵山房集》卷一一《高士传》，《丛书集成初编》第三册，第 152 页。

诗坛，其集中所收诸诗却可谓元代诗坛之缩影。体裁方面，以近体为多，内涵方面，大凡行旅、游览、寄赠、送别、酬和、题画、咏物，样样具备。其中不乏浮现刘仁本所强调犹如杜甫一般的忠君爱国之情，亦不时流露白居易讽喻诗中对民生疾苦之关怀”①。金哈剌所生活的时代与丁鹤年相同，不同之处在于，前者在元朝灭亡后追随顺帝北去，最后不知所终；而后者则留在了中原。萧启庆先生所总结的这些特点在《丁鹤年集》中也有非常鲜明的体现，相异之处在于，鹤年还有多首表达亲情、涉佛、涉道的诗歌。

丁鹤年生活在一个动荡的时代，他的一生最不缺少的也许就是行旅，这也是他诗歌的重要组成部分。与其他元代诗人相比，他的行旅更多的是苦旅，如这首《迁葬后还四明，途中寄武昌亲友》：

> 浪游吴越任荆湘，来往那辞道路长。箧内有书惭历国，邸中无绶敢夸乡。
> 潮生别浦江云白，尘起征途野日黄。若问离人行役苦，十宵九梦在泷冈。②

这首诗集中体现了诗人告别家乡亲人，远离父母埋骨之地，无奈离乡的愁苦之情，这旅途犹如诗中所言“行役苦”。而另一首《避地》表达的也是相同的情感：

> 避地长年大海东，萧条生事野人同。深春耒耜孤村雨，落日帆樯远浦风。
> 那得文章偕隐约，聊将音问托归鸿。平生自恨无仙骨，五色蓬莱咫尺中。③

在诗中，丁鹤年表达了自己有家不能回，长年躲避在大海东边，过着野人一般的生活，看着孤村中的雨，望着海上的落日与风帆，慨叹自己没有道家仙骨，否则生活在极乐蓬莱中该是多么美好。整首诗中透露着人在孤途的悲凉与落寞之情，更是将苦旅的意象表达得淋漓尽致。丁鹤年这方面的诗作还有不少，此处仅列两例加以阐释。

丁鹤年的游览诗与萨都剌明显不同。萨都剌同一主题的诗歌充满游览的兴致与乐趣，而丁鹤年这类题材的作品也如同他的行旅诗一样，荡漾着苦的意味。试看《重到西湖》：④

> 涌金风月昔追欢，一旦狂歌变永叹。锦绣湖山兵气合，金银楼阁劫灰寒。
> 雪晴林墅梅何在？霜冷苏堤柳自残。欲买画船寻旧钓，荒烟野水浩漫漫。

---

① 萧启庆：《元色目文人金哈剌及其〈南游寓兴诗集〉》，《内北国而外中国》下册，第763页。

② 丁生俊编注：《丁鹤年诗辑注》，第252页。

③ 丁生俊编注：《丁鹤年诗辑注》，第254页。

④ 丁生俊编注：《丁鹤年诗辑注》，第194页。

西湖是历代文人墨客流连忘返之地，留下无数歌颂诗篇。但这样的美景在经历丧乱之痛的丁鹤年眼中也蒙上了悲凄的色调，透露着咏叹，连年的战争使得金银楼阁也失去了往昔的颜色，西湖岸边的梅也了无踪影，苏堤上的柳也了无生气。西湖那本该充满灵性的水如今也化为野水。这是怎样的痛彻才能将曼妙的西湖看作“野水”？

再看萨都剌笔下的西湖：

涌金门外上湖船，狂客风流忆往年。十八女儿摇艇子，隔船笑掷买花钱。
少年豪饮醉忘归，不觉湖船旋旋移。水面夜深银烛小，越良低唱月生眉。
紫骝骑踏落花泥，二月江城雨过时。拂晓市河春水满，小船多半载吴姬。
惜春曾向湖船宿，酒渴吴姬夜破橙。蓦听郎君呼小字，转头含笑背银灯。
待得郎君半醉时，笑将纨扇索题诗。小红帘卷春波绿，渡水杨花落砚池。
垂柳阴阴苏小冢，满湖飞燕趁杨花。繁华一去风流减，今日横堤几树鸦。①

萨都剌这首诗作于至正四年（1344），已是农民起义风起云涌之时，故而此时的西湖“繁华一去风流减，今日横堤几树鸦”，但总体上它的格调是明快的，是浪漫而又富有色彩的，只是最后一句透露出一丝无奈，与丁鹤年笔下的“苦味”西湖完全是两个模样。这样的反差从侧面反映出由元入明的丁鹤年所经历的丧乱之痛是彻骨的，在这种痛感下所带来的观感自然与萨都剌的明快西湖形成了鲜明对比。

丁鹤年的寄赠与送别诗在其诗集中所占比重相当大，所寄送对象既有亲友，又有官员，乃至僧道。如《送四兄往杭后寄》：

临别强笑言，独归情转哀。离魂凄欲断，孤抱郁难开。
太守堤边柳，征君宅畔梅。过逢如见忆，烦寄一枝来。②

这是一首亲情诗，是诗人写给四兄的。如前所述，鹤年有四位兄长，二兄为烈瞻，三兄为爱理沙，这里提到的是四兄，唯其名未留下来。如此，则鹤年诗集中只有长兄不曾出现。

鹤年朋友无数，为他作传的戴良是其挚友，除作传外，戴良还为鹤年诗集、鹤年所编《皇元风雅》《鹤年吟稿》写序，双方关系非常密切。因此在《丁鹤年集》中有六首是写给戴良的，分别为《题戴先生〈九灵山房图〉》《奉寄王宣慰兼呈九灵先生》以及

---

① （元）萨都剌：《雁门集》，上海古籍出版社，1982 年，第 327 页。

② 丁生俊编注：《丁鹤年诗辑注》，第 16 页。

《奉寄九灵先生四首》,[①] 诗中表达了鹤年与戴良相同的遗民情结。而戴良在给鹤年诗集的序中更是这样说道：

> 观其古歌行诸作，要皆清丽可喜，而注意之深，用工之至，尤在于五、七言律。但一篇之作，一语之出，皆所以寓夫忧国爱君之心，悯乱思治之意。读之使人感愤激烈，不知涕泗之横流也。盖其措辞命意，多出杜子美；而音节格调，则又兼得我朝诸阁老之所长。故其入人之深，感人之妙，有非它诗人之所可及。呜呼！若鹤年者，岂向数公之流亚欤！然数公之在当时，皆达而在上者也。世之士子，孰不脍炙其言辞？鹤年遭夫气运之适衰，方独退处遐陬，而为所谓穷者之诗以自慰，其能知夫注意之深、用工之至者，几何人哉？知与不知，在鹤年未足轻重。[②]

戴良在序中高度评价了鹤年诗歌的内涵。鹤年虽无意仕进，但他的诗句中，字字都写满对国家的热爱之情，充满替国家谋划之意，堪比杜甫，同时又具有元代各具诗名者的优点。戴良敏锐地指出，这些各具诗名者生逢其时，而鹤年的不幸则是正当元朝衰敝之时。但世人的知与不知，于鹤年来说无足挂齿，他的所写所思只是表达对故国的思念、对亲人的思念、对朋友的思念。这样的评价，如非人生知己，是断然写不出的。

鹤年诗集中题画主题的作品也不少。笔者据《丁鹤年诗辑注》粗略统计，该书共收鹤年诗301首，其中与画有关的作品有47首，占比高达64%。这类主题的诗作表达的内容比较集中，有的是抒情，如《题〈林泉野趣图〉》《题〈画梅〉二首》《题〈天柱山图〉》等；有的是表达即将归乡的迫切，如《将归武昌题〈长江万里图〉》；有的是怀念友人，如《题〈江亭柳色图〉》；还有的是表达对故国的眷恋，如《题画》和《题〈万岁山玩月图〉》。比较有趣的是《题〈苇郎天马图〉》。诗名中苇郎在元代汉文文献中又写作拂郎，即 Frank，为阿拉伯人、波斯人对欧洲的称呼。欧洲进献“天马”之事在中外文献中均有记载。《元史》云：至正二年（1342）秋七月，“拂郎国贡异马，长一丈一尺三寸，高六尺四寸，身纯黑，后二蹄皆白”[③]。此次出使元朝的欧洲使团中有一位成员名马黎诺里（Giovanni di Marignolli），在完成教皇使命回到欧洲后撰有一部游记，记载这次出使情况，其中提到送给元顺帝的礼物中就有一匹“良种战马”（a great war-horse）。[④] 史料表明，顺帝非常看重这匹来自欧洲的战马，召集当时名重一时的文人撰文讴歌，揭傒斯、贡师道、欧阳玄、朱德润、陈基、王祎等均有这方面的文字留存于

---

① 丁生俊编注：《丁鹤年诗辑注》，第65、68－71页。

② 《丁鹤年集》卷二《哀思集》，《丛书集成初编》，第1－2页。

③ 《元史》卷四〇《顺帝本纪三》，第864页。

④ Henry Yule, *Cathay and the Way Thither*, *Hakluyt Society*, Vol. Ⅲ, 1914, p. 211.

世。从欧阳玄的《天马赋》可知，当时顺帝"敕周郎貌以为图"。[①] 另据陈基《跋张彦辅画拂郎马图》可得，张彦辅亦曾画过这匹战马的图，并且与众不同。[②] 欧阳玄只提到这位画拂郎马的画家姓周，未具名。但不管怎样，我们可了解到当时至少有两位画家画过这匹马。丁鹤年所题《苐郎天马图》为元代哪位画家所画，因诗人未明言，无从得知，但可以肯定的是，他也见到过当时风靡一时的拂郎马图，因而留下一首《题〈苐郎天马图〉》。不过与上述各名臣所赋诗文不同的是，丁鹤年的题诗流露的是诗人一以贯之的风格：

> 春明立仗气如山，顾盼俄空十二闲。一去瑶池消息断，西风吹影落人间。[③]

这种"一去瑶池消息断，西风吹影落人间"的悲愁和寂寥，与名臣们歌功颂德的文字形成了鲜明的对比，带有丁鹤年自己独特的印记。

中国诗歌中传统的主题"咏物"在丁鹤年的诗歌中也是常见的选题。如《湖上曲二首》《牡丹》《梧桐》《题猫》《题鹰》等皆是。除以上所述主题与体裁外，丁鹤年诗歌作品中还有多首凭吊诗、亲情诗、涉佛诗、涉道诗以及女性题材的诗。

凭吊诗主要是写给亲友的，在此不赘述。反映亲情的诗歌在丁鹤年作品中有比较突出的体现。除前文已提及的写给诗人仲兄烈瞻、三兄爱理沙以及四兄的诗外，还有写给从兄吉雅谟丁、族兄马速忽（子英）、表兄白留守与赛景初的。这些写给兄长的诗歌中占比最多的是与吉雅谟丁的唱和。鹤年奉母夫人在镇江，母去世后曾投依吉雅谟丁，与之关系甚是密切，在此期间他跟随吉雅谟丁出行，目睹其兄到民间访察，奖励农耕，赋诗一首记录这一瞬间，由此可见，吉雅谟丁是一位称职的地方官。吉雅谟丁去世后，鹤年读到从兄生前所赠诗，又附赠一首，如同其兄还生活在世一般：

> 湖娥剪水霜刀匀，虚室生白无纤氛。壶中但觉风雨隔，瀫里岂知天地分。
> 蟾光夜明楮叶露，蝶梦春绕梨花云。恍然置我银世界，纵有琼瑶难报君。[④]

诗中流露出浓浓的思念之情，于是诗人幻想出"虚室"，在这里实现与兄长相传论

---

① （元）欧阳玄：《圭斋集》卷一《天马赋》，《四部丛刊初编》，商务印书馆，1922年，第1页。

② （元）陈基：《夷白斋稿·外集·跋张彦辅画拂郎马图》，《四部丛刊三编》，商务印书馆，1936年，第143－144页。

③ 丁生俊编注：《丁鹤年诗辑注》，第104页。

④ 丁生俊编注：《丁鹤年诗辑注》，第38页。

诗的虚幻情景。在吉雅谟丁去世十七年后，鹤年在故友董文中家中看到兄长所题竹诗，又勾起他的悲痛之情，于是写下“玉笋谢朝班，西风海国寒。无人知苦节，落日下长安”① 的感慨之句。亲情诗中有一首诗人写给姻侄的诗《常秀轩为姻侄唐仲节赋》：

修竹疏松一径存，故家德泽久培根。岁寒并励冰霜节，春永均沾南露恩。翠盖垂珠知结子，锦初抽玉见生孙。要知奕叶承家庆，多在诗书礼义门。②

据诗名看，唐仲节乃丁鹤年姻侄，由此亦可推知诗人后人中有与唐姓家族通婚之行为。丁生俊先生考证唐仲节名音，以字行，洪武举人，曾任杭州府学教授，善文辞，与鹤年常相唱和。③

我们还可以在丁鹤年诗中读到不少关于女性的诗歌。《梦得先妣墓》是在鹤年返武昌寻生母冯氏墓后所作，据诗前小注知，回武昌迁葬是在洪武十二年（1379），距元朝灭亡已十一年。因岁月流逝，母墓难寻，历经艰辛始得。此事鹤年好友乌斯道在《丁孝子传》中有详细记载，可供参考。④ 该诗表达了对亡母刻骨的思念与悲伤之情。这方面的诗作还有写节妇的。其中《乐节妇诗》与《题〈定海乐节妇刘氏沿江寻夫尸卷〉》所提到的乐节妇，笔者以为可能是同一人，若此推测不误，则乐节妇姓刘，其夫可能为渔夫或船工，遇难沉江，遂有乐节妇沿江寻找丈夫尸身之事。诗云：

荼蓼未为苦，姜桂未为辛。累累辛苦者，无若未亡人。欲随世苟活，生则同室死同椁；欲殉夫并殂，阿婆方老儿方孤。朝养姑，暮教子，泉下良人犹不死。⑤

这首诗道尽了普通女性在失去丈夫后，上有老、下有小的辛劳与悲苦，寄托了诗人深深的同情。另一首则描述了乐节妇的坚贞与勇气：“怨入江云结昼阴，潮痕清浅泪痕深。白头重见黄泉水，方尽寒灯一寸心。”⑥ 因时代所限，丁鹤年女性题材的作品主要是赞颂妇女的贞节，但他并没有完全局限于这一点，在表彰她们坚贞守节的同时，也对其个人遭遇抱以深切的同情。值得注意的是，笔者在丁鹤年诗集中未发现他写给姊月娥的诗，未知是否没有流传下来。但可以肯定的是，他在月娥抱女赴死后，为她立过碑，碑文应该

① 丁生俊编注：《丁鹤年诗辑注》，第 102 页。
② 丁生俊编注：《丁鹤年诗辑注》，第 244 页。
③ 丁生俊编注：《丁鹤年诗辑注》，第 245 页。
④ （明）乌斯道：《春草斋集》卷七《丁孝子传》，第 165 – 167 页。
⑤ 丁生俊编注：《丁鹤年诗辑注》，第 12 页。
⑥ 丁生俊编注：《丁鹤年诗辑注》，第 226 页。

是鹤年写的，只可惜未保存下来。还需提及的是，丁鹤年女性题材诗中有一首是写给道姑的，与其他涉道诗相同，诗中频繁使用道教术语，显示出诗人对道教文化的精熟。

作为元代遗民，怀念故国应当说是丁鹤年作品的主旋律之一。如这首《元夕》：

> 灯火楼台锦绣筵，谁家箫鼓夜喧阗？光移星斗天逾近，影倒山河月正圆。
> 金锁开关明似昼，铜壶传漏回如年。五云不奏霓裳曲，空使扬州望眼穿。①

诗人运用灯火与喧嚣的热闹作背景，表达的却是故国何处在的深刻寂寞，巧妙地利用唐诗的韵味表达出对元朝的怀念。

至于丁鹤年的多首涉佛诗、涉道诗，笔者曾有专文讨论，② 兹不赘述。

以上笔者分析了丁鹤年诗歌的主要类型与内容，以及诗人所表达的思想与内涵。据此可知，中国诗歌中的传统意象、典故、体裁，无不充分体现在丁鹤年诗歌中。在这一层面上可以说，作为元代外来移民家族在华的第四代人，丁鹤年已然纯熟地掌握了应用汉语创作的方法与技巧，并成功进行了他的汉语书写。在这种书写背后，既反映了一个外来移民在元代中国发展潮流中的兴衰起伏，又反映了在时代巨变之际所遭遇的丧乱之痛；既反映了元明鼎革给外来移民带来的巨大冲击与深刻影响，又反映出元朝灭亡给外来移民所带来的生存压力与危机，继而阐明作为元遗民的他无比怀念故国的合理性。这种汉语书写的成功也标志着元代外来移民中那些接受汉文化熏陶者的“文化改造”的完成与成功。但是这种完成与成功并不意味着其对母族文化的完全放弃。从丁鹤年自称“西域鹤年”来看，其原本的文化底色还留有印迹，只不过在这种底色中已加入了另一种文化因素。这应该是他的诗歌长久流传的原因之一。

五

以上笔者从丁鹤年的家族入手，梳理了这一元代外来移民在元代中国四代人的仕宦经历，介绍了前人关于《丁鹤年集》的版本与收藏情况，以代表性诗歌分析了丁鹤年的汉语书写，指出他的汉语书写与元代其他各族士人的汉语书写有着高度的相似性，无论是其作品的题材，还是内容与思想，都有着相当的契合性，因而认为，作为元代外来移民家族的第四代，丁鹤年已成功完成了他的汉语书写过程。而他的这种汉语书写在其家族中不是孤立的现象，而是具有普遍性的，他的兄长、从兄、族兄、表兄，均可以进行

---

① 丁生俊编注：《丁鹤年诗辑注》，第63页。

② 参见拙文《元代伊斯兰教与佛道之关系初探——以回回诗人与僧道之关系为例》，《世界宗教研究》2015年第4期。

汉语书写，他们之间也常有唱和之作。这种现象放在元代外来移民家族中来审视应该是具有历史意义的，即外来移民入华后，他们当中接受汉文化教育者，至晚在经历四代后，在保留原有文化的同时，接受汉语书写应当是一个必然的历史趋势。

此外，笔者想要说的是关于丁鹤年"晚学浮屠法"之事。按：这种说法最早当来自明末清初人钱谦益（1582—1664）之语："晚年屏绝酒肉，学浮屠法，庐于父墓，以终其身。"① 清人编纂《明史》沿袭了这种说法，云："晚学浮屠法，庐居父墓，以永乐中卒。"② 对此，陈垣先生谓："始吾读《明史·鹤年传》，见有'晚学浮屠法'一语而疑之，以回回与浮屠绝不相入也。及读《艺海珠尘》本《丁孝子诗集》，见其与僧侣唱酬之作极多，而知《明史》之语有所本。复获《琳琅秘室》本《丁鹤年集》，原分四集，第三卷曰《方外集》，与僧侣唱酬之作悉隶焉……足明鹤年学佛之说不诬而已。"③ 陈垣先生在叙述上文中没有提及这种说法来自钱谦益。而他从开始的质疑，到后来发现丁鹤年有多首涉佛诗后，得出的结论是《明史》中所谓的"晚学浮屠法"是有所本的。然而，果真如此吗？笔者发现另一种不同的表述。这段记载极其珍贵，兹引如下：

> 高士丁鹤年墓，在清波门外，其□（先）西域人也，曾祖阿老□（丁）从元世祖狥□（地）□（西）土，有功。父以世荫为武昌尹。鹤年方十八，避兵钱□（塘），□（生）□（母）□（冯）氏阻绝他所病死。恸哭求母，梦母具告以所，啮血沁骨，验而葬焉。晚习天方法，庐于先人之墓，卒葬其旁。其裔孙大绶拓其地而俱环葬于其中，遂世为丁氏陇。④

此段标点为笔者所加，□为原文所缺，括号为笔者据《高士传》与《丁孝子传》所补。据此亦可见，这段史料的来源是二者的融合，不同之处在于增加了二者所没有的内容。尤其重要的是，这里将明人与清人所谓的"浮屠法"改为了"天方法"，后者是明清时期对伊斯兰教的称呼。更为可贵之处在于，此处提到了丁鹤年裔孙，虽然后面内容缺失，但至少使我们了解到，康熙年间丁鹤年还有后人在世，很可能是他们将原来外人所说的"浮屠法"这种不确之词改为了符合当时回回人的表达方式。由此也说明丁鹤年晚年的文化回归，而非遁入空门。他与僧、道的诗歌唱和，反映与不同文化之间的和

---

① （清）钱谦益：《列朝诗集小传·甲前集·丁高士鹤年》上册，上海古籍出版社，1983年，第18页。

② （清）张廷玉等：《明史》卷二八五《文苑一·丁鹤年传》，第7313页。

③ 陈垣：《元西域人华化考》，第48页。

④ （清）魏嵎修，裘琏等纂：康熙《钱塘县志》卷一五《高士丁鹤年墓》，《中国地方志集成·浙江府县志辑》第四册，据康熙五十七年（1718）刻本影印，上海书店，1993年，第347页。

谐交流。非常吊诡的是，明人所修《钱塘县志》记载了西湖附近元人陈旅、程文、张伯雨、仇仁近、张光弼、叶广居、关德俊以及吾衍共计八人的墓葬，① 其中并无丁鹤年墓。可以肯定的是，丁鹤年“晚学浮屠法”的说法来自钱谦益，后被《明史》所袭。而关于丁鹤年墓在杭州的记载则来自清人所编纂的《钱塘县志》，明万历年间所修《钱塘县志》无此内容。

最后要指出的是，丁生俊先生在《丁鹤年诗辑注》附录部分所录徐逢吉《丁鹤年》一段，题为“录于《武林掌故丛编》”②。经笔者查找，《武林掌故丛编》中并没有相关的记载，它的确切来源是康熙年间修纂的《钱塘县志》。

综上所述，丁鹤年的汉语书写主题与萧启庆先生所论金哈剌的题材相同，包括行旅、游览、寄赠、送别、酬和、题画、咏物，此外他还有多首涉及亲情、涉佛、涉道诗歌。这些均是中国传统诗歌的母题，也就是说丁鹤年这位外来移民的后代，经过数代在中原生活，已完全接受了中国文学的传统，他的书写范式与汉族诗人并无二致，据此可以认为，丁鹤年通过完全的汉语书写而在文化上融入了汉族士人群体之中。

作者简介：
马娟，浙江大学历史学院副教授。

① 明万历三十七年（1609）修《钱塘县志》卷三《纪制·墓》，光绪十九年（1893）刊本，《中国方志丛书·华中地方》第192号，台湾成文出版社有限公司，1970年，第305－306页。

② 丁生俊编注：《丁鹤年诗辑注》，第327页。

明代仕宦笔下的女童：基于殇女诗文考察[①]

刘正刚　吴　庆

［提要］ 中国儿童史尽管已引起学界关注，但古代女童却鲜有专门论述。至迟从魏晋开始已有仕宦殇女诗文出现。明代女童因患痘疹而夭折成为常态，仕宦撰写的殇女诗文明显增加。这些诗文不仅表达了他们失去爱女的绝望心情，也追忆了女童生前的嬉戏、调皮、爱美、识字等天真烂漫形象，反映明代仕宦对男女幼童的平等之爱。

［关键词］ 明代；仕宦；殇女诗文；女童

我国素有以诗证史的传统，史学大师陈寅恪先生于1950年出版《元白诗笺证稿》，借元稹、白居易诗歌考证唐史，已成为史学经典；他晚年的代表作《柳如是别传》也是“以诗证史的典范”②。陈先生上述著述构成其“颂红妆”妇女史系列的重要组成部分。③ 20世纪80年代以来，女性史研究在史料拓展和研究领域均得到发展，国内学者

---

① 本文系国家社会科学基金重点项目“明代军事立法及其实践研究”（项目批准号：23AZS009）阶段性成果。

② 卞孝萱：《以诗证史的典范——〈柳如是别传〉》，《南通大学学报》（哲学社会科学版）2005年第1期。

③ 蔡鸿生：《“颂红妆”颂》，《仰望陈寅恪》，中华书局，2004年，第11－24页。

在妇女与社会、性别史理论建构等方面均取得丰富成果。① 海外学者研究中国女性史论著视角新颖、观点鲜明，也引起世人瞩目。② 在学者们共同努力下，历史上“失声”的女性群体逐渐被建构出鲜活的社会形象。然而，已有成果大多关注成年女性研究，即使有学者研究古代儿童的养育、医疗、教育等问题，③ 也无性别之分。有关中国古代女童的专题研究尚处空白状态。宋明以降，“男尊女卑”观念颇为流行，但现实中仕宦们撰写的殇女诗文，在表达无限哀伤痛苦的同时，也追忆女儿生前的点滴生活片段。古人对20岁以下的死亡者，统称为“殇”，但又按不同年龄段分三种，“人年十九至十六死为长殇，十五至十二死为中殇，十一至八岁死为下殇”④。明代仕宦的殇女诗文表达的绝大多数为下殇，少数为中殇。本文拟通过明代殇女诗文的分析，揭示幼童在男性士人心目中具有同质性，并无明显男女之分。

一、明代之前仕宦的殇女诗文

殇女诗文始于何时，难下定论。见诸史籍最早记载为三国魏曹植《金瓠哀辞》《行女哀辞》两文，纪念他早夭的两位女儿。金瓠为曹植长女，“金瓠，余之首女。虽未能言，固已授色知心矣。生十九旬而夭折，乃作此辞”⑤。次女“行女，生于季秋，而终于首夏”。两女出生均未满周岁而夭，“三年之中，二子频丧”⑥。曹植用“子”字，代指夭折的两个女儿，发出“天盖高而无阶，怀此恨其谁诉”的呐喊，其丧女之痛的心情难以言表。

唐代社会风气开放，又因出过女皇武则天，以至有“不重生男重生女”的社会现象。著名士人柳宗元、白居易、韩愈等在爱女夭折后，皆撰写悼亡诗文。柳宗元于永贞

---

① 李贞德、梁其姿主编：《妇女与社会》，中国大百科全书出版社，2005年；衣若兰：《三姑六婆：明代妇女与社会的探索》，中西书局，2019年；刘正刚：《明清地域社会变迁中的广东乡村妇女研究》，社会科学文献出版社，2016年。

② ［美］高彦颐著，李志生译：《闺塾师：明末清初江南的才女文化》，江苏人民出版社，2005年；［美］伊沛霞著，胡志宏译：《内闱：宋代妇女的婚姻和生活》，江苏人民出版社，2004年。

③ 周愚文：《宋代儿童的生活与教育》，台湾师大书苑，1985年；熊秉真：《幼幼：传统中国的襁褓之道》，台湾联经出版事业公司，1995年；熊秉真：《童年忆往——中国孩子的历史》，广西师范大学出版社，2008年。

④ （汉）许慎著，班吉庆等点校：《说文解字》卷四下《歺部》，凤凰出版社，2004年，第112页。

⑤ （清）严可均校辑：《全上古三代秦汉三国六朝文·全三国文》卷一九，中华书局，1958年，第1158页。

⑥ 徐公持：《曹植年谱考证》，社会科学文献出版社，2016年，第215、238页。

元年（805）九月，因参与“二王八司马”事件被贬邵州；十一月，再贬永州；十二月，抵达永州。随行有母亲卢氏、女儿和娘及其生母等。① 元和五年（810），和娘仅10岁在永州夭折，时年38岁的柳宗元将其葬于县城东门外山岗，撰《下殇女子墓砖记》。据该记知，和娘于贞元十七年（801）生在长安善和里，时柳宗元原配杨氏已去世2年，膝下无儿女，不久，其侍妾某生下和娘。和娘幼时体弱多病，又因贬谪途中颠簸，到永州不久夭折。柳宗元一连用四个责问句：“孰致也而生？孰召也而死？焉从而来？焉往而止？”② 表达自己的悲痛之情。

白居易同情女性的悲惨命运，但又狎妓成趣。③ 他对自己女儿十分珍爱，他膝下无子，只有五个女儿，元和四年（809）38岁喜得长女，视为掌上明珠，给女儿取名“金銮”。他在女儿周岁时作《金銮子晬日》诗：“从此累身外，徒云慰目前”，洋溢着身为人父甘愿劳累的喜悦和欢欣。可惜，金銮不足3岁而夭，他写下一系列悼念诗，如《念金銮子二首》《病中哭金銮子》《重伤小女子》，对女儿真挚的感情尽在诗中，“始知骨肉爱，乃是忧悲聚”“慈泪随声迸，悲肠遇物牵”。④ 其二女儿罗子出嫁2年生下一女，勾起了66岁的白居易对长女的思念，他以外祖父身份为满月外孙女题《小岁日喜谈氏外孙女孩满月》诗，坦言“怀中有可抱，何必是男儿”的心境。⑤

韩愈在唐宪宗元和十三年（818）冬上《论佛骨表》，反对朝廷遣使迎佛骨，⑥ 被贬岭南潮州。⑦ 次年春天寒地冻，52岁的韩愈携妻女从长安出发，12岁女儿女挐于途中因饥寒染病，至商洛层峰驿夭折，韩愈将她葬在商山之南。⑧ 元和十五年（820）十月，韩愈被召还京师，途经商山，触景伤情，又作《去岁自刑部侍郎以罪贬潮州刺史乘驿赴任其后家亦谴逐小女道死殡之层峰驿旁山下蒙恩还朝过其墓留题驿梁》诗，其中“致汝无辜由我罪，百年惭痛泪阑干”⑨ 句，表达了对女儿夭折的愧疚与自责。长庆三年（823）韩愈将女儿迁葬河南祖籍，作《祭女挐女文》《女挐圹铭》两文，显示他对女儿

---

① 翟满桂：《柳宗元永州事迹与诗文考论》，上海三联书店，2015年，第34页。

② （唐）柳宗元著，吴文治等校：《柳宗元集》卷一三，中华书局，1979年，第341–342页。

③ 舒芜：《伟大诗人的不伟大一面》，《读书》1997年第3期。

④ （唐）白居易著，顾学颉校：《白居易集》卷一〇，中华书局，1991年，第191页；（唐）白居易著，顾学颉校：《白居易集》卷一四，第286页。

⑤ （唐）白居易著，顾学颉校：《白居易集》卷三四，第766页。

⑥ 《新唐书》卷一七六《韩愈传》，中华书局，1975年，第5258页。

⑦ （唐）韩愈：《女挐圹铭》，屈守元、常思春主编：《韩愈全集校注》，四川大学出版社，1996年，第2568页。

⑧ （唐）韩愈：《祭女挐女文》，屈守元、常思春主编：《韩愈全集校注》，第2553页。

⑨ （唐）韩愈：《去岁自刑部侍郎以罪贬潮州刺史乘驿赴任其后家亦谴逐小女道死殡之层峰驿旁山下蒙恩还朝过其墓留题驿梁》，屈守元、常思春主编：《韩愈全集校注》，第835页。

逝去的悲恸心情。

宋代社会受理学影响，女性地位有所下降，但仕宦对幼女的骨肉情感丝毫未减。北宋庆历八年（1048），47 岁梅尧臣在汴京供职，三月，其女称称不足半岁夭折。他作《戊子三月二十一日殇小女称称》三首，其中“生汝父母喜，死汝父母伤”①句，表达了父母对女儿降临之“喜”与永诀之“伤”的截然相反心情。在称称刚降临人世时，梅氏曾作《宋中道快我生女》诗，其中“慰情何必男，兹语当自戒”② 句，表达对女儿到来的喜悦。他在安葬称称后，又作《小女称称砖铭》，表达对女儿的思念。陆游在淳熙十四年（1187）63 岁，从任职的四川回到家乡浙江山阴（今属浙江绍兴），不久，不足 2 岁的幼女定娘夭折，时陆游已有 6 个儿子，但对幺女却格外宠爱，昵称“女女”。陆游将她安葬在山阴城东北的北冈，作《山阴陆氏女女墓铭》，其中“呜呼吾女，孤冢岿然，四无邻兮。生未出房奥，死弃于此，吾其不仁兮”③，抒发了他自责、悲哀之心情。

元末社会动荡，死亡时刻威胁着每个人。江南昆山人殷奎于至正十三年（1353）正月喜得女儿福娘。时张士诚起兵反元波及昆山，殷奎携福娘避难江边，“岁暮携汝，避地江浒。仓皇出门，冲冒风雨。寒汝使啼，惊汝使苦。病不能食，悲莫得语”④。福娘在“寒”“惊”中因病而亡。殷奎将女儿就地安葬，于至正十六年（1356）正月，和妻子以果饵祭奠福娘，并作《祭殇女文》哀之。至正二十七年（1367）九月，江南吴淞人高启在苏州城破之时，6 岁次女高书染疾而亡，32 岁高启作《悼女》诗。⑤ 次年，春暖花开，他触景伤怀，又作《见花忆亡女书》，其中“复值事变时”即指苏州城被围，女儿高书“闻惊遽沉殒”，故见花想起女儿，仍“看花泪空垂”。⑥

可见，至迟从三国开始，已出现仕宦作殇女文悼念夭折的女儿。从殇女诗文看，唐至元仕宦在幼女夭亡后，多采取落土为安方式安葬，并作圹铭、砖铭、墓铭等纪念。至今阅读这些殇女诗文仍令人伤感不已。明代殇女诗文与前代相比，还细腻追忆了女儿生前活动的片段。

---

① （宋）梅尧臣著，朱东润校注：《梅尧臣集编年校注》卷一八，上海古籍出版社，2006 年，第 445 页。

② （宋）梅尧臣：《宋中道快我生女》，北京大学古文献研究所编：《全宋诗》，北京大学出版社，1998 年，第 2925 页。

③ （宋）陆游：《渭南文集校注》卷三三，马亚中主编：《陆游全集校注》第 10 册，浙江古籍出版社，2016 年，第 331 页。

④ （明）殷奎：《强斋集》卷五，《明别集丛刊》第 1 辑第 19 册，黄山书社，2013 年，第 62 页。

⑤ 《明史》卷一二三《张士诚传》，中华书局，1974 年，第 3696 页。

⑥ （明）高启：《高太史大全集》卷六，《四部丛刊初编》第 368 册，上海书店出版社，2015 年，第 271 页。

二、明代仕宦殇女后的悲恸心情

明朝社会进入平稳发展后，限于医疗水平，幼童夭折仍屡见文献记载，女童夭折原因不一，有因不适应居住环境而夭。江南无锡人秦夔系天顺四年（1460）进士，在归乡省亲等待任命时，女儿降生，“昔我生汝时，正当归省时”。不久，秦夔奉命北上任职，携妻女同往。入住京师后，刚满周岁幼女离世。秦夔作《哭梦儿一首》，诗中有“抚养望成立”愿景，但因阴阳相隔而幻灭，“我泪如迸泉，我腹如置锥”，其妻“哀哀泪双垂”。① 秦夔后因公务远行至山东临城驿，夜半梦见亡女抚慰自己，醒来“倏忽无所见”，不禁“吞声泪如霰”，遂作《临城驿梦亡女》一首。②

从殇女诗文看，多数女童因患痘而亡。“痘疮”或“痘疹”，后人名之“天花”，传染性强，明清时此病暴发达到高峰。③ 弘治年间，上海陆深在求学三年间失去三女定桂、长子继恩、次子（名不详）和四女京姐。陆定桂于弘治十三年（1500）八月生于上海，弘治十五年（1502）九月，陆深赴南京国子监读书，夫妇携子女同行，十二月初，定桂在南京患痘，时定桂二姐也染痘，“二姊屡频殆危，儿独不举药，欢然就愈。既愈，二姊癯然骨立，儿独丰魁日异”。陆深对未用药而病愈且身体丰魁的定桂，“私心喜以为厚于天者也”。但天有不测风云，次年七月，定桂或因痘疹复发夭折。陆深家人悲痛自责，“死之日，祖母临焉，余哭焉。其母哭之恸且数曰：不来南雍，儿或不死”。陆深将定桂临时安葬在南京都城外，待他日归葬家乡，并作《不成殇女权厝志铭》曰：“归寄有时，勿震勿蠹。优焉游焉，终安故国。”④ 明代崇尚魂归故里和入土为安的观念，若身死异处，不能及时归葬祖茔，则暂时寄葬异地，以“权厝”表明暂未归葬家族墓地。

陆深对亲生骨肉的感情没有性别差异。其子陆继恩于弘治十六年（1503）五月生于南京，次年三月在南京患痢疾夭折。陆深痛失儿子的心情，与对女儿陆定桂离世一样沉重，他在《不成殇儿子志》中说：“汝生两月，遭汝季姊之殇，吾恃汝而哭之不尽哀。今汝之死也，吾何恃而不哀耶?”他对长子夭折似更悲痛：“呜呼！吾年二十有七始生汝，父母赖以有子，祖赖以有孙。汝之生在南雍，吾驰书归报。吾之故人慰之曰有子，内外族人贺汝之祖曰有孙。”继恩半岁时，其祖父母从上海专程来南京照看，祖母“怀

---

① （明）秦夔：《五峰遗稿》卷一，《续修四库全书·集部》第 30 册，上海古籍出版社，1996 年，第 170 页。

② （明）秦夔：《五峰遗稿》卷一，《续修四库全书·集部》第 30 册，第 165、170 页。

③ 刘思媛、曹树基：《明清时期天花病例的流行特征——以墓志铭文献为中心的考察》，《河南大学学报》（社会科学版）2015 年第 3 期。

④ （明）陆深：《俨山集》卷七六，《明别集丛刊》第 2 辑第 1 册，黄山书社，2016 年，第 693 页。

汝而喜”，祖父笑曰貌似。在继恩夭折前一个月，陆深母和妻相继生病，无法精心照料“呱呱啼乳”的继恩。故陆深痛说：“呜呼！能不悲哉！能不悲哉！”①他将继恩的灵柩权厝于南京住所院中，俟返老家再迁葬。

弘治十七年（1504）冬，陆深怀着丧女亡子的悲痛，带着家人赶赴北京，拟参加次年春会试。后以“二甲第一，选庶吉士授编修”②。但灾难又悄悄降临，正德元年（1506）七月，次子在京夭折，他没有为夭亡次子撰诗文。但不久，3 岁的四女京姐也在京因痘夭折。陆深作《京女志铭》，回忆京姐患痘的痛苦模样，“疮痘遍体紫蕾蕾，宛转可怜痛百倍”③。陆深将京姐葬在京城天坛南地势稍高处，寓有极目远眺家乡之意。

陆深三年遭遇四个子女接连夭折，每次都用“哭”形容悲伤心情，“余客南都，癸亥以七月，哭吾女，四岁者；明年三月，哭吾儿，两岁者。今丙寅客北都，亦以七月，哭吾儿，八日者；十月未尽一日，吾女京姐又死，且三岁矣，余又哭之。三年之间，四哭子女”④。他在京姐死后作《宣悼赋》，陈述因自己“羁旅两都，三年之间，四哭子女”，发出“天永地厚，控诉焉如”的天问，⑤ 以此宣泄悲伤情绪。正德三年（1508），陆深尚未从连丧子女悲痛中走出，又遭遇 13 岁长女陆清因患痞气于京夭折。他含泪作《清女权厝志》，陆清于弘治九年（1496）十二月生于上海，后随父在南北两京生活。陆深得知陆清患病时，不断寻医问诊，均无疗效。懂事的陆清在病中目睹父亲因弟妹夭折而悲伤不止，不断安慰父亲：“盖见余频年哭其弟妹，姑谩慰之尔。”⑥ 陆清疼爱照顾自己的祖母：“婆婆年时衣单，夏月得寒疾，今当更衣之。”陆清安慰父母不要为她忧心：“大人无徒苦，儿有吉兆，自当无恙。”女儿乖巧，善解人意，自然令陆深感动。如今又客死他乡，“于是乎有遗憾矣”！

正德年间，河南汝州郏县籍进士王尚絅的次女澄媛因患疹夭折，时 34 岁尚絅作《仲女澄媛殇葬小志》。澄媛于正德六年（1511）生于京城，出生后一月有余，随父亲赴山西任职，全家从京城出发正值初春，寒气未退，加上长途奔波，尚絅在途中生病，遂让妻带女儿从中途回河南老家。王尚絅病愈后返家，时澄媛已患疹，正德八年（1513）正月疹愈，次年冬又复发，他四处购买昂贵药材，还掷钱算卦为女解凶，但女儿“竟以殇”。王尚絅在文中以“痛哉，尝以诗哭之”⑦，表达父女阴阳相隔的悲痛。

---

① （明）陆深：《俨山集》卷七六，《明别集丛刊》第 2 辑第 1 册，第 693 页。
② 《明史》卷二八六《陆深传》，第 7358 页。
③ （明）陆深：《俨山集》卷七六，《明别集丛刊》第 2 辑第 1 册，第 691 页。
④ （明）陆深：《俨山集》卷七六，《明别集丛刊》第 2 辑第 1 册，第 691 页。
⑤ （明）陆深：《俨山集》卷一，《明别集丛刊》第 2 辑第 1 册，第 300 页。
⑥ （明）陆深：《俨山集》卷七六，《明别集丛刊》第 2 辑第 1 册，第 692 页。
⑦ （明）王尚絅：《苍谷全集》卷一一，《明别集丛刊》第 2 辑第 5 册，第 575 页。

河南祥符籍进士李濂出任湖北沔阳知州，携妻女随行。女儿阿香是他的第一个孩子，生于正德七年（1512）十二月，时李濂24岁。次年十月，李濂携家人赴京参加次年春会试，阿香在途中因风寒受凉，呕吐咳嗽不止，“时烈寒，女疹甫愈，乃渡河冒寒行，得呕嗽疾几死，其母抱岸上求火始苏”①。抵京后，又患痘，约三月痊愈。一家人在京城生活至正德十一年（1516）二月，李濂将赴沔阳任职。全家从京城出发，于三月经故乡短暂停留，又继续南行，于四月到任。② 阿香刚到沔阳官府就病故，时李濂因公在外，“余愕然惊号，堕栉于地，遂奔沔营葬”。李濂将阿香葬在城外上关银杏树下，作《女香权厝墓志铭》，直呼“呜呼恸哉”！是年底，逢阿香生辰忌，李濂又作《亡女生日》诗，开篇为“阿香难再见，此日不胜哀”③。正德十四年（1519），李濂赴京考绩，携妻自沔乘舟北上经过阿香葬处，他在船上望阿香坟冢“恸哭”不已，再作《望冢歌二省》《过亡女冢》，抒发对亡女的思念之情。

正德、嘉靖之际，福建建宁府瓯宁籍进士，曾任吏部尚书的李默，正德十四年四月，喜获千金佩芳，嘉靖七年（1528）七月，年仅10岁的佩芳夭折，34岁的李默作《殇女记》追忆说，佩芳“生甫五月，予遂有北行”参加科举考试，次年中进士。四年后，佩芳“随其母雷氏来省予于京师，居岁余”。④ 也就是说，佩芳四年间一直随母在家乡生活。全家在京团聚后，女儿端庄识礼，惹人欢喜，不料竟夭折于京师。

明代文官对女儿夭折悲痛不已，武将也是如此。嘉靖时，抗倭名将戚继光率兵在浙江、福建沿海抗倭，妻女随军，其12岁女儿夭折军中。已过而立之年的戚继光作《祭殇女》说，他与妻王氏生活十余年，只此一女，“宦游万里，壮岁并跻，顾末有一息，所藉以破颜者唯汝耳”。《祭殇女》全文236个字出现“痛哉”14处，开篇为“呜呼，痛哉痛哉”，结语为“挥泪为词，俾汝知之，言不能悉，痛哉痛哉”！⑤ 他对女儿夭亡的悲痛之情，令人不忍卒读。

万历十七年（1589）春，福宁州人游朴赴任广东按察司副使，“子女侄及诸孙皆从行”。途中未满2岁外孙、1岁多的曾孙女，“俱有慧性，解了人意”，游朴“时时抚之以为欢”。八月抵广州，两个幼孩相继因痘疹夭殁，游朴“尤惨然不可堪”，将他们合葬

---

① （明）李濂：《嵩渚文集》卷九九《女香权厝墓志铭》，《明别集丛刊》第2辑第33册，第121页。

② 袁喜生：《李濂年谱》，河南大学出版社，2001年，第35页。

③ （明）李濂：《嵩渚文集》卷二一，《明别集丛刊》第2辑第33册，第182页。

④ （明）李默：《群玉楼稿》卷三，《四库全书存目丛书·集部》第77册，齐鲁书社，1997年，第619页。

⑤ （明）戚继光：《祭殇女》，王熹校释：《止止堂集》，中华书局，2001年，第188页。

于广州城北粤王台下，并作《二孩墓志铭》表达哀思。①

万历年间，无锡籍状元孙继皋仕途起伏，来往于苏州、京师供职。其第五女孙华生于京师，万历二十八年（1600）九月14岁时患痞气而亡，时51岁孙继皋作《中殇孙第五女圹志铭》。“然余考古志，殇女独韩柳有，彼皆与贬窜，会仓卒道死野瘗。今诵其文犹痛，余因废弃，女不离帷帟而竟死，亦可哀矣。”孙继皋以韩、柳为殇女作悼文，感叹同病相怜，有悲伤亦有愧疚的苦闷。孙华死后20天，被父亲葬于祖母墓旁，铭曰：“去汝父母，来傍汝祖。暨汝祖妣，汝永宁此。”②希望祖孙二人在另一个世界相伴永久。

福建福清叶向高在万历十八年（1590）带妻余氏赴京就职，女儿叶江在浙江途中出生。抵达北京不满三月，叶向高母亲在家乡病故，他带着出生不久的女儿回家守孝。万历二十七年（1599），叶向高因上疏反对征收矿税，被改迁南京礼部右侍郎，女儿随他赴南京，“女随余赴留都，时方十岁，不恋母而恋父，人以为奇”。万历二十九年（1601）叶向高奉旨南下福建祭神，带着叶江在家乡短暂停留。次年又带女儿北上，至闽北剑州白沙时，接到被朝臣诋毁的消息，遂让夫人带女儿返原籍。不久，13岁的叶江在福建家中染病而亡，44岁的叶向高作《亡女圹志》，“闻女死矣，余惊悼欲绝。询余室则谓：女在白沙已有病，第戒家人勿令父知。……余不德，殇子女多矣，未有如哭女之甚者也”。叶江本应葬于家族墓地，却葬在未婚夫家墓地，“女许余同年吏科都给事中林公材之次子某。林公卜兆将迎女丧……余惟嫁殇非礼，然有可以义起者，且女固林妇也，庸何伤？遂诺林公之请”。林材系福建闽县人，万历十一年（1583）与叶向高同登进士，甚交好。其次子林弘衍生于万历十七年（1589），比叶江大1岁，自幼结亲。③ 从圹志知，林家已视叶江为媳，故死后归葬林家。

万历四十七年（1619），刚过而立之年的太仓诸生沈承的长女阿震因痘而殇，在女儿死祭三七，作《祭震女文》。他承认女儿刚出生时，自己并不开心，“汝生之初，我实不喜。三十许人，不男而女”。但月余后，沈承看着女儿的成长，越发欢喜，“迨汝未期，汝即可怜，以颔招汝，汝笑哑然”。沈承致力于科举，“频出就试，割汝而去”。“割”字表现出对女儿的不舍。虽多次名落孙山，但女儿在他回家后“归来牵袖，索物而戏。有汝在侧，愁亦快意”。女儿成为他生活幸福的一种表现。沈震患痘夭折前十日，

① （明）游朴：《游参知藏山集》卷二《二孩墓志铭》，魏高鹏、魏定榔等点校：《游朴诗文集》第2版，福建人民出版社，2015年，第463页。

② （明）孙继皋：《宗伯集》卷九，《景印文渊阁四库全书·集部》第230册，台湾商务印书馆，2008年，第499页。

③ （明）叶向高：《苍霞草》卷一六《亡女圹志》，《明别集丛刊》第4辑第62册，黄山书社，2016年，第404页。

她2岁的妹妹沈巽因同样的病早夭。这对本来无子的沈承来说无疑雪上加霜，“论我生年，壮大穷独。汝又颇慧，虽女亦足。谁知鬼神，虐我太酷”。沈承担心女儿去阴间受欺负，于是叮嘱“汝见冥王，操手哀叩。侬实不寿，侬实无咎。侬生贫家，侬甘粗陋……但可如是，莫啼莫哗。地府之中，不比在家”。父亲对女儿的牵肠挂肚可见一斑。他甚至祈求女儿能进入自己梦中，“我今思汝，不能去怀。汝若有知，常入梦来。缘或未尽，可再投胎”。① 全文真情流露，令人泪飞如雨。

江苏太仓籍进士张采于崇祯二年（1629）出任江西临川知县，“予携家官江西之临川，女三岁随往”。此女是张采第四女，小名四姐。次年夏四月，4岁的四姐“因痘殇死”。张采将其棺运回老家太仓葬之，并作《殇女圹铭》悼之。②

有明一代仕宦殇女诗文，几乎都是和泪而作，“哭”成为仕宦悼念女儿夭折的同感，体现了父女之间的舐犊之情。从殇女文可知，明代儿童多因患痘疹而夭。从殇女诗文还可看出，仕宦因科考、履职等缘故，无暇照料家庭，故对女儿夭折有深深的自责之痛。

三、明代女童天真烂漫的活泼形象

明代仕宦殇女诗文多会回忆幼女生前的各种生活细节，以美好来展示幼女与父母及其家人的互动情感，寄托着书写者对幼女夭折后的莫大悲伤和无尽思念。这为我们拼凑明代仕宦家庭幼女的日常生活图像提供了素材。

古代儿童的娱乐活动丰富多彩，幼女的娱乐方式也有趣多样。她们因生活在书香之家，年幼时多拥有属于自己的嬉戏玩具，明初会稽诗人唐肃《见亡女嬉具有感》二首：“从前爱汝朦于兄，别后那知隔死生。今日归来见遗物，耳边犹自有啼声。我出门时牵我衣，丁宁好买石莲归。石莲买得无人吃，空有苦心和泪挥。”③ 唐肃见到女儿生前的嬉具，眼前不自觉地浮现出女儿在身边嬉戏的场面以及女儿牵着父亲衣服叮嘱买莲子的娇憨可爱模样。

儿童天性善于模仿，从牙牙学语到模仿大人的举动，无不充满童真。高启女儿高书常模仿姐姐化妆穿衣，高启在《见花忆亡女书》中说：“中女我所怜，六岁自抱持。怀中看哺果，膝上教诵诗。晨起学姊妆，镜台强临窥。稍知爱罗绮，家贫未能为。”④ 高

① （明）贺复徵辑：《文章辨体汇选》卷七五三，《景印文渊阁四库全书·集部》第349册，第637－638页。

② （明）张采：《知畏堂诗文存》卷七，《四库禁毁书丛刊·集部》第81册，北京出版社，2005年，第640页。

③ （明）唐肃：《丹崖集》卷四，《明别集丛刊》第1辑第14册，第29页。

④ （明）高启：《高太史大全集》卷六，《四部丛刊初编》第368册，第271页。

书6岁能诵诗，学化妆，爱漂亮衣服，天真烂漫的玉女形象跃然纸上。幼女撒娇、活泼的童真形象，时常成为父亲笔下的素材，明初山阴士人毛铉《幼女词》云："下床着新衣，初学小姑拜。低头羞见人，双手结裙带。"① 幼女穿上新衣，学新娘拜堂，又因害羞双手摆弄裙带，将童女的纯真展露无遗。成化五年（1469）进士江源在《幼女词》中描述女儿幼时爱美、好奇、害羞的场面，"恋恋阿母慈，出门索新衣。时时偷照镜，学人画双眉。有时阿姊见，两手障娇面"②。幼女出门时，向阿母索要新衣，偷照镜子学画眉，不料被阿姊看见，羞涩地用双手遮住面容，幼女稚嫩、天真无邪的形象被刻画得惟妙惟肖。

万历时钱塘士人谢肇淛在痛失爱女后，作《哭女八首》，其引子说："余有爱女梦吾家道韫而生，颖异绝人，三龄而死，情之所钟，何能已已，为诗以哭之。"③ 他在诗中展示爱女年幼时种种生活情态，如"剪纸为棋局，拈纨学绣针"；"觅果常分弟，看花喜趁人"；"人前初学拜，语后尽能谙。竹作儿童马，花分祖父簪"；"少小识人情，蹒跚挽我行"。可见，爱女在世时的言行举止，已经深刻地印烙在父亲心中，以至于在安葬爱女后，他常以泪洗面，睡梦中常梦见自己怀抱女儿的情形，"入门无笑语，何地见音容。泪向儿曹尽，情应我辈钟。梦中时抱汝，恨杀五更钟"。之后，他又作《幼女词》回忆爱女生前弹筝、乞巧的可爱形象，"幼女学弹筝，卷银作指爪。笑问织女星，阶前拜乞巧"④。女儿聪慧又懵懂的言行，已经刻画在父亲的脑海中。

仕宦家庭幼女除学习弹筝、刺绣、下棋等修身养性外，也喜欢弹跳习舞。崇祯年间，广东顺德士人黎景义爱女黎淑则4岁夭折，他在《哭淑则》中回忆女儿生前的生活片段，"身披红布袍，足穿乌革靴。楼阶下复上，舞蹈何婆娑。睡起弗娇啼，无人尝自歌。……池边玩金鱼，庭前攀绿荷。……值缝新帐成，时于帐中遮。角钩弄流苏，檐画识春华"⑤。女儿穿着时尚的衣服在台阶舞蹈，睡起不哭且独立唱歌，又在池边玩鱼、攀摘荷花，还在新帐中捉迷藏，并看着花瓣辨识花朵，女儿天性爱玩的活泼形象给父亲带来了无穷的乐趣。

明代仕宦家庭幼女生前丰富的娱乐活动，与家人的宠爱不无关系。幼女和家人间的亲昵互动在诗文中也时有体现。高书喜欢和父亲亲近，"暮归见欢迎，忧怀每成怡"⑥。

---

① （清）钱谦益：《列朝诗集·乙集》，《续修四库全书·集部》第323册，第185页。

② （明）江源：《桂轩续稿》卷一，《续修四库全书·集部》第30册，第529页。

③ （明）谢肇淛：《小草斋集》卷一三，《续修四库全书·集部》第67册，第6页。

④ （明）谢肇淛：《小草斋集》卷二五，《续修四库全书·集部》第67册，第182页。

⑤ （明）黎景义：《二丸居集选》卷二，《四库禁毁书丛刊·集部》第16册，第564页。

⑥ （明）高启：《高太史大全集》卷六《见花忆亡女书》，《四部丛刊初编》第368册，第271页。

晚上高启从外回家，小女立马跑出门外笑脸相迎。高启将她抱在怀中，看到女儿活泼可爱的音容，一天的忧愁荡然无存，父女相处其乐融融。祖孙隔代更亲，秦夔小女梦儿降临人间，深得祖母喜爱，“汝祖年半百，发白日就衰。去岁自得汝，喜气盈双眉。朝夕恒抱弄，茅檐就春熙。自云得见孙，晚节足自怡”①。祖母抱其入怀，含饴弄孙。李默与妻雷氏及女佩芳在京城生活，一年后雷氏病故，李默带着女儿回福建老家安葬雷氏。“明年，谋复北上，为纳继母蓝氏。芳才六岁，亦在行中。家人怜其远涉并诱止之。芳曰：‘我今有母矣，无用念我也。’太安人哀而遣之。”② 所谓“太安人”，则是佩芳祖母。而“诱”和“哀”则反映了祖孙之情。女童或聪明伶俐，或活泼可爱，多能得到长辈的怜爱。

沈承祭文细腻刻画女儿沈震聪慧、纯真的模样：“汝齿日添，汝慧日多，呼爹呼姆，音不少讹。常手弹门，自问谁何。我侄来时，汝呼曰哥。戏攫汝物，汝窜而波。我舅来时，汝以衣拖，呼声曰母，旋笑呵呵。汝伯来时，作宾主陪。擎杯曰请，笑者如雷。”沈震的童趣哄得长辈喜笑颜开，外姑更将其当作亲生女一样，多次带沈震回苏州居住，“汝之外姑视如身生，凡三五次挈汝苏行。三更索玩，五更索果。父母留汝，汝反不可，顾谓我曰：阿婆思我”③。张四姐随父亲张采去江西路途中，“女惠言笑解意，祖母以为适”④，祖母也“爱其女，行坐提抱”。

官宦们还教聪慧的幼女诗书。高启常将女儿抱“膝上教诵诗”。陆深四女京姐不到3岁，已能“诵五七言诗词数十首”。陆深二女陆清生前也读书，“病中，夜尝读《列女传》《国风》《小学》《杂女记》”⑤。陆清病重，还向父亲讨要字帖临摹。陆清对知识的渴求，显示陆家有诗书传家的传统。陆深爱读书，亦爱藏书，曾撰《江东藏书目录》。自序云：“余家学时，喜蓄书，然视视屑屑不能举群有也。”⑥ 因此，家中女孩得以接触书籍，自幼就有读书热情。万历年间，晋陵朱正初侄女7岁，父辈对她“教之书，善诵字，过目辄不忘”⑦。李默之女佩芳自幼随父在京师生活，会女红，能说地道京城话，“每见诸女红，必窃效逼似，口绝方言，不类闽产，邻母咸讶之”⑧。她聪明好学，父亲

---

① （明）秦夔：《五峰遗稿》卷一《哭梦儿一首》，《续修四库全书·集部》第30册，第170页。

② （明）李默：《群玉楼稿》卷三，《四库全书存目丛书·集部》第77册，第619页。

③ （明）沈承：《祭震女文》，（明）贺复徵辑：《文章辨体汇选》卷七五三，《景印文渊阁四库全书·集部》第349册，第637页。

④ （明）张采：《知畏堂诗文存》卷七，《四库禁毁书丛刊·集部》第81册，第640页。

⑤ （明）陆深：《俨山集》卷七六《清女权厝志》，《明别集丛刊》第2辑第1册，第692页。

⑥ （明）陆深：《俨山集》卷五一，《明别集丛刊》第2辑第1册，第554页。

⑦ （明）王稚登：《燕市集》卷下，明隆庆四年（1570）刻本，31a，中国国家图书馆藏，善本书号13823。

⑧ （明）李默：《群玉楼稿》卷三，《四库全书存目丛书·集部》第77册，第619页。

对她“授《小学》诸书”，她“三数过即成诵，人情物务更悉晓悟”。孙继皋五女孙华在家中也“知书，自能读传记，鲜难字”①。

幼女的聪慧有时能为父亲解忧。李默回忆说：“时予为司马，部尝铨叙武秩，每据案检文书，有所裁削，芳辄从窥视，进曰：‘爵秩未易得，何不普垂全护？若其孤儿寡妇，尤在矜理。’予虽不为听，亦大惊异。”② 李默负责兵部铨选武官时有烦恼，女儿言语让其讶异。叶向高《亡女圹志》回忆女儿在北上途中劝慰自己的片段：“余以祝厘竣事过里中，逾岁当之官，行至剑州，意中阻，具疏请告。女谓余：‘父年未艾，奈何遽乞休？且一室如斗，经费苦不给，何不借宫舍以安身，资薄禄以糊口也？’余不应。女复以意告其母及余妾，相与牵挽，余终不听。”③ 叶向高未听从女儿规劝，仍只身北上，父女自此诀别，再见面已是阴阳两隔。

幼女读书，是培养她们知孝重礼的修养，“夫孝者，百行之源，而犹为女德之首也”④。李佩芳幼时对至亲均能以礼相待，李默描述说：“予弟谯偕外兄蓝德润卒业官邸，芳昕夕起居进羞，必先其舅，语次仓猝，亦不爽序，予退食慨叹。或在闺闼因事谴让，芳即曲为宽譬。母时未喻，芳必造母长跪，务臻其情，皆怜其慧，为之笑遣。盥栉衣衽时有未修，望见必引避。病剧时，予将医临视，犹亟呼被覆手足，医乃得前。其谨容饰如此。”⑤ 叶向高在《亡女圹志》中还回忆女儿在家庭中扮演调和人角色，“女聪慧，有至性，或时戏弄，余戒之即止。余室或与妾有违言，女辄譬晓其母，且深以为非。有饼饵果实佳者，辄藏以遗妾。其死也，余妾哭之甚于其母”。叶向高追忆说，他先前带女儿叶江回家守孝，女儿与长她1岁的哥哥相亲相爱，“女虽孩提，即知相亲爱，兄妹嬉娱，余顾而乐之”。不久，兄妹俩“皆病痘”，6岁的儿子夭折，5岁的叶江“恸哭，闻者伤感”。⑥ 可见，女童耳濡目染的德行教育已入心中。

明代幼女在家中备受长辈疼爱，日常生活多姿多彩，有娱乐也有学习。家中长辈并未束缚女童爱玩天性，女童和家中长辈亲密互动，成为活跃家庭生活的主角。当然，父亲为夭折女儿撰诗文，不排除美化成分，但随着殇女诗文的传诵，无疑对社会关爱女童会有正面影响。

---

① （明）孙继皋：《宗伯集》卷九《中殇孙第五女圹志》，《景印文渊阁四库全书·集部》第230册，第499页。

② （明）李默：《群玉楼稿》卷三，《四库全书存目丛书·集部》第77册，第619页。

③ （明）叶向高：《苍霞草》卷一六，《明别集丛刊》第4辑第62册，第404页。

④ （清）沈朱坤译注：《绘图女四书白话解》卷四《孝行篇》，中国华侨出版社，2012年，第148页。

⑤ （明）李默：《群玉楼稿》卷三，《四库全书存目丛书·集部》第77册，第619页。

⑥ （明）叶向高：《苍霞草》卷一六，《明别集丛刊》第4辑第62册，第404页。

四、余论

弘治年间，上海进士唐锦为6岁次子唐俨夭折撰墓志铭，时人认为他的做法太过，他回应说："王衍曰：圣人忘情，最下不及情。情之所钟，正在我辈。且韩公有女挐圹铭，柳子有下殇女子墓记、小侄女墓记，梅圣俞有小女称称墓砖记，曹思王女金瓠生十九旬而夭，行女生于季秋，终于首夏，而植皆作哀词哭之。顾予文虽不敢望于古人，而情则均也，何为不可哉！"① 唐锦列举西晋王衍丧儿，三国曹植，唐代韩愈、柳宗元，宋代梅尧臣等殇女，皆撰文祭奠，证明自古以来仕宦对子女感情专注，"情则均也"。弘治时，何景明在《哭幼女行》中也鲜明表达对女儿的爱，"二十生男不解爱，颇厌世间儿子态。年来抱女心甚怜，却悔从前空慷慨"②。不难看出，幼女在父亲心中占有重要地位。

明代殇女诗文是男性仕宦对女儿夭折后表达情感的一种方式，也为后人再现女童生活提供了零星的素材。从殇女诗文可直观感受仕宦在家庭范围内对幼童没有男女之别，甚至更偏爱女孩，他们将自己的感受以文字向社会传播，流露出他们的女性观。法国学者菲利普·阿利埃斯认为古代中国社会对儿童是一种漠视的态度，③ 本文分析表明，至少自三国以来，历代仕宦记录的幼女生活情形，不仅说明中国社会关爱儿童，而且对男女幼童付出等同关爱。当幼女夭折后，身为仕宦的父亲在身心备受打击时，含泪撰写诗文寄托对幼女无尽的哀思，不时流露对自己养育不周的自责。这些殇女诗文并无明显的"男尊女卑"观念，相反则表现出对男女幼童的同质关爱。

作者简介：
刘正刚，暨南大学文学院历史系教授；吴庆，暨南大学文学院历史系硕士研究生。

① （明）唐锦：《龙江梦余录》卷四，明弘治十七年（1504）刻本，12b，中国国家图书馆藏，善本书号19990530。

② （明）何景明：《大复集》卷一三，《明别集丛刊》第2辑第17册，第119页。

③ ［法］菲利普·阿利埃斯著，沈坚、朱晓罕译：《儿童的世纪：旧制度下的儿童和家庭生活》，北京大学出版社，2013年，第58页。

何为“岁波准”：永历帝入缅之晚清想象

马　玲

［提要］“岁波准”是伊洛瓦底江中的一座沙洲，是晚清以来滇边士人、云南留日学生和在缅华人等对永历帝在缅甸的纪念地。其地理位置在江上游由缅北进入缅甸腹地处。“岁波准”由明末遗民桂家的传说和南明朝廷入缅的历史记载建构而来。作为一个汉民族历史记忆的域外地标，其首先出现在晚清云南回汉相争的历史背景。至清末，南明亡国史被复活，成为鼓动民族革命的素材。“岁波准”在此背景下被重新发掘，成为一个推动滇省人士和缅甸华侨华人革命思想的历史坐标，逐渐流传开来。

［关键词］岁波准；桂家；永历帝；民族革命；缅甸

1909年1月，一首题为《岁波准歌》的七言古体诗出现在《云南》杂志第十六号文苑栏目下。“岁波准”为何物？诗序道：“岁波准，缅语也，犹华言中洲。永明帝奔缅，缅人置之于此，今其遗迹犹存。凭吊过之，无限歔欷。”① 由此大致可知，“岁波准”为缅甸的江中沙洲，明末永历帝由云南逃入缅甸时曾与此地相关联，后人访得遗迹，将其作为对永历帝的凭吊场所。可见，“岁波准”是一个带有历史隐喻的域外地理坐标和纪念地点。诗由迤西腾越人尹艺所作，与其另外八首诗一同刊出。作为载体的

① 腾越尹虞农艺：《岁波准歌》，《云南》，1909年第16号，第87－88页。

《云南》杂志，是当时云南海外留学生在日本东京创办的一本进步期刊，旨在“改良思想”“开通风气，鼓舞国民精神”。①

那么，“岁波准”在何处？它是如何成为滇边侨乡士人眼中一个纪念永历帝的域外地标的？新一代知识人的滇省留日学生群体，又为何会对其感兴趣？其流传的时间和范围如何？牵涉到哪些地域和人群？围绕这些问题，本文首先对晚清以来有关“岁波准”的记载进行整理并明确其地理位置。接着通过文献分析，进一步探讨这一纪念地及传说的建构。最后，尝试将“岁波准”还原到其书写的时代语境，探讨这一地点在晚清内忧外患的时代背景下被相关区域不同人群所赋予的历史意义。

一、何为“岁波准”？

“岁波准”的出现和兴起，应是始于19世纪下半叶。由现存资料看来，尹艺（？—1867）大约是将“岁波准”命名歌颂的第一人。其长诗《岁波准歌》详尽描绘了此地的地理特征和永历帝的传奇事迹：

> 大江滔滔日夜走，势如云奔声雷吼。两山夹送折千曲，万派汇归葫芦口。
> 口到窄极山愈高，日光不到浪争汹。百里平铺凝不动，湛然澈底无波涛。
> 出口波涛势欲逞，渟蓄束缚不能忍。夭矫突出两白龙，弄珠双抱岁波准。
> 平铺弥望犹一抔，此亦蛮疆白鹭洲。秋水时至百川灌，望洋无际渺难求。
> 何岁何日有奇事，何代何人曾此驻。水高沙洲亦井高，水落沙洲平如故。
> 土蛮父老又曾元，朱离口语相流传。依稀记得前朝事，的确说是永历年。
> 当年天朝五帝把，护从万人驱万马。流离辛苦入蛮天，思延国脉寓阿瓦。
> 缅王内悖心忧忡，谬为敬礼滋愈恭。于此为王屯众士，于此为王奠行宫。
> 自谓天子到海外，中国圣人忍加害。置之死地姑生之，水发定逐流水去。
> 焉知呵护有神灵，水涨竟不波前汀。从此一抔成古迹，年年草木长深青。
> 群蛮啧啧骇奇事，尊汉天子比天帝。年年正月十五日，万众云集来赶会。
> 会名肃怕纷喧哗，会终各已归其家。例有排山洪涛起，洗涤污秽湛清华。
> 吁嗟乎。
> 三百明家社已屋，诸陵秋草樵出没。茫茫九有无立锥，剩此奇踪在荒服。
> 日月无情去悠悠，翠华一去三百秋。江山不管兴亡恨，留作人间吊古愁。②

---

① 《云南杂志发刊词（一号）》《云南杂志社简章（一号）》，中国科学院历史研究所第三所编：《云南杂志选辑》，科学出版社，1958年，第1-7页。杂志前后刊行5年，共发行23期，是清末留日学生创办报刊中持续时间较长的一种。

② 杂志版本与后来收入《廿我斋诗稿》的版本略有出入，参看尹艺：《岁波准歌》，《廿我斋诗稿》，云南省文史研究馆整理：《云南丛书》第三十三册，中华书局，2009年，第17207页。

尹艺之后，1876 年出版的游记《海客日谈》也提及伊洛瓦底江中一座纪念桂王的沙洲：

> 格萨在伊拉袜底之右，一名准柁，中国所谓桂王洲也（缅人谓王曰柁）。顺治丁亥，洪承畴督师取云南。李定国拒战曲靖。吴三桂由广西、四川分捣其虚，入云南省城。桂王走阿瓦至格萨，三桂重购得之，缢于贵阳。格萨人思桂王不置，因名其洲曰准柁，为衣冠墓于洲旁。每岁二月，作会礼佛以哀之，竟成故事。夷亦多情哉？①

作者王芝对永历在缅的叙述与尹艺不同，与正史记载也有所出入，可能是来自稗史。游记此处题诗数首，悼念桂王朱由榔。《大金沙江行杂诗八首·其二》作：“笑古悲今二阮狂，朝来放荡白云乡。半江鱼影清流水，两桨猿声下夕阳。帝子空余亡国恨，将军艰得救兵粮。南风萧瑟情何极，痛哭明侯奠桂王。”《大金沙江行口号十四首》其三、其四、其五分别作：“村树归鸦噪夕阳，峻嶒菩雅压波光。无人知我停桡意，准柁江头吊桂王。”“桂王洲上集昏鸦，欲访前朝问故家。天意难回空饮恨，孤坟开遍白茄花。（桂王衣冠坟上，白茄最多。坟侧多椰树，每黄昏，鸦鸣喔喔，如相吊泣）”“格萨江干春水香，芭蕉椰树荫蛮庄。年年二月茄花发，士女临波哭桂王。”②

然而，沙洲更为频繁地出现在文献中，大约还是在《云南》杂志 1909 年刊载《岁波准歌》以及尹艺《廿我斋诗稿》1912 年出版之后。新一代滇边士人的诗句，是最好的例证。腾越和顺秀才张德溶（1877—1955）作有《缅甸遂波准（永历帝小憩处）》：“水涨不逾遂波准，传闻帝辇憩江潭。神龙似解逃亡事，留与人间作美谈。”③ 就学于云南陆军讲武堂并参与腾越起义的乡人李学诗（1873—1930），为悼念永历和窦妃作有《窦妃墓》。窦妃病殁于永历逃亡途中，被匆忙埋葬于腾越城西南隅的叠水河畔。其诗结尾作：“燕山之桂何芳华，一兴一亡皆窦家。伤心最是岁波准，岁岁江边泣暮鸦。（帝宫眷随从入缅俱死于岁波准）”④ 腾越明朗练士绅尹家令，在其《吊窦宫人墓》中也有这

---

① （清）王芝著，鄢琨校点：《海客日谈》，岳麓书社，2016 年，第 55 页。此版本或误写“哀之”为“衷之”，参看王芝：《海客日谭》，台湾文海出版社，1969 年，第 97 页。

② （清）王芝著，鄢琨校点：《海客日谈》，第 58 – 59 页。

③ 张德溶：《缅甸遂波准（永历帝小憩处）》，《腾冲荷花湾晓秋诗存》，云南省图书馆藏，第 30 页。有笔记做了修改，原诗为：“水涨年年不逾滩，传闻帝辇憩江干。龙王也解逃亡事，留与人间作美谈。”另参见李根源辑，杨文虎、陆卫先主编：《永昌府文征》，云南美术出版社，2001 年，第 2101 页。

④ 李学诗：《罗生山馆诗文集·诗集部分》五卷［民国二十年（1931）曲石精庐刻本］，云南省文史研究馆编：《云南丛书续编》第八一册，国家图书馆出版社，2021 年，第 50 – 51 页。

样的诗句："闻到昭皇执岁波，芳魂难免泪盈科。江山社稷几变更，此地还称安乐窝。思今吊古祝英雄，早奏兴华灭寇功。窦妃因何埋远塞，端由异族入昭宫。"① 至20世纪20—40年代，沙洲传说进一步传播。一篇相关文章曾先后出现在上海各通俗报刊上：

> 伊洛瓦底江有一沙洲，缅语曰"瑞姑"，居缅之北部，相传即为缅人求交永历帝与吴军之处。幅员可数里，地无草木，岸高去水面不盈尺。每至水暴涨时，左右高原，皆成泽国，独瑞姑兀然不没，亦怪事也。缅人以为帝之神明所依也，乃建小祠，塑帝后等像于上，每年数时祭祷，远近数百里，按皆来与会，众流十数万人，至今不替，岂特迷信也哉，盖实含有不忘帝难，而哀其死之意焉耳。②

与此同时，沙洲也成为滇边侨乡人士及在缅华人等前往寻访的怀古胜地。《永昌府文征》提及，"吾腾张德珩、尹梓鉴访永历故迹于缅甸，曾遍历诸境焉"③。关于这段游历，旅缅绅商尹梓鉴（1874—1955）撰有《游瑞姑准惰记》，记录了其于庚午（1930年）夏历重九前四日（约为10月26日星期日）前往沙洲的情形。④ 而至新中国成立初期，仰光出生的广东裔华侨黄绰卿（1911—1972）在其《丽江行——为杰沙抗日纪念碑作》中，也提及沙洲上的永历泥塑像："曾窥形势昔称雄，楼船像战今无匹。消沉霸气元明清，泥塑瑞姑亦圮倾。戛撒空余征缅恨，昭和军阀亦穷兵。蹂躏三年闻野哭，忍教米市人熬粥。"⑤ 可见，从19世纪下半叶至20世纪中叶，沙洲俨然成为一个广为人知的永历在缅纪念地。

---

① 尹家令：《吊窦宫人墓》，《橘庵漫稿》，云南省图书馆藏，第42页。

② 秉渊：《记缅甸之沙洲》，《上海报》，1936年2月23日。文章与1925年的一篇文章大同小异，见腾人：《明永历奔缅之惨状》，《孔雀画报》1925年第12期。同文还见载《缅甸人祭祀永历帝》，《上海小报》，1940年11月6日。

③ 出自《永昌府文征》对《也是录》的按语，见李根源辑，杨文虎、陆卫先主编：《永昌府文征》，第3354页。张德珩即"翡翠大王"张宝廷（1859—1928）。

④ 尹梓鉴：《游瑞姑准惰记》，李根源辑，杨文虎、陆卫先主编：《永昌府文征》，第3813－3817页。此次游历是应其侄琼芳的邀约。琼芳久商瑞姑，为英国江轮公司（Irrawaddy Flotilla Company）包办柴薪。乘坐江轮抵达瑞姑后的第二天，梓鉴与侄孙治国一同登岛。另据地方文献，创办琼瑞江轮公司的和顺贾家坝人李琛昌（字琼芳）初旅缅时，曾前往考察永历入缅后的第一驻军地"瑞波准"。不知这里"李琼芳"是否是对尹梓鉴之侄的误记。参看李继东：《和顺商帮及其商号述略》，中国人民政治协商会议云南省腾冲市委员会编：《腾冲历史上的商号》，云南民族出版社，2016年，第101页。

⑤ 黄绰卿：《丽江行——为杰沙抗日纪念碑作》，艾芜：《悼念华侨诗人、翻译家黄绰卿》，《艾芜全集》第13卷《散文·诗歌·戏剧》，四川文艺出版社，2014年，第131页。这里的"丽江"指伊洛瓦底江。

那么，沙洲究竟在何处？其实，和顺秀才尹子珍（1877—1943）在其《缅甸志》中专门详细标注了这一地点：

> 瑞姑准（缅人谓准谓岛）在伊拉瓦的江上游之间，与瑞姑埠隔岸斜对，由八慕乘船而下约半日水程。相传明永历王蒙尘奔缅时，被缅人所劫，从人分散驻沙洲（即瑞姑准也）。缅人不之逐，谓水至当尽漂流而去。已而水至洲不没，共神之。至今缅人留为纪念，每年作大会一次于此焉。作会期间，男女咸集，弹唱歌舞，极其热闹。又瑞姑埠外深林中至今尚留有数堆汉人古冢，据缅人所说，系永历王将士死而瘗此云。①

由此看来，沙洲系与瑞姑埠隔岸斜对。确实，后来梓鉴前往游历，也正是在抵达瑞姑后，沿江岸东行至孔坎寨渡口而乘船上岛的。黄绰卿的诗也注释道：“八莫古称江头城，今八莫之南，瑞姑瑞波准小岛，尚有明永历帝王子的泥塑像。杰沙旧译作戛撒，见清史。”② 从地图上看，瑞姑（Shwegu）坐落于八莫（Bhamo）至杰沙（Katha）东西走向河流弯道的正中间。其上下游河道间各有一座沙洲，“岁波准”即应是其上游处（东南侧）面积稍小的沙洲。其与“两山夹送折千曲，万派汇归葫芦口”“夭矫突出两白龙，弄珠双抱岁波准”的描述正相对应。从四川游历而来的王芝例外地将其标记在杰沙（格萨），可能是误记。不过，其游记中的“准柁”及尹梓鉴的“准惰”却又称得上是十分准确的记载。查旧日英地名词典，该沙洲被记作“Kyun-Daw”或“Chundaw”，与“准柁”及“准惰”相对应（后文统一作“准柁”）。“准”（kyun）即沙洲，“柁”（daw）于名词后表尊敬，因而准柁可谓“圣岛”，今写作 Kyundaw（即ကျွန်းတော်）。盖由于靠近瑞姑的缘故，又被后人称作“瑞姑准”“瑞姑准惰”或“瑞姑”。而所谓“岁波准”或“瑞波准”，则可能是从洲上一座名为“Shwebaw-gyun”（今写作 Shwepawkyun，ရွှေပေါ်ကျွန်း）的佛塔而来。③

瑞姑是怎样的地方呢？1892 年，姚文栋在考察滇缅边境时，曾分析过这一特殊地理位置的重要性：

---

① 尹子珍：《缅甸志》，云南省图书馆藏，1926 年。

② 艾芜：《悼念华侨诗人、翻译家黄绰卿》，《艾芜全集》第 13 卷《散文·诗歌·戏剧》，第 131 页。

③ J. George Scott and J. P. Hardiman, *Gazetteer of Upper Burma and the Shan States*, Part Ⅱ, Vol. Ⅰ, The Superintendent, Government Printing, Burma, 1901, p. 544; J. George Scott and J. P. Hardiman, *Gazetteer of Upper Burma and the Shan States*, Part Ⅱ, Vol. Ⅲ, The Superintendent, Government Printing, Burma, 1901, pp. 152 – 155. “孔坎寨渡口”概为地名词典中的“Kônhkan”。

> 自缅京阿瓦而上，以瑞姑、新街两处为濒江要地。瑞姑，《云南通志》作尼孤。乾隆时，经略大学士傅恒征缅，探得此路，由天马关出五百九十五里至此下船，约三百里即至阿瓦城，较诸路尤为近捷者是也。此处江道，上有大葫芦口，下有小葫芦口。夹江皆高山，江面窄而底极深，两端皆似葫芦口，故名。张机南《金沙江考》所云大菖蒲山峡、小菖蒲山峡也，为上游江道最险之处。论者谓不得瑞姑则新街难守，不得新街则腾越难守，盖恃此两峡以为险也。昔年蛮暮土司都于新街，而扼瑞姑以御缅甸，则皆其属地，而大金沙江上游形势要害之所在也。①

由此可见，首先，从地貌上看，瑞姑是伊洛瓦底江上游一处险要的江峡，其大小葫芦口等情形也与尹艺之诗相对应。其次，瑞姑是缅甸统治腹地与北部区域间的一道天然关卡，是重要的军事要塞。从地图来看，瑞姑位于今克钦邦（Kachin State）、掸邦（Shan State）和实皆省（Sagaing Division）的交界地带，是不同民族及势力范围的边境地区。鉴于此，不难理解历史上蛮莫土司曾在这里安布军防。② 此外，瑞姑也是一个连接水路和陆路的重要交通枢纽。吴其桢在《缅甸图说》中强调瑞姑“地最扼要”，“由瑞姑东行至掌冬八百里，至瑞利八百九十里，东至南坎司百里。又由瑞姑沿江北行，至磺硐八百里，至八募即新街，距缅都陆路八百六十里”。③

二、纪念地点的构建

正是在这样一个特殊的地理位置，沙洲成为清末人士悼念永历帝的纪念地。这一空间地理又是如何被形塑的呢？

（一）历史遗迹

首先是对历史遗迹的叙述。尹艺和尹子珍等称，沙洲附近一带有汉人古冢。王芝称，当地人为桂王立衣冠冢。而至尹梓鉴及黄绰卿的时代，沙洲上似乎还立起了永历帝的泥塑像。这些历史遗迹作何解释？衣冠冢、汉人古冢等早已时过境迁而不易考证。那

---

① 姚文栋：《云南勘界筹边记》，方国瑜主编，徐文德、木芹、郑志惠纂录校订：《云南史料丛刊》第九卷，云南大学出版社，2001 年，第 740 页。

② 关于明代中国与东南亚之间的土司政权，参看 Sun Laichen, *Ming-Southeast Asian Overland Interactions, 1368－1644*, PhD Thesis, University of Michigan, 2000.

③ 吴其桢：《缅甸图说》，《小方壶斋舆地丛钞》再补编第十帙，转引自余定邦、黄重言编：《中国古籍中有关缅甸资料汇编》，中华书局，2002 年，第 1179 页。

么后来所谓帝后泥塑像，又是真实的存在吗？其实，这些传言出现本身，或恰好反映了沙洲事迹的广泛流传。幼时就随父母旅缅的和顺举人张成濂（1853—1922）也曾到访沙洲，途中题有《赴瑞波准会道经葫芦口有作》。其指出，所谓永历泥塑，只是对此处卧佛的误传。其寻访经历见题诗《永历皇孙陵》：“漫诩凌霄逐洛神，寻将胜迹问芳津。还怜不幸前王胄，共说曾蒙此地尘。遗像虽传卧佛误，输诚总抱故民真。归来回望烟林上，宝塔争辉月一轮。”① 可见成濂认为，虽然遗像是对卧佛的误传，然而这种误传恰恰反映了民众的诚心。

将准柁洲之卧佛及寻访人之赤诚展现得最为详尽的，要数尹梓鉴的《游瑞姑准惰记》。1930 年一个秋日清晨，梓鉴与亲友一同登岛，从水汽未干的沙洲步行至岛上寺庙。这是一座壮丽又年久失修的庙宇——进门后便是一条长百余丈的甬道，写有捐施人信息的数十块木牌古老将朽、字迹模糊，甬道两侧大大小小数百座浮图大半毁坏。甬道尽头，是一座高达十余丈的大金塔，其右有新修亭阁数间。梓鉴继而描述了由此至卧佛处的情形：

> 穿过此亭，左转行数十武有土室一，颓败零落，内所塑土偶陈老毁坏。治国指告曰：此即人所尊敬为我国古佛，彼等年少人不知所谓何佛。先是有相告者云：佛作死尸卧状，两旁四大臣作跪哭相。余至此谛细观察，是效人临终陈尸形态，首上似披一方巾，腰束一带，两手及足与膝皆破滥见内砖。左右各四相，下有垫台，屈膝而跪，头上似做孝帛箍扎，左肩挂长条巾，腰部皆束带，左手上抚脑际，右手作椎胸状，围绕号恸。其首与手部间有不在者，年久被风雨剥蚀，丹青全落，模糊不能判别考之，当必在数百年前物。缅人敬佛，只奉如来释迦一尊，无论泥塑石雕，披黄衲，袒右臂，趺跏而坐，千尊一律，间有一二卧佛，其式亦然。此别成一形，苟非有亲见者指示，必不如是塑法。据琼芳云：缅父老曾言：跪两旁者，内有女像，是其后妃，前面旷野，尚有累累十余荒坟。又传言：当日永历帝崩于八募，陈尸竹筏，上用巨絙系之，忽顺流下，至此被滩阻止，缅人惊为神，遂即此沙滩建寺塑像。从前由某山高处瞭望，见草地上隐约分两股似巨绳形云，此皆耳食神话，何足深信。惟所塑杂女相容或有之，所谓荒坟累累者，今皆长林丰草，何处寻求，只有如在甬道所见浮屠罗列数十于前，欲考求实稽，缅人不重石志，虽以贝叶书记，久则遗佚无存，可慨也。②

① 张成濂：《永历皇孙陵》《赴瑞波准会道经葫芦口有作》，李根源辑，杨文虎、陆卫先主编：《永昌府文征》，第 1708 页。

② 尹梓鉴：《游瑞姑准惰记》，李根源辑，杨文虎、陆卫先主编：《永昌府文征》，第 3815 页。

梓鉴这里的记载夹杂了所见、所闻及所想。要而言之，有传言说永历帝昔日在八莫驾崩，放置遗体的竹筏忽然顺流而下，被沙洲准柁所阻，于是缅人在此建寺，并以永历驾崩形态塑卧佛一尊，旁塑四大臣及后妃像，附近旷野尚有荒坟。通过参观考察，梓鉴认为荒坟无处寻觅、神话不足取信；然从古佛独特的卧态、所塑四相及女像看来，传言又有一定的道理。

于是在参观完卧佛后，梓鉴拜访寺中长老咨询情况。老禅师圆寂久，只见到五位壮年僧人。梓鉴问及卧佛的历史和修建年代，被告知已建成千余载，“并插杂神话，庞杂不足记也”。关于明末往事，僧人并不知情，且经籍散失无从考证。于是梓鉴“唯唯否否，扫兴而出”。又绕道附近村中访问年老有识者。遇到一位古稀老人，却也茫然不知。于是梓鉴感慨道：“余所来意为观汉佛，并考察其确实事迹，皆成画饼，其余风景与他寺大同小异，均不足观。”可即便如此，梓鉴并没有质疑永历帝与此地的关联性。步行至滩边搭船折返时，其内心感叹道：“当日创造，非凭空捏撰，惜无记事残碣，以供后人剔藓刷苔，得相参考，年远代久，反将实事湮没。”①

那么，洲上的寺庙究竟有着怎样的缘起？1901 年英人出版的上缅甸及掸邦地名词典中，有一段不一样的记载可供参考。据地名词典，瑞姑一带旧时曾属 Mo-hlaing，是掸王国 Chenhôn 的附属国。而准柁洲上的兰若与浮屠，据传是与 Chenhôn 土司（sawbwa）相关。Chenhôn 土司的指定继承人建立 Momeik 王国后，其弟出逃，经瑞姑往西北方向去，后来建立 Mo-hnyin 王国。王子出逃时，老王派人将其追回以调解矛盾。一天晚上，老王偶然看向准柁洲，见其上出现一道神秘的光。于是老王起誓，如此光延续三晚，将在此修建佛塔。神光果然连续出现了三个晚上，老王遂履行誓言，在岛上修建 Shwebaw-gyun 佛塔后才返回 Chenhôn。地名词典进而由传说转向现实：

> 从此以后，该岛成为北掸邦人的热门朝圣地。现在这里宝塔林立，以掸人的风格排列得密密麻麻。它们几乎没有什么区别，但为岛上一个泥瓦匠村的定居提供了机会。建造佛塔的惯例契约为基座每四平方肘尺 75 卢比。然而其中有一座佛塔非常独特，它象征着乔达摩佛的棺椁。他全身伸展，像一个被埋葬的十字军战士。灵床周围是哭泣的女人，她们戴着形状奇怪的头巾帽，*salwè*（即စလွယ်）风格的绶带从肩膀垂下。建筑师的名字没有保存下来。②

---

① 尹梓鉴：《游瑞姑准惰记》，李根源辑，杨文虎、陆卫先主编：《永昌府文征》，第 3816 页。

② J. George Scott and J. P. Hardiman, *Gazetteer of Upper Burma and the Shan States*, Part Ⅱ, Vol. Ⅲ, pp. 150 – 155.

可见，在早前英国人考察看来，这一香火不绝的大金塔“岁波准”是缘起自掸人古邦传说；而佛塔和塑像——小佛塔紧凑的排列形态、女像奇特的头巾帽和绶带等——也反映出掸人特色。

其实，考虑到准柁洲三省交界的地理位置和殖民统治以来缅甸族群意识的强化，不难理解其多重建构以及不同版本的叙事。另据缅方文献记载，准柁洲原称 Zayya Bumi 洲（ဇေယျာဘူမိကျွန်း），佛塔的修建是缘起于阿育王对印度佛陀舍利的迁徙保护。① 及至 2005 年，美国《国家地理》探险者 Kira Salak 利用皮划艇沿江而下，登陆此洲。在她眼中，“Shwekyundaw”（金准柁，英译“Golden Royal Island”）亦是一座缅甸佛寺：

> 对缅甸人来说，金岛是一个难以言喻的圣地。据说佛陀本人曾指着这里，宣布一座岛屿将从伊洛瓦底江中升起。它不仅是一个岛屿，更是一个吉祥之地——在圆寂后，岛上将建起一座神圣的宝塔和 7777 座佛塔，每座佛塔都安置有自己的一部分舍利。于是如预言所说，金岛升起。2500 多年后，那些被预示的佛塔依然矗立，在千禧年的高温和尘埃中崩坏去。②

由此可见，缅、掸（殖民者）、汉等不同人群对此特殊地理位置的佛塔和寺庙有着不同起源的叙事。

Salak 见到了从小在洲上长大、时年 82 岁的寺中长老 Bhaddanta Thawbita。据长老称，二战时日军在佛塔间藏身，以致盟军轰炸全岛，因而寺中建筑大多毁坏——只有主殿和一个藏有四尊圣像的地下室完好无损。由此看来，所谓“泥塑瑞姑亦圮倾”也是缘于此。Salak 没有提及卧佛，只道这四尊圣像为佛祖的四个化身，含有佛血。另据长老称，1997 年缅甸华裔将领钦纽（Khin Nyunt，1939— ）曾一度想将这些圣像搬到首都保存。③

---

① လှသမိန်, *မြန်မာနိုင်ငံတွင်ဘုရားသမိုင်းပေါင်းချုပ်*, မဟာဝိဇ္ဇာစာပေ, ၁၉၆၈, pp. ၂၇ – ၂၈.

② Kira Salak, “Myanmar´s River of Spirits”, *National Geographic Magazine*, No. 5, Vol. 209, 2006, pp. 143 – 147；本文系参照作者个人主页的原文：Kira Salak, Totalitarian Adventures in Burma, http://www.kirasalak.com/Burma.html, 2023 年 5 月 22 日访问。

③ 这些圣像不断被贴上金箔，原始形状已模糊不清，照片见 Kira Salak, Photos：Kira Salak in Burma, http://www.kirasalak.com/PhotosBurma.html, 2023 年 5 月 22 日访问。这里无法确切知晓，“岁波准”的传说是否在缅甸华人中一直流传至 20 世纪下半叶。

（二）节日盛会

另外，诗文提及，此处每年都有当地人为祭祀永历而举办节日盛会。如尹艺称，“年年正月十五日，万众云集来赶会”；王芝称，“每岁二月，作会礼佛以哀之”；尹子珍也称缅人每年于此作大会一次。这一节日又作何解？

其实，一方面，鉴于缅甸礼佛的传统，围绕寺庙和佛塔的宗教盛会不在少数。如缅历十二月（Tabaung 月，即接近尹艺和王芝所说的公历 2—3 月）恰有“沙塔节”。这一时节河道水位降低，沙滩显露。用白沙堆沙塔曾一度是一个全国性的宗教节日。① 而随后的两个月（Tagu 月和 Kason 月），即有缅甸的新年和佛诞节，不难想象此处的热闹景象。

另一方面，李学诗曾提到，瑞姑每年三月有一个叫作“鱼赴会”的节日：

> 八募下游有大村落滨海而居，名瑞姑。每年三月中有一胜会，举国若狂。若远若近，携负偕来，百戏杂陈，歌舞通宵。届时有一巨鱼洋洋而至，众鳞围绕，万头攒动，若侍卫，然沿舟游泳。一时男女争以金贴之，该巨鱼伸头傍船，任人装贴。见去年旧金虽有脱落，而犹有存者。贴毕随以食物饲之，并犒从者。一时水花四漾，喋唼之声震人耳鼓。会期告终，即不复见，亦不知来自何所、去自何方。闲尝亦无有一见之者，询之熟于掌故之老人亦不能道其所以然焉。②

这一节日可能与当地渔业的繁荣有关。尹梓鉴提及，瑞姑昔日因林业而商业繁荣，后林业中心迁往他处，于是当地转向渔业。③ 由此看来，尹艺、王芝和尹子珍等有可能是将当地丰收和佛教的传统节日附会为对永历的祭祀。

（三）永历帝经历之想象

最后是有关永历帝沙洲经历的叙事。其中一个关键的说法，即以尹艺和尹子珍为代表的“沙洲生还”说。

---

① Ni Ni Myint, The Tradition of Sand Pagodas in Myanmar, in Ministry of Education, Union of Myanmar (ed.), *Traditions of Knowledge in Southeast Asia*: *Proceedings of the Traditions of Knowledge in Southeast Asia Conference*, 17 - 19 December 2003, Part 1, Myanmar Historical Commission, 2004, pp. 221 - 251.

② 李学诗：《罗生山馆诗文集·文稿》，云南省图书馆藏，第 17 页。

③ 尹梓鉴：《游瑞姑准惰记》，李根源辑，杨文虎、陆卫先主编：《永昌府文征》，第 3814 页。

1. “沙洲生还”说

这一说法称，永历帝一行入缅后被安置在“岁波准”沙洲，任其随河水上涨漂流而去，然而奇迹般地水不没洲，一行人得以幸存。可是查阅晚明的历史记载，并没有文字提及永历帝与沙洲的相关事迹。那么这一说法从何而来？其实，最早提到所谓“沙洲生还”事件的，应当是成书于乾隆五十五年（1790）的《腾越州志》。其中的《缅考》部分介绍了流落在缅甸的永历遗民后代：

> 当是时，群蛮最畏者，茂隆吴尚贤与桂家宫里雁。桂家者，江宁人，故永明入缅所遗种也。缅劫永明时，诸人分散驻沙洲，蛮不之逐，谓水至尽漂矣。已而水至，洲不没，蛮共神之。百余年生聚日盛，称桂家。①

将这段文字与前文对照可知，尹子珍之记述——“相传明永历王蒙尘奔缅时，被缅人所劫，从人分散驻沙洲，缅人不之逐，谓水至当尽漂流而去，已而水至洲不没，共神之”——与此处基本相同。而尹艺《岁波准歌》中的沙洲事迹，大概率也来自对州志中这一段桂家由来的解读。

对缅甸明末遗民的讨论，是清缅战争（1762—1769）时兴起的——“桂家昔无闻，自缅役之兴，滇人争传桂家敏家，故永明入缅所遗种也。”② 可见，在永历入缅（1659—1661）的一个世纪之后，随着缅甸的朝代更迭以及新王朝军事力量的扩张，流落海外的明代遗民才重新出现在滇人视野。③《腾越州志》初稿由腾越知州吴楷编撰于1770—1779年，继任知州屠述濂在此基础上编订出版于1790年。两位知州在清缅战争后官宦滇边，对缅事应较为熟悉。因而《缅考》的记载，应是反映了当时比较普遍的说法。州志出版以前，有关桂家的记载还较为简略。④ 而《缅考》则将这一人群的历史由来，指向永历入缅后的“沙洲生还”事迹。同时代师范（1751—1811）编撰之《滇系》

---

① 屠述濂纂修：《腾越州志》，清光绪二十三年（1897）重刊本，台湾成文出版社有限公司，1967年，第160页。

② 师范：《删订白古外纪》，《滇系·第十六册·典故第八册》，《云南丛书》第十一册，第5255－5257页。

③ 参看［日］鈴木中正、荻原弘明：《貴家宮裡雁と清緬戦争》，《鹿児島大学史録》1977年10号；中译版见［日］铃木中正、荻原弘明：《贵家宫里雁与缅甸华侨》，中外关系史学会编：《中外关系史译丛》第3辑，上海译文出版社，1986年，第13－34页。

④ 如孙士毅在1770年成书的《绥缅纪事》中称，“贵家者，明永明王官族子孙，沦于缅，自相署目，据坡隆厂采银。”德宏州史志编委会办公室编：《德宏史志资料》第13集，德宏民族出版社，1990年，第82页。有关中国史籍中对“桂家”的记载，参阅王宏道：《论缅甸历史著述中的“桂家”、“桂掸”问题》，《王宏道云南民族史论文选集》，云南大学出版社，2004年，第194－226页。

中的相关记载，应该也是出自《腾越州志》。[①]

可是，《腾越州志》对“缅劫永明”实则描述不详，对沙洲地点亦无记录。半个多世纪后滇边士人的解读是否准确？其实，关于沙洲事迹，与《缅考》出现于大约同时代且亦被师范收录于《滇系》的《白古外纪》或能提供一些线索。据《白古外纪》载：“当日咒水杯残，蛮凶突发，诸臣遘难，桂家乘间得脱，远窜于白古而君之，犹楚叔熊之难逃于濮而蛮也。办桂家者，但取能了事，谓已殪戎，而桂家乃故在。”[②] 白古即勃固（Pegu），是缅甸15—16世纪重要的海港城市，多次成为王权中心；后因叛乱、迁都（1635年）、河流改道、泥沙淤积等而衰落于17世纪初。[③] 由于在海之滨，勃固“扼诸番之会，商舶合辏，故国富饶。其民沿海而居，驾筏盖屋，闾巷相通，人烟连接，远望几如城市，不知其为浮家泛宅也”。桂家到此处时，“见地旷无人居，分散居之”。这里水上人家及旷土的情形，与同时代珠江三角洲的疍民和沙田有一定的相似性。[④] 由此看来，《腾越州志》中所说的“沙洲”似乎更有可能指勃固港泥沙淤积而形成的海上陆地，而“缅劫永明”则指咒水之难。另外，《白古外纪》对缅人不继续追逐的解释不同于《腾越州志》中的“谓水至尽漂矣”，而是“想咒水设机时，酋有揎客夺主之恐。但一分散即无忧，非必欲尽歼之，故任其与从亡之众俱远去。迨檄来取，索假貌似者以塞之。主是役者，恐远行日久，迹或露，故以缢闻，究不传有冢墓，是可疑也”。可见，结合《白古外纪》和《腾越州志》二者看来，桂家蒙难后“分散驻沙洲”更有可能是指向白古。[⑤] 而到了清末，“缅劫永明”被模糊去，“沙洲”的地理位置也被滇边士人置换到了瑞姑。

2. “沙洲生还”与明史

为何是瑞姑呢？除了醒目的沙洲与佛塔，这一特殊的地理位置与永历帝有着怎样的关联？其实，尹艺之后的滇边士人也在努力尝试解答这一问题，而晚明史籍是其主要参考资料。

---

① 《滇系》成书于《腾越州志》出版后的嘉庆丁卯年（1807）；参看师范：《节删缅考》，《滇系·第十二册·典故第四册》，《云南丛书》第十册，第5093－5102页。

② 师范：《删订白古外纪》，《云南丛书》第十一册，第5255－5257页。

③ Tun Aung Chain, Pegu in Politics and Trade, Ninth to Seventeenth Centuries, in Sunait Chutintaranond and Chris Baker（eds.）, *Recalling Local Pasts: Autonomous History in Southeast Asia*, Silkworm Books, 2002, pp. 25－52.

④ 参看萧凤霞、刘志伟：《宗族、市场、盗寇与蛋民——明以后珠江三角洲的族群与社会》，《中国社会经济史研究》2004年第3期。

⑤ 王宏道也认为，《白古外纪》可看作对《缅考》的补充，“沙洲”即白古，与《琉璃宫史》载“敏家”集居于白古附近的阿温村（Awaing Village）相对应。王宏道：《论缅甸历史著述中的“桂家”、“桂掸”问题》，《王宏道云南民族史论文选集》，第197－200页。

一部分人似乎摒弃了“沙洲生还”的传说，转而将“岁波准”直接联系到明史中提及的其他事件和地点。如前引李学诗在诗句中注释道，“帝宫眷随从入缅俱死于岁波准”，应是将其联系到了宫眷随从遇害的咒水之难——而咒水之难实发生在实皆城。又如上海的通俗报纸称，“岁波准”为“缅人求交永历帝与吴军之处”。而吴三桂入缅时，据说是驻军在阿瓦城附近的“旧晚坡”，永历帝被送至其营。① 可见，这种说法即是将“岁波准”等同于“旧晚坡”。

另一种解释则试图将沙洲传说与明史连接起来，认为“岁波准”即史籍中提到的地名“井梗”。腾冲华侨史学者尹文和（1933— ）写道：“有的华侨，出于爱国之思，对祖国历史文物掌故，异常关心，在缅甸寻觅永历帝旧迹，考证史书上所说的永历到过‘井梗’，实为‘井波稳’音的讹译，即瑞波准。”② 尹文和的这段话，应是指尹梓鉴的考据分析。在著述《缅甸史略》中，尹梓鉴就晚明史中的地名“井梗”有如下注释：

> 按：井梗即今缅称净更，在大盈江与金沙江交汇处，距蛮莫仅一晨水程，似于书言不合。但瑞姑上约数里间，有埠名井波稳（Thinbaweng），波稳急呼乃成梗音，想系此地之译讹，以所经往之日，尚不大差。
>
> 又按：余家虞农叔有岁波准歌，咏永历帝走缅事。缅人呼船为井颇，腾商讹为笋颇，由笋颇讹而为岁波。今瑞姑准岛上年年于缅正月为会，用吊永历帝。当日此岛似尚在上近井颇稳处，故今日之瑞姑准即当日之井波稳，亦即虞农叔咏之岁波准也。③

可见，在走访准柁洲之后，尹梓鉴将沙洲的位置转换至其上游河北岸的“井波稳”（今拼写作 Thinbawin，即သင်္ဘောအင်း），从而与史书中的地名“井梗”（“井亘”）相关联。由两个略显牵强的讹读，“岁波准”被指向井梗。而据《明史》《狩缅纪事》《求野录》《也是录》《行在阳秋》等记载，永历帝一行从八莫乘船而下，在被迎入缅甸统治腹地前曾

---

① 尹梓鉴考据时称其为“九畹坡”：“即外纪所言‘旧晚坡’，译为封禁之山，不准人民入猎采，缅呼为‘九畹垛’。三桂所至，大约在龙江下游附近地。”尹梓鉴：《过自敢亚瓦怀古 Sagang-Ava》，李根源辑，杨文虎、陆卫先主编：《永昌府文征》，第 2091 – 2092 页。自敢和亚瓦即实皆（应作 Sagaing）和阿瓦（Ava）。

② 尹文和：《云南和顺侨乡史概述》，云南美术出版社，2003 年，第 43 页。

③ 尹梓鉴：《缅甸史略》，李根源辑，杨文虎、陆卫先主编：《永昌府文征》，第 3850 页。据“凡例”，此书成于“民国十九年庚午迄廿二年癸酉”，即梓鉴走访准柁洲后的 1930 年至 1933 年。

在井梗作停留。① 可见梓鉴的解释，无疑是试图将沙洲传说与明史结合起来的一种尝试。其后来在诗句中作："跸驻危滩终安适，阴险谋深礼不加。至此方知神呵护，遣使恭迎井梗渡。……来时殷忧去时愁，此地徒遗一沙洲。年年二月春风吊，幽怨千秋江水流。"②

综上所述，准柁洲位于一个特殊的地理位置，不同族群赋予其不同的叙事。晚清滇边士人走缅时，附会以明末桂家传说，通过对此处历史遗迹和节日盛会的渲染，以及与明史记载的连接等，将其塑造为一个怀古之地。

三、时代语境的更替

晚清以来，恰当的故事（the right story）凌驾于历史真实之上，为各危机形势下的人群提供了精神滋养或理想的问题解决方案。③ 若如此，又是什么样的时代背景催生了晚清人士对永历帝的怀念？

（一）云南之回汉纷争

首先，在尹艺和王芝吟诗的时代，云南正处于回民起义的战乱中。19 世纪中叶，西南地区的资源争夺激化了民族矛盾，而地方官吏的忽视加剧了矛盾的升级。1856 年，冲突激化为起事，杜文秀在大理成立政权。而滇西边城的士绅尹艺，也在这一时期投身汉族地方团练。尹艺，字树人，号虞农，是腾越河西邦读村人。其"先始祖西蜀巴县人，从军入滇，官武略将军，世袭千户指挥"④。1834 年（道光甲午）乡试中举后，尹艺在 1844 年经大挑被委任到广东做知县，又丁忧归乡。回民起义爆发后，其倡议与郡人刘光

---

① 其间主要有两件事：一是此地缅酋召见永历大臣，质问神宗时候事并比对玉玺印章以验证身份；二是黔国公沐天波等建议往东走护撒、孟艮，遭到佞臣马吉翔的极力反对而作罢。见余定邦、黄重言编：《中国古籍中有关缅甸资料汇编》，第 80、358、365、371、386 页。有关永历帝在滇缅的历史文献整理和解题，见李根源辑，杨文虎、陆卫先主编：《永昌府文征》，第 3344－3384 页。

② 尹梓鉴：《过自敢亚瓦怀古 Sagang-Ava》，李根源辑，杨文虎、陆卫先主编：《永昌府文征》，第 2091－2092 页。

③ Paul A. Cohen, *Speaking to History: The Story of King Goujian in Twentieth-Century China*, University of California Press, 2009; Paul A. Cohen, *History and Popular Memory: The Power of Story in Moments of Crisis*, Columbia University Press, 2014.

④ 尹艺：《祭水碓祖茔》，《廿我斋诗稿》，《云南丛书》第三十三册，第 17245 页。

焕、李珍国等练乡团守腾越。十余年来经战滇边，终在1867年初战殁于鹅脑山。①

其《岁波准歌》的创作，应与战乱期间行走缅甸相关。1861年，回民起义军攻占腾越，尹艺救援不成，且战且走至中缅边境。其本打算前往缅都，却“中道蹉跎”，直到1865年春才到阿瓦寻访亲友并共度除夕。② 其诗记录了这段沿江而下的旅途：“轻舠一棹下新街，问讯江头接马来。波准曾悲前代跸，金沙莫访大刀台。孤帆迅驶云山立，壁垒荒凉鼓角哀。旧是公侯征伐地，一经行迹一徘徊。”③ 其中，“波准”注释道“岁波准乃永历王入缅驻跸之厅”，即其《岁波准歌》的怀古地；而“大刀台”指万历年间“刘綎将军征缅归，筑将台于金沙江浒”。凭吊明军古人古迹，实为尹艺诗稿的一大主题。其《廿我斋诗稿》中，既有《刘省吾将军露布歌》《邓武桥将军蹄象歌》《高把总破贼歌》等歌颂万历年间明军征缅的诗文，也有《沐国公天波奋椎歌》《李将军定国掷身歌》《杨家小妹当垆歌》等赞扬明末忠烈的诗篇。

这一类怀古诗一方面可能与尹艺随明军入滇的家族史有关；另一方面，回汉纷争与其投笔从戎的人生经历也成为诗句的创作背景。战乱期间，不难想见相当数量的滇边民众流离失所或逃往缅甸。尹艺的诗稿，或能在一定程度上起到提升汉民族士气的作用。通过历史附会，滇边缅境相对陌生的自然景观被熟悉化；而明军征缅的功绩和明末忠烈的不屈亦是一种稽古振今。其中，“岁波准”是滇人沿江而下进入缅甸腹地的必经关卡。“沙洲生还”的传说将其塑造成一个置之死地而后生的神迹之地，对于逃往缅甸避难的滇边汉民无疑是一种精神抚慰。

（二）晚明历史与革命“排满”

如果说“岁波准”早期的建构反映了回汉相争的历史背景以及一代人于滇缅间奔走的经历，那么其在20世纪初的再度出现则是体现了民族革命的反满情绪。清末时期，明史被革命党人用作反对清朝统治、鼓动革命的素材。④ 而晚清文人对晚明的发现和重

---

① 尹艺：《廿我斋诗稿》，《云南丛书》第三十三册，第17204－17205页；李根源辑，杨文虎、陆卫先主编：《永昌府文征》，第107页。

② 其《自缅甸反腾留别亲友家族六首》道：“自厅城陷，予决意走瓦。不料，中道蹉跎，亲旅企望已四年矣。”《文信国公书杜诗墨迹明庄烈帝印识歌》序文写道：“同治乙丑，予游缅甸。”同治乙丑即1865年，与前述腾越沦陷四年后走访亲友相对应。而由《阿瓦除夕》看来，应是在缅与亲友共度了除夕。尹艺：《廿我斋诗稿》，《云南丛书》第三十三册，第17229、17273、17279－17280页。

③ 尹艺：《自缅甸反腾留别亲友家族六首》，《云南丛书》第三十三册，第17279－17280页。

④ 解扬：《乡邦文献与民族革命：李根源辑刻滇籍明臣著作的现实关怀》，（台湾）《新史学》2012年第23卷第4期。

塑，更涉及晚明三大家、遗民、结社、女性、野史小说等诸多方面。① 其中，章太炎（1869—1936）在将明史宣扬于革命上之言行尤为突出。

1902 年 4 月，章太炎与秦力山、冯自由等在日本东京发起“支那亡国二百四十二周年纪念会”，旨在通过“鼓吹种族革命”“振起世人之历史观念”来宣传革命“排满”。② 纪念会召开日期定为崇祯皇帝自缢的农历三月十九日，即公历 4 月 26 日，后推迟于 27 日。尽管如此，“支那亡国”的“二百四十二周年”却是以南明永历帝被吴三桂绞杀的年份推算的。③ 从崇祯自缢、清军入关的 1644 年到永历殉国、南明灭亡的 1662 年，大会宣言书号召来自全国各省的留学生铭记这段晚明亡国史：“愿吾蜀人，无忘李定国；愿吾闽人，无忘郑成功；愿吾越人，无忘张煌言；愿吾吴人，无忘瞿式耜；愿吾楚人，无忘蒙正发；愿吾燕人，无忘李成梁。”④ 其中未提及滇人，大概率是因为此时云南在日留学生人数较少。⑤ 然而，鉴于南明末主逃亡入滇、由滇入缅、又被清军追回绞杀于昆明的历史与滇缅紧密相关，不难预料这一宗旨在将来的影响力。

从此，甲申之变后的南明亡国史逐渐成为革命“排满”之士的关注点。官方正统文献受到质疑，《扬州十日记》和《嘉定屠城记》等渲染清军暴行的历史禁讳文献被重新发现并复活。1905 年国学保存会成立，在上海创办《国粹学报》并出版丛书。不同于《民报》激进的反满言论，《国粹学报》特别关注于收集整理散落在全国各地的明遗民录和禁讳文献，并鼓励各地读者参与投稿。这样的复古行动是为了构建汉民族共同的历史记忆，其在现实中则成为一股彻底的政治变革力量。⑥

显然受到这一思潮的影响，1908 年《云南》杂志发行增刊《滇粹》，收录与云南相关的明臣传记。随着云南留日学生人数的激增和同乡会的成立，《云南》杂志于 1906 年 10 月正式出版。1908 年正月初一，杂志周年纪念会上决定发行临时增刊《滇粹》。其资料搜集和编辑出版工作，由出身滇边的李根源（笔名雪生，1879—1965）和吕志伊（笔

① 秦燕春：《清末民初的晚明想象》，北京大学出版社，2008 年。

② 冯自由：《章太炎与支那亡国纪念会》，《革命逸史》初集，中华书局，1981 年，第 57 页。

③ 如以崇祯殉国之年推算，则应是二百五十八周年。孔祥吉、村田雄二郎：《一九〇二年东京“支那亡国纪念会”史实订正》，《历史研究》2007 年第 3 期。

④ 转引自孔祥吉、村田雄二郎：《一九〇二年东京“支那亡国纪念会”史实订正》，《历史研究》2007 年第 3 期。

⑤ 云南对外派遣留学生较晚，这一年才派出首批十名学生赴日。周立英：《晚清留日学生与近代云南社会》，云南大学出版社，2011 年，第 19 页。

⑥ 王汎森：《清末的历史记忆与国家建构——以章太炎为例》，《中国近代思想与学术的系谱》，河北教育出版社，2001 年，第 76 - 87 页；Hon Tze-Ki, *Revolution as Restoration: Guocui Xuebao and China's Path to Modernity, 1905 - 1911*, Brill, 2013, pp. 97 - 111.

名侠少、亚华，1881—1940）负责。① 于是这一年初的第十二号《云南》杂志随即刊出广告，为增刊征集关乎本省历史的中外遗文秘籍。② 是年8月，《滇粹》正式出版，收录了与云南相关在抵御外敌、平定内乱、耀威异域上有过功绩的明臣传记。尽管其中的明臣并非都是滇籍人士，然同年底李根源编纂的《明滇南五名臣遗集》和于1910年完成的《明雷石庵胡二峰遗集合刊》则均致力于收录云南籍明臣的著作。这些乡邦文献的编辑和刊刻，体现了以李根源为代表的云南留学生在民族革命过程中对明代历史的借助及其中的地域性色彩。③

《岁波准歌》正是在这样的背景下被发掘的。《滇粹》刊出一则广告，向读者募集有关云南古迹、名胜、山川、关隘、桥梁、风俗人物、金石等的书稿照片和文稿诗集。④ 至1908年11月，杂志社显然已经收到不少读者来信，因为在第十五号杂志的“文苑”栏目下，新开辟了一个由李根源负责的“滇南诗萃”版块。李根源在序言中写道：“近日滇中各府人士，应吾侪之征求，纷纷搜罗诸先辈之诗见寄。已集有数百余章，皆于吾滇历史地理风化有绝大之关系，洵天南鸿宝也。吾人读之，其当如何之感奋兴起乎。敢揣不妄陋，爰依寄到之先后，编次选录以广其传。”⑤ 由此，“滇南诗萃”刊出不少涉及云南晚明历史和乡土名胜古迹的诗稿。诗篇作者大都是云南籍人士，如昆明王思训、明代遗老永北刘彬、昆明朱昂、腾越尹虞农等。其中，尹虞农的《岁波准歌》《沐国公奋椎歌》《杨家小妹当垆歌》等，与王思训的《沐黔国公天波》《沐公子忠显》《李招讨定国》《咒水歌》《五华山歌》及刘彬的《亡国纪事十二首之五》等均以永历帝入缅为题材，歌颂晚明将士域外护主的忠烈事迹。⑥ 可见，“滇南诗萃”与《滇粹》《明滇南五名臣遗集》《明雷石庵胡二峰遗集合刊》等一道赋予这些乡邦文献别样的意义，反映了时代下云南知识人对晚明历史的关心及其背后的革命思想。

将《岁波准歌》两种时代语境连接起来的，是寄送诗稿的饭藿老人曹琨。曹琨（1847—1930）为腾越九保人，出生于绩学之家，因战乱入学仅八个月即流离转徙。年稍长投身从戎，战乱平息后因家财荡尽而辍学从商。四十六岁时开始力攻诗学，渐有成就。其通晓云南和缅甸历史掌故，著有《腾越杜乱纪实》一卷。作为尹艺的同里后学及

---

① 社员李復：《纪戊申元日本报周年纪念庆祝会事（十三号）》，《云南杂志选辑》，第10页。李根源出身滇西侨乡腾越，吕志伊来自滇南思茅。

② 《云南》，1908年第12号，广告页。

③ 解扬：《乡邦文献与民族革命：李根源辑刻滇籍明臣著作的现实关怀》，（台湾）《新史学》2012年第23卷第4期。

④ 《滇粹》，1908年8月19日。

⑤ 《云南》，1908年第15号，第91页。

⑥ 见《云南》第15、16、18号“滇南诗萃”版块。

姻侄，曹琨有着相似的投军经历，奔走于滇缅之间，不难想见其所受尹艺诗文的感染。① 此间将诗稿寄往《云南》杂志，成为《岁波准歌》广泛流传的契机。

“岁波准”的流传，无疑也与革命历史纪念地的塑造相关。这一时期，云南省内外与晚明史关联的汉民族地理坐标备受关注。如 1908 年 1 月出版的《滇话报》刊载《薛尔望投潭报国》，颂扬主人公随南明灭亡殉国昆明黑龙潭的事迹。② 留学归省后任教于陆军讲武堂的李根源、罗佩金及李烈钧，在教学结束后特率学生拜谒黑龙潭薛尔望墓。③ 由此，黑龙潭成为铭记晚明亡国史的一个纪念地。另一较有名的纪念地，是吴三桂绞杀永历帝的五华山篦子坡，按谐音被唤作“逼死坡”。辛亥革命成功后，三迤士民在此立“明永历帝殉国处碑”以示纪念。其他晚明史上有重要意义的抗争地点，也受到普遍关注。如罗凉炎水井、七星关、龙尾城、磨盘石、旧晚坡及各明末忠烈墓等，均成为以复古为革新的纪念地标。④

（三）革命思想在缅甸的传播

作为一个域外地标，“岁波准”的流传无疑伴随着革命活动向南洋蔓延。而其在缅甸的开展，与湘人秦力山密切相关。秦力山是“支那亡国二百四十二周年纪念会”的发起人之一，其最早可能在会后的 1902 年 5—7 月就曾到访缅甸。⑤ 在缅时，腾越人张成清（字石泉）请其为自己的《缅甸史》作序。于是秦力山强调了缅甸史与国人的关系，

---

① 曹琨：《吊尹虞农姻伯》《〈饭藿老人诗〉自序》，李根源辑，杨文虎、陆卫先主编：《永昌府文征》，第 1696、2748 页；云南省梁河县志编纂委员会编纂：《梁河县志》，云南人民出版社，1993 年，第 855 页。

② 对镜狂呼客：《薛尔望投潭报国》，《滇话报》，1908 年 1 月 1 日，第 39－42 页。

③ 周立英：《晚清留日学生与近代云南社会》，第 163 页。有关黑龙潭的诗，另见李学诗：《黑龙潭吊薛尔望先生》及徐进：《黑龙潭吊薛尔望先生》，收入李根源辑，杨文虎、陆卫先主编：《永昌府文征》，第 1768、1865 页。

④ 见《滇粹》广告页。“旧晚坡”错写作“晚香坡”。其中，滇西人士对“磨盘石”的吟诵较多，见晚明忠烈刘坊：《七星关》《五华山怀古四首》，尹艺：《刘将台》《磨盘石》，曹琨：《磨盘石吊李招讨》，李学诗：《磨盘石》，田秋年：《磨盘石吊李定国歌》，刘汝楫：《磨盘石吊李定国》，李希泌：《磨盘石吊李晋王》，收入李根源辑，杨文虎、陆卫先主编：《永昌府文征》，第 450－451、455、1257、1689、1743、2078、2144、2146 页。

⑤ 秦力山传记中多记录其是同盟会成立后、在国内举事不成才赴缅甸的，如章炳麟：《秦力山传》，居正、张仲赫：《祭秦先生力山文》，收入中华民国各界纪念国父百年诞辰筹备委员会学术论著编纂委员会主编，中国国民党中央党史史料编纂委员会编辑：《革命先烈先进传》，1965 年，第 746－747，750－751 页。然而，在腊戌为张成清作的《缅甸史序》中，秦力山的落款日期为“千九百二年七月三十日”。

特别是与明史之关联：

> 然而于吾人亡国之纪念，亦自有其关系。盖吾人之兴亡固断不得关系于缅甸之历史，然吾读明史，其于甲申以后之事不详焉。而其结局之一卷，则固不得不借缅甸史以存其实录。夫礼失求野，尚不免有感慨之存，而何况以四千年之民族，其政权丧失于此。鼎镬之下，安有董狐。石泉之志，殆欲以补明史之不详，而以证明史之不实然。则此书一出，其或可以增吾人亡国之悲感乎。①

可见，秦力山质疑清朝思想禁锢下的晚明史书写，并欲借缅甸史来修正其不翔实之处，以煽动国人的亡国之悲。1905 年，秦力山至仰光，与陈甘泉、庄银安、徐赞周等海路华人相结识。秦力山为其重修中华义学章程，序文部分道：

> 仰光历史上吾人之刺激为何，则中国民族史之终编大书而特书之曰：永历帝被清兵迫而入缅甸。又曰：三桂弑帝，盖即吾汉民族三千余年古国之自始见灭是已。②

可见，永历入缅及明朝亡国史自秦力山至缅宣传革命起，就是一个激起民族主义的重要办法。然而好景不长，秦力山至干崖协助刀安仁办学时，不幸在 1906 年底病殁。随后海路和陆路华人各方人士又遭变故，革命活动一时受挫。③

1906 年初孙中山在新加坡成立同盟会分会后，海外革命基地逐渐由日本转移至南洋。多次起义在晚晴园策划，包括西南内陆边疆的镇南关之役（1907）和河口之役（1908）。河口起义时，云南留日学生成立独立会，干事杨振鸿组织留东学生十五人前往支援。然抵达香港时，起义被镇压。于是杨振鸿、居正、黄毓英、何畏、杜钟琦等五人前往新加坡，商请总理筹集款项，其余人员随黄兴折返日本。④ 在新加坡，居正加入《中兴日报》，适逢仰光同盟会成立及其机关报筹款成功，于是居正和杨振鸿前往仰光主笔新报。⑤ 1908 年 8 月 27 日，仰光《光华日报》正式面世。⑥

---

① 秦力山：《缅甸史序》，《云南》，1908 年第 13 号，第 63－66 页。

② 冯自由：《缅甸华侨与中国革命》，《革命逸史》第二集，中华书局，1981 年，第 229 页。

③ 冯自由：《缅甸华侨与中国革命》，《革命逸史》第二集，第 231－232 页。

④ 张大义：《同盟会云南分部之成立及其活动》，丘权政、杜春和选编：《辛亥革命史料选辑》，湖南人民出版社，1981 年，第 236－249 页。

⑤ 陈守金：《缅甸华侨革命运动之回忆》，《仰光日报特刊：第七周年纪念号》，1928 年 11 月 1 日；冯自由：《缅甸华侨与中国革命》，《革命逸史》第二集，第 232－236 页。

⑥《缅甸仰光光华日报新出现（十五号）》，《云南杂志选辑》，第 885 页。

由此，革命思想在缅甸的宣传被重新点燃。1908 年秋，汪精卫和吴应培前往仰光指导会务工作。分会选定正式职员，派人至各埠扩张党务、设立分会并筹集资金。① 其间，汪精卫在《光华日报》上发表《亡国人之伤心地》，详述永历入缅的历史以唤起海外华人的亡国之痛。文中道："是缅甸者，亡国最后之地，亦亡国人民最伤心之地也。余窃游缅甸，感触旧事，爰追述之，以谂诸同抱（胞）亡国之痛者。"② 为募集款项，汪精卫和陶成章在庆福宫和广东观音庙各连续两晚发表演说，讲演亡国之惨状及国内革命风潮。③ 此类民族主义演说随即传播至其他埠头，如次年 1 月在猫宇埠（Nyaung-U）的演说也大获成功。④ 在此风潮下，晚明史燃起了在缅华人的反满情绪。缅甸同盟会早期成员徐赞周在游历曼德勒回程时，一边远眺东吁王朝旧都阿瓦和对岸永历旧居实皆，一边感慨道："吾汉种亡国之时，永历帝为满贼所迫，亦曾蒙尘至此，抚今追昔，大仇至兹未报，能不痛哭流涕也。"⑤ 缅甸同盟会前会所的益商学校内，各级学生也发表民族主义演说。⑥

至 1909 年，南洋报刊在一定程度上成为国粹运动的传播媒介。这一年，《云南》杂志因故一度停刊至 10 月。⑦ 而 1908 年底，《滇粹》编辑之一的吕志伊从东京前往仰光，接替杨振鸿主笔《光华日报》。⑧ 这两个契机使得滇粹文献的收集整理和宣传，从《云南》杂志"滇南诗萃"版块一度转移至南洋报刊。尽管《光华日报》今已无从查阅，但《中兴日报》却留下了登载记录。1909 年初，吕志伊发表长文痛斥保皇党作"第二吴三桂"，同时开始将李根源新纂录的明代遗民残稿陆续刊登在报。⑨ 自 3 月 10 日起，

---

① 冯自由：《缅甸华侨与中国革命》，《革命逸史》第二集，第 232 – 236 页。

② 汪精卫：《亡国人之伤心地：精卫缅甸旅行寄稿》，《中兴日报》，1908 年 11 月 25 – 26 日。此文载《光华日报》之事，见陈守金：《缅甸华侨革命运动之回忆》，《仰光日报特刊·第七周年纪念号》，1928 年 11 月 1 日。

③ 《旅缅同胞大放光明（录仰光光华报）》，《中兴日报》，1908 年 12 月 2 日；冯自由：《缅甸华侨与中国革命》，《革命逸史》第二集，第 232 – 236 页。

④ 《演说排满主义之激发良心（猫宇访函）》，《中兴日报》，1909 年 1 月 7 日。

⑤ 益黄：《缅都游记》，《中兴日报》，1909 年 1 月 29 日。"益黄"为徐赞周别号。

⑥ 《仰光益商学校各级学生演说词》，《中兴日报》，1909 年 1 月 28 日。

⑦ 1908 年底，杂志发行人赵伸在寓所习制炸弹之事泄露，在日警搜捕下仓促逃往台湾以致杂志停刊。李根源：《序》，《云南杂志选辑》，第 3 – 4 页。

⑧ 陈守金：《缅甸华侨革命运动之回忆》，《仰光日报特刊·第七周年纪念号》，1928 年 11 月 1 日。

⑨ 天民：《第二吴三桂之铁案》，《中兴日报》，1909 年 1 月 30 日，2 月 1 – 4、6、8 – 9 日，3 月 9 – 13 日。

云南蒙化明代遗老陈翼叔的《天叫集残稿》开始连载。[①] 随后，云南楚雄明代遗老刘毅庵的诗集也被整理为《脉望斋集残稿》。[②] 这两份明遗民录先出现于南洋报刊，于次年才集中发表在《国粹学报》上。[③] 其他一些零散的滇省诗萃也断断续续刊载于报。[④] 这一部分被忽视了的乡邦文献及“滇南诗萃”，无疑与前述《滇粹》（1908）、《明滇南五名臣遗集》（1908）、《明雷石庵胡二峰遗集合刊》（1910）等处于同一脉络，发表时间也与之连贯，恰好介于1908年至1910年间。其在南洋的刊载，反映了跨域革命活动下各方人士的流动与合作，显示出其超越地域性的特征。

而此时，上缅甸华人不仅以滇籍为主，其在缅甸的处境也易于革命思想的接收。不同于其他南洋殖民地，华人在缅甸的移民群体中处于弱势地位。[⑤] 对于滇商来说，廉价工业品的涌入使国内商品出口失去竞争力，不公平的货币政策也导致滇边白银严重外流。于是“近十余年内，如和顺、绮罗、大董、东练等在缅腾关间之商号，倒闭者不下三四十家”[⑥]。在缅滇商还面临着苛税，任意被捕、被施暴，无法接受教育等问题。而在国内，清政府土税厘金剥削繁重，致使商人“外制于人，内窘于官”[⑦]。陆路华人的两难处境，与清军围追和缅甸刁难之下的明遗民何其相似。滇粹文献中“沙洲生还”的流传，或寄托了陆路华人的美好愿景。[⑧]

随着革命思想的宣传，革命活动也逐渐展开。1908年底，杨振鸿从仰光返回云南，伺机在滇西发动起义，却不幸染瘴身亡。而后革命活动再度受挫，《光华日报》几度停

① 《文苑：天叫集残稿》，《中兴日报》，1909年3月10、12－13、15－16、23－27、30日，4月12－13、15、21、23、27日。部分残稿也于同年登载于《庄谐杂志·附刊》。

② 《文苑：脉望斋集残稿》，《中兴日报》，1909年4月29日，5月7、13日。未续完。

③ 见《国粹学报》1910年第6卷第1期和第2期。

④ 《中兴日报》，1909年5月22、25、28－29、31日，6月2－3、14、16日，7月5、7日，8月26、30日等。其间也穿插有其他地域的明末相关诗词，如《过竹沪吊宁靖王》若干首。

⑤ 英国占领缅甸后大量引入印度移民，及至1891年华人在缅占比仅0.54%，远低于印度人的5.50%。Li Yi，*Chinese in Colonial Burma：A Migrant Community in A Multiethnic State*，Palgrave Macmillan，2017，p.8.

⑥ 雪生：《腾越关之商务（九号）》，《云南杂志选辑》，第177－185页。

⑦ 缅甸特别访事员：《驻缅华商无领事之苦（九号）》，《云南杂志选辑》，第185－186页；亦庐：《劝旅缅同胞组成华商总会（十一号）》，《云南杂志选辑》，第193－197页；雪生：《腾越关之商务（九号）》，《云南杂志选辑》，第177－185页。关于瓦城华人对比他埠华人的窘迫，亦见益黄：《缅都游记》，《中兴日报》，1909年1月29日。

⑧ 《岁波准歌》想必也是在缅宣传的滇粹文献之一，此间吕志伊也作诗提及“岁波准”：“神权独重国权轻，振海西风战鼓惊。咒水无灵犹佞佛，降旗倒影半空营。河山破碎余金塔，天地腥膻逼瓦城。我最伤心岁波准，江头烟雨鹧鸪鸣。”吕志伊：《游缅甸有感》，《偶得诗集》，《云南丛书续编》第八二册，第439页。

刊。直至武昌起义爆发，腾越商人张文光、刘辅国与干崖土司刀安仁发动腾越起义，成为辛亥革命在云南的首义。而革命成功后，晚明叙事仍在发展。1924 年，章太炎在与《国粹学报》一脉相承的《华国》月刊发表文章，摘引《滇系》中的桂家记载，并在文末将缅亡后遗民桂家的衰微与光复诸子的笃生以一种天道循环往复的形式联系了起来。① 可见通过革命叙事的洗礼，“岁波准”逐渐成为一个耳熟能详的纪念地点。

四、结语

19 世纪下半叶至 20 世纪中期，滇边士人、云南留日学生和在缅华侨华人等均参与到了“岁波准”的建构过程中。因而关于“岁波准”零散又不无丰富的滇边地方文献，需要放到更为广阔的区域和历史背景中来理解。至此，文章考证了“岁波准”的地理位置，梳理了这一域外地标及明末传说在晚清以来的建构过程。“岁波准”出现于回汉相争的 19 世纪下半叶。而至 20 世纪初，对晚明亡国的追溯和对汉民族历史记忆的唤醒成为推翻清朝统治、号召革命“排满”的宣传办法，于是“岁波准”成为滇省和缅甸革命人士回溯晚明历史、鼓舞革命思想的域外地理坐标。这一地名的流传，不仅反映了历史的延续性，也展现了民族革命思想跨越东洋和南洋的多重传播路径。

作者简介：
马玲，大理大学民族文化研究院助理研究员。

① 章炳麟：《史考：记永历帝后裔》，《华国》1924 年第 1 卷第 9 期。

清代回族武将的群体涌现及入将途径

徐　虹

［提要］清朝绵延近三百载，其间因政治统一、疆域开拓、社会动荡及外敌入侵，战事频仍，征伐不断。绿营作为清朝国家常备军之一，在历次战争中发挥了重要作用。而清代各地绿营中常有回族军士，他们在国家内忧外患之际，或以士卒，或以将领，恪尽职守，英勇奋战，为维护清朝国家统一、社会稳定和疆域安全付出甚多。有清一代绿营军中因而亦多有回族武将涌现，并具有群体化特征。综观这一武将群体“洊登显秩”之途径，其或以荫袭入职为将，或以武科跻身为将，或以行伍擢升为将，或因降清获授为将等，但无论途径如何，致使回族武将脱颖而出的决定性因素则主要是其卓越的军功。

［关键词］清代；回族武将；群体涌现；入将途径；表现特征

满族以武力入主中原，为巩固其统治，清初强兵养士，于旗兵之外，又设绿营。时各地绿营军中，特别是西北、西南绿营内，“多系回弁”，或“回兵居半”。与清军中的其他少数族群相比，其人数颇众且骁勇善战，故有清一代绿营军中多有回族将帅产生，官至提督、总兵，坐镇一方的高级将领不在少数，副将、参将更是层出不穷，乾隆帝曾有“中土回人，性多拳勇，哈其大族，每出将种”① 的赞誉。他们在清朝统一战争、平定内乱及抗击外敌中英勇无畏、功勋卓著，成为清王朝近三百年基业的中流砥柱。本文在正史、政书基础上，广泛搜罗方志、碑铭、匾额、族谱、档案等资料，就清代正三品以上回族武职官员，即职任提督、总兵、副将和参将的“将官”于清代战事中的作用、功绩加以梳理，并系统考察这一群体的军中履历和入将途径，以探究其群体特征。

一、清代回族武将的群体涌现

元代回回人以军士被签发东来者甚众。明初以来，自漠北、西域入明的归附回回又多被安置于各地卫所，或从军，或屯垦，乃使得明代回回军户数量上升。故元明以降，回族为兵入将者多矣。明中期后，北有蒙古南犯，南有倭寇侵扰，其时即涌现出不少骁勇善战的回族将领，他们中如麻贵、达云等身为边地将领，历经战阵，为抵御、抗击蒙古、日本进犯，维护边疆安定，建立了卓越的功勋。至清代，“回民中拜官受爵，洊登显秩者，常不乏人”②。特别是其“武功素称极盛”③，涌现出一批能征善战、功勋卓著的回族将帅，他们为清朝统一江山的建立、巩固及抵御外敌入侵作出了积极贡献。

（一）清代统一战争中的回族武将

清朝定鼎中原，从清顺治攻灭南明、康熙平定三藩势力、雍正剿平罗卜藏丹津之乱，到乾隆戡定准噶尔和大小和卓叛乱，百余年间展开了统一中国的战争。在其一系列的大小战争中，均有回族武将参与其中。

清兵入关，为尽快翦除南明势力，重兵征伐南明政权，马蛟麟、马宁、马雄等回族武将均奉命领军征战。顺治三年（1646），马蛟麟④以副将“死守岳州”，击退何腾蛟率领的抗清联军，史载：“岳之能守，马蛟麟功最大。”⑤ 又因迭克名城，顺治帝特下谕嘉奖：

---

① 王钟翰点校：《清史列传》卷二四《哈国兴传》，中华书局，2016 年，第 1796 页。

② 《清世宗实录》卷八〇，雍正七年四月辛巳，中华书局，1985 年，第 48 页。

③ （清）李玉宣：《重修成都县志》卷首例言，《中国地方志集成·四川府县志辑》第 2 册，巴蜀书社，1992 年，第 13 页。

④ 《瞿式耜集》记载：“具述虞镇马回子驻兵常德，实有反正之心。回子即名蛟麟者也。”参见《瞿式耜集》，上海古籍出版社，1981 年，第 106－107 页。

⑤ （清）李遇时：《岳州府志》卷十一，康熙二十四年刻本，中国数字方志库，https://4641fdbe8fca951bb7e9e3bd75e08b33elksslwischaoxing. a6. sjuku. top/BookRead. aspx? pID = f991ff74 - abb3 - 48e6 - ab30 - 9d7942fc1d65&pTitle = % u5CB3% u5DDE% u5E9C% u5FD7% 5B% u5EB7% u7199% 5D。

尔原任随征广西总兵官、左都督马蛟麟，尔能知时命，归诚效用，驰驱王事。随大军西征于湖南等处，有辟土之功。再征粤西，收复郡邑，身经战阵，备著勋劳。①

随着粤西在统一战争中战略位置的突显，清廷于广西设提督一职，诏命马蛟麟为首位广西提督。顺治五年（1648），米喇印、丁国栋以故明延长王朱识锛为号召，起兵抗清，马宁②随陕西总督孟乔芳率兵镇压，以“功最著”加都督同知衔，后再领兵平定反清武装刘宏才部，擢任四川右路总兵。③ 继而迁任云南前镇总兵，率兵在西南参与攻剿南明桂王朱由榔。顺治九年（1652），马蛟麟之子马雄充定南王孔有德左翼总兵官，攻打南明政权，他“御众严整，所向必捷”④，获加右都督，授广西提督。

康熙十二年（1673），吴三桂叛乱。回族武将马进良⑤随军征讨，每战皆能立功。时已任山东提督的马宁也奉命随顺承郡王挥师讨伐，再以功加太子太保。而马际伯⑥“随宁夏提督赵良栋征逆藩吴三桂叛党，……以功，加一等授千总”⑦，后随军入四川，平定云南，获授参将。康熙中期，蒙古准噶尔部侵扰北边。康熙三十四年（1695），马进良获授为古北口总兵官，担当戍守京北门户的军事重任。次年，又奉命扈从康熙帝亲征噶尔丹。大军行前，康熙谕旨曰：

行军法令最为紧要，奋勇前进者赏功，怯敌退后者治罪，此系定例。马进良与总兵岳升龙、白斌均才力壮健，素有谋略，经朕简用倚任之人。⑧

---

① （清）王学伊：《固原州志》卷六《人物志》，《中国方志丛书·甘肃省》第16册，台湾成文出版社有限公司，1970年，第709－710页。

② 《清真先正言行略》收录有马宁传记。参见（清）李焕乙：《清真先正言行略》，李伟、吴建伟主编：《回族文献丛刊》第1册，上海古籍出版社，2008年，第138页。

③ 王钟翰点校：《清史列传》卷七八《马宁传》，中华书局，2016年，第6508页。

④ （清）李焕乙：《清真先正言行略》，李伟、吴建伟主编：《回族文献丛刊》第1册，第141页。

⑤ 《回回原来》篇末谈及此书来历为“康熙帝赐马进良总兵，马抄写一本，……由此流传”。参见佚名：《回回原来》，李伟、吴建伟主编：《回族文献丛刊》第1册，上海古籍出版社，2008年，第164页。

⑥ 据杨大业先生考证，马会伯、马际伯、马见伯、马觌伯四人之曾祖为明末回族将领马世龙。参见杨大业：《明清回族进士考略》，宁夏人民出版社，2011年，第414页。

⑦ （清）李桓：《国朝耆献类征》卷二七九《将帅》，周骏富辑：《清代传记丛刊·综录类》第166册，台湾明文书局，1985年，第873页。

⑧ （清）国史馆编：《汉名臣传》卷一四，周骏富辑：《清代传记丛刊·名人类》第39册，台湾明文书局，1985年，第669页。

此役，马进良不负康熙重望，“多著奇绩”①，得赐“骁勇飞将”匾额，晋为直隶提督。

雍正年间，清朝先后用兵于青海罗卜藏丹津、云贵土司和准噶尔、西藏，许多回族武将参与了这些战事。乾隆初任重庆总兵的马良柱②，由行伍随征准噶尔，康熙五十九年（1720），“有功，迁宁夏西协中卫千总”③。雍正初，随军再讨准噶尔，并参与平定青海罗卜藏丹津之战。冶大雄④于康熙五十八年（1719），由行伍从征西藏，克里塘、巴塘。雍正二年（1724），奉命追缴罗卜藏丹津，“擒丹津珲台吉于花海子”⑤，特授蓝翎侍卫，后升任巴里坤督标中军副将。雍正八年（1730），准噶尔进犯克什图、峨仑矶等卡伦，冶大雄与总兵樊廷“以二千人当贼两万”⑥，“转战七昼夜……击杀贼兵，不计其数”⑦，获授骑都尉世职。次年，擢湖北夷陵镇总兵。

乾隆平定准噶尔之役，是清朝统一天山以北疆域的重要战事。许多回族将领由此脱颖而出。马彪⑧即因从征准噶尔阿睦尔撒纳之役，以功屡迁，升任总兵。西宁回族高天喜⑨，以守备参加了乾隆年间平定准噶尔的战争，历经数战，勇不可当，乾隆二十三年（1758）五月累拔为西宁镇总兵。同年，清军正式出兵征讨大小和卓。十月，主将兆惠轻敌冒进，欲渡河取道城东进兵叶尔羌，渡河未半，敌军突然蜂拥而至，高天喜奋不顾身冲入敌阵拼杀，壮烈捐躯。乾隆下诏赐恤：“高天喜奋勇杀贼，尽瘁捐躯，深可悯恻。着照一品大臣例，赏给恤典。”⑩ 并命图形紫光阁，题赞：

> 爪牙之将，用不拘资。感予特达，效命何辞。
> 百战百进，义弗旋踵。怒则面赤，是谓血勇。⑪

---

① （清）杨应琚：《西宁府新志》卷二八《人物》，青海人民出版社，1988年，第705页。

② 《清史稿》载：“马良柱，甘肃张掖人，其先本回部。”参见《清史稿》卷三一一《马良柱传》，中华书局，1977年，第10650页。

③ （清）李桓：《国朝耆献类征》卷二八七《将帅》，周骏富辑：《清代传记丛刊·综录类》第166册，第705页。

④ 云南寻甸下古城清真寺有冶大雄题赠“清真不二”匾额。参见马广德：《中国清真寺匾额图志》，宁夏人民出版社，2016年，第180页。

⑤ 王钟翰点校：《清史列传》卷一五《冶大雄传》，第1126页。

⑥ 《清史稿》卷三一一《冶大雄传》，第10648页。

⑦ （清）蒋良骐撰，林树惠、傅贵九点校：《东华录》卷三一，中华书局，1980年，第511页。

⑧ 《热什哈尔》记马彪曾邀请马明心去陕西讲经，参见（清）关里爷著，杨万宝等译：《热什哈尔》，生活·读书·新知三联书店，1993年，第39页。

⑨ 《清史稿》载：“天喜本准噶尔人，雍正中为我师所俘。高氏抚为子，因从其族籍。”参见《清史稿》卷三一五《高天喜传》，第10709页，高氏为西宁回族。

⑩ （清）国史馆编：《汉名臣传》卷二七，周骏富辑：《清代传记丛刊·名人类》第39册，第304页。

⑪ （清）国史馆编：《汉名臣传》卷二七，周骏富辑：《清代传记丛刊·名人类》第39册，第306－307页。

此后，清军采取分化瓦解敌人之策，并乘胜攻进和阗，大小和卓叛乱就此平定。乾隆二十七年（1762），清廷设伊犁将军，统辖新疆天山南北两路军政事务。通过以上大规模军事行动，清朝维护了多民族国家的统一，加强了中央政府对边疆的统治。

（二）清代“戡乱平匪”中的回族武将

自雍正以来，清朝社会矛盾突显，全国先后出现西南土司反对改土归流、四川大小金川起事、西北苏四十三和田五起义、台湾林爽文起义、川贵湖苗民起义、川楚陕白莲教起义、华北等地天理教起义、太平天国起义，及捻军和西南、西北回民起义等。这些起义严重冲击了清朝的政权统治，清廷倾全力给予镇压，处于绿营的回族武将以其职责所在，也投身于围剿、平乱的大小战事中。

雍正初，为解决土司割据的积弊，朝廷大力推行改土归流，因而触及一些地方土司的利益，他们利用民族、宗教等手段控制民众发动叛乱。马会伯、杨凯、哈元生、冶大雄等回族将领在推行改土归流的过程中，英勇效力，功不可没。雍正三年（1725），因“广顺州属长寨等处狆苗，性犷悍，川贩李奇等为主谋，焚掠无忌”，云贵总督高其倬上奏在长寨等地搭建营房，派兵驻守给以震慑，遭到当地土司的阻挠。时任贵州提督的马会伯“率兵捕治，得其酋阿革、阿纪及川贩为主谋者李奇，悉诛之”，后又亲赴宗角、者贡、谷隆关、羊城坉等地督建营房，得旨嘉奖。① 雍正四年（1726），河间回族哈元生②“故材武，胆略绝人”③，随助云贵总督鄂尔泰改土归流，平定乌蒙土司，屡战有功，“前取狆家苗赫赫有名，今乌蒙所效之力实出格外”④，雍正九年（1731）擢升云南提督。《清史稿》论其功绩：“元生、芳屡定乱苗，而元生尤著。”⑤ 另有清人杨雪渔作诗《黔阳杂咏》，记元生之功：

> 平苗最数鄂张功，炮火穷搜绝险通。
> 纵有强梁皆破胆，风扬哈字大旗红。⑥

---

① 《清史稿》卷二九九《马会伯传》，第 10417－10418 页。

② 《清真先正言行略》收录有哈元生传记。参见（清）李焕乙：《清真先正言行略》，李伟、吴建伟主编：《回族文献丛刊》第 1 册，第 147 页。

③ （清）魏源：《圣武记》卷七《土司苗瑶回民》，魏源全集编辑委员会编校：《魏源全集》第 3 册，岳麓书社，2004 年，第 282 页。

④ （清）李桓：《国朝耆献类征》卷二八三《将帅》，周骏富辑：《清代传记丛刊 · 综录类》第 166 册，第 375 页。

⑤ 《清史稿》卷二九八《哈元生传》，第 10415 页。

⑥ （清）龙顾山人纂，卞孝萱、姚松点校：《十朝诗乘》，福建人民出版社，2000 年，第 295 页。

回族武将杨凯①善兵法，有谋略，先后生擒“凶苗”龙老四，拿获容美土司田珉如，“凡破寨三，改土司二十有三，辟府二，州一，县十有一。夷夏詟服，威信大著，苗民终其身不复乱”②，因对湖广地区改土归流的推行功劳甚大，升任湖广提督。

乾隆平定大小金川之役，战斗艰辛，费时甚长。许多回族武将都参与了这一重要战事。乾隆帝谕奖马良柱曰：“前在瞻对军营曾著劳绩，今又随征金川，颇能奋勇出力，著补授重庆镇总兵。”③ 哈元生之子哈尚德，“初从元生至云南，入伍，授千总”④，在平定乌蒙之役中立功，后率兵赴贵州征剿古州苗人反清之役，“屡著劳绩，苗人闻风畏惧”⑤。乾隆八年（1743），屡迁任湖广宜昌镇总兵。后参与平定大金川和大小和卓之役。而四川回族买国良⑥“由行伍出师西藏，累功至署守备营参将事”⑦，与诸将参加金川战事。乾隆十三年（1748），冶大雄亦随征金川。因金川战碉林立，易守难攻，冶大雄与总兵任举、总兵哈攀龙⑧、参将买国良等人兵分三面进攻，“克大小碉十、石城一，堕碉百三十”⑨。此战异常激烈，任举、买国良皆战死，冶大雄则以功授云南提督，加左都督衔。乾隆三十六年（1771），将军温福以马彪“屡经出师，勇往干练”⑩，请旨令马彪率贵州兵三千随征金川，副将军阿桂道：“此番各省官兵内，其得力者黔兵为最。”⑪ 马彪在大小金川为清廷效力凡五年，由于他作战勇猛，甚为得力，屡受升赏，成为平定大小金川之役的重要功臣。时哈国兴以副将身份也参与了金川之役，因在战场

---

① 《养吉斋丛录》载：“杨谦（杨凯兄），江都籍回回人。”参见（清）吴振棫：《养吉斋丛录·余录》卷九，北京古籍出版社，1983 年，第 361 页。

② （清）李桓：《国朝耆献类征》卷二八六《将帅》，周骏富辑：《清代传记丛刊·综录类》第 166 册，第 657 页。

③ （清）李桓：《国朝耆献类征》卷二八七《将帅》，周骏富辑：《清代传记丛刊·综录类》第 166 册，第 707－708 页。

④ 《清史稿》卷二九八《哈元生传》，第 10409 页。

⑤ （清）国史馆编：《汉名臣传》卷二七，周骏富辑：《清代传记丛刊·名人类》第 39 册，第 299 页。

⑥ 《清真先正言行略》收录有买国良传记。参见（清）李焕乙：《清真先正言行略》，李伟、吴建伟主编：《回族文献丛刊》第 1 册，第 154 页。

⑦ （清）李桓：《国朝耆献类征》卷三四八《忠义》，周骏富辑：《清代传记丛刊·综录类》第 166 册，第 783 页。

⑧ 《清史稿》载：“哈攀龙，直隶河间人，其先出回部。”参见《清史稿》卷三一一《哈攀龙传》，第 10643 页。

⑨ 《清史稿》卷三一一《冶大雄传》，第 10649 页。

⑩ （清）李桓：《国朝耆献类征》卷二九〇《将帅》，周骏富辑：《清代传记丛刊·综录类》第 166 册，第 125 页。

⑪ （清）阿桂：《平定两金川方略》卷三六，《西藏学汉文文献汇刻·第一辑》上，全国图书馆文献缩微复制中心，1992 年，第 545 页。

上有勇有谋，屡立战功，累迁任湖广、贵州提督。

嘉庆时期，川楚陕白莲教起事，清朝调兵遣将予以镇压。回族武将许文谟①即因追剿白莲教义军，累功至四川建昌镇总兵，后升任广东提督等。乾隆五十七年（1792），廓尔喀（今尼泊尔）入侵西藏，马瑜②随将军福康安出征，累战有功。嘉庆元年（1796），参与镇压川楚陕白莲教起义，以功勋卓著屡迁至江南提督，后调任云南提督、直隶提督。③ 嘉庆十八年（1813），天理教林清、李文成等人于河南起义，嘉庆辛酉（1801）武科榜眼满德坤④时任直隶提标游击署保定营参将，随总督温承惠驻防南鄗，数战皆捷，“因在河南军营打仗出力，赏戴花翎”⑤。后天理教起义蔓延至山东等地，山东莱州营参将马建纪⑥也在平乱中“奋勇出力，赏加副将衔”⑦，屡迁至福建陆路提督。

道咸年间，太平天国、捻军兴起，朝廷举重兵围剿。这一时期身在各地军中的回族武将均参与到各个战场中。郑魁士⑧在平定太平天国和捻军的战役中，身经百战，历官至浙江提督、直隶提督。⑨ 提督周天受⑩，与其弟提督周天培、总兵周天孚，于咸丰年间为抗击太平军先后力战捐躯，为大清殉国。两江总督曾国藩上疏陈其事，清廷下谕称其“一门忠烈，大节凛然”，并为周天受兄弟三人建祠，“以褒忠义而昭激劝”⑪。其时与太平军频战，“父忠子烈”的回族武将尚有虎嵩林⑫父子，史载虎嵩林在清江南军营

---

① 《清史稿》载：“许世亨（许文谟之父），四川新都人，先世出回部。”参见《清史稿》卷三三四《许世亨传》，第11013页。

② 马良柱之孙，“祖良柱，官四川松潘镇总兵”。参见《清史稿》卷三四八《马瑜传》，第11222页。

③ 王钟翰点校：《清史列传》卷三一《马瑜传》，第2369－2372页。

④ 杨大业据（民国）《滕县续志稿》，知其为回族。参见杨大业：《明清回族进士考略》，第213页。

⑤ 秦国经主编：《清代官员履历档案全编》第2册，华东师范大学出版社，1997年，第651页。

⑥ 泉州留有马建纪重修温陵圣墓碑。参见福建省泉州海外交通史博物馆编：《泉州伊斯兰教石刻》，宁夏人民出版社、福建人民出版社，1987年，第55页。

⑦ （清）李桓：《国朝耆献类征》卷三一二《将帅》，周骏富辑：《清代传记丛刊·综录类》第166册，第239页。

⑧ 沧州清真南大寺有郑魁士题赠“要道归真”“清真无二”匾额。参见吴丕清：《河北回族古籍总目提要》，河北大学出版社，2016年，第236－237页。

⑨ 《清史稿》卷四二八《郑魁士传》，第12271－12273页。

⑩ 《清真先正言行略》收录有周天受传记。参见（清）李焕乙：《清真先正言行略》，李伟、吴建伟主编：《回族文献丛刊》第1册，第157页。

⑪ 王钟翰点校：《清史列传》卷五〇《周天受传》，第3988页。

⑫ 四川南充顺庆清真寺有咸丰五年（1855）碑刻记“钦命湖北宜昌总镇都督府虎嵩林捐银十两”。参见答振益、安永汉主编：《中国南方回族碑刻匾联选编》，宁夏人民出版社，1999年，第150页。

八年，东征西荡，“攻永安，解桂林、长沙围”①，与太平军数战，“屡著战功”②，时人号为“大虎”，以赞其英勇，累官至湖北宜昌镇总兵。其子虎坤元，亦因“骁勇绝伦，营中号为‘小虎’”③，以功升为直隶通永镇总兵，后战死疆场，咸丰帝诏令以提督例从优赐恤，谥忠壮。

回族武将江长贵④亦与太平军累战，屡立战功，时兵部侍郎王茂荫上疏，赞江长贵“带勇得力，实为徽民之望”⑤，四川总督丁宝桢称江长贵“治兵有法，凡战皆胜，皖南士庶，倚为长城”⑥。咸丰七年（1857），以其作战英勇，功勋卓著，补授皖南镇总兵。同治二年（1863），江长贵升任直隶提督，继而奉命追剿直隶境内的捻军。顺天昌平回族闪殿魁⑦，“由行伍投效宣化镇标，随征江南”，先后参加了与太平军和捻军的战斗。因“军律严明，兼谙船务，防守要地，能得兵心”，光绪十三年（1887），累功至甘肃凉州镇总兵。⑧ 身为江西九江镇总兵的马济美⑨，在太平军势如破竹，连克武昌、安庆、江宁，进逼南昌的情势下，闻省城有警立即率兵以数千人与太平军水陆数万人交战，终因寡不敌众，阵亡于沙场⑩。

道光六年（1826），新疆发生白山派首领张格尔叛乱，时任延安延绥镇总兵的马殿甲⑪奉命带兵进剿，其一路冲锋陷阵，歼敌无算。⑫ 参与平定此次叛乱的还有满德坤，

---

① 《清史稿》卷四〇二《虎坤元传》，第11868页。

② （清）李玉宣：《重修成都县志》卷七《人物志》，《中国地方志集成·四川府县志辑》第2册，第292页。

③ （清）张绍棠：《续纂句容县志》卷八《人物》，《中国地方志集成·江苏府县志辑》第35册，江苏古籍出版社，1991年，第157页。

④ 福建泉州清净寺明善堂内有江长贵手书“西岳飞来”匾额。参见答振益、安永汉主编：《中国南方回族碑刻匾联选编》，第137页。

⑤ 王钟翰点校：《清史列传》卷五六《江长贵传》，第4418页。

⑥ 王钟翰点校：《清史列传》卷五六《江长贵传》，第4420页。

⑦ 闪为回族专有姓氏，天津清真大寺有闪殿魁题赠匾额。参见金惠仁：《天津清真大寺文物匾额情况及抢救记略》，《中国穆斯林》2015年第3期。

⑧ 王钟翰点校：《清史列传》卷六一《闪殿魁传》，第4864页。

⑨ 《清史稿》载：“马如龙，云南建水人，本名现，回中世族。”参见《清史稿》卷四五六《马如龙传》，第12645页。

⑩ （清）缪荃孙编：《续碑传集》卷五〇《武臣》，周骏富辑：《清代传记丛刊·综录类》第117册，第776－778页。

⑪ 《清真先正言行略》收录有马殿甲传记。参见（清）李焕乙：《清真先正言行略》，李伟、吴建伟主编：《回族文献丛刊》第1册，第155页。

⑫ （清）李桓：《国朝耆献类征》卷三二六《将帅》，周骏富辑：《清代传记丛刊·综录类》第166册，第583－584页。

其于新疆事定后，亲自押解张格尔入京，“长途万余里，行五阅月，张格尔深敬惮之”①，功升湖北郧阳镇总兵。

（三）清代戍守边疆、抵御外敌入侵中的回族武将

乾隆时期，西南边疆常有外部势力侵扰，回族武将受命守疆御敌，维护了边地的安宁。至近代西方列强相继东来，国家不断遭受侵略，在民族危亡的紧要时刻，总有回族武将挺身而出，以大义为重，舍身殉国，体现了其浓厚的爱国主义传统。

回族武将苏尔相②一生主要事迹为参与了乾隆打击缅甸地方头目对云南西南部土司的侵扰、勒索而进行的战争。乾隆三十四年（1769），经略大学士傅恒上奏称：“苏尔相出师打仗，著有劳绩，监造大炮，颇知实心用事，请授云南奇兵营都司。”③ 后以其在中缅战事及交涉中，表现英勇机智，身先士卒，累迁至腾越镇总兵，兼署云南提督。此前，哈国兴也长期在云南抗击缅甸入侵中，以作战勇猛、劳绩卓著称名。④ 乾隆五十三年（1788），安南（今越南）内乱，回族武将许世亨与两广总督孙士毅奉命入安南平乱。后清军战败，孙士毅欲以死决战，许世亨力谏：“大臣系国重轻，不可轻入”⑤，遂令诸将保护孙士毅入关，而自己率兵与敌奋战，终因寡不敌众，壮烈殉国。

近代随着西方列强的东来，清朝内忧外患接踵而来。鸦片战争爆发，为抗击英军入侵壮烈牺牲的“定海三总兵”之一的郑国鸿⑥，即为其时著名的回族武将。时浙江乐清营副将马维衍⑦，肩负防守海疆的重任。“英人扰海道，维衍昼夜防堵”⑧，“公整队严肃，梭辑无停晷，英人慑其先声未敢骚动，遂转攻定海、镇海各处”⑨，乐清全境遂赖以平安无恙。因拒防有功，擢任浙江处州镇总兵。道光二十六年（1846），又诏授湖北

---

① （清）王政：《滕县志》卷八《武功》，《中国地方志集成·山东府县志辑》第75册，凤凰出版社，2008年，第208页。

② 清军机处档案载：“苏尔相原系回民。”参见白寿彝主编：《回族人物志》（清代），宁夏人民出版社，1992年，第119页。

③ （清）李桓：《国朝耆献类征》卷二九六《将帅》，周骏富辑：《清代传记丛刊·综录类》第166册，第703－704页。

④ 王钟翰点校：《清史列传》卷二四《哈国兴传》，第1793页。

⑤ 《清史稿》卷三三四《许世亨传》，第11016页。

⑥ 《湖南回族》收录有郑国鸿事迹。参见马亮生主编：《湖南回族》，湖南人民出版社，1988年，第30页。

⑦ 《固原州志》云：“公姓马氏，讳维衍……世以回籍居浙江。”参见（清）王学伊：《固原州志》卷九《艺文志》，《中国方志丛书·甘肃省》第16册，第1045页。

⑧ （清）升允、长庚：《甘肃新通志》卷六四《人物志》，《中国地方志集成·省志辑·甘肃》第5册，凤凰出版社，2012年，第264页。

⑨ （清）王学伊：《固原州志》卷九《艺文志》，第1046页。

全省提督，加振威将军。马维衍逝世后，时人为之撰写铭文曰：

> 吾人以藐然之躬，中处天地，惟忠孝两大端，有以自立于不朽。今公之治军也，一鼓扑灭，无使蔓延；而异域之师，望风而退。①

第二次鸦片战争中，奋勇抗敌，誓死守卫大沽炮台的回族武将沙春元②，也为抗拒英法侵略而壮烈殉国，清廷祀以副将衔祭之。

光绪九年（1883），中法战争爆发，一些回族武将积极参加了此次反敌战役。时武将杨岐珍③奉命驻防镇海口，于招宝山击伤法国兵舰两艘，迫使敌军兵舰不敢再犯。岐珍因卫戍海防，抵御外敌有功，升任福建水师提督④。时任参将的马维骐⑤，在中法开战后，奉命出师安南，初驻军于兴华，屡败敌兵，“阵毙敌将多名，敌兵无算”⑥。后援师刘永福，昼夜苦战，击退敌军，并在之后的战事中“迭获胜捷”。《清史稿》评价：“法越之战，滇军多有功，而以维骐及覃修纲、吴永安为著。”⑦ 战事结束，论功升为副将，赐“博德欢巴图鲁”称号。其时回回武将白金柱⑧从马维骐出关参战，历经宣光、临洮战役，每战，均能冲锋陷阵，身先士卒，乃成为滇军中勇将之一，后擢开化镇总兵。

光绪二十年（1894），中日爆发甲午战争，在这场战争中也有不少回族武将率兵参与。左宝贵⑨咸丰六年（1856），由行伍投效江南军营，转战大江南北，“剿发、捻各逆屡著奇功”⑩。时任直隶总督的李鸿章荐其“勤明忠实，骁果耐劳，晓畅兵事，谋勇兼优”⑪，获赐“铿色巴图鲁”称号，晋记名提督。甲午日本入侵朝鲜，左宝贵奉命督军

---

① （清）王学伊：《固原州志》卷九《艺文志》，第 1047－1048 页。

② 《清真先正言行略》收录有沙春元传记。参见（清）李焕乙：《清真先正言行略》，李伟、吴建伟主编：《回族文献丛刊》第 1 册，第 156 页。

③ 河南郑州北大街清真寺有杨岐珍题赠“正教昌明”匾额。参见李尊杰主编：《河南省回族古籍总目提要》，中州古籍出版社，2009 年，第 51 页。

④ 王钟翰点校：《清史列传》卷六二《杨岐珍传》，第 4960 页。

⑤ 四川都江堰南街清真寺有马维骐手书“无为而成”匾额。参见马广德：《中国清真寺匾额图志》，第 56 页。

⑥ 王钟翰点校：《清史列传》卷六四《马维骐传》，第 5079 页。

⑦ 《清史稿》卷四五九《马维骐传》，第 12700 页。

⑧ 《云南沙甸“建威将军白金柱墓志”》云：“公讳金柱，字载廷，姓白氏，固回族人也。”参见余振贵、雷晓静主编：《中国回族金石录》，宁夏人民出版社，2001 年，第 497 页。

⑨ 《沈阳县志》载：“左宝贵……先世为天方教徒。”参见赵恭寅：《沈阳县志》卷九《人物》，《中国地方志集成·辽宁府县志辑》第 1 册，凤凰出版社，2006 年，第 162 页。

⑩ （清）李敬修：《费县志》卷一一《人物二》，《中国地方志集成·山东府县志辑》第 57 册，凤凰出版社，2004 年，第 300 页。

⑪ 王钟翰点校：《清史列传》卷六〇《左宝贵传》，第 4768 页。

入朝增援。因主将叶志超“弥庸懦，无布置”①，清军被围困于平壤。时叶志超弃城北逃，而左宝贵犹“严督兵弁，奋勇血战，躬踞炮台，手燃大炮，左右轰击，虽屡受枪伤，犹裹创指挥，誓死抵御”②，激战中身中飞弹，壮烈殉国。清廷追赠太子少保，谥忠壮，赏骑都尉兼一等云骑尉世职，着照提督例从优议恤。与左宝贵同时殉国于平壤的尚有其表弟杨建春，以副将衔任职军中。此外，在中日黄海海战中，萨镇冰③以副将任康济练船管带，率兵守卫南口日岛炮台，奋勇抵御侵华日军水陆两路进攻，苦战十日，誓死不退。而武将闪殿魁于中日开战后，奉旨驻防昌平州沙河，以卫京师北路，历功迁任松潘镇总兵、四川提督。

光绪二十六年（1900），八国联军入侵北京，回族武将马福禄④日夜督战，死战不退，并乘雨夜亲率敢死队袭击敌营，“连毁七栅，敌尸骀藉，埤堄间血为之殷”⑤。后冲锋中不幸中弹身亡，清廷以其为国壮烈捐躯，追封振威将军，谥号忠烈。其弟马福祥也参加了此次战役，其兄阵亡后，接替其职，以功及率部随军护驾，先后任西宁总兵、巴里坤总兵。河州回族马占奎⑥甲午之战时，随董福祥进京守卫京师，后八国联军侵华，亦以随军护驾有功，晋为总兵，加提督衔。后任西宁镇总兵的马麒⑦也于光绪二十六年入卫京师，参与抗击八国联军。

总之，因有清一代内外战事绵延不断，遂亦孕育出许多杰出的武将，他们中常不乏回族军人。这些回族武将涌现于清朝历次战事中，他们英勇善战，军功显赫，在血与火的战场上留下了许多勇敢无畏的事迹。可以说，“壮怀激烈”“殉节沙场”“精忠报国”等品质已铸入清代回族武将的职业生涯。而一部近代中华民族反抗外敌的斗争史，亦记载着不少回族武将英勇奋战、壮烈捐躯的篇章。

---

① （清）姚锡光：《东方兵事纪略》，中国史学会编著：《中日战争》第1册，新知识出版社，1956年，第20页。

② 王钟翰点校：《清史列传》卷六〇《左宝贵传》，第4768页。

③ 黄秋润据《萨氏家谱》《重建（福州）清真寺碑记》等资料，考证其先世为回族。参见黄秋润：《浅析海军元老萨镇冰先世之族属》，《回族研究》2001年第1期。

④ 《清史稿》载：“福禄本回教。”参见《清史稿》卷四九五《马福禄传》，第13686页。

⑤ 马福祥：《朔方道志》卷二八，《中国方志丛书·宁夏省》第2册，台湾成文出版社有限公司，1968年，第1450页。

⑥ 据《甘肃临夏“星垣马将军墓表”》云：“公，占奎其名，星垣其字，封翁讳福旺之子。魁峰将军（马占鳌）之从弟。翰如提督（马安良）之叔父也。其先来自天方。”参见余振贵、雷晓静主编：《中国回族金石录》，第535页。

⑦ 《中国回族金石录》有“青海省政府主席马公阁臣墓表”。参见余振贵、雷晓静主编：《中国回族金石录》，第547页。

二、清代回族武将的入将途径

自元明以来，当兵吃粮乃成为中土回族的重要职业之一。由于多出身于军户世家，因袭相承，有清一代，军中回族常存尚武精神。他们以勇猛善战突显于绿营，且三百年间名将辈出，代不乏人。而综观其升迁渠道，不外乎以荫袭入职为将、以武科跻身为将、以行伍擢升为将，以及因降清获授为将等途径。

（一）以荫袭入职为将者

按清制，“五等之封，皆积功而递加者也。其功不能及五等，而勋劳亦不可湮没者，国家酬庸之典亦核其差等，赐以世职”①。就绿营武官在内的诸功臣，清廷规定可授予公、侯、伯、子、男、轻车都尉、骑都尉、云骑尉、恩骑尉等爵位，承袭者按品级补授相应官职。清朝开创以来，因屡立战功而获赐爵位，恩荫子孙的回族武将不在少数。

顺治初，广西提督马蛟麟之子马雄即是以荫袭入职。据《清史列传》载：“马雄，陕西固原（今属宁夏）人，广西提督马蛟麟族子，蛟麟抚为子。顺治八年（1651），袭一等轻车都尉世职。”② 光绪《甘肃新通志》云，马蛟麟病逝后，“赐祭葬荫袭如例，子雄袭职官至广西提督”③。同样以荫袭入职，官至提督的回族武将，尚有许文谟。乾隆五十三年（1788），其父许世亨时任广西提督，奉命入安南平乱，以身殉国，“进封三等壮烈伯，祀昭忠祠，谥昭毅”，许文谟“自武举袭爵，命在头等侍卫上行走。期满，以湖广参将用，并赐孔雀翎”④。嘉庆四年（1799），因追剿川楚陕白莲教起义累功至四川建昌镇总兵，后擢升历任广东提督、福建水师提督、福建陆路提督及浙江提督。逝后其子许保琳、许保瑞袭爵，同治《重修成都县志》云：“许保琳，成都人，以祖世亨征安南阵亡，袭三等壮烈伯，历官贵州平远协副将；许保瑞，成都人，以祖世亨征安南阵亡，袭三等壮烈伯，历官广东协副将。”⑤

此外，以荫袭入职的回族武将，尚有壮烈殉国的“定海三总兵”之一郑国鸿。郑国鸿，出身湖南凤凰武将世家，《清史稿》载：“父朝桂，贵州副将，伯父廷松，镇筸千

---

① （清）铁保：《钦定八旗通志》卷二七八，吴相湘主编：《中国史学丛书续编》第48册，台湾学生书局，1968年，第19671页。

② 王钟翰点校：《清史列传》卷八〇《马雄传》，第6679－6680页。

③ （清）升允、长庚：《甘肃新通志》卷六四《人物志》，《中国地方志集成·省志辑·甘肃》第5册，第264页。

④ 《清史稿》卷三三四《许世亨传》，第11016页。

⑤ （清）李玉宣：《重修成都县志》卷五《选举志》，《中国地方志集成·四川府县志辑》第2册，第231页。

总，殉苗难，无子，以国鸿嗣，袭云骑尉。”① 后郑国鸿随傅鼐剿苗，初授永绥屯守备。马济美亦出身武职世家，他十六岁袭骑都尉世职，同治《九江府志》记道：

> 生为将家子，且居杂猺獞，习于战斗长枪大剑。其祖若父之职官也，故袭骑都尉世职，而材武特邀，识拔于督军门者，积勋阶自南服而西邮，蒲州协镇之荐升，在门荫中已堪拔戟，独成一队矣。②

同治年间，河州回民起义首领马占鳌、马海晏降清，所部被左宗棠编为马队三旗，马占鳌任督带兼中旗旗官，马海晏任督标中营管带，二人之子马安良、马麒后皆承袭父职。光绪十二年（1886），马安良“父殁，继统其众”③，以补用游击督带三旗马队。光绪二十一年（1895），随提督董福祥平定河湟起义，以攻升任总兵。光绪二十六年，率部赴陕护驾，深得嘉许。翌年擢任提督。马麒于光绪二十六年随父入卫京师，后保驾西狩。马海晏途中病故宣化，马麒承袭父职，任旗官。④ 三十二年（1906），获保荐升循化营参将。

以荫袭入职为将者（节录）见表1。

表1 以荫袭入职为将者（节录）

序号	姓名	籍贯	生卒年	爵位	官职	备注
1	马雄	陕西固原	？—1678	一等轻车都尉	提督	父马蛟麟，官至广西提督
2	许文谟	四川新都	？—1824	三等伯爵	提督	父许世亨，官至广西提督，阵亡
3	许保琳	四川新都	不详	三等伯爵	副将	父许文谟，官至浙江提督
4	许保瑞	四川新都	不详	三等伯爵	副将	父许文谟，官至浙江提督
5	马壮猷	甘肃武威	不详	骑都尉	参将	父马虎，官至总兵，阵亡
6	郑国鸿	湖南凤凰	1777—1841	云骑尉	总兵	袭父镇筸千总郑廷松爵，阵亡
7	马济美	云南建水	1807—1853	骑都尉	提督	袭祖云南鹤丽镇千总马立成爵，阵亡
8	马安良	甘肃河州	1855—1920		提督	父马占鳌，降清官至总兵
9	马麒	甘肃河州	1869—1931		参将	父马海晏，降清官至总兵

① 《清史稿》卷三七二《郑国鸿传》，第11533页。

② （清）达春布：《九江府志》卷二七《职官》，《中国方志丛书·江西省》第31册，台湾成文出版社有限公司，1975年，第337页。

③ 马通、马海滨编著：《甘肃回族人物》，兰州大学出版社，1997年，第39页。

④ 全国政协文史资料研究委员会、青海省政协文史资料研究委员会、《青海三马》编辑组编：《青海三马》，中国文史出版社，1988年，第3页。

清人昭梿《啸亭杂录》记道："八旗定制，凡从军有功者，视其功之优次，与之功牌。分三等级，凯旋日，兵部计其叙功，与之世职。绿营则有功加之目。凡临阵奋勇者，与之功加一次，然核计功加二十四次，始叙一云骑尉。较之八旗功牌，殊为屈抑，是以其世袭寥寥。"① 由此可知，清代绿营武将得赐世爵、世职颇为艰难，故以荫袭入职为将者寥寥不多。此外，由马雄、许文谟和郑国鸿等人袭爵入职，以军功晋升武将，而马安良、马麒则直接承继父职，统率部众之情状，不难看出清代前后兵制及袭爵之变化。清初，参明朝军卫所设八旗、绿营乃世兵制，将官由兵部选任，"凡直省武职副将以上，列名具疏请补，参将以下，按月升选"②。至清晚期，八旗、绿营腐败不堪。太平天国兴起，清廷谕令各省团练、乡勇助剿。自曾国藩创立湘军，勇营募兵制遂起，兵必自召，将必自选，马安良、马麒之辈遂可直接承袭父职。

（二）以武科跻身为将者

科举是清代选拔武职官员的重要途径之一。清朝定鼎中原之初，即十分重视武科，"自世祖初元下诏举行，子午卯酉年乡试，辰戌丑未年会试，如文科制"③。在制度上，基本沿袭明末之办法，并参照文科例增加了"童试"，建立了武童试、武乡试、武会试、武殿试四级考试制度。在内容上，分内场、外场进行综合考核，内场考策论、武经，外场考骑射、技勇。由于世代为军，回族习武者颇众，明代中期即已形成自己独特的武术风格，名闻武林的"沙家杆子马家枪"就于其时产生，亦涌现出许多杰出的武术家，崇尚武艺遂亦成为其重要的文化特点之一。

清代回族武勇人物通过武科进入名将行列者甚多，乾隆曾有"中土回人，性多拳勇"之说。武举开科时，回族常有金榜题名者，并产生出一门三进士、五进士，父子进士、兄弟进士等武举科场佳话。据学人考究，"清代武会试始于顺治三年（1646）丙戌科，止于光绪二十四年（1898）戊戌科，252 年间共进行了 109 次，其中正科 86 次，恩科 17 次，加科 6 次"④，共取中武状元 109 人。而其中身份可考的回族武状元有康熙庚辰科马会伯、康熙丙戌科杨谦、乾隆丁巳科哈攀龙、乾隆壬申科哈廷梁、乾隆丙戌科白成龙、乾隆丁未科马兆瑞、嘉庆辛未科马殿甲、嘉庆甲戌科丁殿宁⑤、咸丰壬子科马鸣图、同治甲戌科张凤鸣等 10 人。⑥ 杨大业《明清回族进士考略》一书，共考出清代回

---

① （清）昭梿撰，何英芳点校：《啸亭杂录》卷六，中华书局，1980 年，第 177 页。

② （清）允祹等撰：《钦定大清会典》卷六〇，《四库全书荟要》第 199 册，世界书局，1985 年，第 61 页。

③ 《清史稿》卷一〇八《选举三》，第 3171 页。

④ 许友根：《有关清代武举制度的两个问题》，《历史档案》2003 年第 3 期。

⑤ 后避道光讳改名为"丁殿祥"。

⑥ 马明达《清代的武举制度》一文统计清代回族武状元为 9 人，未含马会伯。参见马明达：《清代的武举制度》，《西北第二民族学院学报》（哲学社会科学版）1999 年第 4 期。

族武进士137名，“科科全有回人武进士。一科中有两名甚至三名回族是常见”①。杨先生钩稽史料，爬梳剔抉，阐幽发微，使得大批武进士之回族身份得以确认，由此亦可知清代通过武科跻身将领的回族甚多。

清代第一位回族武状元，是康熙庚辰科的马会伯。《甘肃新通志》称其为“明太子太傅世龙曾孙”②，即其为明代回族将领马世龙之后。《清史稿》载其：“康熙三十九年一甲一名武进士，授头等侍卫”③，以武科入职，后历任贵州提督、甘肃提督。马会伯之从兄弟马见伯、马觌伯亦以武科入职。马见伯，康熙三十年（1691）武进士，康熙五十八年（1719）擢陕西固原提督。④ 次年，随贝子延信率兵进西藏征讨大策凌敦多布，被授以参赞军务，屡破敌。其弟马觌伯，“康熙四十二年武进士，选三等侍卫，授巡捕南营参将”⑤。康熙六十一年（1722）擢大同镇总兵。马觌伯三子马纪勋，“由武生特授侍卫”⑥，官至潮州镇总兵。马会伯一门两代四人皆以武科跻身为将。

杨谦，江苏仪征人，康熙四十一年（1702）以乡试第一，为武解元⑦。康熙四十五年（1706），再捷获殿试第一，乃在康熙朝武举科场中传为佳话。《养吉斋丛录》记载：

> 杨谦……康熙乙酉⑧、丙戌武科解、状两元。累官石匣副将。进方物至行在，命之射，连中四矢，上喜曰：“不负钦定状元。”尝以御制《山庄晚眺》诗赐之。⑨

后官至天津总兵，在任勤于职守，多有政绩，时人以儒将称之。其弟杨凯为康熙己丑（1709）进士⑩，“以武进士为乾清门侍卫”⑪，官至湖广提督。

乾隆丁巳（1737）状元哈攀龙，直隶河间人，“其先出回部。乾隆二年一甲一名武

---

① 杨大业：《明清回族进士考略》，第583页。

② （清）升允、长庚：《甘肃新通志》卷六八《人物志》，《中国地方志集成·省志辑·甘肃》第5册，第425页。

③ 《清史稿》卷二九九《马会伯传》，第10417页。

④ 王钟翰点校：《清史列传》卷一一《马见伯传》，第762页。

⑤ 《清史稿》卷二九九《马觌伯传》，第10419页。

⑥ 马福祥：《朔方道志》卷一六，《中国方志丛书·宁夏省》第2册，第783页。

⑦ （清）王检心：《重修仪征县志》卷三二，《中国地方志集成·江苏府县志辑》第45册，江苏古籍出版社，1991年，第500页。

⑧ 杨谦为康熙壬午（1702）解元，概《养吉斋丛录》记录有误。

⑨ （清）吴振棫：《养吉斋丛录·余录》卷九，第361页。

⑩ （清）王检心：《重修仪征县志》卷三二，《中国地方志集成·江苏府县志辑》第45册，第501页。

⑪ （清）钱仪吉：《碑传集》卷一一六，周骏富辑：《清代传记丛刊·综录类》第112册，第475页。

进士，授头等侍卫”①。后参与平定金川之役，屡立战功，以功累迁为湖广、贵州提督。其子哈国兴，“乾隆十七年武进士，授三等侍卫。二十年，发往云南以游击用”②。乾隆三十三年（1768），擢为贵州提督。时与哈国兴同科中第、钦定状元的则为其族叔哈廷梁。哈攀龙《奏为长子中二甲第四名武进士谢恩折》即云：“臣长子国兴叨蒙圣恩，赐二甲第四名武进士，钦授三等侍卫。……再，一甲第一名哈廷梁，亦系臣之族弟。”③哈廷梁先后从征大小金川，官至泰宁协副将。

清代回族以武科入职为将者甚众。其中名著者尚有杨赞④，康熙五十七年（1718）武进士，二甲四名⑤，官至山东登州总兵。铁景增⑥，雍正二年（1724）武进士，官至河州总兵，加都督佥事，功授武显将军。马大用⑦，“雍正丁未（1727）武进士，授二等侍卫”⑧，历官至福建水师提督。改光宗⑨，雍正八年（1730）武进士，累擢安徽寿春总兵。乌大经⑩，乾隆二十八年（1763）武进士，以“力战保危城（临清）”，受乾隆赏识，累功迁任广西、云南、甘肃提督。马维衍，嘉庆二十二年（1817）“以刀石弓马善胜，授榜眼及第，花翎侍卫”⑪，后擢任湖北全省提督，加振威将军。张凤鸣⑫，同治十三年（1874）武进士，一甲一名，屡立战功，“云贵总督岑毓英爱其才，数以智、仁、勇三字称之”⑬，官至云南鹤丽镇总兵。马福禄，光绪六年（1880）武进士，历任为简

---

① 《清史稿》卷三一一《哈攀龙传》，第10643页。

② 王钟翰点校：《清史列传》卷二四《哈国兴传》，第1793页。

③ 台北故宫博物院编：《宫中档乾隆朝奏折》第4辑，台北故宫博物院，1982年，第474页。

④ 山西大同九楼巷清真寺有《敕建清真寺碑记》，记建碑者为杨赞之父杨学博。参见房建昌、陈跟禄、王维镛：《山西穆斯林与清真寺考》，《宁夏社会科学》1990年第5期。

⑤ 《康熙戊戌科武登科录》，参见杨大业：《明清回族进士考略》，第279页。

⑥ 杨大业据《铁氏家谱》及《经学系传谱》，知其为回族，参见杨大业：《明清回族进士考略》，第463－464页。

⑦ 安徽回族《怀宁马氏宗谱》载有马大用事迹。参见马肇曾：《〈怀宁马氏宗谱〉及历代主要人物考》下，《回族研究》1998年第4期。

⑧ （清）沈葆桢：《重修安徽通志》卷二三〇，《中国地方志集成·省志辑·安徽》第4册，凤凰出版社，2011年，第64页。

⑨ 参见杨大业：《明清时期北京回族世家——宛平改氏和大兴金氏简述》，《中央民族大学学报》（哲学社会科学版）1994年第6期。

⑩ 柳州“重建清真寺大殿”碑记云：“柳州城内外各有清真寺一座，……国初经提督并乌军门大经捐资修葺。”参见马明龙主编：《广西回族历史与文化》，广西民族出版社，1998年，第15页。

⑪ （清）王学伊：《固原州志》卷五《人物志》，《中国方志丛书·甘肃省》第16册，第513页。

⑫ 云南腾越城郊玉泉村清真寺有张凤鸣题赠“道源于天”匾额。参见马广德：《中国清真寺匾额图志》，第221页。

⑬ 陈铭鉴：《西平县志》卷二七《人物》，《中国方志丛书·河南省》第58册，台湾成文出版社有限公司，1976年，第894页。

练军记名总兵。马占奎，“性端凝，不苟言笑，而膂力过人，能挽强弓，命中于百步之外。就武科试，中式光绪乙酉科举人”①，后以功晋迁总兵，加提督衔。

以武科跻身为将者（节录）见表2。

表2 以武科跻身为将者（节录）

序号	姓名	籍贯	生卒年	科年	甲次名次	官职
1	马会伯	陕西宁夏	？—1736	康熙三十九年	一甲一名	提督
2	马见伯	陕西宁夏	？—1720	康熙三十年	武进士	提督
3	马觌伯	陕西宁夏	？—1736	康熙四十二年	武进士	总兵
4	马纪勋	陕西宁夏	不详		武生	总兵
5	杨谦	江苏仪征	1686—？	康熙四十五年	一甲一名	总兵
6	杨凯	江苏仪征	1689—1772	康熙四十八年	武进士	提督
7	马大用	安徽怀宁	1698—1759	雍正五年	一甲三名	提督
8	哈攀龙	直隶河间	1710 前后—1760	乾隆二年	一甲一名	提督
9	哈国兴	直隶河间	1732—1773	乾隆十七年	二甲四名	提督
10	哈廷梁	直隶献县	1719 前后—？	乾隆十七年	一甲一名	副将
11	马瑜	甘肃张掖	？—1819		武生	提督
12	马殿甲	河南邓州	1777—1849	嘉庆十六年	一甲一名	提督
13	马维衔	甘肃固原	1786—1846	嘉庆二十二年	一甲二名	提督
14	杨岐珍	安徽寿州	1836—1903		武生	提督
15	马福禄	甘肃河州	1854—1900	光绪六年	武进士	总兵
16	马占奎	甘肃河州	1858—1940	光绪十一年	武举	提督

清初设立武举，内场策论要求从四书和兵书中选题，因而清代前期以武科入职的回族武将，文化素养普遍较高。如马会伯以武官出任文职，获授巡抚和兵部尚书，得御赐“有儒将风”之匾额；马见伯则有上疏陈请武官与文臣并祭文庙，强调武生需明《论语》书旨之举；而杨谦、杨凯兄弟二人“并称儒将”，杨凯还以能诗善文，诏入武英殿修纂《物类稽古略》；清中期后，因清廷更重视从外场取弓刀骑射优秀的武备人才，使得内场几番改革，至嘉庆时直接废除策论而改为默写武经即可，致使其后武进士总体素质下滑，能称以“儒将”的武官鲜能得见②。清人冯桂芬因此曰：“所取之途既狭，故所得之才不真……当世为大将立大功者，行伍多而科甲少，武科之不得人，视文科尤

① 《甘肃临夏“星垣马将军墓表”》，余振贵、雷晓静主编：《中国回族金石录》，第535页。

② 参见马明达：《清代的武举制度》，《西北第二民族学院学报》（哲学社会科学版）1999年第4期。

甚。”① 然清代回族以武科入职者，常不乏优异之人才。他们虽以武生进阶，但往往屡经战事历练，以军功荣登显秩，马瑜、杨岐珍等人皆能如此。亦可谓武举之甲次名序与其后仕途官阶并无必然关联。

（三）以行伍擢升为将者

清代武官以行伍出身、军功入仕者最多。究其原因，整个清代战事频繁，内忧外患严重，这为毫无根基，也难以通过科举入仕的广大底层士卒，客观上提供了以军功进阶的机会和条件。清代回族将帅中，许多人即由行伍身经百战，积功而致显。

马进良，“甫弱冠从戎，技勇冠军”②。康熙十四年（1675），随军征讨吴三桂叛乱。平凉之战，总兵孙思克右臂被砍，一时清军士气低落，马进良冲入敌阵高喊：“砍我总兵手，我必杀之!”③ 全军为之大振，乃获胜利。康熙闻报，称马进良此举“可谓奇勇矣!”④ 未几，升直隶提督。马良柱，康熙末年由行伍随征准噶尔，其状貌雄伟，军中号称“狮子头”⑤，常于阵前手执铁鞭，策马冲锋，旋转如飞，如入无人之境，敌人望而畏惧。乾隆称他“在绿营将弁中犹为强干之员”⑥，后历官建昌、松藩总兵。高天喜，“由行伍拔把总”⑦，由于在征战准噶尔时骁勇善战，短短三年间由低级武弁擢升为一镇总兵，足见其战绩突出。马彪，《清史稿》云“以行伍从军，累迁至四川川北镇总兵”⑧。作为大小金川之役的功臣之一，马彪入绘紫光阁，有御制赞曰：“西师效勇，早著旗常。命剿逆番，尽力以蘉。支桥渡河，夺卡据水。用济我军，井井有理。”⑨

郑魁士，“由行伍擢湖南提标守备”⑩，参与平定太平天国、捻军战事，历功至浙江提督、直隶提督。咸丰六年春，与捻军怀远一战被围，“身被二十余创”⑪，仍殊死战斗，

① （清）冯桂芬著，戴扬本评注：《校邠庐抗议》，中州古籍出版社，1998 年，第 188 页。

② （清）杨应琚：《西宁府新志》卷二八《人物》，第 705 页。

③ 《清史稿》卷二五五《马进良传》，第 9785 页。

④ 《清圣祖实录》卷二四三，康熙四十九年八月庚辰，第 415 页。

⑤ （清）钟庚起：《甘州府志》卷一一，《中国方志丛书·甘肃省》第 43 册，台湾成文出版社有限公司，1976 年，第 1106 页。

⑥ （清）国史馆编：《满汉大臣列传》卷五二，周骏富辑：《清代传记丛刊·名人类》第 36 册，第 880 页。

⑦ 王钟翰点校：《清史列传》卷二二《高天喜传》，第 1624 页。

⑧ 《清史稿》卷三三三《马彪传》，第 10987 页。

⑨ （清）李桓：《国朝耆献类征》卷二九〇《将帅》，周骏富辑：《清代传记丛刊·综录类》第 166 册，第 128 页。

⑩ 《清史稿》卷四二八《郑魁士传》，第 12271 页。

⑪ 《清史稿》卷四二八《郑魁士传》，第 12272 页。

获清廷嘉奖，赐号“色拉玛巴图鲁”，赏穿黄马褂。时直隶总督李鸿章上奏褒奖：

> 魁士坚苦刚毅，骁勇绝伦，驭众恤兵，严整宽厚。军兴以来，无役不从，与军务相为始终。每临大阵，首陷凶锋，出生入死，身受重伤先后八九次，遍体创痕鳞积。大江南北一时名将无不推魁士为最。①

周天培，“由行伍从征广西，累擢守备”，咸丰八年（1858），授云南鹤丽镇总兵。咸丰九年（1859），太平军围攻浦口，周天培分兵抗战，“三战三捷，功出诸将上，擢湖北提督”②。江长贵，“由行伍历官千总”。在与太平军的战斗中，屡立战功，“身披枪伤”仍“裹创死战”③，以功补授皖南镇总兵。虎坤元，年十七即随父虎嵩林于军营效力，后以战功屡升为直隶通永镇总兵。其从征广西，至战斗江南，前后八年，大小数百战，身被创伤十数处。时人评其“盖勇而仁者也，其忠义出天性，临战而不顾身，极似明黄靖南一流”，并以为江南军营名将，张忠武（国梁）外，虎坤元“当首屈一指也”④。

按清制，绿营武职人员议叙军功分为“功加”和“级纪”，“绿营副将而下予功加，各以其等。副都统、总兵而上予级纪”⑤。然而，以士卒充任绿营高级将领者实属不易。史载，“汉军，国初时定制皆用汉缺，至于六部司员，则自有专缺，汉人选法不致壅滞，而其升转亦易。雍正中，尽裁汰其额，并入汉员中，是以汉军升转，倍觉烦难”⑥。亦即原六部满人司员自雍正中始，并入汉员中，致使汉军中用满人缺，汉军将领的升迁就更不易。而回族武将能在绿营不易的升迁中脱颖而出，非威武英勇之辈，不能如此。

以行伍擢升为将者（节录）见表3。

表3　以行伍擢升为将者（节录）

序号	姓名	籍贯	生卒年	官职	备注
1	马进良	甘肃西宁	？—1717	提督	《清史稿》卷二五五，列传四二
2	马际伯	陕西宁夏	？—1712	提督	《清史稿》卷二九九，列传八六
3	马良柱	甘肃张掖	？—1762	总兵	《清史稿》卷三一一，列传九八

① 王钟翰点校：《清史列传》卷五一《郑魁士传》，第4026页。

② 《清史稿》卷四〇二《周天培传》，第11858页。

③ 王钟翰点校：《清史列传》卷五六《江长贵传》，第4418页。

④ （清）缪荃孙编：《续碑传集》卷六五《忠节》，周骏富辑：《清代传记丛刊·综录类》第117册，第720页。

⑤ （清）昆冈：《钦定大清会典》卷四八，台湾新文丰出版公司，1976年，第503-504页。

⑥ （清）昭梿撰，何英芳点校：《啸亭杂录》卷七，中华书局，1980年，第224页。

（续上表）

序号	姓名	籍贯	生卒年	官职	备注
4	哈元生	直隶河间	1681—1738	提督	《清史稿》卷二九八，列传八五
5	哈尚德	直隶河间	？—1757	总兵	《清史稿》卷二九八，列传八五
6	冶大雄	四川成都	？—1756	提督	《清史稿》卷三一一，列传九八
7	买国良	四川西昌	？—1748	副将	《国朝耆献类征》卷二四八，《忠义》一八
8	高天喜	甘肃西宁	？—1758	总兵	《清史稿》卷三一五，列传一〇二
9	许世亨	四川新都	？—1789	提督	《清史稿》卷三三四，列传一二一
10	马彪	甘肃西宁	？—1874	提督	《清史稿》卷三三三，列传一二〇
11	苏尔相	甘肃灵州	1724—1800	提督	《清史稿》卷三二七，列传一一四
12	郑魁士	直隶宣化	1800—1873	提督	《清史稿》卷四二八，列传二一五
13	周天受	四川巴县	？—1860	提督	《清史稿》卷四〇二，列传一八九
14	周天培	四川巴县	？—1859	提督	《清史稿》卷四〇二，列传一八九
15	周天孚	四川巴县	？—1860	总兵	《清史稿》卷四〇二，列传一八九
16	江长贵	四川盐亭	1808—1876	提督	《清史列传》卷五六
17	虎嵩林	四川成都	？—1858	总兵	《清史稿》卷四〇二，列传一八九
18	虎坤元	四川成都	1831—1858	总兵	《清史稿》卷四〇二，列传一八九
19	左宝贵	山东费县	1837—1894	总兵	《清史稿》卷四六〇，列传二四七
20	闪殿魁	顺天昌平	？—1903	提督	《清史列传》卷六一
21	马维骐	云南临安	1846—1910	提督	《清史稿》卷四五九，列传二四六

（四）因降清获授为将者

“降将”是古往今来、历朝历代都存在的特殊群体，一般出现于朝代更迭、社会动荡之际。受儒家传统“忠君”观念影响，这一群体历来饱受争议，为人所诟病，故“归降”并非武官入仕之正途。考查文献，清代因归降而获任武职的回族将领，虽所占比例较小，但客观上体现了清初、清末特殊时代背景下回人入将之表现特征。

1. 明朝武官降清而为武将者

明清鼎革之际，随着清军入关，大批前明将领因势纷纷率部归降。受满人自身军力所限，各地战事难以兼顾，为征战和统一需要，清廷对归降前明军人“俱照旧录用”①，授予官职，奖励军功，委以实权，不少降将得以累功至高位，他们中就有官至提督的回族武将马宁、马蛟麟和马雄等人。

① 《清世祖实录》卷五，顺治元年五月庚寅，第57页。

马宁，原明参将。顺治二年（1645）降清，“英亲王阿济格征陕西，宁率众投诚，隶汉军正白旗，委署凤翔中协副将”①。先后出征米喇印、丁国栋、刘宏才、桂王朱由榔、吴三桂等，历任四川右路总兵、云南前镇总兵，升湖广提督，调山东提督，功加太子太保。马蛟麟，前明潼关营千总，从左良玉镇守武昌。顺治二年四月，左良玉逝，其子左梦庚降清，马蛟麟随降②，“授以副将，委守岳州”③，后以功擢任岳州总兵。顺治八年（1651），定南王孔有德荐任广西提督。

2. 起义首领降清而为武将者

近代以来，中国社会矛盾日益激化，大规模反清起义时有发生。咸丰、同治年间西南、西北回民起义，亦成为这时全国性反清斗争的重要组成部分。其间，清朝举兵镇压，个别回民起义首领，如马如龙、马占鳌、马海晏等人适时率部投降，被授以武职，为清廷效命。

马如龙，云南建水人。咸丰六年，云南官府着令地方“灭回”，回民被迫反抗。马如龙率临安回民自卫反击，多次击退清军与当地团练围攻，势力壮大。后率滇东南回民多次进围昆明，为被诬“叛逆”之事申雪，并请惩办“灭回”官绅，主动议和求抚。据《清史稿》载：“同治元年，巡抚徐之铭复主抚议，提督林自清临阵宣播朝威，招之归款，如龙自称三世效忠，愿反正。岑毓英单骑往谕，如龙益心折，与盟南门外，悉反侵地，朝旨破格授如龙总兵。”④后授云南提督，督办迤西军务，赏穿黄马褂。同治十三年，调补湖南提督。

因降清获授为将者（节录）见表4。

表4 因降清获授为将者（节录）

序号	姓名	籍贯	生卒年	归降经历	官职	备注
1	马宁	甘肃宁夏	？—1680	前明武将	提督	《清史列传》卷七八
2	马蛟麟	陕西固原	？—1651	前明武将	提督	（光绪）《甘肃新通志》卷六四
3	马承荫	陕西固原	？—1680	叛吴三桂后降清	提督	《清史列传》卷八〇
4	马如龙	云南建水	1832—1891	云南回民起义首领	提督	《清史稿》卷四五六，列传二四三

① 王钟翰点校：《清史列传》卷七八《马宁传》，第6508页。

② 马景：《〈经学系传谱〉中的“粤西镇台”马蛟麟考述》，《回族研究》2013年第2期。

③（清）黄凝道：《岳州府志》卷二九，《中国地方志集成·湖南府县志辑》第6册，江苏古籍出版社，2002年，第409页。

④《清史稿》卷四五六《马如龙传》，第12645页。

（续上表）

序号	姓名	籍贯	生卒年	归降经历	官职	备注
5	马占鳌	甘肃河州	1830—1886	西北回民起义首领	总兵	（光绪）《甘肃新通志》卷六六
6	马海晏	甘肃河州	1837—1900	西北回民起义首领	总兵	白寿彝主编：《回民起义》第三、四册。

三、结语

有清一代，绿营军中常不乏回族武将，并多呈群体现象。究其层出不穷之因素及其入将途径，乃表现为以下特征：

其一，从履职尽忠、保固边疆来看，清代回族武将可谓厥功甚茂。他们不仅在康熙、雍正、乾隆三朝的战事中功绩显赫，在近代反抗外敌入侵中更是勇敢无畏，为维护清朝国家统一、边疆安全作出了积极贡献，发挥了重要作用。从买国良、高天喜、许世亨到郑国鸿、沙春元、周天受、虎坤元、左宝贵、马福禄等，战死沙场，为国捐躯者不胜枚举。可以说，在清朝所有重大战事中，几乎都能看到回族武将的身影。他们忠于军人职守，在危急时刻，多能挺身而出，舍身报国，于清代军事史上写下了许多惊天动地、可歌可泣的事迹。

其二，从清代产生回族武将途径的数据来看，荫袭和降清者较少，而以科举入将者较多，但由行伍历功擢迁却是其步入武将的主要通道。究其缘由，以荫袭入将者皆出自武将世家，其父辈或为高官显爵，或功彪史册，其子孙承荫而官至参将以上者则较为有限。概因清代世职因制实难获取，且多为荣誉官职，以荫袭入职者大多仰仗父祖之功绩，非自身有才干，能凭军功至高位的仍属少数。以降清入将者集中于清初和清末，有时代局限性，实为特例。而清代因统治需要，颇为重视以科举选拔武备人才，回族人中乃多由此入官武职，进而为将者。而以行伍入将之回族最多，他们勇以建功，加之清朝绿营升迁有序，一般士卒可凭军功至将位，因而它亦是清朝回族武将产生的主要途径。

其三，从清代回族武将仕途履历来看，军功是致使清代回族武将脱颖而出的决定性因素。以荫袭、科举和降清入将的回族将领，较之以行伍升迁者而言，虽初授官职之官阶较高，晋升速度也较快，但其能否入将仍需凭借军功。如乾隆十七年（1752）武进士哈国兴，乃贵州提督哈攀龙之子，属将门之后，又有进士头衔，乾隆对之十分赏识。但其自乾隆十七年中试后被授正五品三等侍卫，到三十三年擢升为从一品提督，前后十六年，其依靠的仍是军功。故在武将依军功擢升的大背景下，无论是何出身，均需凭依军功方能显登将位。明降将马宁，因“征剿番回功最著，升四川总兵。克取川云，驻防缅甸平水西，歼余氛于交趾，功又最著，升湖广提督”①。显然，依托卓越军功，获清廷赏识重用，才是清代回族武将得以升迁的正途。

作者简介：

徐虹，广东第二师范学院讲师。

① （清）许容：《甘肃通志》卷三六，《中国地方志集成·省志辑·甘肃》第2册，凤凰出版社，2011年，第295页。

林赛、郭实腊的沿海航行及其影响[①]

江昕瑾　张　坤

[**提要**] 1831年英国东印度公司广州商馆首次形成的对华强硬立场，被林赛、郭实腊一行在1832年的沿海考察中予以实践并升格了。报告所制造的国内舆论以及律劳卑来华途中的按图索骥，直接指明了其来华后的交涉路径，以强硬态度面对来自广东官方的体制冲突。这显示出律劳卑并非另起炉灶，而是在东印度公司遗产的基础上形成其对华交涉策略。

[**关键词**] 林赛；郭实腊；1832年；沿海航行；英国东印度公司

1832年，英国东印度公司在华垄断终结的前夜，大班马治平（John Marjoribanks）为公司垄断结束后的中英关系走向寻求变革依据，擅自派公司职员林赛（Hugh Hamilton Lindsay）② 和普鲁士裔传教士郭实腊（Charles Gutzlaff）隐藏身份，乘船沿中国东部海

① 本文系国家社会科学基金重大项目“澳门及东西方经济文化交流汉文档案文献整理与研究（1500—1840）”（项目批准号：19ZDA206）子项目“鸦片战争前英国东印度公司在广州、澳门的经济文化交流研究（1620—1840）”阶段性成果。

② 此人在英国有“好战的小册子作者”的绰号，见 Robert Bickers，“the Challenger：Hugh Hamilton Lindsay and the Rise of British Asia，1832 - 1865”，*Transactions of the Royal Historical Society*，*Sixth Series*，Vol. 22，2012，p. 141.

岸北上，以考察所在地区港口开放可能产生的商业利益。① 在此之前，一贯保守的公司广州特选委员会经历了1829年的“延不进口”、1831年的“擅闯英商馆”事件，已初步形成以强硬态度对抗清朝外贸管理的思路；② 查颠·马地臣行（Jardine & Matheson Co.）已在东部沿海走私鸦片多年，郭实腊已完成首次沿海探查活动。③

1832年2月27日，林赛和郭实腊乘坐里斯船长（Cap. Rees，奉命沿途测绘精确的航海图）的“阿美士德”号（Lord Amherst），④ 自澳门出发，随船携带精良的枪炮和货物，先后登陆拜访了海丰、南澳、厦门、澎湖、台湾、福州、宁波、上海、山东、朝鲜、琉球群岛，除了海丰、南澳、澎湖外，林赛一行均与当地官员有交涉。其中，在厦门、福州、宁波和上海，他们坚持求见高级官吏（总督、巡抚、道台等），使用方言或官话与当地民众交流与贸易。此行不但再次论证强硬派的一些初步观点，且给出具体实施建议，还首次收集到各地“未经官员们长期引导”的民众对初次见面的“蛮夷”的真实看法，得出结论：中国有广阔的自由贸易前景。

二人的报告在英国激起拓展对华贸易的乐观情绪，众多报刊争相转载讨论，有对广州以外口岸人民的友好态度和商业热情的描述⑤，有对贸易前景的乐观预期⑥，有对清

---

① James Brabazon Urmston, *Observations on the China Trade, and on the Importance and Advantages of Removing it from Canton, to Some Other Part of the Coast of that Empire*, George Woodfall, 1833, p. 96.

② 张坤：《在华英商群体与鸦片战争前的中英关系》，暨南大学出版社，2014年，第229－247页。

③ 1831年春夏之际，郭实腊搭乘粤东商人船只，身着中国服饰，开启了第一次沿海探查之旅。前后经过了海南岛、潮州、惠州、厦门、福州、台湾、舟山、南京、山东、天津等口岸。在这些地方，他无不与当地民众深入交流，并且较为详细地记录了各口岸的商业概况，包括人口、往来经贸船只的大致数量、贸易市场的前景等。见 Charles Gutzlaff, *Journal of Three Voyages along the Coast of China, in 1831, 1832, &1833, with Notices of Siam, Corea, and the Loo-Choo Islands*, Frederick Westley and A. H. Davis, 1834.

④ Charles Gutzlaff, *Journal of Three Voyages along the Coast of China in 1831, 1832, &1833, with Notices of Siam, Corea, and the Loo-Choo Islands*, pp. 153－154. 按：郭实腊的第一次航行记录于1832年5月的《中国丛报》（*The Chinese Repository*），在其创刊之时就跟随连载，在来华西人群体中影响很大，Jessie Gregory Lutz 在所著的 *Opening China, Carl F. A. Gützlaff and Sino-Western Relations, 1827－1852*（Wm. B. Eerdmans Publishing Co., 2008）中引用《中国丛报》创始人 Elijah Bridgman 的观点（第126页），认为郭的连载与《中国丛报》的畅销相互成就。郭实腊之后也因为其出色的汉学储备与汉语能力，在对华商务监督机构削减人员和经费的前提下被英国外相巴麦尊特别任命为中文秘书。而第一次、第二次的航行记录（*The Journal of Two Voyages along the Coast of China*）的合刊于1833年出版，本文采用的是1834年版，在第一次、第二次的航行内容中与1833年版几乎无异。

⑤ “Foreign News”, *The Gentleman's Magazine: Or, Monthly Intelligencer*, Vol. I New Series, 1834, p. 99.

⑥ “Alexander's East India Magazine”, *Morning Post*, Saturday 07 December 1833, p. 3.

朝官员普遍外强中干、懦弱无能、阳奉阴违的认识①，更有认为可以寻机“在炮口向中国政府提出自由贸易的要求”②。在此背景下，两年后，首任英国驻华商务监督律劳卑来到中国，之后，他几乎沿着林赛与郭实腊的指引，开启了与广东当局的交涉进程。鉴于学界对该报告的重要性及其影响少有提及③，特撰文如下，以揭示律劳卑对华交涉措施和出发点的理论来源，以及英国对华政策的接续性。

一、航行报告所鼓吹的对华强硬立场及其影响

1831 年，因朱桂桢“擅闯英商馆”事件，英国东印度公司广州商馆首次形成对华强硬立场。1832 年航行中，林赛、郭实腊进一步强化了该立场。根据其报告，二人在厦门向当地官员递交恳求性禀帖“伏望清国的人以恩（款）待英吉利国的宾客”使其得以在厦门贸易，被告知“天朝国法綦严，定例不准抛泊”，④ 且在民间张贴告示，杜绝居民与之接触，甚至船只仅是路过，亦被“公然掠夺和虐待”，英船被中国战船包围，以枪相向，迫使其离开。以至于他们认为：“在这个我们表现得最顺从的港口，受到最恶劣的对待。”⑤ 于是他们转换态度，选择无视禁令，蛮横地长驱直入，却未遇到实际的阻拦：“没有什么比我们装备精良的长枪更让他们肃然起敬的了，这些长枪默默地为我们说话，比德摩斯梯尼最好的演说还管用。”进入厦门，在忍受了官员在途中的侮辱和贬损后⑥，他们最终得见水师提督与总兵。会见时，二人首先抗议现场没有为他们提供座椅，接着，郭实腊以机智和博学使得咄咄逼人的总兵“在论战中完全落败”。之后，英人拒绝将船开远，称不接受有损国格的无偿补给，促使厦门当局让步，允许其在此公

---

① “The ‘Lord Amherst’”, *Naval & Military Gazette and Weekly Chronicle of the United Service*, Saturday 09 March 1833, pp. 2 – 3.

② “China—Its People and Trade”, *The Scotsman*, Wednesday 11 September 1833, p. 1.

③ 对于这次报告，提及者众多，但少有对其进行考察，更少有将其与律劳卑事件相联系者。如郭小东：《打开“自由”通商之路——19 世纪 30 年代在华西人对中国社会经济的探研》（广东人民出版社，1999 年）中，考察了鸦片战争前夕中英之贸易状况，在第三章中研究了在华西人群体对中国经济的探查时介绍了郭实腊的考察活动，并在之后的开埠“自由通商”的呼吁鼓吹中提及了郭等，但所用的史料大多局限于《中国丛报》等；郭卫东在《英国在华攫取五口通商权研究》（《北大史学》1999 年第 0 期，第 100 – 114、288 页）谈及郭实腊和林赛的航行考察，但只是简要提到他们对上海口岸之繁荣的观察，并未对他们的航行具体深入探讨。

④ 许地山编：《达衷集》，商务印书馆，1928 年，第 2 – 3 页。

⑤ H. H. Lindsay, Karl F. A. Gützlaff, *Report of Proceedings on a Voyage to the Northern Ports of China, in the Ship Lord Amherst*, B. Fellowes, Ludgate Street. 1833, pp. 16, 18 – 19, 20, 22, 272.

⑥ Charles Gutzlaff, *Journal of Three Voyages along the Coast of China in 1831, 1832, &1833, with Notices of Siam, Corea, and the Loo-Choo Islands*, p. 177, 196.

平贸易。这使林、郭意识到，“如果过于认真地遵守当地政府认定的所谓天朝定例，那么我们这次航行的目的（主要是获取信息）很可能会完全受挫”，并开始思考“应在多大程度上认为有理由不遵守这些禁令，至少要试一试”，而此后的种种经历，让其确信“如果我们不那么顺从，他们就会更愿意满足我们的愿望”。此外，当地的百姓也在与英人私下相处时，鼓动他们以硬碰硬：“官员们非常害怕你；尽管你对他们表示友好，但他们并不相信你……”①

总结厦门经验后，林、郭二人在往后的行进中愈发强硬，结果则不断证实其在厦门得出的结论。如在福州，4月24日，“阿美士德”号到达闽江口，欲沿江行至福州城并向闽浙总督等递交通商请求，被告知“有违天朝习俗”，同时广布告示令“各口岸一体防堵”②。面对当地官方的强硬态度③，郭实腊以其娴熟的汉语“进行了最激烈的抗议”④，获得对方安排食宿、给予猪羊各物款待⑤，又派遣更多官员调停，保证“会提供其想要的一切便利”，但对入城问题含糊其词。林、郭一行人反复向不同的人递交文书进行交涉，⑥ 其请求被“反复批准和确认”，但始终未予兑现，于是他们在5月3日无视拦阻，直接进城，“这一决定立即产生了效果。现在，官员们都很温和，也很听话，他们已经成为我们贸易许可的保证人”⑦。之后，他们参观了福州城，进入了将军府。黄姓官员对他们想留宿于此的想法大为恼火，以侮辱性的语气命令其立即上船，称“这是将军府，绝不容许蛮夷留宿”，林赛立即改变一直以来的“温顺和节制”，宣布将留宿将军府大厅，还与人自行搬来桌子，放上食物，坐于当中，使在场众人惊讶不已，甚至“除了黄之外，在场的所有官员都对我们有好感”，非但未对这些夸张的做法反感和愤怒，反而对中方的“失礼行为表示羞愧，以至连黄的蔑视和侮辱语气也变成了劝说和争论”，最后他们也得以成功留宿。福州之行进一步强化了林赛的厦门经验，称“自我们藐视他们权威那一刻起，许多以前漠不关心的官员的举止变得亲切而友好”，“在每一个

---

① H. H. Lindsay, Karl F. A. Gützlaff, *Report of Proceedings on a Voyage to the Northern Ports of China, in the Ship Lord Amherst*, pp. 24 – 27, 275.

② 《胡夏米上闽浙总督禀》《闽浙总督札》，许地山编：《达衷集》，第6、10页。

③ Charles Gutzlaff, *Journal of Three Voyages along the Coast of China in 1831, 1832, &1833, with Notices of Siam, Corea, and the Loo-Choo Islands*, p. 218.

④ H. H. Lindsay, Karl F. A. Gützlaff, *Report of Proceedings on a Voyage to the Northern Ports of China, in the Ship Lord Amherst*, p. 49.

⑤ 《胡夏米谢帖》，许地山编：《达衷集》，第7页。

⑥ 《胡夏米上闽浙总督禀》《胡夏米劝黄大老爷书》《英船进口理由四则》，许地山编：《达衷集》，第11 – 12，15 – 16页。

⑦ Charles Gutzlaff, *Journal of Three Voyages along the Coast of China in 1831, 1832, &1833, with Notices of Siam, Corea, and the Loo-Choo Islands*, p. 228.

案例中，无论是在重要还是不重要的问题上，通过谦卑的恳求与和解性的争论，几乎不能从中国官员那里得到什么，但一旦改变语气，并表现出不惜一切代价实现你的诉求的坚定决心，你就会被欣然接受，特别是当你的要求建立在公正和温和的基础上；更奇怪的是，他们似乎因此而对你更加善意和亲切了”，“诉诸他们的恐惧比诉诸他们的友谊能获得更多”，他甚至觉得，有四到六艘英国护卫舰进入福州港，俘获中国战船，“然后向清政府发出友好或敌对、贸易或战争的选择，英国与中国的自由交往就会永久建立起来”。①

离开福州后，他们沿着海岸线北上，在宁波、上海，就平行文书、行进路线、接见礼仪、与民交往等问题都采取强硬态度，得到的结果大同小异。林赛总结道：“整个清帝国的官员都是如此。对之顺从会招致无礼，对之反对和蔑视则会被礼貌和友好相待。”郭实腊亦有相同结论：“当我们坚决要求时，一切都显得可行，而当我们谦卑地要求时，甚至连最起码的东西都被拒绝。”②

这次长达六个月的航行，在英国国内产生较大反响，也使律劳卑在抵达中国前就确定其行动方针。其于1834年7月抵达中国，在之后两个多月的时间里，完全抛开巴麦尊“必须特别小心谨慎”③ 的交代，打破以往英商“进省”需行商禀报后两广总督批准才能进省的惯例，“不领红照，擅自来省”④。由于在他直溯珠江入住商馆的沿途未受任何阻拦，到达之后更令其秘书无视阻拦前往总督府递交文书⑤，他向巴麦尊强调：“阁下应相信我对清政府的克制态度，他们不足挂齿，只配当作怜悯或嘲笑的对象”；“我们过去通过谈判，或向他们的政府低声下气乞求，究竟获得了什么？记录表明，除了后来的羞耻和屈辱之外，一无所获。另一方面，我们通过采取迅速的和强有力的行动，对于那些正当和合理的利益或目的究竟丧失了什么？以往的经验使我们确信，伴随这些措施而来的是全面的胜利”；⑥ “通过采取坚定的立场，英国人的行动将大大有利于他们的利益”，“我相信，一个命令式的态度，加上执行威胁的力量，是敲定一个对中国和欧洲都有利的条约所必需的”。⑦ 在与中方交涉期间，律劳卑曾与两广总督卢坤的下属有过一

---

① H. H. Lindsay, Karl F. A. Gützlaff, *Report of Proceedings on a Voyage to the Northern Ports of China, in the Ship Lord Amherst*, pp. 51, 52, 57, 86.

② H. H. Lindsay, Karl F. A. Gützlaff, *Report of Proceedings on a Voyage to the Northern Ports of China, in the Ship Lord Amherst*, pp. 182, 289.

③ 胡滨译：《英国档案有关鸦片战争资料选译》上册，中华书局，1993年，第2页。

④ 《清宣宗成皇帝实录》，卷256，中华书局影印本，第36册，1986年，第900页。

⑤ Priscilla Napier, *Barbarian Eye: Lord Napier in China, 1834 The Prelude to Hong Kong*, Brassey's UK, 1995, p. 123.

⑥ 胡滨译：《英国档案有关鸦片战争资料选译》上册，第10、16、17页。

⑦ Priscilla Napier, *Barbarian Eye: Lord Napier in China, 1834 The Prelude to Hong Kong*, p. 146.

次谈判，他认为这是强硬态度和武力威胁的成果；谈判中他就席次和朝向与中方官员发生争执，严加指责其迟到行为，以致“官吏们对夷目的胆量感到惊讶”。随后，他派人直接去广州街头张贴告示，企图与中国人直接沟通①，此举激起卢坤的震怒，终止贸易，切断补给，但律劳卑依旧态度坚决，打算再次到街头散发告示以向广东方面“提出警告”②。终因身染疟疾，愈发病重，加之在华英商对贸易中断的抱怨，其于1834年9月21日乘船回澳门，并于10月11日病逝。

以往学界在讨论律劳卑的强硬态度时，认为他受了查颠和马地臣的影响。人们很容易想到，查颠·马地臣行很早就到东南沿海兜售鸦片，他们对沿海官民的认识比林赛和郭实腊更早，在律劳卑居住该行期间，应当早已耳濡目染了其对华强硬观念。但这是个误会。律劳卑的后人普丽斯拉（Priscilla Napier）认为律劳卑“一直秉持自己的观点，在他接触到查颠之前，就已经形成了自己的观点”。根据其日记，他在航程中“阅读少数几个真正到过中国，或在那工作过的英国人的书籍和报告”，他认为“正确的道路”就在林赛和小斯当东之间，并且最终“随着阅读，愈发倾向于认同林赛”，他在来华途中的阅读思考后认为：以往东印度公司的董事们对广州当局“大开绿灯”的行为导致了英商的处境，面对威慑时的让步与妥协始终伴随着羞辱，而强力对抗却使对方改变态度并出让了其他利益。③

二、航行报告对清朝军事实力的认识及其影响

以往英国人认为，中国体量庞大，人口过亿，军队有百万之众，因此东印度公司董事会向来主张对华保守，维持贸易稳定。但律劳卑接受了林、郭航行报告中的结论：“在军事方面，中国人是无可救药地落后；一支轻微的英国部队，‘几艘小型战舰和沿海的少量海军陆战队’就可以实施‘人们所渴望的变革’。”④ 对于清廷军备废弛、孱弱无能的认知，正是律劳卑强硬态度的基础，而这也是林、郭航行报告中重点阐述的内容之一。

（一）军备废弛

林、郭的航行考察，有别于以往有官方人士陪同的使团或流窜于海面进行走私贸易

① Priscilla Napier, *Barbarian Eye: Lord Napier in China, 1834 The Prelude to Hong Kong*, p. 131, 145, 161 – 162, 164, 167.

② 胡滨译：《英国档案有关鸦片战争资料选译》上册，第36页。

③ Priscilla Napier, *Barbarian Eye: Lord Napier in China, 1834 The Prelude to Hong Kong*, pp. 153, 82, 84.

④ Priscilla Napier, *Barbarian Eye: Lord Napier in China, 1834 The Prelude to Hong Kong*, p, 82.

者，而是深入中国沿海城市，从而发现其军备破败陈旧的情况。如在广东，曾经作为主要海军基地的南澳有很多的堡垒，“但目前和天朝的所有军事防御设施一样，几乎都已沦为废墟”①；惠州府的“大多数堡垒都处于可怜的无力防御状态”；在福建闽江两岸“各有一座废墟堡垒，另有各种堡垒散布在河岸山上，中看不中用，大多彻底报废，除了闽江畔的一座堡垒外，其他都是完全拆毁的，无人把守”②。同时，战船落后，速度缓慢，无法追上强入福州府的英人，只好“放弃了追击，掉头回转”③。在宁波，清军向林、郭一行展示了“战争式的防御”，但在后者眼中，“只表明其无力对最小的欧洲部队进行任何有效的抵抗”④；前往上海时，沿途每个堡垒配十五门炮，当局已下令“严饬所属营弁严密巡防，认真稽察。如有夷船进泊，立即驱逐出境”⑤，其向英船开炮的威力在英人看来，“就像爆竹一样小”，“想通过惊吓来防止我们进入禁地”，对于继续前行的英船无能为力。上海江边的堡垒，也设计老旧不合理：“这是一个非常庞大的结构，已经尽力安排了炮台；然而，最微小力量也能攻下它，因为它没有筑城的技巧，而是把全部精力放在城墙和壁垒的厚度上”⑥，并且中国军队的火药质量低劣，以至于“有些炮比敌人更容易危害炮手的生命”，甚至炮弹短缺：“我们看到了几门不同口径的大铁炮，旁边还有一堆石头，用来代替炮弹”。最后，郭实腊总结到，承平已久使得帝国的“所有的军事工程都已衰败”⑦。

（二）官兵缺乏军事素养

除了军事设施荒废，报告中也大量提及清军官兵素质低下。

首先，不少官兵吸食鸦片。林、郭一行在台湾遇到的海军军官是一个“愚蠢的老烟枪”，同行的人“因为过度吸食失去理智”，锚地附近战船上的青年军官“刚吸完鸦片，

---

① Charles Gutzlaff, *Journal of Three Voyages along the Coast of China in 1831, 1832, &1833, with Notices of Siam, Corea, and the Loo-Choo Islands*, p. 169.

② H. H. Lindsay, Karl F. A. Gützlaff, *Report of Proceedings on a Voyage to the Northern Ports of China, in the Ship Lord Amherst*, pp. 6, 46.

③ Charles Gutzlaff, *Journal of Three Voyages along the Coast of China in 1831, 1832, &1833, with Notices of Siam, Corea, and the Loo-Choo Islands*, p. 215.

④ H. H. Lindsay, Karl F. A. Gützlaff, *Report of Proceedings on a Voyage to the Northern Ports of China, in the Ship Lord Amherst*, p. 148.

⑤ 《清宣宗成皇帝实录》，卷 213，中华书局影印本，第 36 册，1986 年，第 146 – 147 页。

⑥ Charles Gutzlaff, *Journal of Three Voyages along the Coast of China, in 1831, 1832, & 1833, with Notices of Siam, Corea, and the Loo-Choo Islands*, p. 293.

⑦ Charles Gutzlaff, *Journal of Three Voyages along the Coast of China in 1831, 1832, &1833, with Notices of Siam, Corea, and the Loo-Choo Islands*, pp. 286, 277 – 278, 293, 288, 290 – 291, 294.

昏昏沉沉，把带来买主的承诺抛诸脑后……他的整艘战船似乎都吸鸦片，因为所有的船员都在模仿他们高贵的船长，放纵沉溺于这种麻醉品”。这种情况普遍存在于各地的文武官员中，上海官员们“都是吸食鸦片的人”①，这些人无论走到哪里，看到外国商船，就会主动来买鸦片；在闽江，当地官员到甲板参观，对于英人“没有鸦片出售非常遗憾”。林赛认为，鸦片已经成为福州政府的一项收入来源。口岸的官兵亦购买和吸食鸦片，如在离开台湾前往福州途中路过的海军站点，水师将军“和另一位年轻的海军军官询问了毒品的情况，当我们没有鸦片可卖时，他似乎非常失望”，宁波的军舰指挥官“自己购买鸦片，又帮助别人处理鸦片”。② 沿海官兵参与鸦片吸食和走私，其战斗力可想而知。

其次，官兵单兵装备和素质落后。在19世纪，西欧军队基本进入全面装配火器的年代。除燧发枪外，1818年，英国已发明使用雷汞起爆的击发枪③，并开始列装军队，同时膛线的发明，使得射程、精度都有很大提升；而彼时清军仍在使用数百年前发明的鸟枪（老式火绳枪）土炮，加之工艺落后，火药配比不当，也极大降低了原就不高的枪械性能。然而即使如此，老式火绳枪直到第一次鸦片战争在士兵中配备比仍不足60%④。林、郭一行看到了清军的这些落后状况。第一是装备落后，“阿美士德”号上的士兵全体装备先进击发枪，而清军的单兵装备更多是弓箭、长矛、老式火绳枪。在厦门，当地军事护卫队对英船上击发枪的奇特结构感到非常惊讶；在宁波，聚集在“残破防御工事”城墙上的士兵们拿着火绳枪和弓箭，对英人的“装备”充满好奇，进入河道后，包围英人的是“手持刀剑和棍棒的士兵”；在上海，士兵们盔甲不统一（说明没有制式化），弓箭分离（墙上挂满箭，弓则在对岸），武器杂乱：“有些人有剑，有些人有火绳枪，还有一些长矛，等等”。⑤ 苏松太道特地为林、郭一行准备了一次五百人规模的军队检阅仪式，林赛被允许查看兵员的装备：“他们中的大多数人都没有武器，只有一把剑和一面柳条盾牌，剑很钝，就一扁平铁条；火枪一般很脏，几乎锈蚀透了”，认

---

① Charles Gutzlaff, *Journal of Three Voyages along the Coast of China in 1831, 1832, &1833, with Notices of Siam, Corea, and the Loo-Choo Islands*, pp. 207, 209, 285.

② H. H. Lindsay, Karl F. A. Gützlaff, *Report of Proceedings on a Voyage to the Northern Ports of China, in the Ship Lord Amherst*, pp. 59, 86, 278, 161.

③ 宋海龙：《17—19世纪中欧枪械比较研究：以两次鸦片战争为重点》，中州古籍出版社，2015年，第15页。

④ 宋海龙：《17—19世纪中欧枪械比较研究：以两次鸦片战争为重点》，第16页。

⑤ Charles Gutzlaff, *Journal of Three Voyages along the Coast of China in 1831, 1832, &1833, with Notices of Siam, Corea, and the Loo-Choo Islands*, pp. 192, 277–278, 261, 258, 296.

为“只需五十个或者更少的英国精兵，足以击溃比所看到的更庞大的军队”①。第二是兵员素质低下。除了前文所提的官兵不少吸毒贩毒外，还有不少兵员是残疾人。在厦门去见提督的路上，前来列队的士兵“身着虎纹制服，有些人没有鼻子，有些人只有一只眼睛，更多的人则是老态龙钟，憔悴不堪”②，在福建沿海遇到的海军军官，是“年迈的、憔悴的鸦片烟民”③；在上海，一行人参观了军营，士兵们“衣衫褴褛，食不果腹”。兵源差导致其职业荣誉感低，郭实腊评价中国军队的兵源大多是“人民的渣滓”，“外表最憔悴，是整个社会中最不道德的人”，士兵们平时受到文官和百姓的蔑视，工资很低，处境悲凉。④

最后，军队普遍怯战畏战。这几乎是他们遇到的所有中国军队的共性，虽然中国官方的记录中写道：“英夷在各地均被水师开炮驱赶各地鼠窜”⑤，但实际情况却是“守卫海岸防止入侵者的海军军官总是试图通过威胁来取得胜利（从不真正动手），或者重复‘不可侵犯的法律’的禁令”⑥。各地军队在见到外夷来临时，基本是先发出强硬的警告：“禁止所有蛮夷的船只靠近海岸，不许片刻停泊”，甚至直接派战船包围，威胁一切靠近的民船⑦，但是当一行人无视警告坚持前行的时候，“那些跟随我们的官船始终都保持着恭敬的距离”。当双方真的进行对峙交锋时，清朝水师官兵总是不战而退，如在向福州前行时，有奉命前来追捕的船上人员，被碰巧使用望远镜观察的林赛吓跑，误以为那是枪炮⑧；在宁波时，一行人被严防死守，为了防止其溯河而上，当地水师用绳索和木桩将战船加固，试图阻断河流防止其前进，但实际效果却大相径庭，这使林赛认定

---

① H. H. Lindsay, Karl F. A. Gützlaff, *Report of Proceedings on a Voyage to the Northern Ports of China, in the Ship Lord Amherst*, pp. 190 – 191.

② Charles Gutzlaff, *Journal of Three Voyages along the Coast of China in 1831, 1832, &1833, with Notices of Siam, Corea, and the Loo-Choo Islands*, p. 184.

③ H. H. Lindsay, Karl F. A. Gützlaff, *Report of Proceedings on a Voyage to the Northern Ports of China, in the Ship Lord Amherst*, p. 278.

④ Charles Gutzlaff, *Journal of Three Voyages along the Coast of China in 1831, 1832, &1833, with Notices of Siam, Corea, and the Loo-Choo Islands*, pp. 295 – 297.

⑤ “阿美士德”号一行人在途中多次获得一些各地方当局之间的沟通文书，以及张贴的告示，在报告中也多次强调了官方记录与实际情况的差距，甚至直接拿着相关的文书质问当局。

⑥ Charles Gutzlaff, *Journal of Three Voyages along the Coast of China in 1831, 1832, &1833, with Notices of Siam, Corea, and the Loo-Choo Islands*, p. 252.

⑦ H. H. Lindsay, Karl F. A. Gützlaff, *Report of Proceedings on a Voyage to the Northern Ports of China, in the Ship Lord Amherst*, pp. 273, 18.

⑧ Charles Gutzlaff, *Journal of Three Voyages along the Coast of China in 1831, 1832, &1833, with Notices of Siam, Corea, and the Loo-Choo Islands*, pp. 190, 212.

清军“没有能力对最小的欧洲部队进行任何有效的抵抗”①；在上海时，河流两侧的堡垒炮台和围堵的战舰不断开火，英船只回应了一发礼炮，就使当地军官“非常惊愕，因为我们的枪声非常响亮，他立即命令他的船返回岸上”②。

此次探查活动前所未有地深入考察了几个重要口岸的军备和设施，与过去多以中国官方书籍和统计数据来了解中国制度不同。针对所获悉的大量细节和一手情报，郭实腊总结道：“实际的军事力量与纸面数据相差很大”，军中存在严重的吃空饷和编制缺额问题，清朝只敢与欧洲列强进行“纸面战争”，“不敢尝试真正动武”。③

（三）该信息对英国舆论及律劳卑政策的影响

郭实腊在广州外商社团中宣传了清朝海军的极度懦弱及其对英船的恐惧。④ 英国国内对此反响强烈，根据《中国丛报》，《威斯特敏评论》评价道：“除了中国政府的恐惧和嫉妒所产生的障碍，没有任何障碍能阻止欧洲贸易扩展到广州以外中国的其他港口”⑤；《观察者报》撰文者鼓吹，只要有一次小摩擦，就可以让大型舰队和军队出现，之后就能攻占城镇、占领省份，最后征服帝国⑥。

律劳卑也深受影响，在到达中国之前，他在日记中便记录道：“如果无法纠正不公平的待遇，那么就应该夺取堡垒，摧毁沿海的堡垒和炮台。”⑦ 在广州与卢坤交涉时，他直接反驳对方的“天朝”措辞⑧，称英国“有勇猛兵卒，集成大军，所攻皆胜，亦有水师大船，内有带至百二十大炮者，巡奕各洋，并中华之人所未敢驶到各海”⑨。他在

① H. H. Lindsay, Karl F. A. Gützlaff, *Report of Proceedings on a Voyage to the Northern Ports of China*, *in the Ship Lord Amherst*, pp. 147 – 148.

② Charles Gutzlaff, *Journal of Three Voyages along the Coast of China in 1831*, *1832*, *&1833*, *with Notices of Siam*, *Corea*, *and the Loo-Choo Islands*, p. 286.

③ Charles Gutzlaff, *Journal of Three Voyages along the Coast of China in 1831*, *1832*, *&1833*, *with Notices of Siam*, *Corea*, *and the Loo-Choo Islands*, pp. 297 – 302.

④ H. H. Lindsay, Karl F. A. Gützlaff, *Report of Proceedings on a Voyage to the Northern Ports of China*, *in the Ship Lord Amherst*. p. 60.

⑤ “Free Intercourse with China”, *The Chinese Repository*, *Vol. III*, 1834, p. 135.

⑥ “Free Intercourse with China”, *The Chinese Repository*, *Vol. III*, 1834, p. 136.

⑦ Priscilla Napier, *Barbarian Eye*: *Lord Napier in China*, *1834 The Prelude to Hong Kong*, p. 83.

⑧ 关于停止贸易的说法，卢坤反复说，看在该国王极为“恭顺”，“不忍遽绝贸易”。参见《鸦片战争前中英交涉文书》，第 1 部《道光十四年文书》，第 7、12 号，沈云龙主编：《近代中国史料丛刊续辑》（第 39 辑），台湾文海出版社，1977 年，第 7、10 页。

⑨ 《鸦片战争前中英交涉文书》，第 1 部《道光十四年文书》，第 20 号，沈云龙主编：《近代中国史料丛刊续辑》（第 39 辑），第 16 – 17 页。

格兰特的信中称自己“藐视广州的全部力量，据说有万名士兵，不过是纸老虎”[①]；他认为仅仅通过武力威胁就足让清政府动摇：“只需向皇帝提及一支军队和一支船队，就可以达成一个合理的安排，对双方都有利”[②]，“有三四艘巡洋舰和双桅船以及少数可靠的英国军队（不是印度兵），将在难以想象的短暂时间内解决这件事情”[③]。

三、航行报告对中国贸易前景的判断及其影响

首先，本次航行发现，商业在东部沿海的大部分地区十分繁荣，在一些地方甚至是刚需。如南澳人，“如果不许他们从事商业投机，他们就会以叛乱相威胁”；在福建，“如果没有来自台湾的大米供应，他们就会沦为饿殍了”，闽商“是天生的商人和水手”[④]，他们“沿着中国海岸线分布，并在东部群岛的许多地方建立了商业机构”；上海的情况更超乎预期，这里竟然是东部沿海重要的商业中心和港口，通航条件优良，每日都有30~40艘来自闽粤和东南亚各地的船只涌入，其贸易总量甚至远远超过广州，可经由长江直通帝国腹地，林赛认为，“外国人，特别是英国人，将从该地的自由贸易中获得无法估量的收益”[⑤]。此次航行的发现，也是此前未受英人重视的上海，在鸦片战争后成为第一批对外开放口岸的重要原因。

其次，无论走到哪里，当地商人见到“夷商”都会主动上前询价贸易，有强烈的贸易热情。如到厦门不久，就有几位体面的华商急于上船[⑥]；在福州，只要官方舰队一撤走，大量商人即来拜访[⑦]，全然不顾官方告示的禁止。官方甚至将一些人殴打示众，使得白天“百姓无一人敢买”[⑧]，以致有民众趁夜色私投书信请求贸易，称“已今（经）

---

① Priscilla Napier, *Barbarian Eye: Lord Napier in China, 1834 The Prelude to Hong Kong*, p. 134.

② Priscilla Napier, *Barbarian Eye: Lord Napier in China, 1834 The Prelude to Hong Kong*, p. 146.

③ 胡滨译：《英国档案有关鸦片战争资料选译》上册，第16页。

④ Charles Gutzlaff, *Journal of Three Voyages along the Coast of China in 1831, 1832, &1833, with Notices of Siam, Corea, and the Loo-Choo Islands*, pp. 165, 196, 193.

⑤ H. H. Lindsay, Karl F. A. Gützlaff, *Report of Proceedings on a Voyage to the Northern Ports of China, in the Ship Lord Amherst*, pp. 13, 209-210.

⑥ Charles Gutzlaff, *Journal of Three Voyages along the Coast of China in 1831, 1832, &1833, with Notices of Siam, Corea, and the Loo-Choo Islands*, p. 177.

⑦ H. H. Lindsay, Karl F. A. Gützlaff, *Report of Proceedings on a Voyage to the Northern Ports of China, in the Ship Lord Amherst*, p. 225.

⑧ 《三山举人通知书》，许地山编：《达衷集》，第18-19页。

寻有工夫茶几十担"，约定暗号半夜秘密交易①，并指明地点，如此地无法贸易可去往苏杭交易②。一行人去了宁波之后，发现当地小镇的商铺招牌上写着出售英国东印度公司的骆驼皮和宽布，但当前缺货③，亦有闽商遥来拜访，希望与之贸易④。在上海，夷商前来的消息传开不久，就有商人带着专门的翻译前来寻货问价，且价格两方都十分满意。⑤ 英人也发现，政府官员即使"不愿允许交往，但似乎无力阻止"⑥，"人们普遍希望进行贸易，但由于害怕官员而未能上前。在一些地方，他们确实与英国人进行了贸易，并以最大的诚意和善意接待了他们。在另一些地方，船员们受到了当地人的友好热情接待"⑦。

最后，林、郭接触的东部沿海官员大多倾向于同意开放贸易，认为开埠贸易事实上对当地有利。他们中有的自身参与贸易（如前文所提及参与鸦片贸易的战船官兵），也有默许外船在沿海走私贸易者（如在宁波"除非公开强迫他们注意，否则政府官员一般都会默许外国船只来访"），在上海时，"官员们的政策显然是让我们完全不受干扰，对我们不闻不问，只是满足于不让人们参观我们的船"⑧。另有一些官员对欧洲事物颇感兴趣，比如在台湾遇到的官员"表现出极大的兴趣，想知道有关我们的船乃至国家的每一件事"⑨；在宁波时，"我们唯一的烦恼是络绎不绝的好奇的来访者，许多是下级官

① "俟到二更时，我用小船拢进到贵国船。将至贵船之时，我人以瓦片打三下为号……劳尊商耳边若听有瓦片声三下出，亦可用贵小舟渡过接应为要。"见《私贩通知书（一）》，许地山编：《达衷集》，第 20 – 21 页。

② 《乡人秘书》，许地山编：《达衷集》，第 8 – 9 页。

③ H. H. Lindsay, Karl F. A. Gützlaff, *Report of Proceedings on a Voyage to the Northern Ports of China, in the Ship Lord Amherst*, p. 194.

④ Charles Gutzlaff, *Journal of Three Voyages along the Coast of China in 1831, 1832, &1833, with Notices of Siam, Corea, and the Loo-Choo Islands*, p. 258.

⑤ H. H. Lindsay, Karl F. A. Gützlaff, *Report of Proceedings on a Voyage to the Northern Ports of China, in the Ship Lord Amhersteet*, p. 186.

⑥ "Trade with China", *Wolverhampton Chronicle and Staffordshire Advertiser*, Wednesday 25 December 1833, p. 3.

⑦ "Merchanics Institution. Lecture on China and the China trade", *Liverpool Albion*, Monday 28 April 1834, p. 11.

⑧ H. H. Lindsay, Karl F. A. Gützlaff, *Report of Proceedings on a Voyage to the Northern Ports of China, in the Ship Lord Amherst*, pp. 161, 184 – 185.

⑨ Charles Gutzlaff, *Journal of Three Voyages along the Coast of China in 1831, 1832, &1833, with Notices of Siam, Corea, and the Loo-Choo Islands*, p. 204 – 205.

员，其他是体面的商人和店主”①。甚至有官员坦率告知开埠通商的良好前景，如在厦门，有海关官员称“这是外国人能来（通商）的最好地方，此处有最殷实的商人，将乐于与其进行贸易”②；福州一位官员“从初次面谈起，就表现得十分友好，并强烈希望推进英人的商业”③；宁波的马姓官员“充分赞扬了欧洲人以及与之贸易的好处”；另一位海军官员私下反对上级的意见，他“衷心希望上级与英人有更好的关系，并希望其允许与英方人的贸易，这对双方都有利”④。另外也有部分官员，开始反对通商，在林、郭的强硬态度下，也转变观念（可能只是为了安抚），如福州的陈姓官员，在英人长时间论述开埠给福州港带来的好处后，“完全接受了我对贸易的看法，并向他的同伴详细阐述这个话题，特别提到了将会产生的巨大收益”，并表示，如果下一年英人还来福州，他将会“第一个来欢迎，并设法让贸易不受牵绊地进行”⑤；在宁波，虽已张贴告示禁止贸易，但在林赛的据理力争及军事威胁下，官方保证：“贸易虽不可能，但应被考虑”，几位官员同时还保证“希望明年再来时，事情可以安排好，贸易得以顺利进行”⑥。林、郭也不止一次提到，沿海官员们虽然对贸易有兴趣，承认开埠有益，却无权决定，上海知县直言：“我等官员和百姓都希望允许你在这里贸易，由此从中获利；但只要国家法律禁止，此事就不可能”，前来劝离的知府也表达了同样的看法。

据此，林赛描绘了一幅乐观的贸易前景：中国两倍于欧洲的人口和优良的港湾条件，是英国纺织品相当广阔的市场，当地人民普遍希望与外国人自由广泛地交往，对贸易有强大的需求和渴望，即使是执行落后法律的官吏，也愿意承认从对外交往中获得的巨大好处，“然而，仅仅是一个孤独的暴君的意志，在过去的一个世纪里，就足以使近四亿人与世隔绝”⑦。律劳卑在来华航程中阅读完林赛的报告，在日记中写道：“毋庸置

---

① H. H. Lindsay, Karl F. A. Gützlaff, *Report of Proceedings on a Voyage to the Northern Ports of China, in the Ship Lord Amherst*, p. 102.

② Charles Gutzlaff, *Journal of Three Voyages along the Coast of China in 1831, 1832, &1833, with Notices of Siam, Corea, and the Loo-Choo Islands*, p. 176 – 177.

③ H. H. Lindsay, Karl F. A. Gützlaff, *Report of Proceedings on a Voyage to the Northern Ports of China, in the Ship Lord Amherst*, p. 59.

④ Charles Gutzlaff, *Journal of Three Voyages along the Coast of China in 1831, 1832, &1833, with Notices of Siam, Corea, and the Loo-Choo Islands*, pp. 245, 259.

⑤ H. H. Lindsay, Karl F. A. Gützlaff, *Report of Proceedings on a Voyage to the Northern Ports of China, in the Ship Lord Amherst*, pp. 92 – 94.

⑥ Charles Gutzlaff, *Journal of Three Voyages along the Coast of China in 1831, 1832, &1833, with Notices of Siam, Corea, and the Loo-Choo Islands*, pp. 266, 269 – 270.

⑦ H. H. Lindsay, Karl F. A. Gützlaff, *Report of Proceedings on a Voyage to the Northern Ports of China, in the Ship Lord Amherst*, pp. 199, 203, 211 – 212.

疑，开放贸易让所有人受益，并且‘符合中国人民的愿望’”①；他向英国首相格雷报告，“从长城到帝国的最南端，中国人民都非常渴望和我们进行贸易，只有满族政府是反对贸易的”；给巴麦尊的信中也提到，“中国人民非常渴望获得我们的制造品并分享贸易的普遍利益”；同时，他觉得，对于贸易的渴求，并不只存在于人民之间，而且在官员中②，甚至“整个海岸线”的走私是在“官员的积极纵容下进行的”③。这给了律劳卑在与卢坤交涉时充分的反驳依据。当卢坤在交涉中惯常性地强调中英贸易于中国无关毫末④，律劳卑则在林、郭报告的基础上予以反驳：“说贸易对天朝不关毫发，难道不知道两广及福建人民都以贸易为生吗”⑤，并告知以贸易乃互利互惠之事。

四、航行报告认为清朝官民能够接受平等交往

林、郭二人，尤其久居广州的林赛，深刻体察了广州以外沿海人民对其态度的差异。从澳门起航后，在他们落脚的每一个地方（除了山东），都受到极为热情的接待。南澳人“看起来很穷，但举止却非常友好和亲切”，热情地向这些不速之客分享仅有的物品⑥；在南澳和海丰的一个月间，在每个停泊处他们都走入村庄，“被成百上千的中国人包围，没有遇到广州附近经常出现的粗鲁和侮辱，只有友好和善意”⑦。在厦门，当地人热衷于培养与陌生人的感情，只要不在政府管辖区域，就愿意自由交往，表达善意。在台湾和澎湖，一下锚，就有大量渔民前来，并答应携带商人前来采购。⑧ 在福州，

---

① Priscilla Napier, *Barbarian Eye: Lord Napier in China, 1834 The Prelude to Hong Kong*, p. 83.

② 胡滨译：《英国档案有关鸦片战争资料选译》上册，第22、13、23页。

③ Priscilla Napier, *Barbarian Eye: Lord Napier in China, 1834 The Prelude to Hong Kong*, p. 142.

④ “该国每年数十万商税，在天朝无关毫末，有无甚不足重。呢羽等件，更为无关紧要。而内地茶叶大黄湖丝等物，为该国民生养命之源。”见《鸦片战争前中英交涉文书》，第1部《道光十四年文书》，第7号，沈云龙主编：《近代中国史料丛刊续辑》（第39辑），第6-7页。

⑤ *Canton Register, Vol. 7, No. 36*, Tuesday 09 September, 1834.

⑥ H. H. Lindsay, Karl F. A. Gützlaff, *Report of Proceedings on a Voyage to the Northern Ports of China, in the Ship Lord Amherst*, pp. 2-5.

⑦ H. H. Lindsay, Karl F. A. Gützlaff, *Report of Proceedings on a Voyage to the Northern Ports of China, in the Ship Lord Amherst*, pp. 11-12.

⑧ Charles Gutzlaff, *Journal of Three Voyages along the Coast of China in 1831, 1832, & 1833, with Notices of Siam, Corea, and the Loo-Choo Islands*, pp. 195, 205.

沿途居民争相拜访，船只挤满访客。① 同样的情况，在宁波、上海、崇明岛均有发生，郭实腊甚至说，这些中国人“急于与欧洲人培养友谊”②。这与林赛等人在广州的遭遇截然相反：“我曾无数次看到母亲教婴儿对路过的陌生人用最粗暴的语言进行辱骂”。为何会有如此反差？

（一）平等交往的可能性

林赛与郭实腊将其归因如下：

第一，是否有官方的教唆。在广州，“一个多世纪以来，它已经利用其权力范围内的一切手段，通过法令、标语牌、书籍和无数其他方式，尽可能贬低外国”，称之为“蛮夷”，而“蛮夷们”长久以来并未作出有效抵抗，以至于民众看到外国人“自然觉得事实如此”。林赛称，广东政府这一“系统的计划”大获成功，将“中国人对陌生人的自然、善良和友好的感情严重扭曲”③。而在未受这种影响的地方，比如厦门，当地民众惊讶于官吏们粗暴地对待外国人，“忍不住对被之视为朋友的陌生人表示友好”④。官吏在场阻止了民众对外国人的善意，在上海，“当我们单独在一起时，他们的态度总是更加亲切和坦率”；在宁波，官员离开后，原本不敢上前的民众从四面八方的乡下赶来看热闹，“至少有600 人聚集在一起，争先恐后地向英人示以友善”，这才是中国人脱离了官方影响后的真实性格。

第二，是否能与中国人直接交流。郭实腊是一名语言天才，掌握数门语言，熟悉中国语言习惯，还熟练掌握闽南话和普通话，在停留的每一个地方都进入村庄和当地人交流。这使林赛意识到对中国经典的掌握和对中国文化的理解十分重要。林赛说，“很少有外国人能掌握这些语言……这能带来非同寻常的力量”，而过去“外国人在广州堕落的一个主要原因，就是对中文的普遍无知”，在中国人面前总是用一种“低级的行话作为唯一的沟通媒介，……用最轻蔑的语言与中国人沟通”，郭实腊在和中国人的沟通中能够引经据典，“中国人总是乐于听之，特别容易接受其观点”，也能“得到所有阶层当

① H. H. Lindsay, Karl F. A. Gützlaff, *Report of Proceedings on a Voyage to the Northern Ports of China, in the Ship Lord Amherst*, pp. 60 – 62.

② Charles Gutzlaff, *Journal of Three Voyages along the Coast of China in 1831, 1832, &1833, with Notices of Siam, Corea, and the Loo-Choo Islands*, p. 305.

③ H. H. Lindsay, Karl F. A. Gützlaff, *Report of Proceedings on a Voyage to the Northern Ports of China, in the Ship Lord Amherst*, pp. 32 – 35.

④ Charles Gutzlaff, *Journal of Three Voyages along the Coast of China in 1831, 1832, &1833, with Notices of Siam, Corea, and the Loo-Choo Islands*, p. 181.

地人的尊重"①。他们准备了数种用中文写成的小册子，除了《大英国事略》，还有一些劝人向善、戒赌戒毒的福音小册子。所到之处都免费散发，以至于厦门、台湾和福州的人们"迫不及待地抓起，聚精会神地阅读"②，甚至特地从大老远的地方赶来索取③。更有人读罢冒着被逮捕的风险夜里投书："我此乡人由古至今，未见你外国人物，各人都见到你船上悬有一牌，有济世医生，亦有劝赌文辞，亦有你国论文诗书，人物品倖（行），友爱仁心，可敬可敬矣。"④ 这些做法直接影响到律劳卑在对华交涉中的做法。来华不久，他就向巴麦尊谈及向民众投放小册子和张贴告示宣传英国政府的意图，因"中国人都读书识字，并渴望获得知识"⑤。

（二）平等交往的尝试

"阿美士德"号航行有一重要发现：当他们以强硬姿态要求平等，官员和百姓的态度随即转变。

林、郭发现，官员们对外国人的傲慢无礼，会随着直接接触而减轻甚至消失。他们初到厦门即被巡防的下级官员粗暴驱赶，但当见到主官，强硬地提出看起来合理的平等要求，官员们遂转变态度，表示"希望以最大的善意对待"他们；"提督显然倾向于同意我们的贸易请求，表现出中国式的矜持有礼"，只有总兵反对；一行人最终如愿购买补给，并在群众中散播小册子，不再有人阻拦。这使林赛认为，"即使是官员，也不像文书和公告所显示的那样轻视我们"，官员和外国人保持距离，贬低他们，以免近则生狎。⑥ 而中下层官员并无决定权，只负责劝退。⑦ 在福州，英人大闹将军府后，官员们改变语气，斥责下属对其无礼，对于落榻处和贸易的争议消失了，气氛变得亲切友好。林赛再次总结到，用不容置疑的语气作温和公正的要求，而且要表现出不顾一切代价的决心，官员们就会欣然接受，还变得更加善意亲切。这样的过程在宁波、上海被重复了数次。

---

① H. H. Lindsay, Karl F. A. Gützlaff, *Report of Proceedings on a Voyage to the Northern Ports of China, in the Ship Lord Amherst*, pp. 30 – 31, 187, 195, 10 – 11, 30 – 31.

② Charles Gutzlaff, *Journal of Three Voyages along the Coast of China in 1831, 1832, &1833, with Notices of Siam, Corea, and the Loo-Choo Islands*, pp. 198, 203.

③ H. H. Lindsay, Karl F. A. Gützlaff, *Report of Proceedings on a Voyage to the Northern Ports of China, in the Ship Lord Amherst*, p. 62.

④ 《乡人秘书》，许地山编：《达衷集》，第 8 – 9 页。

⑤ 胡滨译：《英国档案有关鸦片战争资料选译》上册，第 16 页。

⑥ H. H. Lindsay, Karl F. A. Gützlaff, *Report of Proceedings on a Voyage to the Northern Ports of China, in the Ship Lord Amherst*, pp. 15 – 19, 22 – 26, 34.

⑦ Charles Gutzlaff, *Journal of Three Voyages along the Coast of China in 1831, 1832, &1833, with Notices of Siam, Corea, and the Loo-Choo Islands*, p. 228.

林、郭还发现，座位席次以及在官员面前是站是坐，这种看似小事，但在中国传统礼仪文化中，是身份和地位的表征。若甘于下座或站立，中国人自然会低视他们，但若强行要求平等待遇，官吏和百姓的态度都变了。在厦门与提督会晤时，由于是此行第一次面见高级官员，英人并未注意礼节琐事，“站在有座位的下级官员旁边……显然降低了自己在他们心中的地位”①，“厦门官员对我们极尽侮辱，以使我们被民众鄙夷，维护天朝的尊严”。“在官员面前站立本是微不足道的，却助长了其对我们的无礼”②，林赛反思道：“在未明确我们将受到的礼貌和待遇的情况下寻求与政府高级官员会面是错误的”，但明白这些“对我们今后是有益的”。之后和各地官吏的接触中，他们无不注意礼节。最典型的是在宁波和上海。在宁波会面时，林、郭坐在“两位将军和一位太监面前……而副将和都司等人是站着的。在没有商人媒介的情况下适当地讨论了通商要求”，这看上去微不足道，但给当地官民对“欧洲人的看法以及相应对待他们的心态”产生很大影响。以至于他们离开的时候，当地人一改最初的严防死守③，“成群结队地聚集在海滩上为我们送行，各级官员也争先恐后地表达着友谊”④。席次争锋也使他们在上海畅通无阻，当知县要求其“在道台面前跪下”时，林赛反驳道：“在宁波，我曾在道台以上级别的人面前坐过；因此，如果道台坐着，我们必须坐着；如果他们站着，我们也会站着。”不久一行人被道台“站起来接待，然后被领到大厅”，见到六位官员坐着不动，林、郭愤而离席，几位官员只得“好言安抚”，承诺不再冒犯。果然，再次会晤得到平等对待，“官员们的举止比前一天要有礼貌得多”，前一次见面时傲慢的知县“恭敬逢迎，并谄媚地强请我们坐在高位”。⑤

在平行文书和席次纠纷之后，林、郭反思了礼节对于航行考察的重要性。除了坚持要求见高级官员外，他们还特别注意文书中的用词。在福州，林赛递交由郭实腊撰写的文书，特将中英两国并列，拒绝黄姓官员要求其使用“蛮夷（E or Barbarian）”这个

---

① H. H. Lindsay, Karl F. A. Gützlaff, *Report of Proceedings on a Voyage to the Northern Ports of China, in the Ship Lord Amherst*, pp. 50 – 52, 274, 26.

② Charles Gutzlaff, *Journal of Three Voyages along the Coast of China in 1831, 1832, &1833, with Notices of Siam, Corea, and the Loo-Choo Islands*, pp. 184 – 196.

③ H. H. Lindsay, Karl F. A. Gützlaff, *Report of Proceedings on a Voyage to the Northern Ports of China, in the Ship Lord Amherst*, pp. 26 – 27, 284, 130.

④ Charles Gutzlaff, *Journal of Three Voyages along the Coast of China in 1831, 1832, &1833, with Notices of Siam, Corea, and the Loo-Choo Islands*, p. 249.

⑤ H. H. Lindsay, Karl F. A. Gützlaff, *Report of Proceedings on a Voyage to the Northern Ports of China, in the Ship Lord Amherst*, pp. 172 – 182.

词。① 双方对此相争甚久。当宁波官方收到福建水师提督告知“夷船如有鼠窜至”②，林、郭花了相当长的篇幅来批判其用词的不合理③，威胁说：“这种侮辱性的语言一定会在两大国之间激起敌对情绪”④，宁波当局随即改口。在上海，官员始终试图让他们相信，“夷”这个字并无贬损用意，只是用以形容外国人而已，郭实腊则援引《大清会典》以及苏东坡的观点予以反驳⑤，官员们自感理亏，道歉改正。此后，宁波和上海的官员向他们发出文书时，都会主动隐去“冒犯性词语”。林赛对此总结道：“判断一个中国词语的分量和含义的最公平、也是唯一的方式，就是根据他们国家的标准和经典书籍中对该词语的解释”，郭实腊称，平行文书和席次一样，影响到当地人“对欧洲人的看法以及对待他们的心态”。⑥

这些认识也坚定了律劳卑谋求对华平等交往的意图，林赛的报告促使他决心改变“屈于频繁羞辱和不公”的交往方式，如无人响应，不惜动武。⑦ 来华后，律劳卑凡事要求对等，直接挑战“广州体制”下中外交接模式：不肯在澳门等待牌照批准而直入广州商馆；拒绝行商媒介，不用“禀帖”，坚持以平行文书与两广总督卢坤直接沟通；抗议中方将其名字翻译为“啤唠啤”，遂使其改译名为“无比”；与中方低级官员会面时，要求座席符合中式礼仪，拒绝居于下座；反对卢坤在信件中称其为“夷目”，以及称英国“向来恭顺”，强硬回复：“英国大主权能嵬嵬，版图洋洋，四方皆有所服，地属广汪，土产丰盛，即大清亦非能比权”⑧。在商馆给养中断时，调用两艘军舰进入珠江。他认为这有助于奠定一种模式，成为日后中英官方交往的先例，而不平等的交往会降低英王代表和臣民在中国人民心中的形象，“并使得监督们为履职所做的努力完全无

① H. H. Lindsay, Karl F. A. Gützlaff, *Report of Proceedings on a Voyage to the Northern Ports of China, in the Ship Lord Amherst*, p. 65 – 66.

② 许地山编：《达衷集》，第 39 页。

③ H. H. Lindsay, Karl F. A. Gützlaff, *Report of Proceedings on a Voyage to the Northern Ports of China, in the Ship Lord Amherst*, pp. 181 – 182.

④ H. H. Lindsay, Karl F. A. Gützlaff, *Report of Proceedings on a Voyage to the Northern Ports of China, in the Ship Lord Amherst*, p. 189.

⑤ 《胡夏米上苏松太道书》，许地山编：《达衷集》，第 54 – 55 页。

⑥ H. H. Lindsay, Karl F. A. Gützlaff, *Report of Proceedings on a Voyage to the Northern Ports of China, in the Ship Lord Amherst*, p. 66 – 67, 284.

⑦ Priscilla Napier, *Barbarian Eye: Lord Napier in China, 1834 The Prelude to Hong Kong*, pp. 82 – 83.

⑧ 《鸦片战争前中英交涉文书》，第 1 部《道光十四年文书》，第 20 号，沈云龙主编：《近代中国史料丛刊续辑》（第 39 辑），第 16 – 17 页。

效”①，必须打破这种将来使作为朝贡者的“幻想”②。这些做法加剧了其与清政府的冲突。

五、结语

1831 年英国东印度公司广州商馆首次形成的对华强硬立场，被林、郭一行在 1832 年的沿海考察中予以实践并升格了。林赛重复其上年的结论：“对之顺从会招致无礼，对之反对和蔑视则会被礼貌和友好相待”，郭实腊进一步阐明“当我们坚决要求时，一切都显得可行，而当我们谦卑地要求时，甚至连最起码的东西都被拒绝”。③ 报告所制造的国内舆论以及律劳卑来华途中的按图索骥，直接指明了其来华后的交涉路径，以强硬态度面对来自广东官方的体制冲突。

具体而言，其一，航行报告认为中国有广阔的市场，东部沿海的大部分地区商业繁荣，人民普遍希望与外国人自由广泛地交往，对贸易有强大的需求和渴望；这使律劳卑在交涉中得以“识破”卢坤官方话语（惯常性地强调中英贸易于中国无关毫末）的不实之处。其二，林、郭一行发现，未受官方影响的百姓对英人的态度是友好的，向民众投放小册子可以避开官方直接与民众交往；此举在律劳卑来广州后也屡被尝试。其三，报告强调，当他们以强硬姿态要求平行文书和座次平等，官员和百姓的态度随即转变，这使律劳卑来华后在这两件事上丝毫不肯退让。其四，林、郭一行的深入考察发现中国沿海军备废弛、武器落后、士气涣散，认为其不堪一击；这使得律劳卑在与卢坤交涉时径直“以硬碰硬”，不惜出动军舰与之对抗，最终导致了不幸的结果，也铸成了英人以之为“鸦片战争的前奏”的重大中英冲突。上述情况显示出律劳卑并非另起炉灶，而是在东印度公司遗产的基础上形成其对华交涉策略。

作者简介：

江昕瑾，南京大学历史学院、中国南海研究协同创新中心博士研究生；张坤，暨南大学文学院历史系教授。

---

① 胡滨译：《英国档案有关鸦片战争资料选译》上册，第 16、82－83、6－7 页。

② Priscilla Napier, *Barbarian Eye: Lord Napier in China, 1834 The Prelude to Hong Kong*, p. 124.

③ H. H. Lindsay, Karl F. A. Gützlaff, *Report of Proceedings on a Voyage to the Northern Ports of China, in the Ship Lord Amherst*, pp. 182, 289.

晚清时期澳葡政府氹仔路环管理制度相关问题的商榷

张廷茂

［提要］澳葡当局开始占领氹仔和路环之后，任命一名军事统领驻扎其地，设立氹仔过路湾军事统领部。氹仔过路湾公局并非设于1869年，而是1878年12月。在19世纪的澳门，政府机构中并无“离岛市政厅”“海岛市”“离岛市政府”“离岛市”这些名称。氹仔过路湾政务厅依据海外省法令的规定设于1872年，而非1878年或1879年。1878年的税收章程规定由氹仔过路湾政务厅负责两岛领牌事务并征收税收，仅仅表明氹仔过路湾政务厅在1878年时已经存在。在氹仔过路湾设立政务厅，依据的是葡萄牙海外省的法令，与华政衙门无关，设立的目的也不是取代之前设立的机构和官职。1879年5月澳葡当局颁布了《氹仔过路湾公局入银与支银章程》，其中并未涉及该公局的组织、权限、运作规程等。

［关键词］澳门；氹仔；路环；政务厅；街坊公局

关于氹仔和路环两个岛屿的管理制度，除了澳门通史中的插叙外，逐渐有了一些专题性的研究。1981年，澳门葡萄牙学者文德泉神父（Padre Manuel Teixeira）出版《氹仔和路环》，其中列举了葡萄牙人对氹仔路环的占领过程、氹仔路环军事统领的设立、亚马留（João Maria Ferreira do Amaral）和贾多素（Francisco António Gonçalves Cardoso）的相关指令、氹仔过路湾政务厅的设立、历任军事统领和政务厅的名册、氹仔政务厅1901

年公文等。① 这本小册子是西方学者关注氹仔路环较早的著作，具有重要的学术意义。

1993 年，澳门海岛市政厅出版《海岛市政厅历史资料》（两卷）。书中按照时间顺序，将澳葡官方文件中有关氹仔和路环两岛的文献一一列举，注明文献的出处，诸如亚马留和贾多素的指令、1872 年第 64 号训令、1873 年第 44 号训令、1878 年第 59 号训令、1878 年第 98 号训令、1878 年第 104 号训令、1879 年总督、1880 年第 2 号训令等。② 作为一本资料书，该书对研究两个岛屿的历史意义重大。

1995 年，葡萄牙学者施白蒂《澳门编年史：十九世纪》多处论及氹仔和路环岛屿的行政管理：1852 年澳门总督关于摊派氹仔居民什一税的命令、1868 年八位华人店主开始负责街区事务、1869 年氹仔路环的驻军人数、1872 年氹仔过路湾政务厅设立、1874 年审查军事统领账目的训令、1879 年对两岛征收生意公钞、1887 年海岛市政条例获批、1897 年在氹仔设立船政厅代理和鸦片监督署代理等。③ 有关事项内容虽然不够详细，但给研究者提供了重要线索。需要指出的是，由于中译本未能译出“政务厅”“军事统领部”，将“氹仔过路湾政务厅”译成了“海岛市”，将“政务厅”译成了“行政”，将“海岛政务厅”译成了“离岛政府”，将“氹仔过路湾政务厅”译成了“氹仔路环市政府”。这些译名在引用者中间引起了史实陈述的混乱。

中国学者对氹仔和路环两岛的研究起步较晚。1991 年，郑炜明发表《葡萄牙人占有澳门氹仔、路环二岛的经过与性质》一文，其中引用中外文献，考察了葡萄牙逐步侵占氹仔和路环的过程，述及葡人在岛上设立绿衣馆、兵房、教堂，强迫向居民征税等，但没有讨论澳葡政府在两个岛屿的军事设置和行政管理制度。④

2004 年，费成康在《澳门：葡萄牙人逐步占领的历史回顾》中指出：“到了 1864 年，澳葡当局首次任命负责氹仔、路环两岛防务的军事指挥官。1865 年，他们成立海岛镇行政局，作为管辖氹仔、路环两岛的行政机构，并在四年后将这两个离岛划为海岛市，将其行政机构升格为海岛市政厅。不久，他们还在两个离岛上组建了一个公共工程

① Padre Manuel Teixeira, *Taipa e Coloane*, Direcção dos Serviços de Educação e Cultura, 1981.

② Câmara Municipal das Ilhas, *Subsídios para a História do Município das Ilhas*, Vol. I, Da Primeira Referência à Ilha da Taipa até à Extinção do Camara Militar da Taipa e de Coloane (1689 - 1928); Vol. II, Camara Municipal das Ilhas, 1993.

③ Batriz Basto da Silva, *Cronologia da História de Macau*, Vol. III, Séculos XIX, Direcção dos Serviços de Educação e Juventude, 1995, pp. 152, 222, 239, 246 - 247, 263, 301; ［葡］施白蒂著，姚京明译：《澳门编年史：十九世纪》，澳门基金会，1998 年，第 113、171、177、190、197、211、214、250、292 页。

④ 郑炜明：《葡萄牙人占有澳门氹仔、路环二岛的经过与性质》，吕一燃主编：《中国边疆史地论集》，黑龙江教育出版社，1991 年，第 447 - 460 页。

委员会，由驻军的指挥官任主席。”①

2012 年，马光发表《从“非依常规”到〈自治规约〉——近代氹仔和路环的军事、税收与行政变迁初探》，是华人学者较早关注这个问题的论文，在选题的开拓方面具有积极意义。文中搜集了一些关于氹仔和路环的历史资料，其学术贡献是值得肯定的。②但是，由于时间跨度太长，文中存在较多错误和问题，对于两岛管理的基本问题的认识存在误区。

2014 年，吴宏岐在《时空交织的视野：澳门地区历史地理研究》中设专节讨论了“澳葡政府在离岛地区的早期政治架构与运作机制”。在研究两岛历史的论著中，作者首次正确指出了“氹仔过路湾政务厅”和“氹仔过路湾公局”的区别，并按照两个机构分别叙述相关内容。但是，受到施白蒂《澳门编年史：十九世纪》中译本和葡文资料不足等因素的影响，在两个机构的设立上仍然存在模糊和错误之处，对氹仔过路湾政务厅与氹仔过路湾公局关系的论述也不尽正确。③

综合上述梳理，学者们对氹仔和路环管理制度的研究尚存在一些不足，尤其是，中国学者的研究存在较多的模糊和错误之处，需要提出来进行讨论和澄清。

一

对于早期澳葡当局对氹仔和路环的管理，马光提出了这样的判断：“早期（19 世纪 40 年代至 70 年代）葡萄牙主要实行军事占领为主的策略，澳葡政府对氹仔和路环的统治，更多是出于政治而非经济层面的考量。70 年代中后期，澳葡政府对氹仔和路环统治的军事色彩开始淡化。”④ 这样的判断似乎只是作者的一种自我感觉，并不符合历史文献记载的事实。首先，从澳门总督亚马留给氹仔军事统领的命令来看，四条内容只有一条是负责治安，两条涉及船舶税的征收及其应用，一条是对两岛华人的安抚和保护。⑤1851 年澳门总督贾多素给氹仔路环军事统领的指令，也是强调他在船舶管理和停泊税征

① 费成康：《澳门：葡萄牙人逐步占领的历史回顾》，上海社会科学院出版社，2004 年，第 177 页。

② 马光：《从“非依常规”到〈自治规约〉——近代氹仔和路环的军事、税收与行政变迁初探》，《澳门研究》2012 年第 1 期。

③ 吴宏岐：《时空交织的视野：澳门地区历史地理研究》，社会科学文献出版社、澳门特别行政区政府文化局，2014 年，第 118 – 133 页。

④ 马光：《从“非依常规”到〈自治规约〉——近代氹仔和路环的军事、税收与行政变迁初探》，《澳门研究》2012 年第 1 期。

⑤ Padre Manuel Teixeira, *Taipa e Coloane*, p. 7.

收方面的责任。[①] 维森特·尼克劳·德·美士基达（Vicente Nicolão de Mesquita）履行氹仔统领的职务，因表现突出而受到澳葡政府的表扬："自1851年起，你驻扎在外港前面的氹仔要塞，控制着目前的船舶锚地。你在这里作出了杰出的贡献，保护了附近村落的华人，征收了他们的税款，并向从该港运输食盐的船舶征收了停泊税。"[②] 可见，管理船只和征收税款在其"功绩"中占据了突出地位。再从氹仔统领在19世纪五六十年代提交总督的工作报告来看，似乎也不是以军事、政治为主，以经济为辅，而管理商船和收取税款自始至终都是其突出的责任。其次，实行军事统领制度并不表明澳葡当局对两个岛屿的管理就是以军事为主、以经济为辅。对于海外省的行政区划和市政机构，葡萄牙《行政法典》和《海外省政府机构章程》有明确的规定[③]，澳葡政府必须执行这些规定。而澳葡政府在氹仔和路环没有像在澳门半岛那样设立政务厅和市政公局，主要是因为澳葡当局对这些岛屿的占领、渗透和开发程度不符合相关法令和章程的规定。最后，19世纪70年代中期以后，澳葡政府管理氹仔和路环的军事色彩似乎也没有淡化。政务厅设立之后，军事统领一身兼军事统领和政务官二任，二者是并重的。氹仔和路环的驻军规模和警力布置不断增加，也不显示军事色彩淡化。事实上，1862年的《同治条约》流产后，葡萄牙加紧了对两个岛屿的占领和控制。尤其是1887年12月《中葡和好通商条约》签署后，为了在未来的划界谈判中获得有利地位，澳葡政府更加紧对两个岛屿，特别是路环岛的武装占领，最终在1902年路环惨案后基本占领路环。[④] 这一切都表明，澳葡政府管理氹仔和路环的军事色彩非但没有淡化，反而是在加强。

在阐述亚马留时期对氹仔的管理时，马光指出："其后（1847年5月6日），亚马留命令驻澳门港口海军少校佩德罗·罗利路（Pedro José da Silva Loureiro）在氹仔修建西沙嘴炮台，而修建炮台的费用则来自亚马留上年向氹仔路环居民征收的税银。"[⑤] 首先，佩德罗·罗利路的军衔不是"海军少校"，而是"中尉"。其次，他不是"驻澳门港口"的军官，而是澳门船政厅（Capitania do Porto de Macau）的船政官。最后，"亚马留上年（1846）向氹仔路环居民征收税银"之说查无实据。

---

① Padre Manuel Teixeira, *Taipa e Coloane*, p. 9.

② Câmara Municipal das Ilhas, *Subsídios para a História do Município das Ilhas*, Vol. I, p. 19.

③ *Codigo Administrativo*, Imprensa Nacional, 1842, pp. 5 - 6, 7；《海外省政府机构章程》，张廷茂编译：《澳门历史文献辑译》（第一辑），暨南大学出版社，2016年，第42 - 53页。

④ 参见费成康：《澳门：葡萄牙人逐步占领的历史回顾》，第177 - 178、180、185、187、195、202 - 203、207 - 208、218 - 219页。

⑤ 马光：《从"非依常规"到〈自治规约〉——近代氹仔和路环的军事、税收与行政变迁初探》，《澳门研究》2012年第1期。

关于澳葡当局对氹仔的占领和管理，马光指出："1849 年 8 月 20 日，澳督贾多素应当地居民和船民的要求，下令占领破碎的氹仔，并在此设立一小而精的哨所以保护氹仔。"① 这里的纪事时间和澳门总督的名字出现了混乱。如果时间是指 1849 年 8 月 20 日，那么，此时的澳门总督是亚马留，不是贾多素。亚马留 1846 年 4 月 21 日就任澳门总督，1849 年 8 月 22 日被刺杀。如果是指澳门总督贾多素，则纪事时间又是错的。贾多素 1851 年 2 月 3 日就任澳门总督，1851 年 11 月 19 日为吉马良斯所代替。我们查阅了文德泉神父的著作，其中称："贾多素总督下令占领了第二个（小岛），时间是1851 年8 月 20 日。"②

关于澳葡当局在氹仔和路环的军事存在，马光指出："氹仔和路环的巡捕营并非一般意义上的警站。""当年（1847 年），氹仔港监小雅努阿里奥·阿尔梅达（Januário Agostinho de Almeida）制定了当地行政管理的第一部章程。"③ 这里短短两行字的陈述却有四个问题。第一，巡捕营是整个澳门省的军警组织，而氹仔和路环只是巡捕营所设众多警站之一；"巡捕营是警站"的表述语义不通。第二，当时没有"氹仔港监"这样的职务，实际上他是氹仔警站的军事统领（Commdante do posto da Taipa）。第三，作为氹仔军事统领，他不可能制定氹仔的行政管理章程，只有澳门总督才可以制定这样的章程。第四，作者给出的注释是文德泉神父《氹仔和路环》一书的第 7 页，但我们细读此页没有找到这样的内容。该页称："1848 年 1 月 28 日，陆军少尉美士基达被委任为氹仔军事统领，以代替阿尔梅达，他被命令返回其在部队的岗位。"

二

关于1869 年12 月1 日法令，马光是这样陈述的："澳葡政府为了加强统治氹仔和路环两岛，于1869 年12 月1 日颁布法令，成立离岛议事公局，派驻2 名警司、2 名警官和21 名警员于离岛。"④ 这里的陈述是个大杂烩，且有多处错误。第一，该法令不是澳葡政府颁布的。在晚清时期，澳葡政府是不可能颁布法令的。按照葡萄牙的法律制度，只有国家议会（As Cortes）和葡王才能颁布法令。事实上，各海外省政府只能发布"训

① 马光：《从"非依常规"到〈自治规约〉——近代氹仔和路环的军事、税收与行政变迁初探》，《澳门研究》2012 年第 1 期。

② Padre Manuel Teixeira, *Taipa e Coloane*, p. 8.

③ 马光：《从"非依常规"到〈自治规约〉——近代氹仔和路环的军事、税收与行政变迁初探》，《澳门研究》2012 年第 1 期。

④ 马光：《从"非依常规"到〈自治规约〉——近代氹仔和路环的军事、税收与行政变迁初探》，《澳门研究》2012 年第 1 期。

令”（portaria），即行政命令。① 直到20世纪20年代，各海外省政府才可以颁布“立法条例”（Diploma Legislativo）。1920年8月22日，葡萄牙政府颁布第1022号法律，批准各海外殖民地组织立法委员会（澳葡当局汉译为“议例局”），依法讨论属于其政府权限内的事务，并颁布立法条例。② 第二，此次命令核准了《海外省政府机构章程》，其第二条规定在各海外省设立若干政务区（澳葡当局汉译为“政务厅”③）；第七十二条规定，在各政务区设一名政务官和一个市政机构。④ 该章程针对各个海外省，完全没有涉及氹仔和路环两个岛屿的管理制度。第三，在19世纪澳葡官方的历史文献中并无“离岛”的说法。当时澳葡当局行文都是直接指出两个岛屿的名称，直呼“氹仔过路湾”，或简称“氹路”。根据笔者目前搜索的结果，直到20世纪60年代，在澳葡当局的政府机构中才出现“离岛”的说法。第四，氹仔过路湾议事公局并非设于1869年，而是设于1878年12月，1879年1月起公局首任执事开始工作。⑤ 第五，“派驻2名警司、2名警官和21名警员于离岛”不是1869年12月1日法令的内容，而是1869年5月31日澳门总督训令核准的《澳门警察部队章程》中“警力分配表”里的内容；其位置亦不在《澳门政府公报》1869年第23卷，而是在第32卷。⑥

在对该时期氹仔和路环财税问题进行研究时，马光将澳葡当局实行的专营承充也纳入其中，并且认为，“专营承充制度给氹仔和路环带来了巨大收益”，“是氹仔和路环财政收入最重要的来源”。⑦ 其实，澳葡当局虽然也在氹仔和路环实行专营（承充）制度，但是，它并不是氹仔统领管辖权限内的事情。专营承充事宜由澳门公物会统一负责。从1851年5月9日签署的《氹仔港口卖盐专营权出投公告与合同》可知，此次出投活动由澳门公物会主持举办，成交人与公物会签署合同，承充规银也是直接付给澳门公物会银

---

① 《1838年葡萄牙宪法第十章》，张廷茂编译：《澳门历史文献辑译》（第一辑），第11页。

② “Lei No. 1022 de 20 de Agosto de 1920”, *Boletim Oficial*, No. 43, 23 de Outubro de 1920, pp. 787 – 788.

③ “政务厅”在澳葡当局的汉译名称中，既指作为机构的政务厅（Administração do Concelho），也指政务厅的头目（Administrador do Concelho）。为了行文顺畅，本文稍加区别，将机构译为“政务厅”，将其头目译为“政务官”。

④ 《海外省政府机构章程》，张廷茂编译：《澳门历史文献辑译》（第一辑），第52页。

⑤ “Portaria No. 104 de 27 de Dezembro de 1878”, *Boletim da Provincia de Macau e Timor*, Vol. XXIV, No. 52, 28 – 12 – 1878, p. 208.

⑥ “Regulamento do Corpo da Policia de Macau”, *Boletim Official da Provincia de Macau e Timor*, Vol. XV, No. 32, 9 de Agosto de 1869, p. 152.

⑦ 马光：《从“非依常规”到〈自治规约〉——近代氹仔和路环的军事、税收与行政变迁初探》，《澳门研究》2012年第1期。

库。① 1874 年 12 月 12 日训令任命的查账委员会在其报告中曾建议："具有专营性质的收入，应该是由承充人直接向公物会投充，每年收入低于 200 元的除外。这样的项目应该由军事统领在两名当地主要商人在场的情况下主持竞投，公物会的一个职员作为监督员出席竞投会。军事统领做出的决定在经过总督核准后方可生效。200 元以上的专营项目，由公物会司库征收，其他收入则由氹仔军事统领征收。"② 我们虽然不知道这个建议的执行情况，但是，我们可以知道，氹仔和过路湾的专营项目都由承充人与公物会签订合约，直接将承充规银交给公物会司库银库。1878 年 11 月 30 日，澳门总督颁布训令实施新的《澳门华人行铺生意公钞即点街灯公钞章程》，其第二十七条第二附款规定："番摊馆、闱姓厂、白鸽票厂、熟鸦片烟馆、猪肉台、牛肉栏、卖盐店等，如不经营别的货物，则不在本章程所定领新牌规矩之列，因该类铺店厂等所领之牌，是以与公物会所立合同为据的。"③ 显然，专营项目的承充与一般的工商业税收是明显分开的，前者不在氹仔政务厅的管辖范围内。另据记载："1880 年，在氹仔设有 403 间商铺和货站，向公物会缴纳税款 2 838. 60 元。专营权承充涉及猪肉销售、番摊赌博、鸦片和咸鱼，其收入直接由承充人交给公物会银库。"④ 总之，专营承充的收入，由承充人直接交付给澳门公物会，并不构成氹仔和路环的财政收入。

关于海岛市管理机构的设立，施白蒂指出："1869 年（12 月 1 日）成立离岛市政厅（葡语原文说的是'市政机构'）的法令颁布。""海岛市（葡语原文说的是"市政委员会"）于 1869 年 12 月 1 日设立。""1878 年第 104 号省训令承认氹仔过路湾的自治权以及实行这种自治权的财政手段。"⑤ 这里的陈述存在几个问题。首先，"离岛市政厅"和"海岛市"的中文译名不准确。当时，澳葡政府并没有这样的市政机构名称。其次，氹

---

① 张廷茂：《晚清澳门番摊赌博专营研究》，暨南大学出版社，2011 年，第 128 – 130 页。

② "Relatorio da Commissão nomeada pela Portaria No. 114 de 12 de Dezembro de 1874", *Boletim da Provincia de Macau e Timor*, Vol. XXI, No. 3, 16 – 01 – 1875, p. 11.

③ "Regulamento e Insruções para a Cobrança das Constribuições Indusrial e de Ilhuminação, dos Estabelecimentos Chinas da Cidade de Macau", *Boletim da Provincia de Macau e Timor*, Vol. XXIV, Appendice No. 48, 02 – 12 – 1878, p. 2.

④ Beatriz Basto da Silva, *Cronologia da História de Macau*, *Século XIX*, Fundacao Macau, 1995, p. 270. ［葡］施白蒂《澳门编年史：十九世纪》中译本将此句译为："这一年在氹仔开设 403 间商铺和货栈，上缴政府署的税款共有 2 838. 60 元。该收益由专营者直接上缴财政署金库。专营权涉及经营猪肉、番摊博彩、鸦片和咸鱼。" 参见［葡］施白蒂著，姚京明译：《澳门编年史：十九世纪》，第 221 页。这个错误的译文被以讹传讹。参见林广志：《澳门之魂：晚清澳门华商与华人社会研究》，广东人民出版社，2017 年，第 160 页。

⑤ Batriz Basto da Silva, *Cronologia da História de Macau*, *Vol. III*, *Séculos XIX*, 1995, pp. 227, 263, 262；［葡］施白蒂著，姚京明译：《澳门编年史：十九世纪》，第 177、214、213 页。

仔过路湾市政机构设于1869年12月1日的说法是错误的。该法令核准了《海外省政府机构章程》，规定在海外省设若干政务区和若干市政机构，根本不是规定在氹仔过路湾设立市政机构。施白蒂的这个错误误导了一些不识葡语的研究者。[①] 再次，对1878年第104号省训令内容的概括不得要领。该训令决定在氹仔过路湾政务厅下设立氹仔过路湾市政委员会（commissão municipal，澳葡当局汉译为“氹仔过路湾公局”或“街坊公局”），以管理该政务厅的市政事务。[②] 施白蒂的陈述未能准确揭示训令的意思。

三

关于氹仔过路湾政务厅之前澳葡当局的管理机构，吴宏岐指出：“在1878年设置氹仔过路湾政务厅之前，澳葡当局已先后成立了市政厅、辅政司、西洋政务厅、华政衙门（华政厅）、公物会、公钞房等行政管理机构或官职，何以后来还要另设一个氹仔过路湾政务厅？这是一个澳门地方行政制度史中的重要问题，而被前人忽略。”[③] 诚如作者所言，氹仔过路湾政务厅的设立，的确是一个被前人忽略的重要问题。但是，作者将氹仔过路湾政务厅的设立与市政厅、辅政司（应该为辅政司署）、华政衙门、公物会、公钞房等混在一起，显然混淆了海外省一般管理部门与行政区划的区别。澳葡政府机构的设立，均依据葡萄牙法律、海外省法令和澳门章程的规定而行。辅政司署、公物会、公钞房等，是依据葡萄牙海外省法令的规定而设立的省政府的管理部门。[④] 西洋政务厅是依据葡萄牙《行政法典》的规定而设的海外省政府下辖的行政单位，属于行政区划。[⑤] 西洋政务厅也称澳门政务厅，是澳门省政府下辖的行政区划，管理范围包括澳门半岛。两岛由于情况特殊，不符合法令规定的条件，所以没有设立政务厅，而是设立军事统领部，直到1872年才设立了氹仔过路湾政务厅，由军事统领兼任政务官职责。[⑥] 至于市政厅，也是按照葡萄牙《行政法典》规定而设立的。但在澳葡政府的官方名称中，并无“市政厅”的说法。依据《行政法典》的规定，原来的澳门议事会演变为市政机构，名

---

① 马光：《从“非依常规”到〈自治规约〉——近代氹仔和路环的军事、税收与行政变迁初探》，《澳门研究》2012年第1期；林广志：《澳门之魂：晚清澳门华商与华人社会研究》，第328页。

② “Portaria No. 104 de 27 de Dezembro de 1878”, *Boletim da Provincia de Macau e Timor*, Vol. XXIV, No. 52, 28-12-1878, p. 208.

③ 吴宏岐：《时空交织的视野：澳门地区历史地理研究》，第123页。

④ 张廷茂编译：《澳门历史文献辑译》（第一辑），第4-5、42-52、63-65页。

⑤ *Codigo Administrativo*, pp. 5-6, 7.

⑥ “Portaria No. 64 de 30 de Setembro de 1872”, *Boletim da Provincia de Macau e Timor*, Vol. XVIII, No. 41, 05-10-1872, p. 175.

称改用“澳门议事公局”。两个岛屿不符合设立市政机构的条件，所以也没有设立市政机构。

对于1872年9月30日第64号总督训令，马光认为，该训令“将两岛纳入了澳门现行的管理制度”①。这应该是对训令中“这些村落应该实行澳门现行的行政管理制度”一句的误会。其实，训令原文的意思是，在氹仔和路环实行在澳门已经实行的制度②，也就是设立政务厅。氹仔过路湾政务厅是与澳门政务厅平行的省内行政区划，它们自始就是相互分离的，氹仔过路湾政务厅从未进入澳门政务厅的管理系统。

关于氹仔过路湾政务厅设立的时间，吴宏岐指出：“澳葡政府在离岛地区所设置的比较稳定的管理机构还得从1878年所设的氹仔过路湾政务厅算起。……《澳门宪报》1879年4月12日中提到，戊寅年（即1878年）11月7日议定的‘领牌输纳生意公钞、街灯公钞章程’第23款第2附款中有‘谭（氹）仔过路湾政务厅应管两湾领牌事务’之规定；《澳门宪报》1879年5月13日同样也提到，‘照得戊寅年十一月初七日之札谕并章程内议定，谭（氹）仔过路湾一堡地方，各生意公钞、街灯公钞归为领牌之钞，并该钞应在谭（氹）仔过路湾政务厅署交纳’。可见，氹仔过路湾政务厅当是在1878年而非1879年设置的官职。”③ 此说不能成立，因为作者对文献的解读是错误的。1878年颁布的《华人生意公钞街灯公钞章程》议定由氹仔过路湾政务厅负责两岛生意公钞和街灯公钞的领牌事务并征税，只能说明，氹仔过路湾政务厅在1878年章程颁布时已经存在，而不能说明该机构就是在这一年设立的。要确定氹仔过路湾政务厅设立的时间，需要征引设立氹仔过路湾政务厅的文献。

关于氹仔过路湾政务厅设立的依据和目的，吴宏岐指出：“据施白蒂《澳门编年史：十九世纪》一书记载，1872年‘省政府第64号训令宣布，为适应氹仔、路环两岛人口和贸易发展的需要，考虑到有必要将两岛居民纳入澳门现行管理制度，规范两岛地方管理许可权。兹任命担任两岛驻军司令的安东尼奥·巴蒂斯塔·塔萨拉（António Baptista Tassara）上尉兼任两岛行政委员’；1873年4月30日‘在氹仔、路环、荔枝湾组建了一个公共工程委员会，当地驻军司令任委员会主席’。……1878年成立氹仔过路湾政务厅，应当是依据澳门华政衙门的体制，在氹仔、路环两岛单独设置行政机构，以取代原先的两岛行政委员和公共工程委员会的职能。”④ 这里的陈述存在多处错误。第一，正如前

① 马光：《从“非依常规”到〈自治规约〉——近代氹仔和路环的军事、税收与行政变迁初探》，《澳门研究》2012年第1期，第186页。

② “Portaria No. 64 de 30 de Setembro de 1872”, *Boletim da Provincia de Macau e Timor*, Vol. XVIII, No. 41, 05 - 10 - 1872, p. 175.

③ 吴宏岐：《时空交织的视野：澳门地区历史地理研究》，第121 - 122页。

④ 吴宏岐：《时空交织的视野：澳门地区历史地理研究》，第123 - 124页。

文指出的，“有必要将两岛居民纳入澳门现行管理制度”译文不确。原文的意思是“在两岛实行澳门现行的管理制度”，也就是说在澳门和两岛实行平行的制度，两个政务厅始终都是平行的。第二，“两岛行政委员”译名不确引起了引用者的混乱。实际上，第64号省政府训令规定，依据1869年12月1日法令规定，在氹仔和过路湾设立政务厅（Administração de Concelho de Taipa e Coloane），由军事统领兼任政务官（Administrador）职责。① 可见，“行政委员”的不准确译名，使得引用者不知道他就是政务厅的政务官。第三，在氹仔和路环设立的公共工程委员会，实际上是澳门工程公所设在岛屿的分支机构。此后，船政厅、鸦片监督署等部门相继在岛屿设立了代理机构。第四，氹仔过路湾政务厅的设立“是依据澳门华政衙门的体制”表述错误。氹仔过路湾政务厅是依据葡萄牙海外省法令规定而设立的，比照的是澳门政务厅的建制，与华政衙门没有关系。第五，氹仔过路湾政务厅的设立是为“取代原先的两岛行政委员和公共工程委员会的职能”表述错误。氹仔过路湾政务厅1872年已经设立，不存在“代替行政委员”的问题。氹仔和过路湾的公共工程委员会并未在1878年被代替，而是继续存在。

针对1879年5月9日颁布的章程，马光指出：“1879年5月9日，澳督科雷亚·施利华在氹仔、过路湾两地设立公局，并订立章程如下：……”“制定此章程，从表面上看，是因之前‘分几手所收，亦分几手所支，难保不有诡弊’，但实际上，这是澳葡政府加强控制两岛税收的重要手段。……换言之，澳葡政府通过此章程牢牢控制了税银的征收和支配权。”② 这里的陈述存在一些错误和问题。首先，氹仔过路湾公局不是由澳门总督施利华通过此章程的颁布而设立的，而是由该总督在1878年12月27日以第104号训令而设立的。这个章程也不是氹仔过路湾公局章程，而是“公局入银与支银章程”。其次，一般而言，任何的管理措施可能都有控制的意图，但是，在氹仔过路湾公局税收的问题上，必须看到两点。其一，这些税是氹仔过路湾两村的“耆老绅衿”所定，而且相延已久，并非澳葡政府新增之税。其二，公局是市政机构，公局收的税是市政税，并不进入澳葡财政，完全用于当地事务（包括修路、丧葬、济贫等）的开支。

关于1879年5月9日澳葡当局采取的措施，马光指出：“1879年5月，澳葡政府颁布训令组成离岛政府，由军事长官兼任氹仔路环行政官。同月5日，林慕士（José Correia de Lemos）少尉出任首任代理行政官及助理军事长。”③ 这里的陈述完全错误。第

① “Portaria No. 64 de 30 de Setembro de 1872”, *Boletim da Provincia de Macau e Timor*, Vol. XVIII, No. 41, 05-10-1872, p. 175.

② 马光：《从“非依常规”到〈自治规约〉——近代氹仔和路环的军事、税收与行政变迁初探》，《澳门研究》2012年第1期。

③ 马光：《从“非依常规”到〈自治规约〉——近代氹仔和路环的军事、税收与行政变迁初探》，《澳门研究》2012年第1期。

一，1879 年 5 月 9 日澳葡政府没有颁布“训令”，而是刊登了一份“告示”（edital），公布了氹仔过路湾公局的收支章程。第二，该告示的内容不是“组成离岛政府”。当时，澳葡当局官方并无“离岛”的说法。第三，“由军事长官兼任氹仔路环行政官”不知所出，1879 年 5 月 9 日告示中并无这样的内容。第四，林慕士的任职陈述错误。1879 年 5 月 5 日第 41 号总督训令说：“现决定任命林慕士少校为氹仔过路湾政务厅代理政务官；他是氹仔过路湾政务厅的军事统领和政务官的助手。”① 可见，“军事统领和政务官的助手”是他的原任职务，而现任职务是“代理政务官”而非“首任代理行政官”。

关于 1879 年 5 月 9 日颁布的《氹仔过路湾公局入银与支银章程》，吴宏岐指出：“氹仔过路湾公局成立不久，澳门督宪衙门就为‘公局所有入银及所支出之银’设议章程。据《澳门宪报》1879 年 5 月 10 日所载，章程共 11 条，其中前四条是专门为氹仔公局制定的章程，详细地说明了氹仔公局的运作机制，较具代表性。……从上引章程的内容来看，1879 年议定的氹仔过路湾公局章程内容比较偏狭，基本上可看做是公局的运作规程，只涉及公局银款来源、支出程式、支出范围及相应额度等项，主要是慈善事业方面的内容，较少涉及市政管理方面的规定。”② 这个评价失之偏颇。正如章程内容所说的，这只是氹仔过路湾公局“入银与支银”的章程，所以，很自然地，它不会涉及公局组织、权限、运作规程等。它并不是一个有关氹仔过路湾公局的全面章程。

马光指出：“（1879 年）8 月 25 日，澳葡政府免除澳门驻军退役少校席尔瓦・列伊斯的氹仔路环统领及离岛市行政官职务……同时正式任命林慕士为离岛军事长官。26 日，澳葡政府任命氹仔及路环市政委员会什一税税务官，并将此职与市行政官的职能分开。28 日，位于氹仔炮台的氹仔路环市政府迁往村镇属于市政府的房间办公。9 月，任命安东尼奥・阿基诺为海岛市政府首任书记官。氹仔路环离岛政府由此正式组建。”③ 这里的陈述存在三个问题。其一，这里显然是把后出的政府机构名称提前了。实际上，在其论文所涵盖的时期，澳门政府机构中并无“离岛”“离岛市”“氹仔路环市政府”“海岛市政府”“氹仔路环离岛政府”这些名称。在《澳门宪报》和澳葡政府刊布的《政府机构名册》中，我们只看到了“氹仔过路湾政务厅”和“氹仔过路湾公局”（或议事公局、街坊公局）等。④ 列伊斯的职务其实就是氹仔过路湾军事统领和政务官。其

① “Portaria No. 41 de 5 de Maio de 1879”, *Boletim da Provincia de Macau e Timor*, Vol. XXV, No. 19, 10 - 05 - 1879, p. 101.

② 吴宏岐：《时空交织的视野：澳门地区历史地理研究》，第 130、131 页。

③ 马光：《从“非依常规”到〈自治规约〉——近代氹仔和路环的军事、税收与行政变迁初探》，《澳门研究》2012 年第 1 期。

④ *Boletim da Provincia de Macau*, Vol. XXV, 1879, pp. 82, 93, 101 - 103, 303, 309, 312, 316; *Diretor de Macau para o Anno de 1890*, pp. 17, 18, 20.

二，林慕士的任职陈述不全。第91号总督训令任命他出任军事统领，第93号总督训令任命他兼任政务官。① 其三，阿基诺所任的职务是“氹仔过路湾政务厅书吏”，而不是“海岛市政府首任书记官”。当时，氹仔和路环的市政机构是公局，而公局此时并无书记官的设置。其四，阿基诺只是出任政务厅的“书记官”，怎么就能标志着“氹仔路环离岛政府由此正式组建”呢？

关于氹仔过路湾公局成员的组成办法，马光指出：“同年（1879年）12月26日，经氹仔路环政务厅推荐，产生了氹仔过路湾公局首任执事，分别由华人李志、杜妙担任。”② 首先，此处对氹仔路环公局成员产生办法的陈述不完整。实际上他们由氹仔过路湾政务厅的政务官推荐或提名，由澳门省总督核准。其次，李志、杜妙为“首任执事”的陈述错误。实际上，氹仔过路湾公局设立于1878年12月。该年12月27日，澳门总督就已经核准华人Chiam-Chom-Ham和Ho-A-quim出任1879年度氹仔过路湾公局执事。③ 所以，这两位华人才是氹仔过路湾公局的首任执事。

四、结语

本文对我国学者研究澳葡当局管理氹仔路环的制度的一些模糊和错误之处进行了辨正和澄清。现将全文总结如下。

澳葡当局开始占领氹仔和路环之后，任命一名军事统领驻扎其地，设立氹仔过路湾军事统领部。但设立军事统领，并不表明澳葡当局对两岛的管理就是以军事和政治为主而以经济为辅；管理进出两岛的商船并征收停泊税，一直是军事统领的重要职责。澳门巡捕兵营建立后，氹仔和过路湾成为该兵营管辖的两个警站。

1869年12月1日，葡萄牙颁布法令，决定实施《海外省政府机构章程》，其中第七十二条规定在各个海外省设若干政务区、在政务区下设市政机构，并未规定在氹仔和过路湾设立市政公局。氹仔过路湾公局并非设于1869年，而是1878年12月。氹仔和过路湾两岛的专营项目，由澳门公物会负责出投、签约，专营规银亦由承充人直接交给公物会银库，并不构成氹仔过路湾政务厅的财政收入。在19世纪的澳门，政府机构中并无“离岛市政厅”“海岛市”“离岛市政府”“离岛市”这些名称。

---

① “Portaria No. 91 de 25 de Agosto de 1879”“Portaria No. 93 de 25 de Agosto de 1879”, *Boletim da Provincia de Macau e Timor*, Vol. XXV, No. 35, 30 –08 –1879, p. 191.

② 马光：《从“非依常规”到〈自治规约〉——近代氹仔和路环的军事、税收与行政变迁初探》，《澳门研究》2012年第1期。

③ “Portaria No. 104 de 27 de Dezembro de 1878”, *Boletim da Provincia de Macau e Timor*, Vol. XXIV, No. 52, 28 –12 –1878, p. 208.

氹仔过路湾政务厅设立之前，澳葡当局依据葡萄牙海外省法令的规定设立了辅政司（署）、公物会、公钞房等省政府的管理部门，依据葡萄牙《行政法典》和《海外省政府机构章程》的规定设立了澳门政务厅。氹仔过路湾政务厅依据海外省法令的规定设于1872年，而非1878年或1879年。该政务厅的设立是将澳门半岛的现行制度实行于两个岛屿，但氹仔过路湾政务厅与澳门政务厅始终是平行的省内行政区划。1878年的税收章程规定由氹仔过路湾政务厅负责两岛领牌事务并征收税收，仅仅表明氹仔过路湾政务厅在1878年时已经存在，而1879年的总督训令只是对氹仔过路湾政务厅的再次任命。在氹仔过路湾设立政务厅，依据的是葡萄牙海外省的法令，比照的是澳门政务厅的建制，与华政衙门无关，设立的目的也不是取代之前设立的机构和官职。1879年5月澳葡当局的决定，并不是建立"离岛市政府"，而是颁布了《氹仔过路湾公局入银与支银章程》，其中并未涉及公局的组织、权限、运作规程等。

作者简介：

张廷茂，暨南大学文学院历史系教授。

论朝鲜王朝“南蛮”观的来源及指代

刘旭康

[提要] 作为东亚地区普遍存在的“南蛮”认知的组成部分，朝鲜“南蛮”观有其特定的含义。其在地域上指代包括日本群岛、琉球群岛、对马岛、东南亚地区在内的广大地域，在群体上则指代渡海远来的欧洲人，但此外尚有无法明证的使用情境。特别是随着16世纪以来朝鲜周边海域活动主体的日渐复杂，对“南蛮”本身的混合认知导致无法辨别“蛮”之确指，出现了“南蛮”印象与更为具体的指称并行的现象。由此在继承中国“华夷”观的基础上，朝鲜“南蛮”观内涵也逐渐丰富。

[关键词] 东亚海域；朝鲜王朝；“南蛮”观；地域观；群体观

“南蛮”一词在朝鲜半岛的史料中并不鲜见。《高丽史》中多载有“王三锡本南蛮人”“南蛮北狄自来朝”“大明为指挥征南蛮”等语，朝鲜王朝典籍中则更为易见。“南蛮”究竟是泛指还是确指？在历史发展中其含义有没有变化？它和“华夷”观是什么关系？有没有与实际的应用互为表里，等等。此外，中国很久之前就有“华夷之辨”和“华夷”观，而中国的“华夷”观之后也为朝鲜王朝接受，那么朝鲜的“蛮”是否也对应“华”？除了自身为“华”而外国为“蛮”的解释外是否还有其他的可能？以上都是笔者在阅读朝鲜史料时的疑问。

以问题的相关性而论，“南蛮”观作为朝鲜对外认知的一种，限于交往内容的深度与广度，多为宏观层面的印象式描述。虽然这种意象在朝鲜官方史籍和文人笔记、诗文中存在屡次引用、多次同义的现象，但也无碍“南蛮”观念本身的多义特征。如何认识“南蛮”观，笔者认为在观察视角上要重视区域与国家作为整体大背景下的具体应用场景的探讨，在学术回顾上可以从思想基础、实际对外交往两方面进行挖掘。“华夷”观作为朝鲜“南蛮”观的认知基础，前贤研究已然丰富①，而对通信使，国家关系视角下的朝日关系②、朝琉关系③，

① 如孙卫国：《大明旗号与小中华意识：朝鲜王朝尊周思明问题研究（1637—1800）》，商务印书馆，2007年；黄枝连：《东亚的礼义世界：中国封建王朝与朝鲜半岛关系形态论》，中国人民大学出版社，1994年；朱云影：《中国文化对日韩越的影响》，广西师范大学出版社，2007年；朴成日、徐东日：《论朝鲜朝文人南龙翼使行汉诗中的华夷观》，《延边大学学报》（社会科学版）2021年第3期；陈毅立：《朝鲜时期北学派的华夷天下观》，郑继永主编：《韩国研究论丛》（第三十八辑），社会科学文献出版社，2019年；李少鹏：《东亚华夷认知的近代向度——以德川日本和李氏朝鲜时期为视域》，《学术探索》2020年第3期；谢桂娟：《华夷观与传统东亚国际秩序研究》，延边大学博士学位论文，2015年；王国彪：《朝鲜“燕行录”中的“华夷”之辨》，《外国文学评论》2017年第1期；谷小溪：《由〈燕行录〉看清初朝鲜士人的华夷观——以李宜显〈燕行杂识〉为中心》，《哈尔滨工业大学学报》（社会科学版）2013年第6期；孙卫国：《朝鲜王朝所编之中国史书》，《史学史研究》2020年第2期；苗威：《华夷观的嬗变对朝鲜王朝吸收中国文化的影响》，《东疆学刊》2002年第3期；柏松：《明清时期朝鲜王朝“华夷观”探究》，东北师范大学硕士学位论文，2009年；王元周：《华夷观与朝鲜后期的小中华意识》，杨通方主编：《韩国学论文集》（第十二辑），中山大学出版社，2004年。从以往成果来看，学界对自中国移植至朝鲜的“华夷”观的研究既广且深，为笔者在探讨“南蛮”与“华夷”观的关系上提供了坚实基础。

② 通信使视角下的朝日关系研究重要的比如［日］夫马进著，伍跃、凌鹏译：《朝鲜燕行使与朝鲜通信使》，商务印书馆，2020年；年旭：《明清鼎革后日朝通信使笔谈中的“中华”观碰撞》，《世界历史》2021年第2期；韩东：《十八世纪朝鲜文人与日本古文辞派的“李王”对话——以通信使笔谈资料为中心》，《外国文学评论》2019年第1期；范建明：《江户时代文士与朝鲜通信使的中国诗学讨论——以丈山、林家、木门与通信使的笔谈交流为中心》，《苏州大学学报》（哲学社会科学版）2018年第2期；池内敏、程永超：《江户时代日朝间的漂流、遣返及沟通交流》，《日本研究》2016年第3期；刘永连、谢祥伟：《华夷秩序扩大化与朝鲜、日本之间相互认识的偏差——以庚寅朝鲜通信日本为例》，《世界历史》2015年第2期，等等。其他如以壬辰战争为中心对朝、日关系就行探讨的著述、文章数量更巨，在此无法一一罗列。

③ 如李郭俊浩、方宝川：《明代琉球“伪使臣”事件与琉朝关系探析》，《福州大学学报》（哲学社会科学版）2019年第33卷第6期；赵成国、王静：《〈李朝实录〉所载朝鲜与琉球的使节往来》，《洛阳师范学院学报》2015年第34卷第12期；杨雨蕾：《朝贡体制的另一面：朝鲜与琉球使臣在北京的交往》，《学术月刊》2014年第46卷第12期，等等。

西学东传、西人东来视角下的朝鲜与欧洲的关系也都具有一定的研究基础①。这些研究无疑为把握朝鲜"南蛮"观这一较宏观的认识提供了充分养料，但仍无法解决朝鲜"南蛮"观的具体认识问题②，这也正是本文加以探究的意义所在。故笔者试从"华夷"观与"南蛮"关系的来源探讨、"南蛮"在朝鲜史料中的确指和有疑三部分展开论述，通过罗列记载、史料互证、合理推测等手法，以期一定程度上对朝鲜"南蛮"观念有所了解，失察舛误之处也请方家指正。

一、蛮从何来："华夷之辨"的思想基础

朝鲜王国的"华夷"意识或"华夷"观师承中国，随儒学传入朝鲜半岛而逐渐生根发芽③，至朝鲜王朝时代朱子理学在朝鲜大行其道，"华夷"意识遂根深蒂固。朝鲜的"华夷"观以"正统论"为理论基础④，慕华日久之下逐渐形成内华外夷的"小中华"心态。这种心态的形成自有其轨迹，远在新罗王朝统治朝鲜半岛期间，为了与中国看齐，朝鲜首先就将衣服改为华制。高丽史家金富轼在《三国史记》中提到："新罗之初，衣服之制不可考也。至第二十三叶法兴王，始定六部人服色尊卑之制，犹是夷俗。至真德王在位二年（648），金春秋入唐，请袭唐仪，玄（太）宗皇帝诏可之，兼赐衣带，遂还来施行，以夷易华。文武王在位四年，又革妇人之服，自此已后，衣冠同于中

① 有学者注意到朝鲜士人与西洋传教士在北京的交往，如杨雨蕾：《朝鲜燕行使臣与西方传教士交往考述》，《世界历史》2006年第5期；王臻：《朝鲜世子与德国传教士汤若望在北京的交往考述》，《暨南学报》（哲学社会科学版）2015年第37卷第12期，等等。也有学者注意到朝鲜与西学东传的关系，如杨雨蕾：《汉译西学书传入朝鲜述论》，《文献》2001年第2期；冯玮、王新香：《朝鲜与兰学"失之交臂"的原因及历史后果——与日本兰学的一项比较研究》，《延边大学学报》2002年第2期，等等，限于篇幅，这里仅列举代表性著述。

② 有学者指出朝鲜史料之"南蛮"指的是"活跃于南海地区麻剌加、爪哇或苏门答腊一带的西域海商群体"，同时"朝鲜王朝相关文献所提供的信息，甚难说明这一'南蛮国'之具体国度"，见马建春、李蒙蒙：《明代居留李氏王朝西域人史事辑述》，《回族研究》2021年第31卷第2期，第22页。此外对朝鲜史料中"南蛮"的讨论并不多见，同时笔者认为这里对"南蛮"含义的指称并非完整。

③ 柏松：《朝鲜"华夷观"嬗变探究》，《社会科学论坛》2015年第12期，第41页。

④ 孙卫国教授认为一方面朝鲜作为属国，其王朝正统性来源于中国的确认；另一方面朝鲜大讲慕华，秉持以"春秋义理"为核心的中华正统观，利用慕华思想、事大主义、尊周观念、攘夷思想来解释朝鲜坚持正统观在不同层面的表现。参见孙卫国《大明旗号与小中华意识：朝鲜王朝尊周思明问题研究（1637—1800）》，第22-23页。

国。”① 至高丽政权时期，“慕华”心理得到继承并进一步发展。高丽太祖二十六年（943）发布《训要十条》，第四条就是继续向唐朝学习并同契丹等夷族划清界限的内容。其称“惟我东方，旧慕唐风，文物礼乐，悉遵其制。殊方异土，人性各异，不必苟同。契丹是禽兽之国，风俗不同，言语亦异，衣冠制度慎勿效焉”②。

至朝鲜王朝时期，其更是在“慕华”心态的基础上力行“事大主义”。世宗时，集贤殿副提学崔万理上疏曰：“我朝自祖宗以来，至诚事大，一遵华制，今当同文同轨之时，创作谚文，有骇视听……自古九州之内，风土虽异，未有因方言而别为文字者，唯蒙古、西夏、女真、日本、西蕃之类，各有其字，是皆夷狄事耳，无足道者。”③ 朝鲜百官反对改汉文为谚语，正是处于“慕华”的心理作用，而“至诚事大”的背后除了有政治交往的考量外，也有着效仿中国制度以实现内中华而外夷狄的目的。由此也发展出“华夷”观在朝鲜半岛传播的新形态，即朝鲜自视为“小中华”，同其心目中的“野人”（女真）、“蛮儿”（日本）等夷族相区分。如《朝鲜成宗实录》中有曰：“吾东方自箕子以来，教化大行，男有烈士之风，女有贞正之俗，史称‘小中华’。”④

朝鲜王朝初期的政治家郑道传认为忽必烈是用夏变夷的典范，他并不认为蒙古人建立的元朝是所谓的夷狄，只是在自己所在的亲明派与亲元派争论时以“夷”称之。由此来看，其逻辑理念是以朝鲜来看，不论元人抑或明人，皆是中华，以明朝来看，则元人为“夷”，由此可以清晰地看到郑道传等人事明朝为大的倾向。因而在郑道传等人的政治思想中，所谓“华夷”相分并不以族群归属为唯一凭借，这就与单纯以族群相分的标准不同，更多是以文化论“华夷”。而直至李氏朝鲜日渐稳定，“华夷”观才和事大主义、尊王攘夷思想逐渐融合，从而形成清代朝鲜独特的“尊周思明”现象。据日本学者夫马进来看，朝鲜的华夷观可以概括为“汉族是华，非汉族是夷”⑤，他以中国春秋战国时期中原诸国华夷互变为反例，以证实朝鲜有关“华夷”区分标准的认知概念，同时其认为朝鲜的“华夷”思想经历了变化的过程。

朝鲜的“华夷”观在史料记载中多有体现，除中原政权外，对其他国家和地区在认识上都抱有不同程度的夷化倾向。比如世宗二十六年（正统九年，1444）崔万理等上疏

---

① ［朝鲜］金富轼著，杨军校勘：《三国史记 · 杂志第二》，吉林大学出版社，2015 年，第 452 页。

② ［朝鲜］郑麟趾等撰，孙晓主编：《高丽史》第一册，西南师范大学出版社、人民出版社，2013 年，第 43 页。

③ 《朝鲜世宗实录》卷一〇三，世宗二十六年庚子条，韩国国史编纂委员会影印：《朝鲜王朝实录》第 4 册，1984 年，第 543 页。

④ 《朝鲜成宗实录》卷二〇，成宗三年乙巳条，韩国国史编纂委员会影印：《朝鲜王朝实录》第 8 册，第 670 页。

⑤ ［日］夫马进著，伍跃、凌鹏译：《朝鲜燕行使与朝鲜通信使》，第 40 页。

曰："自古九州之内，风土虽异，未有因方言而别为文字者，唯蒙古、西夏、女真、日本、西蕃之类，各有其字，是皆夷狄事耳，无足道者。"① 其中"西蕃"即指西藏地区，世宗七年（洪熙元年，1425）侍讲官偰循在回答朝鲜国王李祹关于其祖源之问时就回答说："臣之祖先，居西蕃回鹘之地，始仕于元太祖之世。"②

二、地域认知：国家关系与物品流动的角度

"南蛮"认知在朝鲜史料中的表现多样，在这种同一认知下不同语境中具体含义不尽相同，"南"为方位，"蛮"为意指，其最大公约内涵可以确定为地处半岛以南的非华地区，概念模糊，地域广大。双方因交往而认识，因认识而定型，而这种交往不仅反映在国家层面的政治关系上，也反映在异国方物的流动中，不知"南蛮"国，但知"南蛮"物，识物辨地的交往方式将地域印象与文化观念相结合，从而衍生出朝鲜王朝独特的"南蛮"认知。

（一）华夷有别：国家关系中的"南蛮"存在

如上所述，朝鲜王国将中国的"华夷"观引入其对外交往的认识论中，方位在南的非华地区被冠以"南蛮"称谓，政治统属与国家安全皆与此相关。政治统属如太祖元年（洪武二十五年，1392），"左侍中赵浚乞辞平壤食邑、京畿都统使。笺曰：……文治既洽，武威远昭，扶桑之寇，奉珍来庭，琉球、南蛮，重译入贡"③。朝鲜王朝立国之初，日本国、琉球国、南蛮国皆来祝贺，朝鲜方面将其定位为"入贡"，宗主－藩属之念跃然纸上。

双方政治交往中尚有部分可以确指之处。如中宗三十九年（嘉靖二十三年，1544），庆尚道巡边体察使李芑在上呈给国王的拜辞中说："创业守成，古有难易之论；经邦御侮，必赖文武之才……蕞尔南蛮之种，世为东国之忧。在前世扰边多端，迨我朝梗化非一。革面慕义，虽难保永久之安；摇尾乞怜，亦少弛风尘之警。况以不拒之量，难禁纳款之诚。接待比诸虏而加优，锡赉在近年而尤重。人马悴于调发，财力殚于干求。何莫念卵育之恩，而敢肆蜂虿之毒？剿掠屡行于边鄙，骄纵显发于言辞。刓蛇梁入寇之计，

① 《朝鲜世宗实录》卷一〇三，世宗二十六年庚子条，韩国国史编纂委员会影印：《朝鲜王朝实录》第4册，第543页。

② 《朝鲜世宗实录》卷二七，世宗七年丁亥条，韩国国史编纂委员会影印：《朝鲜王朝实录》第2册，第648页。

③ 《朝鲜太祖实录》卷二，太祖元年壬戌条，韩国国史编纂委员会影印：《朝鲜王朝实录》第1册，第36页。

诚近代未有之变。”① 众所周知，“在朝鲜的历史记忆中，倭寇是一个挥之不去的阴影”②，自高丽末期至朝鲜王朝时代，自海上而来的倭寇袭扰令朝鲜困扰不已，其中尤以盘踞在对马岛之倭寇危害尤甚，对此，朝鲜世宗国王有言：“对马为岛，本是我国之地，但以阻僻隘陋，听为倭奴所据。乃怀狗盗鼠窃之计，岁自庚寅，始肆跳梁于边徼，虔刘军民，俘虏父兄，火其室屋，孤儿寡妇，哭望海岛，无岁无之。志士仁人扼腕叹息，思食其肉而寝其皮，盖有年矣。”③

世宗国王的讲述信息来源于诸多臣下的情报供给，因而其所述内容很大程度代表着国家管理层级对倭寇袭扰朝鲜的看法，其中世宗国王历数对马岛倭寇之害。如掳掠人口，焚烧房屋，又有“岁丙子，攘夺东莱兵船二十余只，杀害军士……岁戊子于忠清道，或夺漕运，或烧兵船，至杀万户，其暴极矣，再入济州，杀伤亦众……潜入庇仁之浦，杀掠人民，几三百余，烧焚船只，残害将士，浮于黄海，以至平安，扰乱吾赤子，将犯上国之境”④。诸般恶劣行径，终于使得朝鲜下定决心攻取对马岛，史称“己亥东征”（日方称“应永外寇”）。此战朝鲜大获全胜，并在之后申叔舟通信日本之时，与对马岛宗氏签订《癸亥条约》（日方称《嘉吉条约》），约定对马岛乃朝鲜宗藩，“对马岛主代理朝鲜统制日本各地的对朝贸易，引导诸使前来”⑤。

对马岛的倭寇与日本本土声息相通，双方关系紧密，而同时倭寇群体不仅为害于朝鲜，对中国沿海地区亦是如此，且影响更巨，因而成为彼时东亚海域的一大公害。16世纪中叶的李芑所言之“南蛮”在前代为祸边境，革面慕义、摇尾乞怜、卵育之恩、蜂虿之毒等构成朝鲜与倭寇间的实际联系，最终指向“入寇之计”。因而从实际来看，“南蛮”确指对象为频造祸事的倭寇，但因其常驻对马岛上，又与日本声息相闻，且日本在朝鲜眼中亦为蛮夷之地。如申叔舟在《海东诸国纪》的总序中明言：“前朝之季，国乱政紊，抚之失道，遂为边患，沿海数千里之地废为榛莽。我太祖奋起，如智异东亭，引月兔洞，力战数十，然后贼不得肆。……臣尝闻，待夷狄之道，不在乎外攘，而在乎内

① 《朝鲜中宗实录》卷一〇四，中宗三十九年壬戌条，韩国国史编纂委员会影印：《朝鲜王朝实录》第19册，第116页。

② 葛兆光：《蒙古时代之后——东部亚洲海域的一个历史关键时期（1368—1420）》，《清华大学学报》（哲学社会科学版）2021年第4期。

③ 《朝鲜世宗实录》卷四，世宗元年壬午条，韩国国史编纂委员会影印：《朝鲜王朝实录》第2册，第321页。

④ 《朝鲜世宗实录》卷四，世宗元年壬午条，韩国国史编纂委员会影印：《朝鲜王朝实录》第2册，第321页。

⑤ 复旦大学文史研究院编：《朝鲜通信使文献选编》第一册，复旦大学出版社，2015年，第73页。

修；不在乎边御，而在乎朝廷；不在乎兵革，而在乎纪纲。”① 申叔舟此行是受命通交日本，对马岛临近朝鲜却长期为日人所占，抚之不足以称其意，因而才有了诸多边患，此处以夷狄之说作为通信日本之行的总序，其指代意义不无明显，因而李岂所言之“南蛮”应当是指倭寇盛行的对马岛及日本诸地。

“己亥东征”与“壬辰倭乱”作为事涉朝鲜国家安全的重要事件，也深深为国人记忆所存留。17 世纪朝鲜王朝“斥和”三学士之一的洪翼汉有诗云：“兵戈天未悔，构祸属南蛮。周帀要除乱，虞干未格顽。妖氛千里恶，王事四年艰。书剑吾无赖，乡园白首还。”② 李森焕亦云：“父死南蛮儿死虏，李忠武后又公家。丹榍粉宇照天垠，二百年前似隔晨。孤绩幽光无不阐，南民感激颂君仁。”③ 这两首诗作都直观地展示了来自日本的兵祸给朝鲜士人的深刻印象，此外在朝鲜通信使的笔下也可见到指称日本的情况，如李正臣有诗云：“身许邦家不顾私，真知轻重是男儿。陆生宣诏南蛮日，彦国争书北虏时。岂但文章惊异俗，亦应威德服遐夷。鲸波万里归来早，好趁黄花共一卮。”④ 朴胤源亦云：“吾东还有武侯贤。过客伤心古庙前。欲识精忠能贯日。须看剑气尚冲天。露梁余恨空流水。岩谷遗墟但暮烟。国耻南蛮犹未雪。今年使者又乘船。”⑤ 这表明即便是象征朝日两国友好交流、和平交往的通信行程，也无法抹除这种根深蒂固的有差心态。

（二）东南亚：物品流动中的“南蛮”认知

朝鲜史料中“南蛮”认知指代东南亚的情况最为常见，多与胡椒、丹木等香料和染料相关，可以看到虽然朝鲜半岛和东南亚诸国相距甚远，但并未隔断两地间异产方物的流动，经由日本人、琉球人之手，以香料为表征的东南亚国家以“南蛮”的姿态被朝鲜纳入王朝整体记忆中。世宗八年（宣德元年，1426）礼曹据西平馆手本启：“今来客人等进告，丹木，海外南蛮国所产，本国相距，水路一年程，艰苦贸易而来。今绵绸一匹，准二十斤过重，愿改以十五六斤，请依所愿施行。”⑥ 其中“来客”即来朝贸易之

① 复旦大学文史研究院编：《朝鲜通信使文献选编》（第一册），第 81 页。

② ［朝鲜］洪翼汉：《花浦遗稿》卷一《敬次琼韵呈安时甫》，《韩国文集丛刊续》第 22 种，韩国民族文化推进会，2006 年，第 372 页。

③ ［朝鲜］李森换：《少眉山房藏》卷二《书与阳宋氏忠节旌旗间卷诗四首并序》，《韩国文集丛刊续》第 92 种，韩国民族文化推进会，2010 年，第 43 页。

④ ［朝鲜］李正臣：《栎翁遗稿》卷一《赠通信使事官李邦彦美伯》，《韩国文集丛刊续》第 53 种，韩国民族文化推进会，2008 年，第 8 页。

⑤ ［朝鲜］朴胤源：《近斋集》卷一《过李忠武庙》，《韩国文集丛刊》第 250 种，韩国民族文化推进会，2000 年，第 12 页。

⑥ 《朝鲜世宗实录》卷三四，世宗八年乙丑条，韩国国史编纂委员会影印：《朝鲜王朝实录》第 3 册，第 52 页。

人，特别提到朝鲜域外方物丹木，并希望朝鲜官府可以将一匹绵绸折至十五六斤，以减少税额。将“丹木”单独提出足见其特殊性，“段匹绫罗，非本国所产，已有禁令。但绡子及丹木、白磻等物，亦非本国所产，而未有禁令，商贾贱隶之徒，染为衣里。愿自今一皆禁止”①。可见丹木可作染料之途，且对马岛及日人来使朝鲜常会呈上丹木等物，世宗二年（永乐十八年，1420）对马岛岛主都都熊瓦（宗贞盛）遣人“进丹木四百斤、胡椒百五十斤、荜发五十斤、犀角一对，国家却之，且不礼其使，至是乃还”②。又有世宗五年（永乐二十一年，1423），日本九州岛源义俊、平常嘉、源昌清等使人来献土产，其中“平常嘉进苏香油三斤、檀香八斤、川芎十斤、胡椒十斤、黑柿一百五十斤、铜二百斤、丹木一千斤、硫黄五千斤，回赐正布二百五十匹”③。

所谓“土产”其实并非日本或对马本地所产，除硫磺外，其余诸物皆是日本经琉球人之手从东南亚诸国处获得④，如成宗十七年（成化二十二年，1486）对马岛岛主宗贞国遣左尉门宗职经来朝，其书契有言：“往岁承胡椒栽之命，不敢宁处。此南蛮之产，经琉球而到于此。初欲遣船于南蛮，而费用甚多，力不能及。去岁，厚币帛而遣使琉球，以致款恳，其报云胡椒栽者，本邦虽欲之无所得。大明岂不求之，实不闻有。今虽遣船，其费甚多，而所求不可得也。”⑤ 又如成宗十七年自对马岛至朝鲜的唐人潜严⑥有言：“且闻胡椒非倭国所产，出于南蛮，琉球国商贩人入于南蛮求得，诸岛倭人收买而

① 《朝鲜太宗实录》卷三六，太宗十八年庚戌条，韩国国史编纂委员会影印：《朝鲜王朝实录》第2册，第238页。

② 《朝鲜世宗实录》卷一〇，世宗二年己卯条，韩国国史编纂委员会影印：《朝鲜王朝实录》第2册，第417页。

③ 《朝鲜世宗实录》卷二二，世宗五年乙丑条，韩国国史编纂委员会影印：《朝鲜王朝实录》第2册，第560页。

④ 有关琉球与东南亚的贸易交往可参考琉球王国外交文书集合《历代宝案》，该书在第四十卷至四十二卷集中记载了本国与暹罗、佛大泥、满剌加、安南等国的移彝咨和执照等信息，虽然其中尚有缺漏，仍可一窥两地间的贸易状况。关于“己酉之乱”（1609年日本萨摩藩征伐琉球国）前的日琉贸易，《历代宝案》中虽并无明确记载，但可参考日本学者小叶田淳、赤岭守、西里喜行、高良仓吉、冈本弘道等人的著述，同时在《明实录》中关于洪武年间柴山诏谕琉球的记载中也有发现日本国之于琉球的政治影响，政治影响尚如此，那两地之间的贸易关联也就不言而喻，呼之欲出了。

⑤ 《朝鲜成宗实录》卷一九四，成宗十七年辛卯条，韩国国史编纂委员会影印：《朝鲜王朝实录》第11册，第140页。

⑥ 潜严本是明朝中原人氏，不幸被倭寇劫掠至日本，在此居留三十余年，后被国分寺住持崇统遣至朝鲜，希望能借朝鲜国之力回归中土。

来，转卖于本国。”① 因而从物品产地来看，此处礼曹奏本之“南蛮”应为东南亚国家。

“南蛮”认知作为东南亚地区的意义也在辨伪中表现。成宗九年（成化十四年，1478）有自称来自久边国的贡使参见，其国书有言：“岁事于大明国遣入贡船，又通好于琉球、南蛮，而不遑行李之往来……今奉尊命，重赍宝货，遣使船以欲求之，谨待回报。敝邑元虽无异产，商舶之来往于南蛮者，相继而无绝，沈香、药种之类，承尊命而求于彼遣之者也。不腆方物胡椒五斤、硫黄五斤、丹木五斤，采纳万幸。”② 十天后礼曹也上呈有关“久边国”的消息，“久边国主李获年今二十四，其国东西六日程，南北十日程，西距五日程中国船泊处，地名九重，东距一日程木海岛内钓鱼人居之。南顺风七日程南蛮，北距二日程琉球国，八日程萨摩州……一，言语，杂以中朝、琉球国之言；一，官爵，国主则中朝遥授，陪臣则国主授之”③。

从“久边国”的国书和介绍信息来看，其礼物数量固然不多，而从礼物种类来看，却集合了琉球群岛的硫磺和东南亚地区所产的胡椒、丹木，而其来往于南蛮的目的便是求得“沈香、药种之类”，从其“通好于琉球、南蛮”上也可说通，因而可以推测此处“南蛮”当是指东南亚国家。“久边国”的可疑之处在于其方位的描述，据其所言，其国南顺风七日至东南亚，向北行两日至琉球，北行八日至日本萨摩藩，看似相距皆有实指，但若同其他史料互证，则似有讹误。如世祖八年（天顺六年，1462）肖得诚等八人漂到琉球国，后随琉球国商船回国，据其见闻曰：“一，市在江边，南蛮、日本国、中原商船来互市。一，南蛮在国正南，顺风则可三月乃到，日本国在国东南，顺风则可五日乃到，中原在国西，顺风则可二十日乃到云。”④ 肖得诚等人亲眼看到南蛮、日本商人来此贸易，自琉球出发，顺风三月才可到南蛮，而“久边国”两日至琉球、七日至“南蛮”的日程如何得来？即便取琉球与“南蛮”路程的中间值也需一个半月，与“久边国”的路程测算大不相同。

除此之外，18 世纪的朝鲜文献学家李德懋就“久边国”一事作伪进行考证，其言：“案历考东南海外诸国，无所谓久边国者，此时倭人狡狯，杜撰国名及王姓名土贡名，打扮一使人。乃敢诳我国尝试之，以求大藏佛经。而当时谋国者见欺，而不能明辨而痛

---

① 《朝鲜成宗实录》卷一九六，成宗十七年丁丑条，韩国国史编纂委员会影印：《朝鲜王朝实录》第 11 册，第 146 页。

② 《朝鲜成宗实录》卷九八，成宗九年庚申条，韩国国史编纂委员会影印：《朝鲜王朝实录》第 9 册，第 659 页。

③ 《朝鲜成宗实录》卷九八，成宗九年辛未条，韩国国史编纂委员会影印：《朝鲜王朝实录》第 9 册，第 663 页。

④ 《朝鲜世祖实录》卷二七，世祖八年辛巳条，韩国国史编纂委员会影印：《朝鲜王朝实录》第 7 册，第 512 页。

斥之。盖李氏即我国姓，外视附托，自称李氏。而我国大藏，倭所以尝津津垂涎而不得，故设此诈谋以要之。终未觉得。惜哉，其所谓溘字，考之倭字无有也。谋国者，不可不详知。”① 李德懋通过查询文献，东南海外诸国中并未见有所谓“久边国”，且“久边国”贡物有溘素，但溘字无法在日本文字中找到，况且“久边国”来朝的目的是向朝鲜求取《大藏经》，一如日本以往手法。因此，结合以上“久边国”对自身区位的矛盾表述，以及李德懋从文字、文献查询、目的分析诸方面考证，此“久边国”为日人伪造，但其中可以看到朝、日、琉三方对东南亚意义上的“南蛮”的共同认识，此乃其中之意。

又有申维翰在海外游记中关于日本肥前州的描述提到了东南亚商旅前来贸易的情形，“长崎岛属肥前州，非使行历路，虽不得目见，而实为海外诸国都会之区。南京商贾杭海而来者……又有南蛮诸种群集贸贩，问其服色，椎结箕踞，尚有尉佗旧俗”②。并且从物产上对不同的产地加以区别，“至于胡椒、丹木、雪糖、花糖、黑角、孔雀羽等物，皆非日本土产。而或出于闽浙，或出南蛮诸国，是其海贾交通于长崎岛。贸取金银，故日本人得之，转货于东莱，则我国人谓之日本物货云”③。成海应也在对琉球国的评述中认同此点，“地不产金银，市于南蛮诸国。畜有牛马猪鸡犬。禽有燕莺雅鹊鸠雀，国俗好玩鹦鹉，多市中国”④。朝鲜虽然距离东南亚较远，但也清楚日本、琉球等近邻的方物种类，而不论是日本、琉球与朝鲜进行礼物交换，还是朝鲜官员、士民在日本、琉球等地的亲眼所见，都不难发现于日本、琉球之外尚有其他地域，其中指代便是东南亚地区。

三、群体称谓：东西冲突下的漂流人物

朝鲜史料中“南蛮”亦有指代东来之西人，并多以漂流方式与朝鲜半岛发生联系。自16世纪大航海时代以来，葡萄牙人、西班牙人、荷兰人陆续到达东亚海域，朝鲜人或直接与其接触，或自日本等处知晓其信息。随着交往和了解程度的加深，发生了从“南蛮”至“红毛”等称谓的变化，体现出“华夷”观认识论下对外部世界认知的一定

---

① ［朝鲜］李德懋：《青庄馆全书》卷六〇《盎叶记》，《韩国文集丛刊》第259种，韩国民族文化推进会编，1981年，第75页。

② ［朝鲜］申维翰：《青泉集·青泉先生续集》卷八《海外闻见杂录·外俗》，《韩国文集丛刊》第200种，韩国民族文化推进会，1997年，第528页。

③ ［朝鲜］申维翰：《青泉集·青泉先生续集》卷七《海外闻见杂录·物产》，《韩国文集丛刊》第200种，第505页。

④ ［朝鲜］成海应：《研经斋全集·外集》卷五十九《笔记类·兰事谭丛》，《韩国文集丛刊》第278种，韩国民族文化推进会编，2001年，第79页。

转变。仁祖十六年（崇祯十一年，1638），有东莱府使郑良弼上奏曰："日本关白家康时，有南蛮人称以吉利施端，来在日本，只事祝天，废绝人事，恶生喜死，惑世诬民，家康捕斩无遗。至是岛原地小村，有数三人，复传其术，出入闾巷，诓诱村民，遂作乱杀肥后守。江户执政等剿灭之云。"① 与此可以相互印证的是，同年（仁祖十六年）德川幕府遣藤智绳来使朝鲜，到达釜山后被问国内事，其回答说："大君痛禁吉伊施端之法，至于南蛮船来者，杀其人沈其船，只活十余人，使之归报南蛮云。"② 又见仁祖二十三年（顺治二年，1645），日本在交通朝鲜的书契中说："南蛮邪徒，本邦严制，不能匿来，以贵国相通，故妖术者船到贵国边浦，密入本邦，可憎可诛。以此启殿下，降号令沿海镇浦兵官，讥察非常，约条外船漂流者，速擒执送釜山馆幸甚。"③

郑良弼所说的"吉利施端"与德川幕府所言"南蛮"应当是指进入日本的西方传教士。16 世纪中叶耶稣会教士开始进入日本传教，随之传教士们便在与之合作的大名领地为其招徕葡萄牙商人，传教士、葡萄牙商人、大名间在现实政治、经济、军事利益的调和下实现了短暂的共存，但天主教本身的教义、教规、信仰诸方面，与"日本集权统治系统主干的君权神授原理、忠君思想、主从关系等上下有序的'国风伦理'"④ 的矛盾始终存在，最终以德川幕府发布严厉的"禁教令"、集体屠杀日本天主教徒、镇压天主教起义的残酷结局收尾。且由仁祖二十三年日本的书契可知，日本不仅在国内驱逐天主教传教士，屠戮有碍其统治的天主教徒，亦通告朝鲜若遇见西方传教士，要将其逮捕并集中在釜山馆，试图使传教士绝迹于东亚海域。但从之后朝鲜的实际行动来看，其对日本的这一要求并未完全执行。

西人自东南亚至中国南部沿海再至日本，虽然在偏北的朝鲜半岛上行迹罕至，但也会有漂流至朝鲜境内的情况。仁祖六年（崇祯元年，1628）有"南蛮国人朴渊漂到，身长体胖，碧眼白面，黄髯过腹，且卓劳有识虑，所论说话，往往高人数等，其言善恶祸福之理，动辄天报之。不识文字，以其国方言称姓名，曰朴渊。问其国风俗，则答曰冬无霜雪，不着棉衣，有时阴霾下露，则故老相言，此是中国下雪日云。又曰渠在本国时，往来贸贩于日本、琉球、安南诸国云。又曰尝闻朝鲜人炙食人肉，故渠之漂到也。适值日暮，见主倅盛备炬火以来，舟中皆谓此必炙我具也。哭声彻天，久而后始觉其不

---

① 《朝鲜仁祖实录》卷三六，仁祖十六年丙子条，韩国国史编纂委员会影印：《朝鲜王朝实录》第 35 册，第 12 页。

② 《朝鲜仁祖实录》卷三六，仁祖十六年丙子条，韩国国史编纂委员会影印：《朝鲜王朝实录》第 35 册，第 12 页。

③ 《朝鲜仁祖实录》卷四六，仁祖二十三年壬寅条，韩国国史编纂委员会影印：《朝鲜王朝实录》第 35 册，第 223 页。

④ 赵德宇：《日本"南蛮时代"探析》，《世界宗教研究》2008 年第 2 期。

然也。盖其俗皆用灯烛，不用炬火故也”①。这里的朴渊乃是音译，又称朴延、朴燕，《硕斋稿》载“朴延者河兰陀人也，崇祯元年，漂流至湖南，朝廷隶训局，将降楼及漂汉人。延初名胡吞万，工于兵书，能制火炮，甚精巧……朴延为国效其能，遂传红夷炮之制，奇哉”②。由此可见朴渊乃是漂流至朝鲜的荷兰人，后来更是归化朝鲜，为其制造火器。

仁祖二十三年，东莱府使李元镇奏曰：“差倭藤智绳招译官，传言曰前年贵国捕送唐船中，果有耶苏宗门之党五人。不但于岛主有光，关白亦甚喜。”③ 这条史料虽然表明日方称感谢朝鲜缉捕西方传教士，但这只是说明中国走私船中有西方传教士，与日本方面要求朝鲜主动抓捕传教士并不相同，同时朝鲜对不幸漂到其境内的西方人，不论是传教士还是普通商人，都会给予救助。孝宗四年（顺治十年，1653），转职为济州牧使的李元镇报告说：“有船一只，败于州南，阁于海岸，使大静县监权克中、判官卢锭，领兵往视之，则不知何国人，而船覆海中，生存者三十八人，语音不通，文字亦异……使解倭语者问之曰：‘尔是西洋吉利是段者乎?’众皆曰：‘耶耶。’指我国而问之，则云高丽，指本岛而问之，则云吾叱岛，指中原而问之，则或称大明，或称大邦，指西北而问之，则云韃靼，指正东而问之，则云日本，或云郎可朔其，仍问其所欲往之地，则云郎可朔其云。于是，朝廷命上送于京师。前来南蛮人朴燕者见之曰：‘果是蛮人。’遂编之禁旅，盖其人善火炮。或有以鼻吹箫者，或有摇足以舞者。”④ 其中被称作“西洋吉利是段”的“蛮人”即荷兰人⑤，这艘海船漂至朝鲜后虽然与当地人言语不同，但也没有受到生命威胁，而是根据其熟悉火炮的特点，使其为军队服务。

再如孝宗六年（顺治十二年，1655），有“南蛮人三十余人，漂到济州，牧使李元镇，执送于京师，朝廷给廪料，分隶于都监军伍”⑥。此次漂流事件的处置方式同两年前一般，未见朝鲜有缉捕并押送釜山馆之举。而显宗七年（康熙五年，1666）备边司在东莱府使安缜关于日本询问阿兰陀事的回答中，朝鲜在处理漂流人事件中的自主性有着

---

① 汤开建主编：《大航海时代与澳门——中日超越四国澳门汉文文献档案汇编（1500—1644）》（第一册），澳门特别行政区政府文化局、广东人民出版社，2021年，第208页。

② 杨璨：《17世纪的朝鲜宗教及对外关系》，浙江大学硕士学位论文，2012年，第19页。

③ 《朝鲜仁祖实录》卷四六，仁祖二十三年庚寅条，韩国国史编纂委员会影印：《朝鲜王朝实录》第35册，第210页。

④ 《朝鲜孝宗实录》卷一一，孝宗四年戊辰条，韩国国史编纂委员会影印：《朝鲜王朝实录》第35册，645页。

⑤ 孙小涵：《晚清中朝关系的调适——以朝鲜自强与开埠通商为中心》，山东师范大学硕士学位论文，2016年，第14页。

⑥ 《朝鲜孝宗实录》卷一四，孝宗六年己卯条，韩国国史编纂委员会影印：《朝鲜王朝实录》第36册，第12页。

清楚的表现。日本使者橘成陈有言："十余年前，阿兰陀郡人三十六名，载物货漂到耽罗，耽罗人尽夺其货，散置其人于全罗道内。其中八人，今夏乘船潜逃，来泊江户。江户欲详其始末，今将修书契于礼曹。所谓阿兰陀，乃日本属郡来贡者也。朝鲜乃夺其货留其人，是果诚信之道乎？"① 朝鲜备边司在收到安缜的报告后，回复说："所谓阿兰陀人，似是顷年漂到南蛮人，而服色与倭不同，且言语不通，故不知其某国人，何所据而入送日本乎？当初败船物件，使漂人辈，各自区处，在我既无所失，又无可讳之事。差倭之来，以是答之而已。宜令译官，问其服色、言语与倭同否，观其所答然后，以蛮人漂到实状言之。"②

之后备边司在上呈的报告中进一步解释说："此蛮人，自训府，曾已下送于全罗兵营及顺天等五邑，而厥后连以物故报知，未知其时存几许。年前查问生存实数于全罗监司，则以十六名成册上送矣，今闻八名，今年夏秋间，乘小船逃日本五岛云，虽未知某接置蛮人之入来，而本道尚未文报，殊甚可骇。"③ 一个月后，备边司将调查结果上报，逃出朝鲜前往日本的有八人，"南原所接三名，则皆在官门；左水营所接八名中，三名逢点，而五名出去未还；顺天所接五名中，二名逢点，三名出去未还。推问其同类及保授主人，则皆于八月初六日，称以求乞木花，向往诸岛，至今不来"④。

其中阿兰陀人即是与日本关系密切的荷兰人。⑤ 且日本从逃出朝鲜至日本的八名荷兰人口中得知，约十年前，有荷兰船漂至朝鲜耽罗（济州岛）后朝鲜并未将其遣返日本，反而被尽夺货物，且三十八人被分散置于全罗道中，日方认为朝鲜此举有违诚信之道。但从朝鲜的回复来看，其认为既然漂流人言语、服装皆非日人，没有遣返日本的道理，而且船上所载货物并非被抢夺，而是由他们自行处置，其情其状与日本所说大不相同。日本与朝鲜的这一争论事件，反映出日朝两国透过漂流西人这一"第三者"来处理两国外交关系，围绕着朝鲜与南蛮的互动，形成朝鲜与日本在东亚海域中的关系实态。

---

① 《朝鲜显宗改修实录》卷一六，显宗七年庚午条，韩国国史编纂委员会影印：《朝鲜王朝实录》第37册，第526页。

② 《朝鲜显宗改修实录》卷一六，显宗七年庚午条，韩国国史编纂委员会影印：《朝鲜王朝实录》第37册，第526页。

③ 《承政院日记》第197册（脱草本第10册），显宗七年十月二十四日条，韩国首尔大学奎章阁韩国学研究院藏原本，第145页a面。

④ 《承政院日记》第198册，显宗七年十一月二十五日条，韩国首尔大学奎章阁韩国学研究院藏原本，第53页a面。

⑤ 正祖二十一年（嘉庆二年1797）备边司在回答有关"阿兰沱"事的上询时有奏："孝庙朝，亦尝有阿兰沱船来泊之事，臣依稀记其曾见于东平尉闻见录矣。阿兰沱，即西南蕃夷之类，而属之中国版图，亦未久。《明史》谓之贺兰，近所谓台湾是也。"由此可见，朝鲜文献中"阿兰陀"与"阿兰沱"双称别字同义。

事实上，除漂流人视角外尚有通过中国形成对欧洲人的认知。如权尚夏在答复姜再烈有关历法问题时有言：“岁有十二月，月有三十日，合以计之则三百六十日也。按三百六十，一岁之常数也。气盈故多六日，朔虚故少六日，必置闰然后气朔分齐矣。尧典所云，只举一年节气而言也，历书刻数古今之差。伪朝因南蛮人疏，请废大统历，用时宪历，故今之刻数如此。”① 这里权尚夏提到的历法之争便是明末清初时期的中国历法之争，自元始用的大统历在清代被使用西洋历法改进的时宪历取代，这里的“南蛮人”自然指的是从事历法改进的传教士们。只是“南蛮”之称将传教士、漂流人等不同身份的人皆以笼统称之，只能通过具体的事件去仔细甄别。

四、扑朔迷离：有待考证的其他记载

除以上可以确指的记载外，尚有部分记载有待明晰。如世宗元年（永乐十七年，1419），日本西海路九州总管右武卫源道镇遣人来报：“近者，南蛮船朝贵国，被贼抢夺，可令海边以备不虞。仍献土物，命礼曹判书答书曰，谕以南蛮船被贼，俾令守备，允孚交邻之道，深以为感。本国与贵国交好有年，不图近日对马贼徒背恩生衅，侵我边境，烧毁军船，杀掠人物，自速天祸。阁下苟能明正其罪，以惩后来，刷还被虏人口，以永两国之好，岂不美哉！”② 此处表明南蛮国本欲前往朝鲜，不料途中被对马岛海贼劫掠，日本九州总管源道镇遣人来报，有意思的是日本九州方面亦称此国为南蛮国，这也正是令人疑惑之所在，并且不排除其指代南海诸国的可能性。

又有世宗八年（宣德元年，1426），“赐向化南蛮人禹信，棉布、正布各二匹，令娶妻”③，从高丽到朝鲜王朝，朝鲜半岛相对和平的区域环境使其成为周边地区的归附集中地之一，世祖三年（天顺元年，1457），朝鲜国王上谕：“野人、倭人俱为我藩篱，俱为我臣民，王者等视无异，或用为力，或用为声，不可以小弊拒却来附之心。予即位以后，南蛮北狄来附者甚众，皆愿为我子，此天所诱也，非予智力。”④ 朝鲜将北方的女真族和南部海上的日本国人视作本国“藩篱”，一如上述“向化”之意，而其后的“南蛮”究竟指何处令人疑惑，不知是否同《高丽史》中“王三锡本南蛮人”有关。

---

① ［朝鲜］权尚夏：《寒水斋集》卷一一《答姜光甫》，《韩国文集丛刊》第150种，韩国民族文化推进会，1995年，第203页。

② 《朝鲜世宗实录》卷四，世宗元年乙亥条，韩国国史编纂委员会影印：《朝鲜王朝实录》，第2册，第320页。

③ 《朝鲜世宗实录》卷三三，世宗八年壬子条，韩国国史编纂委员会影印：《朝鲜王朝实录》第3册，第44页。

④ 《朝鲜世祖实录》卷八，世祖三年庚寅条，韩国国史编纂委员会影印：《朝鲜王朝实录》第7册，第213页。

再如世宗十一年（宣德四年，1429），通信使朴瑞生自日本归来，向朝鲜国王复旨，言及日本国风土人情，朝鲜司议院官员李生言及琉球诸物产，“甘蔗味甘美，生食之，令人解饥渴，又煮为沙糖，琉球国得于江南，多种之。又有薯萸，大者如柱，小者如椽，亦得于南蛮，种之。伏望并令采来，以广其种”①。即琉球甘蔗是从中国江南地区引入，并习得制糖之法，薯萸则从南蛮国引入，状大可食，希望朝廷能引进此物，广泛种植。其中薯萸即薯蓣，本是山药的别称，但其如柱如椽的形状与中国古代山药并不一样，直至清代建昌府（即建昌县，今属辽宁省葫芦岛市）志中才出现类似的作物，其《地理志》“薯蓣”条记载：“一作薯萸，大如臂形，如脚板者名脚板薯，似姜，多指而肥，名佛掌薯，一种圆而长，似山药，味与薯无异，皆可蒸食。又一种名甘薯，种出南夷，似薯而小，有红白二种，生熟皆可食，粤人以此酿酒。薯与山药相似而实不同，薯无纹，山药煮切有纹。”② 琉球国自南蛮引入的薯萸形状与《建昌府志》中所记载的脚板薯相似，后面的甘薯自然就是明末以来自域外引进的红薯，薯萸并非红薯，亦不敢肯定与脚板薯同种，因而此处琉球自“南蛮”引种而被司议院李生推崇的薯萸究竟源于何地，还有待之后再行考证。

又如成宗十年（成化十五年，1479），金非衣等人漂至琉球国，归国后描述此地有“南蛮国酒，色黄，味如烧酒，甚猛洌，饮数钟则大醉，江南人及南蛮国人，皆来商贩，往来不绝，俺等皆目睹。南蛮人椎髻，其色深黑，殊异常人，其衣服与琉球国同，但不裹帛于首。金非衣，自捕剌伊岛，患头痛沈绵未瘳，至琉球国转剧，国王知之，赐南蛮国药酒……又以艾灸之，曲加救疗……及到萨摩州，病乃愈”③。虽然此处“南蛮”未与朝鲜直接交往，但“南蛮国”“南蛮人”作为朝鲜对金非衣等人眼中异域风景的区别性称谓，仍可见到朝鲜对所谓“化外之国”泛化的地理观念。值得注意的是，“南蛮国酒”“南蛮人”“南蛮国药酒”作为具化的“南蛮”认知被记载下来，因而便可作为文献互证中“南蛮”确指的依据。如南蛮国酒与《岛夷志略》中“戎”国酒的特征类似，“以椰水浸秫米，半月方成酒，味极苦辣而味长”④。而发型椎髻、肤色深黑的特点，与世祖八年（天顺六年，1462）朝鲜使臣在北京观察到的入贡暹罗人一般，“永乐年间暹罗国女官朝中朝，外人不知，误以为女国人。其暹罗女色绝妙，浴用煮香之水，男则蓬

① 《朝鲜世宗实录》卷四六，世宗十一年乙亥条，韩国国史编纂委员会影印：《朝鲜王朝实录》第 3 册，第 207 页。

② 《建昌府志》，《地理志》卷一，清同治十一年刻本，第 254 页。

③ 《朝鲜成宗实录》卷一〇五，成宗十年乙未条，韩国国史编纂委员会影印：《朝鲜王朝实录》第 10 册，第 25 页。

④ （元）汪大渊著，苏继庼校释：《岛夷志略校释》，中华书局，1981 年，第 106 页。

头黑身，毛发如棉羊”①，同时该“南蛮人”椎髻的特点，类似于“麻逸”② 国人“男女椎髻，穿青布衫”③，真腊国④“民煮海为盐，酿小米为酒，男女椎髻”⑤，但金非衣等人见到的“南蛮人”不缠头巾，与汪大渊等人见到的东南亚当地人常裹青布、白布不太相同，此处亦是疑点。

事实上由于朝鲜“南蛮”概念本身的宏观特征，许多使用情境都是意指，但也有实指之处尚无法通过相互印证而加以确定，不过这种印证本身也是推动同一时空内不同地域记载互参互用的有利条件，从朝鲜王朝的对外认知到东亚海域这一区域视角的衔接与转换，也正是深化朝鲜史和东亚海域研究的重要推手。

五、结语

朝鲜王朝史料中的“南蛮”记载既多且杂，指称意义或显或隐，颇值得细究，不过尚未确指的记载并不妨碍“南蛮”认识上的多义特征。而且时间愈后，随着东亚海域不同主体表现活动的日益增加，朝鲜“南蛮”认知的指代内容也愈加丰富，“南蛮”认知的含义也进一步扩大。“南蛮”在潜移默化中被诸如“倭”“吉利施端”“阿兰陀”“红毛”“佛郎机”等具称取代。同时，文化观念上的“华夷之别”并未成为朝鲜通交“南蛮”的桎梏，从胡椒、丹木等异域物产的引入，到将“擅长火炮”的诸“南蛮”漂流人分置国中，无不表现出朝鲜讲求实利的对外政策。此外，天主教事件、“阿兰陀人”（荷兰人）漂流事件中，朝、日双方在司法权领域的交锋也若隐若现，面对日方将天主教徒缉捕至釜山馆和遣返荷兰人的要求，朝鲜方面并未遵照执行，从而在第三方参与的关系实态中，用行动体现出朝鲜在涉外事务上的自主性。

由此来看，“南蛮”观作为朝鲜交通日本、对马及琉球的地域认知，与作为西人东来后欧洲“访客”的群体认知，共同存在于朝鲜记载中。其实，“南蛮”称谓在中国、日本⑥的史书中亦常有见到，作为东亚地区共有的文化观念，各国、各地区间有何异同，除却“华夷”观扩大化影响外还有何种分析路径，则需要更广视角、更多史料的论证。

---

① 《朝鲜世宗实录》卷二七，世宗八年癸巳条，韩国国史编纂委员会影印：《朝鲜王朝实录》第 7 册，第 521 页。

② 麻逸在中国史料中又称“摩逸”“麻叶”等，位于今民都洛岛，在吕宋岛西南部，属菲律宾群岛。

③ （元）汪大渊著，苏继庼校释：《岛夷志略校释》，第 33 页。

④ 今柬埔寨。

⑤ （元）汪大渊著，苏继庼校释：《岛夷志略校释》，第 69 页。

⑥ 中国的“南蛮”一般指古代中国南部的边疆民族；日本的“南蛮”则指代以葡人、荷人为代表的欧洲人。

此外，朝鲜王朝与东亚海域的关系既是参与者，也是旁观者。从朝鲜“南蛮”认知的具体应用来看，既有不同国家主体、群体与朝鲜半岛的直接交流，更有朝鲜半岛以第三者的眼光转述其他群体间交往的间接观察①。这既是朝鲜“南蛮”认知从史料角度补充东亚海域内部交往的独特价值所在，也可从侧面反映出明清两代东亚海域内部与外部复杂交错的交往态势。

总之，朝鲜“南蛮”认知的长期存在，不仅表明“华夷”观在其国家对外交往中的持久存续，也表明其在继承中国传统“华夷”观的基础上，不断赋予其具有本土特色的其他含义。从对外交往的实际需求出发，“藩属”关系②、物品流动、司法自主等诸方面皆托庇于“南蛮”之下，既成为朝鲜王朝国史书写的组成部分，又在“南蛮”认知与实际交往的合力下构成其实际意义，最终成为朝鲜对外交往的历史遗产。而从更广泛的文化圈层来看，“南蛮”认知作为东亚各国共有的一种历史文化观念，虽然各国各地区的具体含义有所不同，却无碍于对中华文化圈中有关“华夷”之分的文化心态的感受。因此，对以朝鲜王朝“南蛮”观含义为中心的辨析尝试，应当有助于理解这一主要针对边缘地区和群体，且在东亚国家历史中普遍存在的文化观念。

作者简介：
刘旭康，暨南大学文学院历史系博士后。

① 比如洪敬谟在《郑生传》中讲述了一位名叫红桃的朝鲜女子因缘际会辗转中日朝三国的传奇故事，其中就提到“南蛮商船与倭杂相处也”，说明日本与东南亚国家间的贸易情况也可以通过这种第三方的角度加以观察。

② 在以中国为中心的朝贡体制外，朝鲜与日本都曾尝试构筑以本国为中心的华夷秩序圈，这种心态在对外认知中便以“藩属”关系为定位。可参见刘永连、谢祥伟：《华夷秩序扩大化与朝鲜、日本之间相互认识的偏差——以庚寅朝鲜通信日本为例》，《世界历史》2015 年第 2 期。

“他者”眼中的道教生命宇宙观

——以马伯乐著述为中心

于　洋

［**提要**］道教的生命宇宙观是道教核心信仰的逻辑起点与实践支点。在道教起源问题上，马伯乐洞察了重视个人宗教体验是令道教脱颖而出的原点，认为道教的宗教性来源在于肉体与精神的双重修炼，教团宗教生活是道教的社会发展基础，集体宗教仪式与仪式经济促进了道教教团的发展。在道教追求“长生”的信仰框架下，马伯乐论述了道教宇宙与身体互为同构关系，宇宙神灵与体内神灵体系的同一性，“气”与宇宙、生命一以贯之的关系。通过自我修炼及与神灵沟通的自度与他度的双重救度，道教生命宇宙观贯穿于道教宗教理论与修炼实践的全过程。马伯乐以他者视角对道教生命宇宙观的整体性解读，不仅为研究道教创设了丰富的主题，同时也为开启海外汉学界对道教的系统性研究打开了阀门。

［**关键词**］马伯乐；道教；生命宇宙观；海外汉学

如果说沙畹（Édouard Chavannes，1865—1918）是19世纪末20世纪初最早用现代学术方法研究道教的先行者，那么马伯乐（Henri Maspero，1883—1945）则是法国学界对中国道教的研究形成新典范的人物，他是第一个对《道藏》进行广泛解读并做学术研究的西方汉学家，其对于道教历史、核心概念、神灵谱系、修炼方法、社会生活等方面的研究开创了法国道教研究的新局面。大约在1950年，戴密微（Paul Demiéville,

1894—1979）发表了马伯乐的遗著，从那时起，人们才开始共同严肃地从道教本身的资料出发去理解道教。① 康德谟（Max Kaltenmark，1910—2002）重辑马伯乐遗著时在前言中这样评价，马伯乐通过他的著作成为道教研究的先驱，他所涉及的是前人几乎未涉足的领域，马伯乐的伟大贡献在于提出了问题，并为更好地理解道教这一神秘宗教开辟了道路。② 葛兆光对马伯乐的研究进行了述评，认为其对欧洲的道教研究影响最为深远。③ 陈耀庭认为马伯乐为法国道教研究奠定了坚实基础，马伯乐遗作发表后四十多年的法国道教研究是沿着其开拓的这条道路继续前进。④ 程乐松认为马伯乐的研究“不仅可以被视为法国汉学界关于道教历史、信仰与文化的第一个全景图，也是首次系统地制定道教研究主题的尝试”⑤。胡锐所译《马伯乐道教学术论著》⑥ 为进一步解读马伯乐对道教的认识提供了极具价值的研究资料，另有《六朝时期的道教》⑦《道教的气论及服外气法考述》⑧ 等由书中多个章节所形成的论文。尽管学界许多研究认为马伯乐对道教的理解已经形成了一个整体性的解读模式，但是这种模式究竟包含哪些具体内涵，尚未有清晰而全面的分析。马伯乐遗著中关于生命、宇宙的论述合计多达上百处，分布于各章节，体现在许多极具价值的问题讨论中。那么这些贯穿于各研究主题中关于道教生命、宇宙问题的论述表达了马伯乐对道教的何种认知与理解？他者视角下是否形成了对道教解读的某种系统性或逻辑性？马伯乐的观点与中国学界的认识存在哪些异同？以上问题构成了本文关于马伯乐眼中的道教生命宇宙观研究的主要问题。

一、宗教性的来源：道教生命宇宙观与道教的创立

马伯乐在著述中一直在寻找道教之所以成为一种宗教的根源，以及道教规模不断发展的原因。他通过考察古代中国的宗教信仰，认为道教作为一种侧重个人宗教体验的宗教，从社会动荡中脱颖而出，并形成了特有的修炼体系。为了吸引更多信徒，道教发展过程中开始注重集体宗教仪式，由此产生了完备的教团组织，仪式经济的需要进一步促进了道教教团的发展。

---

① ［法］索安著，吕鹏志等译：《西方道教研究编年史》，中华书局，2002 年，第 1 页。

② 参见 Henri Maspero, *Le Taoïsme et les Religions Chinoises*, Éditions Gallimard, 1971, pp. 3 – 5.

③ 葛兆光：《屈服史及其他：六朝隋唐道教的思想史研究》，生活 · 读书 · 新知三联书店，2003 年，第 151 – 152 页。

④ 陈耀庭：《道教在海外》，福建人民出版社，2000 年，第 167、171 页。

⑤ 程乐松：《借镜与对话——汉语视野中的法国道教研究》，《国际汉学》2012 年第 1 期。

⑥ ［法］马伯乐著，胡锐译：《马伯乐道教学术论著》，宗教文化出版社，2019 年。

⑦ ［法］马伯乐、胡锐：《六朝时期的道教》，《宗教学研究》2010 年第 4 期。

⑧ ［法］马伯乐、胡锐：《道教的气论及服外气法考述》，《宗教学研究》2018 年第 2 期。

(一) 个人宗教体验：道教的起源

在道教起源问题上，马伯乐认为，中国周朝末年的社会动荡，使得更为关心个人意识、个体内在生命与修养的个人宗教逐渐成为一种社会思潮。同时代世界各地不约而同地出现了"理性"与"神秘"两种宗教态度，与理性派儒家相对的神秘派孕育了道教。个人宗教情感体验更加关注于个人与神灵直接的私人沟通，而不再是以往从整体社会利益出发的君王献祭。① 道教的个体宗教生活关注于追求"长生"，这种没有尽头的生命与西方基督宗教的"永生"是两个不同的概念。基督宗教认为死亡是物质的消解，非物质性的精神可以得到永生。而马伯乐认为中国人并没有对灵魂与肉体进行区分，人是完全物质化的存在。基督徒追求的是死后灵魂快乐的状态，道教徒追求的是克服死亡本身，达成道教"长生"所指的状态。道教徒认为死亡只是表象，而真正的身体已经得到了长生，消除了死亡就可以此生不死成仙。道教试图获得的是物质身体的不朽性，即灵魂和精神的栖息地，这个物质容器是为了保留灵魂和精神。②

在道教的宗教性来源问题上，马伯乐认为，如果道教徒只是局限于丹药、服饵、吐纳、炼丹等追求物质性肉体"永生"之术的话，道教并不能成为一种宗教，而只是一种养生方法或者医学体系。因此道教为了追求成仙，所需要的修炼包括了肉体和精神的双重修炼。这样的修炼体系构成了道教成为宗教的要素，一方面"养形"可以延续肉体，另一方面"养神"可与体内神灵建立联系，并使身体神灵留在体内，以此达到"与道合一"的状态，这是道教修行者的最高目标。③

(二) 教团宗教生活：道教的社会发展基础

自古以来，世界上出现过的任何宗教，均由具有相同信仰的众多个体组织起来，结为一个教团组织，包括建立一定的规范化制度，组织与制度是宗教赖以成型的基本要素。马伯乐认为，如果道教的目标仅仅是能够过上复杂而充实的求仙生活，那么它的追随者就会很少，也就不可能像在汉代所看到的那样对广大信众产生吸引力。它将仍然是一个有钱有闲的教派，不仅需要闲暇和财富（炼丹、服食的药物价格昂贵）来追求长生不老并获得成功，而且从一开始就要具备富人的美德。④ 马伯乐研究黄巾时期的道教组

---

① 参见［法］马伯乐著，胡锐译：《马伯乐道教学术论著》，第 20 – 21 页。

② Henri Maspero, *Le Taoïsme et les Religions Chinoises*, p. 37.

③ 参见 Henri Maspero, *Le Taoïsme et les Religions Chinoises*, p. 303；［法］马伯乐著，胡锐译：《马伯乐道教学术论著》，第 197 页。

④ Henri Maspero, *Le Taoïsme et les Religions Chinoises*, p. 407.

织，认为其是一个等级森严、纪律严明的组织。东部黄巾军的领袖张角将其治下的八州信徒，也即大约占整个中国三分之一幅员的信徒，分别划分到三十六个区域，各区置一首领，称“方”。为统领徒众，“方”之下又各设“渠帅”。西部黄巾军有相似的组织结构，新人道徒称“鬼卒”，普通道徒称“鬼民”，之上则是被通称为“鬼吏”的管理层。“鬼吏”分两级，职位较低的称“奸令”，字面大意为“奸恶之人的监督者”，职责是念经祷告，主持仪式以求病愈。“奸令”之上为“祭酒”，统领部众同时负责传授教义。教团有二十四治，各治均有一名“祭酒”，称为“治头”。教阶顶端，称“天师君”，“师”的字面意思是“教化师”，而非“领袖”。① 当时的管理完全是宗教式的，张鲁根据宗教修炼的进步程度设立了等级和称号，信众必须修炼胎息、服气与行气。②

马伯乐认为，黄巾时期张角拥兵三十六万，并不是个人逐一皈依道教的缓慢过程，而是大规模的皈依，这种发展的快速只能用宗教热情的迸发来解释。道士组织了盛大的集体仪式，在这些仪式上，曾经相当薄弱的宗教信仰得到了升华，他们在春分和夏至举办盛大的节日活动，并分发治病符，集体仪式被称为“斋”或“会”。③ 如同涂尔干（Émile Durkheim，1858—1917）在研究宗教集体仪式时所说，集中行动本身就是一种格外强烈的兴奋剂，由于集合而形成的一股如电的激流就迅速使之达到极度亢奋的状态。④宗教仪典的首要作用就是使个体聚集起来，加深个体之间的关系，使彼此更加亲密。这些大规模宗教仪典所要满足的物质利益，也都与公共秩序发生了关系，因而也都是社会性的。⑤ 六朝和唐代的道教组织仍然具有东汉“黄巾”一派的诸多特征，约公元六世纪，道教徒们依托各自的祭祀团体而聚集成各种教区⑥，教团的领袖即“师”。教团宗教生活非常充实，包括“三会”、五腊日、新年仪式等九个时间固定的节日，还有一些不定时举行的节日。最重要的节日是“斋”，目的是解除活人的罪孽或救拔亡灵。黄箓斋历时长久且耗资不菲，其余斋仪则相对经济，贫穷的信徒也可以负担。⑦ 道教的集体宗教仪式吸引了大量信徒，而这些集体仪式往往需要大量费用支持，道教徒无法仅通过个人修炼而完成所有宗教生活，教团则更容易集合资金来完成各种仪式活动，道教的仪式经济进一步促进了道教教团的发展。

---

① 参见［法］马伯乐著，胡锐译：《马伯乐道教学术论著》，第 150 - 151 页。

② Henri Maspero, *Le Taoïsme et les Religions Chinoises*, p. 409.

③ 参见 Henri Maspero, *Le Taoïsme et les Religions Chinoises*, pp. 413 - 414.

④ ［法］涂尔干著，渠东、汲喆译：《宗教生活的基本形式》，上海人民出版社，1999 年，第 286 页。

⑤ ［法］涂尔干著，渠东、汲喆译：《宗教生活的基本形式》，第 456 - 456 页。

⑥ 马伯乐借用了基督宗教的教区概念，并且认为道教与基督宗教的神职人员性质类似。

⑦ 参见 Henri Maspero, *Le Taoïsme et les Religions Chinoises*, pp. 42 - 44；［法］马伯乐著，胡锐译：《马伯乐道教学术论著》，第 29 - 30 页。

二、同构与合一：道教生命宇宙观的理论体系

道教理论中对宇宙与生命关系的诸多描述，引起了马伯乐的兴趣。结合道教经典文献与海外汉学界对中医的介绍，马伯乐论述了在道教追求“长生”的信仰框架下，道教宇宙与身体互为同构关系，宇宙神灵与体内神灵体系的同一性，“气”与宇宙、生命一以贯之的关系。尽管马伯乐对道教神灵体系尝试性的梳理并未得出最终结论，但是其对道教生命宇宙观理论体系的清晰解读与归纳，在当时的海外汉学界已然具有开拓性意义。

（一）宇宙身体与身体宇宙

马伯乐认为，从道教理论来说，宇宙与人，两者从宏观和微观均为结构同体，即宇宙本身是一个巨大的身体，而人本身又是一个小宇宙。人头圆似天，双足方如地，五脏应五行，二十四脉对应二十四节气，十二气脉对应十二月，三百六十五块骨头对应着一年的三百六十五天，它的血管和血液对应着河流。宇宙是一个巨大的躯体，有人说它是太上老君的躯体，有人说它是盘古的躯体，而盘古正是元始天尊的化身。马伯乐引用六世纪任昉《述异记》中关于盘古死后身体化作宇宙万物的传说，认为这类传说并不一定出于道教，身体是微观小宇宙的理论，并非道教独有，在中国几乎所有时期的世俗或宗教界的思想中已经存在，而且是一种世界范围内普遍持有的信仰，但是道教徒将身体宇宙同构的这一概念比同时代其他宗教推演得更加深远。①

马伯乐认为，道教神论同时也是宇宙论。道家认为世界有一个相同的起点和终点，这就是“混沌”，万物从“混沌”中产生，又归于“混沌”。万物由“气”构成，“气”在不同程度上经历了“系”和“凝”的变化，其结果是“气”越来越物质化。② 因此，宇宙与人体一样，也需要呼吸，吐故纳新，修道之人应当依照天地吐纳的规律来引气导行。天地吐纳之气即为人所呼吸之空气，天地所纳之气为佳气，所吐之气为浊气。天地之呼吸犹如一活体。一天可分为两个阶段，一为天地吸气，也即“生气”之时；一为天地吐气，也即“死气”之时。正是在生气之时，道士应引气导行于体内，死气行之则有妨害。③

随着创世论的人格化趋势，道教创造了不同于以往中国古代其他学派宇宙论的术

---

① 参见 Henri Maspero，*Le Taoïsme et les Religions Chinoises*，pp. 374 – 375.

② Henri Maspero，*Taoism and Chinese Religion*，Frank A. Kierman，Jr.，trans.，The University of Massachusetts Press Amherst，1981，(Original work published 1971)，pp. 276.

③ ［法］马伯乐著，胡锐译：《马伯乐道教学术论著》，第 127 页。

语，并将这些术语从无形到有形，描绘出一个形而上的神仙体系。体内神灵同时也是外部宇宙世界的神灵，该逻辑再一次说明，道教中，人体与外部世界完全同构的对应关系，人体是微观世界，天地是宏观世界。马伯乐认为，随着老子化身为黄老君的形象，他的神性角色逐渐得到肯定，“人与宇宙同一性”的理论使黄老君寓于人体的想法变得十分合理。如果从宏观世界来看，最高导师黄老君应该居住在神界天庭，如果从微观世界来看，黄老君应该居住在人体头部。①

（二）内外神灵系统

马伯乐指出，道教不是一种只与科学相伴的卫生学。首先，任何修炼，哪怕是简单的导引，都有宗教因素，因为每个肢体、每个器官都有自己的神性，当运动以某种方式触及它们时，它们必须得到神性的眷顾。修炼越重要，宗教意义就越大，得到眷顾的神性数量越来越多，整个身体充满了神性和超验的存在。② 道教相信身体中存在神灵，这些神灵也存在于他们的宇宙中，生命所要达到的目标是通过加强这些“内部之神”与天上对应神的交流，来防止这些神灵离开身体。因此道教设计了一系列的救赎程序，包括“养气”“养神”“养身”③，以获得特定的外在刺激，得到延续生命、维持体内神灵的效果。道教中，人体与世界是完全的对应物，解读道教体内神灵的名字，就会发现它们也是外部世界的神灵。道教中主宰一个世界各个部分的神灵必须同时主宰另一个世界的相应部分，以此来达到完美的“同一性”。因此，要理解人体的神圣体系，就必须了解世界的神圣体系。④ 道教的宇宙万神殿中包含的神灵非常之多，马伯乐援引了《洞真经》、《三元品诫经》、《大洞真经》、《太上三天正法经》、《元始无量度人上品妙经》、《洞真高上玉帝大洞雌一玉检五老宝经》、《太上老君珠宫玉历》（《太上老君中经》）、《洞玄灵宝真灵位业图》等多本道书，最终未能形成一个得到共识的神仙谱系。⑤ 元始天尊为群仙之首已是共识，但是在此之下的神仙体系归类方法存在许多分歧。天界神系的大概框架中，最高神为三清，各治玉清界、上清界、太清界。⑥ 陶弘景将元始天尊作为治理三清界的三清之首，也有一些道书将元始天尊另列一级，位于三清之上，治于大罗天。⑦ 天界神系犹如中国古代的官僚体系一样，等级分明，众神仙各司其职。

---

① 参见 Henri Maspero, *Le Taoïsme et les Religions Chinoises*, p. 431.

② Henri Maspero, *Le Taoïsme et les Religions Chinoises*, p. 380.

③ 参见 Henri Maspero, *Taoism and Chinese Religion*, Frank A. Kierman, Jr., trans., p. 448.

④ Henri Maspero, *Le Taoïsme et les Religions Chinoises*, p. 386.

⑤ 参见［法］马伯乐著，胡锐译：《马伯乐道教学术论著》，第 131 – 141 页。

⑥ Henri Maspero, *Le Taoïsme et les Religions Chinoises*, pp. 394 – 395.

⑦ 参见（宋）张君房编，李永晟点校：《云笈七签》，中华书局，2003 年，第 486 页。

（三）“气”与宇宙、生命

根据马伯乐对道教精神的理解，万物皆由“气”构成，当世界形成时，“气”被分开，最纯净的上升到顶端，最粗重的下降到底部。人的身体是由这些粗大的气组成，但赋予它生命、使它充满活力的是“元始之气”，即随着第一口呼吸进入身体的纯净之气。当它进入身体时，与每个人以某种方式在自己体内提炼出的精华相结合，这种结合形成了精神，它将与生命本身一样长久。身体与宇宙的构造相同，充满了与宇宙相同的神性。要想长生不老，就必须延长肉体的寿命，防止精气分离而导致精神湮灭，并将所有的神灵保存在自己体内，以保持人格的统一性，因为人格的统一性会因神灵的分散而遭到破坏。因此修炼的三种功为：养性（“Nourrir le Principe Vital”，yangxing）、养神（“Nourrir l'Esprit”，yangshen）、守一（“se Concentrer surl' Un”，shouyi）。①

道教徒要实现长生不老，必须连续做两件事：消除物质躯体的腐朽和死亡原因；创造精妙的长生不老躯体。但要了解如何做到这一点，需要了解道教是如何看待人体及构成。② 马伯乐试图详细解读中医呼吸、消化和循环的观念，他认为道教徒如所有中国人一样，将身体分为三个部分：上部（头和手臂）、中部（胸部）和下部（腹部和腿部）。他们把内脏分为两类：五脏（肺、心、脾、肝、肾）和六腑（胃、胆、大肠、小肠、膀胱和三焦）。③ 另外，道家与中医在呼吸、消化和循环方面的观点相同。呼吸分为阴阳吐纳两个阶段，即气（外界空气）从鼻腔经脾降至肝肾，气又从鼻腔经脾升至心肺，再从口腔排出。当固体食物经食道进入胃后，在胃中被脾消化，有用的元素转化为“五味之气”。这些五味之气在脾脏汇合，与通过不同于食道的特殊管道进入脾脏的水混合（直到十世纪，中医还认为口腔底部有三个独立的管道，分别用于输送空气、固体食物和水），这种混合物构成了血液。每次呼出或吸入的气体经过脾脏时，都会将血液排出，血液在这种推动下向前推进三英寸，进入静脉。这样就进行了呼吸、消化和循环。④ 除

---

① Henri Maspero, *Le Taoïsme et les Religions Chinoises*, pp. 44 – 45.

② 马伯乐讲到人体及构成时提到法国驻中国领事戴伯里（Claude Philibert Dabry de Thiersant, 1826 – 1898）1863 年《中国人的医学》一书，参见 Dabry de Thiersant, *La Médecine chez les Chinois*, Henri Plon, 1863。欧洲对中医的好奇产生于 17 世纪，当时耶稣会传教士开始发回关于脉搏学、本草及医学理论方面的文章翻译。19 世纪时欧洲已经有些医生对施行中医如针灸治疗跃跃欲试，戴伯里《中国人的医学》及《中国人的本草》（*La Matière Médicale chez les Chinois*, 1873）等出版物，正是这一时期欧洲医生了解中医知识的基础，从马伯乐对道教医学的相关论述中也可见受其影响，如论及古代中医描述人体内部三个主要功能，即呼吸、消化和循环，可见戴书第 1 – 18 页。

③ 参见 Henri Maspero, *Le Taoïsme et les Religions Chinoises*, pp. 359 – 360.

④ Henri Maspero, *Le Taoïsme et les Religions Chinoises*, p. 300.

此之外，道教还有独特的理论，例如把人体分为三个丹田。道士正是通过对这些重要器官的修炼来消除死亡的导因，创造不死之身的胚胎，方法包括服食、行气、炼丹等。①"胎息"② 正是在行气吐纳中发展起来的，之所以称为"胚胎呼吸法"，是因为它能够恢复胚胎在母腹中的呼吸③，返璞归真，返本归元，赶走衰老，回到胎儿的状态④。

三、自度与他度：道教生命宇宙观的实践体系

道教的修炼方式，一直为早期传教士所关注，但是长期被误读。马伯乐突破了传教士汉学的桎梏，以学术思维解读道教生命宇宙观的实践体系，深入剖析了道教集方术与道德修炼于一体的多元自我修炼层次，并对道教与神灵沟通的方式作了独特解读。

（一）自度：自我救度的内外修炼

西方对道教的解读，最早来自耶稣会士，他们认为道教通过咒语、护身符和驱魔传教，代表着一种异教形式，与原始哲学教义的纯洁性相去甚远。被称为"最后一位文艺复兴人物"的阿塔纳修斯·基歇尔（Athanasius Kircher，1602—1680），是欧洲 17 世纪著名的学者、耶稣会士，在《中国图说》（*China Illustrata*，1667）中将道教描述为充满"令人憎恶的谎言"、一种源自埃及的偶像崇拜形式，他认为中国充斥着偶像和道教，一种普通民众的宗教，进行与驱邪、风水和长寿相关的令人厌恶的仪式。⑤ 道教在与西方相遇的开端，便埋下了对中国文化长期误解的种子。直到 19 世纪大量传教士来到中国，促进了中国道教经典传入西方的进程，也使得西方对道教的认识逐渐产生了变化，与前人相比，他们会以更为客观的视角去看待中国的道教。关于道教中灵魂与肉体关系的认知，在 19 世纪末传教士汉学中已经存在，如杜步西（Hampden Coit DuBose，1845—1910）《中国的三教：儒、释、道》中所写：在道教中，"灵魂是一种更纯粹的物质形式，它通过一种化学过程获得不朽，该过程将其转化为一种更空灵的物质，并为其转化为不朽的身体部位做好准备"⑥。

---

① ［法］马伯乐著，胡锐译：《马伯乐道教学术论著》，第 117 - 119 页。

② 马伯乐关于胎息的研究，可进一步参见［法］马伯乐、胡锐：《道教的气论及服外气法考述》，《宗教学研究》，2018 年第 2 期。

③ Henri Maspero, *Le Taoïsme et les Religions Chinoises*, p. 300.

④ Henri Maspero, *Le Taoïsme et les Religions Chinoises*, p. 498.

⑤ J. J. Clarke, *The Tao of the West*: *Western Transformations of Taoist Thought*, Routledge, 2000, p. 39.

⑥ DuBose, Hampden C., *The Image*, *the Dragon*, *and the Demon*: *Or the Three Religions of China Confucianism*, *Buddhism and Taoism*, A. C. Armstrong & Son, 1887, p. 33.

马伯乐认为，道教修炼技术的原理在于，身体的元素是粗糙的，必须用比身体本身更微妙的元素来取代易腐朽的身体元素。① 为了滋养生命的元气，就必须避免死亡的原因。马伯乐总结了道教的三个主要修炼方法。其一，饮食的辟谷与服食朱砂。其中最主要的是谷物，因为谷物的气息会在我们体内产生邪魔——“三虫”或“三尸”，它们会啃噬大脑、心脏和肠胃，从而导致死亡。辟谷是必不可少的饮食疗法，同时配合药物和呼吸练习，目的是达到“以气养气”的效果。炼丹术也有帮助，当吸收完全纯净的朱砂时，骨头会变成金色，肉会变成玉色，身体会变得坚不可摧。其二，以呼吸为食的“食气”配合强化体内气息。通过引导从鼻子吸入的气息通过身体到达腹部，在那里与精气混合，并通过脊髓上升到大脑，加强了气息与精气的结合，从而滋养了精神，防止它消散。其三，专注与冥想，与内心神灵建立关系。起初人们看到的是不重要的小神。随着修炼的进步，看到的是更重要的神。当人们看到位于大脑中央伟大的三神时，永生就有了保证。有些人在练习了能与众神建立联系的定向冥想之后，会更进一步，在冥想中将心灵从外界的一切影响中抽离出来，将其抛弃，就像老子学派的大师们一样，实现与道的神秘结合，与道不可分割地融为一体，无须肉身便可长生不老。②

马伯乐认为辟谷服食这些方术并非道教修炼成仙的全部，道教徒还需要过纯粹清净的生活并修炼道德品性。德行的修炼是其他技术性修炼的基础，两套修炼方法相辅相成，并引用葛洪的话：“若德行不修，而但务方术，皆不得长生也。”③ 一位特殊的神灵准确记录着每个人的善行和恶行，道德生活的另一个方面是对所犯错误的补偿和忏悔。《紫阳真人内传》中的周义山，因为扶贫济困、乐善好施的善行，得到了一位仙人的赏识与奖励，传授他炼丹术及服食法，帮助他走上长生不老之路。马伯乐再次引用葛洪的话，借用《玉钤经》中篇“人欲地仙，当立三百善；欲天仙，立千二百善。若有千一百九十九善，而忽复中行一恶，则尽失前善，乃当复更起善数耳。”④《后汉书》中也记载了许多像周义山这样的例子，修德避罪、认错悔过、行善积德，给饥饿者食物，给赤身者衣服，帮助病人，把自己的财富分给穷人，暗中行善而不自夸。马伯乐认为，这些司空见惯的善行在当时的汉代中国，具有某种新意。与儒家思想不同，道家思想为中国人创造了一种真正的个人道德，道家道德适用于所有人，每个人均可实践它。⑤

① Henri Maspero, *Le Taoïsme et les Religions Chinoises*, pp. 44 – 45.

② 参见 Henri Maspero, *Le Taoïsme et les Religions Chinoises*, pp. 45 – 46.

③ 张松辉译注：《抱朴子内篇》，中华书局，2011 年，第 103 页。

④ 张松辉译注：《抱朴子内篇》，第 104 页。

⑤ 参见 Henri Maspero, *Le Taoïsme et les Religions Chinoises*, pp. 355 – 358.

（二）他度：与神灵的沟通

马伯乐认为，自古以来，巫师们通过向神灵发送灵魂来与神灵沟通。她们身着前来附身的神灵的服饰，通过各种方式进入恍惚状态，其中最著名的是随着鼓声和笛声跳起越来越快的舞蹈，这在古代诗歌集《楚辞·九歌》中有所描述。① 古老的神灵在后来的道教中并没有完全消失，随着公共集体崇拜的趋势和佛教的影响，对天命的探索从内部转向外部。修炼者不再从自身内部逐渐学会寻找确实存在的神灵，而是从外部寻求与伟大神灵的沟通。②

如上文所述，道教的产生在于个人宗教体验被重视，人可以与神达成私人性质的接触与沟通，以获得神灵的护佑。而道团的形成使得道教组织的集体祭祀活动成为另一种与神灵沟通的方式。马伯乐认为，集体崇拜习俗起源于黄巾军，集体仪式的实践直接导致了这样一种观念，它与个人修炼的理论截然不同。多人聚在一起，不是为了让每个人分别向自己内心的神灵祈祷，而是为了让他们向共同的外在的一个或多个神灵祈祷。③集体道教活动的产生，使得道教信徒既可以通过个人修炼与神灵沟通，也可以投入集体修炼，两种宗教实践相互交织，形成了道教“自度”与“他度”的双重救度体系。

马伯乐认为，道教徒不断地与神灵沟通，在生病的情况下，驱除导致疾病的邪灵或邪恶影响，甚至没有疾病时，只是为了将体内神灵保留在体内和阻止他们离开，道教的书中充满了当人们去拜访神灵时要向神灵讲话的公式。同时马伯乐对于道教近几个世纪以来的发展状况提出了自己独特的理解，他认为对神灵的过分熟悉是道教颓废的原因之一。道教徒通过修炼不断进步，来最终接近神灵获得真正的解决方案，而忽略了智力努力和哲学讨论，疏远了不满足于神灵世界概念里这些众所周知的神灵的人，而佛教、儒教则提供了更为广阔的视野、更为哲学化的世界。道教徒极度渴望与神灵建立直接关系，过分降低了人类世界与神灵世界之间的壁垒，使沟通变得过于容易，让众神离人类太近。④

四、马伯乐观点与中国学界认识的比较

与马伯乐同一时期的中国学者，许地山（1893—1941）认为，“道士们用‘道’字

---

① Henri Maspero, *Le Taoïsme et les Religions Chinoises*, p. 37.

② Henri Maspero, *Le Taoïsme et les Religions Chinoises*, p. 405.

③ Henri Maspero, *Le Taoïsme et les Religions Chinoises*, pp. 426 – 427.

④ 参见 Henri Maspero, *Les dieux Taoistes; comment on communiqué avec eux*, C. R. des séances de l'Académie des Inscriptions et Belles – Lettres, 81e année, N. 5, 1937, pp. 362 – 374.

来称他们底宗教……最初底解释是宇宙依以运行底轨则便是道，凡宇宙间一切底现象都是道底示现"①。"道家以为宇宙底进行即是'造化'底现象。"②"五行因相生相克之故便产出宇宙一切的事物。"③"人身是个小天地，所以万物皆备于其中，无需再向外求。身体里有三个区域，所谓三丹田，是神、气、精寄寓底地方。"④许地山通过分析"道教对于修养之方法及宇宙人生底见解"⑤得出"道"是宇宙运行的造化现象以及人身是个小天地的结论。傅勤家（生平不详）在《中国道教史》中将"天地间之神"与"人身中之神"分别作为"第七章　道教之神"的单独小节来论述，认为"身中诸神，《太平经》已详言之。《淮南子·精神训》已分气为阴阳二神，气者宇宙之生命，又为活动力，据道教所说，人类体内之气，能与宇宙之气相往来而不绝，即得长命"⑥。又认为"道教以道为宇宙之本体，不增不减。吾人体得之，则可与天地同长久"⑦。可见，许地山、傅勤家两位中国道教研究名家对道教生命宇宙理论已经有了深入认识，但未进一步论证人体与宇宙的同构关系。中国近现代道教领袖人物陈撄宁（1880—1969）借助物理学的相对论，认为"从四次元宇宙而立论，'返昔为今'自然可能。进一步详论人身返还之理、修养之术，则'长生不死'亦非谬论，且颇合于近世科学之原理也"⑧。又借当时物理学以太与电子的概念，认为"以太及电子是宇宙万物共同之生命，亦即是吾人自己所保有之生命，故每一个人之生命，比较宇宙全体之性命，其性质实无差别"⑨。从而解释人体与宇宙的同一性。

现今学者对于道教生命宇宙观的来源已形成共识，道教"天人同构"的思想得到广泛认可。葛兆光认为，道教作为中国文化产物，接受了中国古代文化中"自然、社会、人类"三者同源、同构、互感的宇宙系统理论模式，作为支撑自己宗教体系的哲理内核。⑩道教知识与思想的背景之一，就是这种大宇宙与小宇宙的对应性，气、阴阳、五行、九宫、八卦的相关性，以及人的生命与宇宙结构的一体性，因为道教的渊源中相当重要的部分其实就是古代中国的黄帝之学、养生技术和神仙传说。⑪葛兆光在其著述中

---

① 许地山：《道教史》，商务印书馆，2017 年，第 3 页。

② 许地山：《道教史》，145 页。

③ 许地山：《道教史》，152 页。

④ 许地山：《道教史》，165 页。

⑤ 许地山：《道教史》，166 页。

⑥ 傅勤家：《中国道教史》，商务印书馆，2017 年，第 81 页。

⑦ 傅勤家：《中国道教史》，第 120 页。

⑧ 郭武编：《中国近代思想家文库·陈撄宁卷》，中国人民大学出版社，2014 年，第 162 页。

⑨ 郭武编：《中国近代思想家文库·陈撄宁卷》，第 546 页。

⑩ 参见葛兆光：《道教与中国文化》，上海人民出版社，1987 年，第 46 页。

⑪ 葛兆光：《屈服史及其他：六朝隋唐道教的思想史研究》，第 90 页。

多次引用马伯乐的观点，尤其是早期道教组织、道教祭祀、道教养生等问题。[①] 盖建民认为，道教的宇宙论思想源于先秦道家道法自然的自然观，道教宇宙论认为宇宙万物皆是从混沌之中由道气化生而来，道气化生天地，天地之气生人，天地人皆在一气之中。[②] 即所谓“道生一，一生二，二生三，三生万物。万物负阴而抱阳，冲气以为和”[③]。因此进一步认为，道教宇宙化生论既然认为天地人乃至万物都是从道气化生而来的，天人同源，那么，天与人在性质与结构上都应当是相一致的。道教把天地当作一大宇宙，而人身则是一小宇宙，所谓天中有地，地中有天，人中有天地。其中包含着天地人同源同构、互感互应、相互关联、共成一体的天人观，这就为道教理身、治心与医世相统一的医学模式的确立奠定了理论基础。[④] 可见，马伯乐对于道教生命宇宙观的认知，符合中国学界认识中道教的基本逻辑，甚至为近现代以来中国学界的道教研究带来了极大启发。

自马伯乐的著述面世以来，也有不少学者提出对其观点的讨论、纠正或批判。陈耀庭指出，为了求得长生，道教包含着养形和养性的一整套道术，并且要信仰者积累善行，最后使自己的精神集中归于体内居住的各种神灵。从有意识地进行精神集中到无意识地与道冥合为一，即进入入道的高度神秘主义的体验阶段，正是基于这一认识，马伯乐认为老庄的道家思想和道教是没有区别的。[⑤] 美国汉学家顾立雅（Herrlee Glessner Creel，1905—1994）也认为，马伯乐过于强调以各种手段追求长生的“仙道家”与“哲学性道家”的相似性，而忽略了他们的差别。[⑥] 程乐松认为，虽然马伯乐关于道教起源于中国上古宗教传统、道教经典分类及道教神仙信仰的许多论述在如今来看较为粗略且不乏误解，但马伯乐将道教原始资料的文献研究引入法国道教研究的视野，更重要的是，将道教作为一个独立的宗教传统，考察其历史演进，并首次介入道教信仰、仪式、道术体系的研究。[⑦]

---

① 参见葛兆光：《屈服史及其他：六朝隋唐道教的思想史研究》，第18、36－37、57页等。

② 盖建民：《道教医学》，宗教文化出版社，2001年，第311页。

③ 《道德经》，第四十二章。

④ 盖建民：《道教医学》，第312页。

⑤ 陈耀庭：《道教在海外》，第170页。

⑥ Herrlee G. Creel, *What is Taoism? And Other Studies in Chinese Cultural History*, University of Chicago Press, 1970, p. 11.

⑦ 参见程乐松：《借镜与对话——汉语视野中的法国道教研究》，《国际汉学》2012年第1期。

五、结语

在法国的中国学家中，马伯乐堪称是一个里程碑式的人物。马伯乐的研究涉猎甚广，包括中国古代史、语言学、中国自古代至近代的儒释道、中国古代天文学、中国边疆民族志、东南亚历史与风俗等。戴密微、康德谟等人通过编辑出版马伯乐的遗稿《道教和中国宗教》，进而将西方汉学中的道教研究推向新的阶段，此后海外汉学界继承了以马伯乐为代表的学术研究传统，将道教作为一个独立而自成系统的研究对象，置于整个中国乃至世界史的宏观背景下去观照，以学术思维与专业方法开展对道教的全方位研究。马伯乐对道教生命宇宙观的解读，贯穿于道教神灵、道教组织、道教仪式、佛教与道教的关系等问题的讨论中，为研究道教提供了整体性的学术思路。不仅如此，马伯乐对道教的解剖学、生理学、服食、行气吐纳、导引、炼丹等，以及道教对生命本质的独特认识，对养护生命的不断探索，与传统中医学的交互影响等问题，以严谨方法和他者视角，取得了颇具价值的研究成果，相关问题的讨论也开启了海外汉学界对道教医学与科技的深切关注。

尽管马伯乐对道教的认识、解构与归纳，与现今的研究相比或许存在简单化的倾向，但是从另一个角度来说，正是马伯乐将过去西人眼中难以理解的道教进行具象化的提炼，描绘出了一个更加清晰可辨的道教形象，为海外道教研究开拓了一个全新的视野。本文回归到马伯乐著述本身，梳理马伯乐对道教生命宇宙观的整体性解读逻辑，以此管中窥豹，尝试勾勒出异文化视角下更加立体、丰富的道教自我图像。而马伯乐对道教的解读远不止于此，其观点在道教研究后继者中被不断引用和丰富，广泛传播并影响着海内外道教学界，客观上促进了中西文化之间的交流与学术对话。

作者简介：

于洋，澳门科技大学社会和文化研究所博士研究生，广东省民族宗教研究院助理研究员。

斯文·赫定与近代中国西北交通建设①

王新春

[提要] 瑞典探险家、地理学家斯文·赫定在20世纪20—30年代中国西北交通现代化建设过程中发挥了重要作用。他通过1893—1935年在中国西北五次考察，积累了丰富的地理测绘和地图资料，考察和规划了跨越欧亚大陆的丝绸之路现代交通，最终将科学考察的学术资料积累转化为航空、汽车交通路线规划和勘测实践，并提出复兴丝绸之路这一前瞻性课题。本文通过整理和研究瑞典藏斯文·赫定档案，系统梳理斯文·赫定关于中国西北交通建设的规划与实践，阐述其复兴丝绸之路理念。

[关键词] 西北科学考查团；绥新公路查勘队；斯文·赫定；丝绸之路；西北交通

近代以来，西方探险家出于政治、军事、学术等目的，深入亚洲腹地做科学考察，在获取科学材料的同时，也翔实地观察、记录了考察路线和沿途交通，推动了丝绸之路研究的兴起，亦有人开始关注丝绸之路现代交通的开辟。瑞典探险家、地理学家斯文·赫定（Sven Hedin）对丝绸之路有近半个世纪的考察和研究，对中国西北交通有系统、持续和深入的了解。他多次呼吁重视西北交通建设，并与中国政府合作组建了近代唯一

---

① 本文系国家社会科学基金中国历史研究院重大历史问题研究专项2021年度重大招标项目“河西走廊与中亚文明”（项目编号：LSYZD21008）阶段性成果。

的西北道路工程勘测团体——绥新公路查勘队，为近代中国西北交通建设作出了重要贡献。

学术界对斯文·赫定与中国西北交通建设研究集中于绥新公路查勘队，西方学者均将之纳入斯文·赫定中亚科学考察范畴；中国学术界则从科学考察史、近代西北交通和边疆治理研究的角度进行探讨。① 由于资料不足，目前关于斯文·赫定中国西北交通的认识与实践，尤其是他与绥新公路查勘队的问题存在一些误读和缺失。本文拟通过瑞典国家档案馆（Riksarkivet）、斯文·赫定基金会（Sven Hedin Foundation）等机构所藏斯文·赫定档案的整理、研究，系统梳理斯文·赫定关于中国西北交通的认识、规划与实践，揭示绥新公路查勘队组建真实内情，探讨复兴丝绸之路提出的背景与内涵。

一、从传统到现代：交通方式的实践与规划

1886—1908 年，斯文·赫定在亚洲腹地的五次游历和考察，进行了较为系统的地理测绘和记录，构成了他对丝绸之路交通和贸易路线的基本认知。1886 年，他从俄属中亚至伊朗、伊拉克游历，详细记录了旅行路线和历史古迹，这是他丝绸之路研究的滥觞。1890 年，他在考察德黑兰与马什哈德之间的旧商道时就注意到："早在薛西斯和大流士时期，这条车道沿线就已经建立起邮务系统，到了帖木儿时代，传递讯息的信使往来于这条路线。"② 随后，他从马什哈德经布哈拉、撒马尔罕、塔什干、奥什抵达中国喀什，调查了交通路线和希腊、粟特、阿拉伯等文明遗迹，显示他在探险生涯早期，就已系统关注丝绸之路路线和各民族交往、交流和交融的历史。他的观察和记录经专业制图机构编绘成考察路线图及其他地图，描绘了伊拉克、伊朗、中亚至中国新疆的交通路线。

斯文·赫定的中亚考察，尤为关注中亚至中国的古丝绸之路路线。他在 1893—1908 年的三次中国西北科学考察主要调查了两条线路：一是从俄属中亚的奥什、塔什干等地，经帕米尔高原至中国新疆；二是从伊朗经塔巴斯、俾路支、列城抵中国西藏。他详细勘测和记录了考察路线，绘制了 2 500 余幅地图，包含了丰富、翔实的交通路线信息。仅 1905 年从波斯东部至印度期间，他就绘制了 232 张地图，首次详细标注了很多小地名

① 目前关于斯文·赫定研究和中瑞西北科学考察的研究多论及绥新公路查勘队，叙事线索主要来自斯文·赫定的论述，关于绥新公路查勘队代表性研究参见林世田：《斯文赫定与绥新公路勘察队》，《北京图书馆馆刊》1994 年第 3/4 期；罗桂环：《20 世纪 30 年代的"绥新公路查勘队"》，《中国科技史杂志》2008 年第 3 期；高月：《试论 20 世纪 30 年代内地与新疆间的交通勘探与建设——以绥新公路为中心》，《中国边疆史地研究》2018 年第 3 期。

② ［瑞典］斯文·赫定著，李宛蓉译：《我的探险生涯Ⅰ》，人民文学出版社，2016 年，第 95 页。

信息。①

自1893年始，斯文·赫定在中国西北从事科学考察，将考察路线图延伸至中国境内其他地区。除以研究罗布泊为目的的环塔里木盆地沿途路线、河流调查与测绘，他还在“1896—1897年穿越甘肃西部、阿拉善和鄂尔多斯考察路线图”和“青海湖至北京路线图”中描绘了中国北方地区的考察路线。② 1899—1908年，他又重点勘测了新疆南部至西藏的贸易和朝圣路线，将他的路线图从新疆、青海延伸至西藏南部。

斯文·赫定的丝绸之路考察与研究的另一项重要工作就是广泛搜集东西方文献，以求对古代丝绸之路的历史、地理等方面有全面、深入的认识，形成了较为全面的丝绸之路研究文献资料库。如今保存在瑞典民族学博物馆的“赫定图书馆”有4 000余册藏书，拥有古代东西方学者的著作、近代西方探险家考察论著以及英、俄、德等国的测绘数据和地图等丰富的丝绸之路研究资料。通过考察实践、地理测绘和文献搜集等三个方面的学术积累，斯文·赫定在19世纪末20世纪初有意识地关注丝绸之路交通、贸易路线和文化交流等方面的情况，并获得了关于丝绸之路较为全面的资料。

近代西方探险家在中国西北进行了大量涉及丝绸之路交通路线的考察和测绘，而斯文·赫定是极少数能将地理考察的学术成果转化为交通建设实践的学者，这一转变的契机是1926年德国政府秘密筹划“欧亚航空线”。

20世纪20年代初，德国政府为突破凡尔赛体系的限制，推动德国航空业的发展和促进对华关系，积极筹划开辟沟通欧亚大陆的欧亚航空线，希望与苏联、中国政府合作开辟世界上第一条横跨中国北方的国际航线，这需要熟悉中国西北地理的专家协助。斯文·赫定因在中亚地理探险界负有盛名，又与德国社会各界关系友好，成为合作的最佳人选。1925年，斯文·赫定在德国航空企业家雨果·容克斯（Hugo Junkers）的邀请下，起草了一份勘测欧亚航空线和科学考察的《科学计划》。欧亚航空线计划有两条路线，去程与苏联政府合作，从柏林经莫斯科、西伯利亚，再经中国东北抵达北京；归程由斯文·赫定勘测，从北京出发，经呼和浩特、额济纳西行至乌鲁木齐，或者由呼和浩特向西南经酒泉抵乌鲁木齐。随后的跨国航线从乌鲁木齐经伊犁出境，经由阿拉木图、塔什干、撒马尔罕、布哈拉、马雷、马什哈德、德黑兰、大不里士、安卡拉、伊斯坦布尔、布达佩斯抵达柏林。这条航线绕开了英、法等国控制的亚洲南部航线，也可以防止欧亚航空线完全由苏联掌控，还可避免第一条航线在寒冷的冬季无法运行的问题。整个航程需要考察的路程约15 000公里③，斯文·赫定主要负责从北京至乌鲁木齐及新疆其他地

---

① Sven Hedin, *Overland to India*, part 1, Macmillan and Co., 1910, preface, p.9.

② Sven Hedin, *Die Geographisch-wissenschaftlichen Ergebnisse meiner Reisen in Zentralasien, 1894 - 1897 erschienen*, Justus Perthes, 1900, Blatt 1 - 6.

③ Wissenschaftlicher Plan，瑞典国家档案馆藏斯文·赫定档案：479，1926 - 09 - 21。

区的航空线勘测。

1926 年，德国交通部为进一步整合德国民航业，将容克斯与德意志劳埃德两家航空公司合并为汉莎航空公司，并由之接手容克斯与斯文·赫定的合作。德国外交部与交通部商议，合作由斯文·赫定以科学考察的名义勘测航线和在中国境内试飞。① 路线大体参照《科学计划》，并根据汉莎航空公司 1926 年 7—9 月柏林至中国试飞的情况等做了多次修订，确定了整个探险计划日程表、考察和飞行的路线。② 欧亚航空线的勘测分为三个阶段，包括了三种不同方式的交通路线考察。

第一种方式为地面勘测的驼队考察，从北京经张家口（或由苏联伊尔库茨克、古西诺奥泽尔斯克，蒙古乌兰巴托）至包头作为考察起始地，西行至额济纳后溯黑河南行至张掖（或酒泉），沿河西走廊经安西、且末抵乌鲁木齐③，并在沿途选址建机场和仓库。抵达乌鲁木齐后，考察团南行经且末至西藏作科学考察④。返程从乌鲁木齐经乌里雅苏台、乌兰巴托、张家口返回北京。⑤

第二种方式为运输航空燃油和设备的汽车考察。⑥ 斯文·赫定计划在苏联政府的协助下借助铁路分两路将航空燃油运输至中国。⑦ 新疆地区以塞米巴拉金斯克为起点，用汽车运抵乌鲁木齐，再分运至新疆各地机场。内蒙古等地从上乌丁斯克出发，经乌兰巴托运抵包头，再沿驼队考察路线分运至额济纳和河西走廊。

第三种方式为试飞航线的飞行考察。汉莎航空公司将飞机零部件通过西伯利亚铁路运至中国。若北洋政府同意飞机入境，就从伊尔库茨克经中国东北（或蒙古）至北京后飞抵包头；否则，飞机将由伊尔库茨克、古西诺奥泽尔斯克经蒙古国直接到包头。⑧ 中

---

① 勃兰登堡（Ernst Brandenburg）致斯文·赫定通信，瑞典国家档案馆藏斯文·赫定档案：479，1926 - 09 - 10。

② Zeittafel für die Expedition，瑞典国家档案馆藏斯文·赫定档案：479，1926 - 09 - 20。

③ Notiz：übersicht über den bisherigen Stand der Expeditions - Vorarbeiten，瑞典国家档案馆藏斯文·赫定档案：479，1926 - 10 - 18。

④ Entfernung von Pau Tö - Tschertschen，瑞典国家档案馆藏斯文·赫定档案：479，1926 - 09 - 17。

⑤ Notiz：übersicht über den bisherigen Stand der Expeditions-Vorarbeiten，瑞典国家档案馆藏斯文·赫定档案：479，1926 - 10 - 18。

⑥ 提交给北洋政府的计划书中显示，斯文·赫定与德国政府最初考虑 1927 年冬用飞机向中国运输航空燃油，Projected Expedition under the leadership of Dr. Sven Hedin，瑞典国家档案馆藏斯文·赫定档案：645，1926 - 11 - 26。

⑦ 斯文·赫定致米尔希（Milch）通信，瑞典国家档案馆藏斯文·赫定档案：480，1927 - 01 - 28。

⑧ 斯文·赫定致米尔希通信，瑞典国家档案馆藏斯文·赫定档案：480，1927 - 02 - 10；米尔希致赐美满通信，瑞典国家档案馆藏斯文·赫定档案：480，1927 - 01 - 28。

国境内的飞行沿驼队考察路线，从包头经肃州、安西、乌鲁木齐至且末，出境路线与《科学计划》的规划基本一致，仅出境城市由伊犁改为叶尔羌。① 整个飞行计划预计用时6个月完成②，考察使用的地图由斯文·赫定考察的主要制图机构——德国哥达的尤斯图斯·佩泰斯（Justus Perthes）出版社提供③。

斯文·赫定和德国的欧亚航空线规划，展现了他的丝绸之路考察实践的深厚知识积淀，以及对汽车、航空等现代交通的宏伟构想。路线方案虽由参与各方共同确定，但是除德国经苏联至中国的航线由德国与苏联商议外，从北京至柏林的航线规划基本采纳了斯文·赫定的意见。对于斯文·赫定而言，欧亚航空线的开辟还具有另一重意义：他可以借助勘测航空线的机会，在中国西北从事多学科考察和测绘，调查通往中亚、西亚地区的丝绸之路和沿线古代文明遗迹。在这项合作计划中，斯文·赫定展现了他的复兴丝绸之路设想，即建设沟通中国经中亚、西亚直至德国跨欧亚大陆的国际交通线，将两千年来丝绸之路依靠驼马畜力的传统运输转变为汽车、飞机的现代交通。

二、“邵穆伯报告”：汽车交通现状的调查与探索

在关于西北科学考查团的研究中，中外学者往往注意到所谓斯文·赫定与汉莎航空公司的航空线合作，而上文所述之汽车考察则鲜为人知。在斯文·赫定与德国政府合作开辟航空线的三种交通方式考察中，作为衔接阶段的汽车考察是关键。地面考察除了规划航线，还需要确定中转机场的位置，而它的主要考虑因素是能够用汽车运输燃油、飞机部件和其他设备抵达。因此，斯文·赫定在勘测航空线的同时，也调查了中国西北的汽车交通。

1926年11月，斯文·赫定抵达北京后，几乎每天都会与瑞典考古学家安特生（Johan Gunnar Andersson）、德国汉莎航空公司代表赐美满（Eduard Zimmermann）少校、德国人邵穆伯（Otto Schaumburg）和其他德国顾问讨论考察路线。④ 邵穆伯来历不详，斯文·赫定保存的其中、英文名片显示为“少校退役”，身份是“德国全国航空协会特

① Reisewege der Vorexpedition und der Flugexpedition，瑞典国家档案馆藏斯文·赫定档案：479，1926-09-20。

② Projected Expedition under the leadership of Dr. Sven Hedin，瑞典国家档案馆藏斯文·赫定档案：645，1926-11-26。

③ Notiz. übersicht über den bisherigen Stand der Expeditions-Vorarbeiten，瑞典国家档案馆藏斯文·赫定档案：479，1926-10-18。

④ 斯文·赫定致米尔希通信，瑞典国家档案馆藏斯文·赫定档案：479，1926-12-19。

派员”。① 据赐美满通信中的只言片语推测，邵穆伯在1911年抵达被德国侵占的青岛。1914年第一次世界大战爆发后，日本向德国宣战并攻占青岛，他在此期间被囚，后移居北京，并受聘于汉莎航空公司，以“德国全国航空协会特派员”的身份搜集情报。②1926年11月20日，赐美满抵达北京后，就居住在邵穆伯位于北京无量大人胡同25号的家中。

邵穆伯在中国的活动表明德国政府筹划欧亚航空线交通已久，派遣多人在中国和蒙古等国家搜集情报。他至少在1926年就已经在中国北方地区搜集情报，对包头至中亚的交通情况非常熟悉。斯文·赫定抵达北京后，向德国方面汇报称“我们每天都在研究地图，赐美满先生对我非常有用。他和邵穆伯先生收集了各方的可靠调查，对我们来说非常宝贵。我们还试图确定汽车的使用方式和范围”③。这些“汽车”交通的信息主要来自邵穆伯提交的多份中国西北及其周边国家的汽车交通情报，即“邵穆伯报告”，对斯文·赫定全面了解中国北方、西北和蒙古的汽车交通状况，制订考察计划起到了至关重要的作用。

“邵穆伯报告”的价值主要体现在两个层面。一是交通层面，提供了考察相关地域——中国北方、西北和蒙古、苏联的汽车交通信息：

内蒙古至甘肃、新疆，汽车交通状况不佳。包头经宁夏至兰州有一条冯玉祥修建的相当糟糕的路。兰州至武威在1926年春天通行条件还比较糟糕。1919—1920年，曾有4辆车从包头驶往乌鲁木齐，最后只有一辆12缸的帕卡德（Packard）抵达目的地，所用时间比驼队还要漫长。另外，汽车交通还会面临恶劣的社会环境。来自兰州的情报告知，1926年1月宁夏附近有5辆汽车被强盗（逃兵）抢走。在戈壁荒漠中行进，驼队最安全。从包头到古城，骆驼需要120~150天。

新疆，尚无汽车交通运营，亦无汽车道路。新疆省长有两辆车，主要在乌鲁木齐及周边地区行驶，兼做邮政运输。从新疆至苏联最近的路线是经喀什至塔什干，但中间有一些难走的山路无法通行汽车，可先从乌鲁木齐至伊犁，然后乘汽车至俄属中亚。

邵穆伯认为，除张家口至乌兰巴托、包头至兰州的汽车路线外，其他的路线情况非常不确定，若要进行汽车考察，必须拥有自己的车辆。1926年底，他曾为一些计划于1927年春驾驶汽车前往塔什干的英国人设计内地通往中亚的汽车路线：从包头、宁夏、兰州、武威、肃州、哈密、古城、乌鲁木齐至伊犁，汽车行驶这条路线最主要的问题是途中无法补给汽油。因此，邵穆伯建议斯文·赫定第一阶段的驼队考察从包头出发西

① 邵穆伯名片，瑞典国家档案馆藏斯文·赫定档案：422，1926。

② 赐美满致米尔希通信，瑞典国家档案馆藏斯文·赫定档案：479，1926-11-23。

③ 斯文·赫定致施罗德（Joachim V. Schröder）通信，瑞典国家档案馆藏斯文·赫定档案：479，1926-12-25。

行，直接穿越戈壁沙漠地带抵达新疆，经巴里坤、古城到乌鲁木齐；第二阶段的汽车可以沿同一路线从包头经甘肃靠近蒙古国边界到古城。外蒙古地区通行条件更好，但1924年蒙古国建设了新的海关设施。“那里没有汽车交通，一切都像一千年前一样非常原始。”①

若要用汽车将飞机部件和其他物品从苏联运至中国内地需要经过蒙古国，上乌丁斯克、乌兰巴托和张家口之间有汽车交通。据1926年12月22日乌兰巴托的情报，蒙古国境内大概行驶有300辆车，上乌丁斯克至乌兰巴托，每位乘客80元，货物每普特运费6元；乌兰巴托至张家口，每位乘客100元，货物每普特运费14元。伊尔库茨克与乌兰巴托之间山脉较多，没有通行汽车。

蒙古国境内，从乌里雅苏台到科布多的汽车通行期不定，只有在装载满货物或乘客的情况下才发车，运费根据货物和乘客的数量来定，单独包车往返费用是1 400～2 000元。另外，有一家蒙古国营公司从事汽车租赁业务，可以在蒙古国任何道路租车行驶。②

斯文·赫定根据“邵穆伯报告”很快调整和确定了考察路线③，于11月26日向北洋政府外交部提交《斯文·赫定领导下的考察计划》④，提出将采用驼队、汽车和飞机三种方式前往新疆考察。考察路线为从张家口出发，经包头、鄂尔多斯、宁夏、黄河峡口、民勤、张掖、酒泉、安西、鄯善至乌鲁木齐⑤。北洋政府“不反对第一阶段拟以骆驼和马为交通工具前往新疆和甘肃两省进行沿线考察”，至于飞行考察事关国防，“军事部门希望在第一阶段考察结束后再次讨论此事”⑥，对于汽车考察则未置可否。

二是政治层面，“邵穆伯报告”展现了复杂的中外政治局势对交通路线开辟的影响，这促使斯文·赫定在确定考察路线的所有环节都考虑到了政治因素。他派遣邵穆伯等人前往包头调查，认为“张家口和包头之间的部分铁路由山西军队负责。即使这样也不妨碍我们，因为山西总督阎锡山与张作霖有交情”⑦，最终确定了北京—张家口—包头的出发路线。

包头至新疆的路线，斯文·赫定最初考虑航空线的需要，计划经河西走廊至新疆，

---

① 邵穆伯致斯文·赫定通信，瑞典国家档案馆藏斯文·赫定档案：422，1926－12－10。

② Schaumburg，Betr. Kraftwagen Verkehr In der Mongolei，瑞典国家档案馆藏斯文·赫定档案：422，1927－01－12。

③ 赐美满致米尔希通信，瑞典国家档案馆藏斯文·赫定档案：479，1926－11－23。

④ Projected Expedition under the leadership of Dr. Sven Hedin，瑞典国家档案馆藏斯文·赫定档案：645，1926－11－26。

⑤ 李学通：《西北科学考查团组建史事补证》，《中国科技史杂志》2014年第3期，第254页。

⑥ 外交部文件翻译件，瑞典国家档案馆藏斯文·赫定档案：645，1927－01－01。

⑦ 斯文·赫定致施罗德、米尔希通信，瑞典国家档案馆藏斯文·赫定档案：480，1927－02－11。

在酒泉和安西建设机场。地质调查所所长翁文灏指出，掌控甘肃省的西北军阀冯玉祥与控制北洋政府的奉系军阀张作霖是敌对关系，若要经过甘肃，“除非得到国民党驻兰州市的甘肃省省长的许可”①。斯文·赫定得知通过河西走廊在政治上存在风险，遂决定将包头以西的路线北移，改酒泉、安西两站为嘎顺淖尔和哈密。“北部路线将更便宜，也更快”，也不会遇见冯玉祥的军队，“根本没有部队走在北方的道路上”。随后，他又咨询北洋政府外交次长王荫泰，考察团行进路线“离甘肃省的嘎顺淖尔很近，是否需要征得兰州的省长的许可”。后者直言完全没有必要，因为“他是我们的敌人，我们不能跟他有任何关系”②。

对于新疆的路线，王荫泰提醒斯文·赫定进入新疆后要先至乌鲁木齐拜访杨增新。如果按照最初的计划先至且末，再抵乌鲁木齐，会被视为对其极大的侮辱和不尊重。③斯文·赫定遂放弃先至且末建设机场的计划，改为抵达乌鲁木齐后再至若羌和和田建设机场。汽车考察也因此改为两路，一路从包头经哈密至乌鲁木齐，另一路从费尔干纳经塔什干到和田和若羌。④

1927 年 5 月，斯文·赫定与中国学术团体协会合作组建西北科学考查团赴新疆考察。考查团在途中做了大量勘测工作，西方成员基本围绕着航空线有关的地理学和气象学方面工作。除了传统的商队路线，考查团在内蒙古西部做了大范围的调查，至少绘制了 7 条不同沙漠道路的详细地图。在新疆期间，中外成员在塔里木河、罗布泊及库鲁克塔格山区做了详细的地理学调查，对乌鲁木齐、塔城至苏联的交通路线和方式也有着详尽的记录⑤，最终获得了海量的测绘数据、文字记录和地图资料，德国航空专家也根据考察资料和旅行经验撰写了航空线调查报告，这些对于中国西北地区交通建设都是极有价值的资料。尽管 1928 年 6 月德国政府终止了与斯文·赫定的合作，但是他关于现代交通的构思、规划以及西北科学考查团的前期考察资料、经验影响深远，德国政府和民航业在 20 世纪 20—30 年代基本上是按照他的思路去开辟欧亚航空线。1931 年中德合资的欧亚航空公司就是这次合作考察的直接结果。

受“邵穆伯报告”和航空线勘测的影响，斯文·赫定在与德国政府结束合作后依然对中国西北汽车交通兴趣浓厚。他本人亦有数次汽车交通实践，他曾在 1923 年秋乘坐一辆道奇牌汽车穿行连接中国、蒙古国、苏联的张库大道。在西北科学考查团考察期

---

① 斯文·赫定致米尔希通信，瑞典国家档案馆藏斯文·赫定档案：480，1927 - 01 - 28。

② 斯文·赫定致米尔希通信，瑞典国家档案馆藏斯文·赫定档案：480，1927 - 01 - 28。

③ 斯文·赫定致米尔希通信，瑞典国家档案馆藏斯文·赫定档案：479，1926 - 12 - 19。

④ 斯文·赫定致米尔希通信，瑞典国家档案馆藏斯文·赫定档案：480，1927 - 01 - 28。

⑤ Übersicht über die bisherigen Nachrichten von der Expediton des Herrn Dr. Sven Hedin，瑞典国家档案馆藏斯文·赫定档案：479，1928 - 01 - 02。

间，他与考查团员有过两次汽车交通实践：1928 年底，他与生得本（Georg Söderbom）从呼和浩特至百灵庙、苏尼特右旗等地；1930 年 8 月，生得本与孟德录（Gösta Montell）等人从呼和浩特至额济纳。此外，西北科学考查团在 1927 年行至百灵庙附近时，遇见运输武器前往兰州的苏联汽车队，斯文·赫定了解了从内蒙古通往兰州的汽车交通状况，随后又考察了汽车队修建的补给站。① 这使得他在西北科学考查团时期，基本完成了内蒙古中东部及周边地区的汽车交通路线的调查。

斯文·赫定在西北科学考查团考察期间，没有新疆的汽车实践经验，但他通过为杨增新购置汽车，对新疆的汽车交通也有了深入了解。1928 年 3 月，斯文·赫定在乌鲁木齐与杨增新谈及新疆交通。杨增新早有开辟汽车交通之意，于省内开设汽车培训学校、汽车公司和购置汽车。据道奇汽车公司天津分公司提供的信息，1927 年 2 月该公司曾向杨增新出售 10 辆载重 1.5 吨和 4 辆载重 1 吨的格拉汉姆兄弟卡车。由于军阀割据混战，这些车辆无法直接通过中国北方运抵新疆，只能从美国抵达天津后转往海参崴，经铁路运往塞米巴拉金斯克，再通过汽船和公路运抵乌鲁木齐，仅从天津出发的运费就高达 2 500 美元。② 斯文·赫定提出可以从欧洲购买汽车经苏联至新疆，杨增新随即商请他帮忙购买 10 辆汽车，用于省内运输。③ 斯文·赫定相继联系了道奇④、戴姆勒 - 奔驰⑤等五家汽车公司，最后垫付资金先从瑞典购买了两辆福特汽车运至新疆。

从哈密经河西走廊到兰州的丝绸之路大道，是斯文·赫定在 1934 年之前唯一没有旅行、考察和汽车实践经验的主要交通路线。他对这条路线汽车交通的了解主要来自三个方面提供的详细报告：一是法国雪铁龙考察团翻越帕米尔高原及穿行新疆至河西走廊一线的横跨亚欧大陆汽车之旅；二是欧亚航空公司从兰州到酒泉的汽车运输经历；三是西北科学考查团成员从酒泉、安西到敦煌的科学考察活动。斯文·赫定综合相关信息，认为从兰州到安西一线尽管路况不佳，但完全可以通行汽车。⑥

---

① 王新春、曾庆盈、［瑞典］魏浩康编著：《斯德哥尔摩藏斯文·赫定档案图集：近代中国边疆与社会》，敦煌文艺出版社，2025 年，第 28 - 29 页。

② 斯坦顿（D. T. Stanton）致菲利普森（G. Philipson）通信，瑞典国家档案馆藏斯文·赫定档案：645，1928 - 05 - 24。

③ Sven Hedin, *History of the Expedition in Asia 1927 - 1935*, part 1, Elanders boktryckeri Aktiebolag, 1943, p. 252.

④ 斯文·赫定曾联系道奇汽车公司捐赠 12 辆车给杨增新，但遭到拒绝。斯坦顿致菲利普森通信，瑞典国家档案馆藏斯文·赫定档案：645，1928 - 05 - 24。

⑤ 戴姆勒 - 奔驰公司致斯文·赫定通信，瑞典国家档案馆藏斯文·赫定档案：645，1928 - 06 - 18。

⑥ Additional Information Regarding Journey to Sinkiang，瑞典国家档案馆藏斯文·赫定档案：646，1933 - 08 - 11。

1930 年 12 月 13 日，斯文·赫定在西北科学考查团理事会上提议，向国民政府提交开通从甘肃经罗布泊地区抵达喀什的公路交通备忘录。① 此项提议尽管有其地理测绘的学术动机，但奠定其基础的则是“邵穆伯报告”、西北科学考查团和他的汽车交通实践。也正因如此，斯文·赫定不仅通过考察对丝绸之路古代文明有深入的了解，也试图将它的探索与西北地理的科学研究、中国西北汽车交通的现实关怀相结合，提出复兴丝绸之路这一极具前瞻性的课题，使得丝绸之路的概念以现代交通的方式具象化，绥新公路查勘队则是这一课题的重要实践。

三、交通与政治：绥新公路查勘队的组建

1933 年 9 月成立的绥新公路查勘队是政府层面建设公路和汽车交通，实践中国西北交通现代化的开端；也是斯文·赫定的汽车交通调查、实践转化为道路建设，实践丝绸之路复兴的关键环节。这二者能够实现统一的关键是斯文·赫定。

尽管斯文·赫定将绥新公路查勘队组建的缘由描述为与外交部次长刘崇杰的“偶遇”②，但实则是筹谋已久。早在 1929 年 3 月斯文·赫定在南京与蒋介石等政府首脑会面时，就敏锐地注意到了国民政府统合新疆的强烈愿望与计划，因此才有公路交通备忘录的提交。西北科学考查团考察结束之际，他不遗余力地向北平军分会委员长何应钦等政府高官推介地理测绘和制图学成果③，以期获取国民政府高层对西北科学考查团的成果与现实价值的重视。

斯文·赫定记载，他与刘崇杰单独会谈后，于 1933 年 7 月 2 日提交了一份备忘录和一份地图，随后获国民政府邀请勘测内地通往新疆的公路。斯文·赫定档案保存的文件显示，他向刘崇杰提交的备忘录至少包括三份英文文件：

《赫定博士关于前往新疆旅行的提案》介绍了用汽车考察新疆省的南北两条路线与路况。提案开篇“关于外交部长阁下访问和视察新疆这个大省不同地区的地理顺序有两种可能性”之语，表明它实际上是斯文·赫定向国民政府提交的外交部部长罗文干赴新疆视察的情报。这也就是说，绥新公路查勘队组建的初衷便是服务于国民政府统合新疆的大计。斯文·赫定在提案末尾表示：他规划的汽车路线“所有这些建议都可以很容易地执行，可以为中国的新疆提供可供汽车行驶的公路和恢复和平局面”④。

---

① Sven Hedin, *History of the Expedition in Asia 1927 – 1935*, part 2, p. 174.

② ［瑞典］斯文·赫定著，江红等译：《丝绸之路》，新疆人民出版社，1996 年，第 9 – 11 页。

③ Regarding the planned Journey to Sinkiang，瑞典国家档案馆藏斯文·赫定档案：646，1933 – 08 – 21。

④ Dr. Hedin's Recommendation for the Proposed Trip to Sinkiang，瑞典国家档案馆藏斯文·赫定档案：646，1933 – 07 – 02。

《赫定博士关于前往新疆路线的提案》① 是第一件提案的附件。斯文·赫定为罗文干设计了180天的考察行程，分为三个阶段：第一阶段为潼关、西安、平凉、兰州、武威、张掖、酒泉、安西、哈密、古城（奇台）至乌鲁木齐；第二阶段为新疆北线，为乌鲁木齐、玛纳斯、精河，由精河分别往返塔城、伊犁，最后返回乌鲁木齐；第三阶段为乌鲁木齐、吐鲁番、焉耆、库尔勒、库车、阿克苏、巴楚、喀什、叶城、和田，沿原路或者旧河道返回阿克苏，从库车、库尔勒、焉耆、吐鲁番、哈密、额济纳、呼和浩特、大同、张家口抵北京，或从哈密沿原路返回。

《一条通往新疆的汽车大道》和基于西北科学考查团路线图绘制的交通路线图，是斯文·赫定提交的论证建设中国西北汽车交通的可行性报告，展现了他对中国西北交通建设的理解和构思。他系统总结了在中国西北驼队、公路、铁路、航空交通的优缺点，如谈到航空时指出："中德欧亚航线对中欧往来，尤其是商业和旅客往来具有重要意义，但对贸易没有直接的重要性"，但若建设从归化经百灵庙、额济纳抵达哈密的汽车公路，距离最短且耗资不多，而且"只有归化和哈密之间的路段需要特别考虑，因为哈密至迪化既有大车路现在也可供汽车行驶"。"如果这样一条伟大的汽车公路开通并保持良好的秩序，那么来自广大中亚地区的货物就会找到它的出路，就像长江的支流一样"，"中亚的贸易将比以往更加繁荣和发展，中国将获得稳定可靠的新收入来源"。最后，斯文·赫定直白地宣称修建绥新公路可以加强中央政府对边疆的管理能力，"万一发生叛乱或其他政治危机，中央政府可以在十天内派遣一支小型精锐军队乘坐卡车从归化到迪化，在二十天内到新疆任何地方，叛乱在开始时就被平定"。他向国民政府表示，"我可以很容易完成从归化到哈密、迪化和喀什的初步旅程"，然后"在道路专家的帮助下开始修建道路"。"我不需要任何报酬，只需要坚信自己已经开始了一项对中国可能有用的重要事业。在这个伟大而美好的国家里，我一直受到友好和好客的接待。我坚信她在未来会更加的伟大和繁荣。"②

斯文·赫定在1933年7月2日提交的三件提案，首先展现了他对中国西北地区的道路路线、路况、汽车通行条件和沿途地理环境等有全面的认识和深刻理解，对汽车交通建设早有翔实的规划，并且很可能是当时国民政府能够得到的最为系统、具体和翔实的汽车交通建设可行性方案。他基于中国西北地区实际提出的先修公路、后建铁路的交通建设规划得到了国民政府的认同。其次，斯文·赫定还显示了他对新疆的政治、经济、国际关系等各方面的复杂性有深入的认识。南京国民政府自建立以来，统合新疆一直是其施政的重点，但屡遭掣肘，进展不大，内地与新疆交通不畅是一重要原因。在新疆考

① Journey to Sinkiang Routes Recommended by Dr. Hedin，瑞典国家档案馆藏斯文·赫定档案：646，1933－07－02。

② A Great Motor Road to Sinkiang，瑞典国家档案馆藏斯文·赫定档案：646，1933－07－02。

察多年且与各界联系密切的斯文·赫定被视为重要的信息来源。早在金树仁统治新疆时期，国民政府就通过斯文·赫定与西北科学考查团了解新疆事务，并就西北科学考查团在新疆考察之事与新疆省政府颇有博弈。斯文·赫定所提建设交通以沟通边疆，治理边疆以巩固国本，通过修建公路、铁路消除内地与新疆在地理、政治上的阻碍也成为政府、社会各界的共识。

国民政府之所以迅速而积极地回应斯文·赫定提交的提案，很可能主要考虑的是政治层面因素。1933 年 4 月 12 日和 6 月 26 日，新疆两次发生政变，政权从金树仁更迭至盛世才，被国民政府委派入新“宣慰”，以图谋控制新疆的军事委员会参谋部次长黄慕松则被软禁，国民政府被迫真除盛世才等人之职。斯文·赫定与刘崇杰会谈及提交涉疆提案，可谓恰逢其时，为国民政府谋划的罗文干入新“宣慰”提供了诸多关键情报和策划方案，成为其新疆决策的重要参考。7 月底，刘崇杰赴南京提交斯文·赫定的提案。8 月 6 日，斯文·赫定便前往南京拜会罗文干、行政院长汪精卫等政府要员，随即正式受邀组织汽车考察团勘测内地通往新疆的公路。9 月 2 日，罗文干代表中央政府赴新疆参加盛世才等人的就职典礼，绥新公路查勘队也在同月成立。从上述事件的时间节点来看，斯文·赫定及其提案发挥了重要作用。罗文干所著《开辟新疆交通计划》显示，他在新疆的考察路线，乃至他所规划的新疆交通路线和建设交通、经济等方案，与斯文·赫定的提案基本一致。①

同时，绥新公路查勘队赴新疆勘测汽车公路，在科学工作之外，也带有搜集情报的主观目的，斯文·赫定的身份也不仅仅是统领学者和工程师的“队长”。在绥新公路查勘队考察结束后，他应汪精卫要求提交了一份秘密报告，详细汇报了查勘队在新疆的遭遇和“盛马大战”的情况，并作为亲历者提供了 1934 年新疆政治、军事局势发展的一手情报资料。斯文·赫定声称“有责任保持中立，不参与任何与我自己国家无关的其他国家的政治问题”，并且拒绝在秘密报告上署名②，他与绥新公路查勘队在新疆情报搜集工作中的活动以及发挥的重要作用也因此隐而不显。

国民政府组建绥新公路查勘队有建设交通、开发西北之目的，但深层动机则在于统合新疆的政治目标，斯文·赫定则是发挥专长来“投其所好”，两方一拍即合。因此，尽管有人认为新绥汽车公司等民营企业已经运营内地至新疆的汽车运输，称组建绥新公路查勘队浪费公帑③，但国民政府依然迅速批准了查勘队的成立，并在各个方面给斯文·赫定提供支持。

---

① 罗文干：《开辟新疆交通计划》，《道路月刊》1944 年第 1 期。

② 斯文·赫定致汪精卫通信，瑞典国家档案馆藏斯文·赫定档案：424，1935 - 06 - 27。

③ 高月：《试论 20 世纪 30 年代内地与新疆间的交通勘探与建设——以绥新公路为中心》，《中国边疆史地研究》2018 年第 3 期。

绥新公路查勘队的组织和考察，是斯文·赫定数十年地理考察、测绘向道路工程勘测与建设的转化。考察的每一个步骤都展现了他对中国西北道路交通体系建设的全面认识与规划。1933 年 8 月 7 日，斯文·赫定向汪精卫提交了《组织汽车考察团前往新疆的提案》的实施方案，计划驾驶 4 辆福特牌汽车前往新疆，考察人员 10 人，经费预算 5.58 万元，预计耗费 8 个月时间，行驶路程约 3 500 英里。他将无偿提供西北科学考查团的测绘设备和其他装备，并推荐瑞典的筑路公司参与。① 随后，斯文·赫定又提交了《关于新疆之行的其他信息》②《关于新疆之行的计划》③ 两份备忘录，对提案作了进一步补充和更为全面的道路勘测规划。行政院随后通过提案，同意聘请斯文·赫定率领汽车探险队勘测绥远至新疆的汽车公路，并将路线与中部地区现有铁路对接。9 月 11 日，铁道部部长顾孟余称接行政院命令，由铁道部全权负责修建内地通往新疆的汽车公路，先期拨付 5 万元经费。④ 斯文·赫定被任命为顾问，领导绥新公路的勘测工作⑤，批准为考察团员、车辆颁发特殊护照，护照声明考察由中央政府授权和保护，免除税费，酒泉、安西等地方政府予以协助，携带自卫和狩猎用武器等六条要求。⑥ 18 日，顾孟余公开宣布组建归铁道部管辖的绥新公路查勘队（Suiyuan-Sinkiang Highway Expedition），由斯文·赫定担任队长，执行“调查绥远—新疆公共道路的可能性”的特殊任务，最后“必须向铁道部提供报告”。⑦ 26 日，顾孟余任命绥新公路查勘队成员，中国工程师负责道路工程相关技术问题，斯文·赫定负责其余事务。

铁道部要求绥新公路查勘队从归化出发，经宁夏、哈密、巴里坤抵达乌鲁木齐，然后勘测乌鲁木齐至塔城、伊犁或喀什中的任意一条道路。返程从乌鲁木齐经吐鲁番、哈密、安西、酒泉、张掖、兰州、靖远、海原、平凉、邠县至西安结束。⑧ 查勘队自 1933

---

① Proposal for Organization of Motor Car Journey to Sinkiang，瑞典国家档案馆藏斯文·赫定档案：646，1933－08－07。

② Additional Information Regarding Journey to Sinkiang，瑞典国家档案馆藏斯文·赫定档案：646，1933－08－11。

③ Regarding the planned Journey to Sinkiang，瑞典国家档案馆藏斯文·赫定档案：646，1933－08－21。

④ 国民政府为考察支付总金额 9.67 万元，第一笔 5 万元由平绥铁路局支付，之后铁道部分三次支付了 4.67 万元。Final Statement of Expenditure for Expedition，瑞典国家档案馆藏斯文·赫定档案：646，1935－04－26。

⑤ 顾孟余致斯文·赫定通信，瑞典国家档案馆藏斯文·赫定档案：646，1933－09－11。

⑥ 顾孟余致斯文·赫定通信，瑞典国家档案馆藏斯文·赫定档案：646，1933－09－16。

⑦ Detta brev tillställes Adviser Sven Hedin，瑞典国家档案馆藏斯文·赫定档案：646，1933－09－18。

⑧ 顾孟余致绥新公路查勘队通信，瑞典国家档案馆藏斯文·赫定档案：646，1933－09－16。

年11月10日从归化开始考察，经额济纳抵达新疆，经历战乱后返回，大体按照规划路线于1935年2月8日到达西安，结束勘路工作。斯文·赫定携查勘队返回南京复命，后又会见了蒋介石等政要，由汪精卫亲授采玉勋章，得到了国民政府首脑对考察成果的肯定。

绥新公路查勘队提交的《绥新勘路报告》，列举了详细的测绘数据、地图和结论报告，提出利用原有路面略作修整开辟汽车交通，规划铁路交通以利运输的方案得到了南京政府各部的认可。① 在国民政府的主导下，政府和民间迅速推进西北地区的交通建设。1935年5月，西安至兰州的"西兰公路"正式通车，绥新、晋绥等线随后也很快开通。1937年底，兰州至新疆的公路正式施工，与西安至兰州、苏联至乌鲁木齐的道路相连接，成为西北交通的主干线，在抗日战争期间"被用来从苏联向中国运送武器"，斯文·赫定自豪地宣称"协助中央政府制订了一项伟大的防御计划"。② 绥新公路查勘队对中国道路现代化建设的影响不止于西北，如查勘队的工程师尤寅照在完成绥新公路的工作后，先被委派勘测西安到兰州最南端的道路，随后又在川渝修建成渝铁路。

四、结语

斯文·赫定在公文、私信和各种公共场合曾多次阐述复兴丝绸之路的理念。在为组建绥新公路查勘队提交的《组织汽车考察团前往新疆的提案》中，他向国民政府正式提出复兴"伟大的丝绸之路"（Great Silk Road）的计划。他在解释为何热衷于建设中国西北的现代交通时如此畅想：

> 反复思考这个问题，我发现，如果我们这一代有进取心的中国人能够再次开始利用汉武帝和其他汉代统治者使用和筑城防御的古代丝绸之路，用于商业和其他目的，那将是一个辉煌的、如画般的成就。
>
> ……如果一条在1 600年前被遗弃的道路——在那之前已经使用了500年——能够像两千年前伟大的丝绸之路建设者一样再次将之复兴，那将是一个难得的历史名望和辉煌的成就。
>
> 但是在交流方式上有多大的不同啊！古时候，骆驼驮着珍贵的中国丝绸（将用在罗马贵族的宫殿中），从中国内地到喀什和翻越葱岭，要走四五个月的路。在我

① 中国第二历史档案馆编：《中华民国史档案资料汇编》第五辑第一编·财政经济（九）交通邮电，江苏古籍出版社，1994年，第221－222页。

② 斯文·赫定致尤寅照（Irving Yew）通信，瑞典国家档案馆藏斯文·赫定档案：541，1938－02－19。

们的时代，只要对道路进行必要的改善，并保持良好的路况，用汽车在三周内就可以轻松走完同样的路程。①

复兴丝绸之路是斯文·赫定在中国西北科学考察期间提出的口号并付诸实践，他在承袭其老师德国地质学家李希霍芬（Ferdinand von Richthofen）丝绸之路概念的基础上，在数十年地理学考察的学术积累与旅行经验的基础上赋予其新的内涵。建设中国西北交通是斯文·赫定复兴丝绸之路的途径，它以政府为实施主体，以发展商业贸易为导向，通过构建和维系公路、铁路、水运等现代交通体系，打破地缘和政治上的壁垒，复兴古代丝绸之路的道路、沿线城市及其多元的文化面貌，实现东西方世界的交往、交流与交融。这一理念在当时便契合了时代发展之需求，于当今也具有重要的价值。

作者简介：

王新春，西北师范大学历史文化学院副教授、中国历史研究院“田澍工作室”研究员。

① Proposal for Organization of Motor Car Journey to Sinkiang，瑞典国家档案馆藏斯文·赫定档案：646，1933-08-07。

人惟求旧　衣惟求新

——记常书鸿与沈从文的友谊

马明达

［提要］常书鸿是当代著名油画家，曾有“艺坛之雄”之誉。他也是卓越的敦煌学家和社会活动家。为了不断拓展自身的学术视域和提升学养，常书鸿不仅勤奋好学，精研中西典籍，一生中还与国内外历史学家、考古学家和文学艺术家广建联系，形成了独具特色的学术格局与网络。沈从文便是他诸多学友中的一位。常、沈的交往迄今尚未为学界所认知，未见有研究之作。本文以沈从文致常书鸿的一封信作为框架，既对沈氏的《文集》和《全集》有所补佚，也对两位当代文化名人之间的友谊渊源略作考述。

一、沈从文给常书鸿的信

1977 年 6 月，常书鸿收到老友沈从文的来信。信是由专程赴敦煌考察古代舞蹈资料的舞蹈史家董锡玖女士（1925—2011）带到兰州常书鸿家里的。此时常书鸿正在兰州忙于与瑞典学者扬·米达尔笔谈“敦煌石窟与敦煌学”①，至月底才完稿。因此，他可能没有能同董锡玖一行从容会谈。

沈从文的信长达一千八百多字，用毛笔写在八行朱栏信笺上，行楷小字，相当工整。沈从文晚年颇以书法养性，墨迹受到文坛敬慕，求者很多，片纸尺幅即视同瑰宝。如此清丽的小楷长作实不多见，足见沈从文对比自己仅年长两岁的兄长般的常书鸿敬重之情。此信也是迄今所知常、沈二位近四十年交谊中唯一保存下来的真迹，更可贵的是信的内容主要是回顾了沈、常数十年的交往历程和几个重要的节点，对研究二位的人生经历有一定的史料价值。信的封面写着：“请董锡玖同志便致常书鸿先生沈从文敬托。”

此信未被《沈从文文集》和《沈从文全集》及一系列沈氏别集收录，只在吴世勇编撰的《沈从文年谱》里有所记述：

> （1977 年）6 月 20 日，致信常书鸿。当时董锡玖等人将到敦煌参观，曾邀他和张兆和一起同往，但因体力衰退，沈从文只得放弃这多年求之不得的机会。常书鸿时任敦煌艺术研究所所长，此信为沈从文为董锡玖写的介绍信，希望常书鸿能对董锡玖等给予关照（此为废邮，沈从文后来又另写了一封，正式的信未见）。②

1992 年董锡玖在为马世长主编的《敦煌舞蹈》写的《后记》中，也有所涉及，她说：

> 1977 年夏我们中国艺术研究院音乐舞蹈研究室（现舞蹈研究所前身）组成了五人考察组，成员除我之外还有李才秀（民族学院艺术系）、陆文鑑（舞蹈学院）、刘恩伯、吴曼英同志。我们在敦煌莫高窟住了近一个月，每天上洞，晚上吴曼英同志还要继续临摹，面对诸神菩萨，夜间总有些阴森恐怖……
>
> 接着我们到兰州向省委汇报……正陪同杨振宁先生参观的原敦煌文物研究所所长常书鸿先生闻讯也赶来参加。我们提出：敦煌在甘肃，甘肃为什么不搞一个敦煌的舞蹈节目！吴坚、陈舜瑶两位部长马上拍板说我们一定搞一个。据说会后立即向甘肃省歌舞团下达了搞敦煌舞的指示，这就是后来我们和第一个敦煌舞剧《丝路花雨》的因缘。③

---

① 参见浙江省博物馆：《常书鸿年表》，内部发行，1998 年，第 11 页。

② 吴世勇：《沈从文年谱》，天津人民出版社，2006 年，第 556 页。

③ 董锡玖：《敦煌舞蹈·后记》，新疆美术摄影出版社，1992 年，第 156 – 157 页。

常书鸿"闻讯也赶来参加"，可证此前他并没能和董锡玖一行举行会谈，当时其夫人李承仙正在敦煌，她代表常书鸿在接待上用心用力，这在董锡玖的文章中也有记述，可见沈从文的嘱托主要是由李承仙落实的。我们先将沈从文先生的长信移录如下，请读者品读：

书鸿我兄：

上次相晤，似还是七二年在武英殿浴德堂看长沙西汉帛画时，一别忽忽数年，工作情况、府中情况，总不免在想念中。古人说："人惟求旧，衣惟求新"，回忆抗战初期，艺专南迁沅陵对河，弟适亦和四五亲友同住沅陵云庐旧宅，同校中师友到和掌洲春游野餐，至今犹如目前事。不久又同至昆明，于兄画展中更多接近机会。不久兄去敦煌主持研究工作，弟力劝王逊兄同去，事虽不成，此事在弟印象中总仍难忘，因早即意识到，研究工作若能得一专搞文献工作同专业相配合，发展情形必大不相同也。解放后，弟转业至午门上历博，作一普通说明员，恰巧不久敦煌艺术展览即在午门楼上举行，弟复有机会始终参加此工作，特别值得纪念，即为此规模伟大艺术展出，近于狂热的作了大半年说明员，也因此学习了不少东西，并在工作中熟识了不少人，还影响到此后近三十年坚持不离开历史博物馆工作，学习为人民服务，使得后半生工作几几乎完全近于为国内科研、教学，及生产各方面需要而打杂服务。在一种十分广阔范围内和新社会各部门接触，受教育，得鼓励，增加学习信心，成为求落实主席伟大指示"古为今用"的最热烈的拥护者。且把一切学习放在为了"共同提高"目标上，在一切业务困难和人事风雨挫折，总从不感觉丝毫灰心丧气，精神情绪也因之似乎比大多过去老友同行，都还能保持更多生命青春与充沛学习与服务热情。即此种种，对社会若稍有点滴贡献，事实上也可说都和我兄的工作影响密结（切）相关，也不过是把我兄与研究所诸同志四十年艰巨伟大的工作中反映出的无比热忱与忘我素朴态度，转而成为弟学习与工作的动力，推广兄等对中国文化的贡献，到更广阔的新社会各方面去的继续努力而已。所以在一切工作新的进展中，总不忘把老兄工作的影响向人提提，也可说实由于我兄影响而来，这大致是我兄意想不到的。

最近听熟人说，您还在兰州工作，想府中大小都必很好。我和家中人仍住在北京，所有工作仍近于为国内各方面新的需要而打杂服务，说不上什么成就。幸亏廿多年在倏然而来的人事风风雨雨中，受的冲击较少，体力情绪，都还维持得住。今年虽已七十进六，从许多方面说来，还不像会要报废的样子。因之，除把总理生前点头同意的"服装资料"工作尽可能作好，继续作去，另外也还作了些零星小专题研究。不果由于底子薄弱，接触材料有限，顽脑即或还好用，恐也不可能得出什么真正突破纪录的成就。看来至多也不过是能把一些文物研究中的"空白点"，重新放于一个“物”的基础上来进行些新的探讨。由于方法较新，也比较札（扎）实，或多或少可望得到些新的理解和启发。对于后来青壮同行，开一个端，惹（若）能照样继续作去，也许可望把新的中国劳动文化史，放在一个新的基础上来进行，得到些便利，就大好了。

顷有“文化部文学艺术研究所”乐舞资料研究组董锡玖同志，和本组工作同志五六人，拟赴敦煌一带学习参观，约一月。董同志是过去北大中文系同学，在欧阳予倩先生身边工作多年，是《中国乐舞史稿》执笔人之一，又曾协助过欧阳先生纂辑过《全唐诗中乐舞资料》，本人且学习过舞蹈，在本业中可称宝材，值得敬佩！这次去敦煌工作，有许多方面，都有待向您和承仙同志请教处。因此特别介绍她和另外诸同志来看看你们，盼能给以热情的指示和帮助，使工作得顺利进行。（时间不够时，另一时再作第二次学习计划）一切费神，都感同身受。

北京方面自从“四人帮”的罪恶阴谋揭发后，我们才能深一层明白“四人帮”在全国范围内进行的罪恶行为及破坏影响。国家在党的正确领导下，全国性的重要会议，在今明年必将陆续召开。在新的双百方针执行中，过不多久，文化艺术的研究创造，也必然将有一崭新的面貌出现。对国内、对世界，作出更大的贡献，自是意料中事。在京年过七十的老友熟人，多数在这种鼓舞下都显得年轻了许多，国内友好，想必多有同感也。董同志等此次敦煌之行，弟本意亦希望能同来学习，一了四十年前心愿。惟因近来心脏不大好，来不及结伴，但是总还希望在一二年内争取到敦煌一次。因许许多多小专题的研究资料都少不了涉及敦煌方面。只有亲自来学习一二月，才少望得到正确理解。更可望和目前还在敦煌进行研究的同志交换交换意见。有不少工作弟虽已进行得有些眉目，大致已无从完成，敦煌方面如有人能接手搞下去，也许可以得到不少方便！这里工作其他情形，信中说不到处，董同志进谒时，或能作些补充。即此并祝府中大小健康，工作顺手！在兰在陕原所中同人，也盼能晤及时便中一致敬意！

弟沈从文顿首

六月廿日①

---

① 《常书鸿李承仙存档·友朋信札》，常嘉煌藏。

图 1　沈从文致常书鸿的信

沈信从 1972 年他和常书鸿在北京故宫武英殿浴德堂参观“‘文化大革命’出土文物展”的邂逅起笔，接着以“人惟求旧，衣惟求新”的古语引入过往回忆，细述他们二人之间的交往过程。深情交谈，娓娓道来，文字颇多蕴藉。值得注意的是，常、沈的一生中有不少非常相近的经历，如 1972 年对二人都是一个非常重要的年份，二人的相遇正是这种经历相近的必然。

这是在经历“浩劫”而幸免于难的两位老友的一段经历，沈从文曾给周总理写信，“请求准许回到北京”①。不知是否此信起了作用，2 月 4 日，他获准与妻子张兆和一起从湖北丹江的“五七干校”回到北京治病，自此以后便以“续假”方式长留北京，又重新开始了他的文物和古代工艺的研究工作，有了对《中国古代服饰研究》的深入整理和出版准备。巧的是也是在此年的 2 月间，美籍华人作家韩素英访华，她向周总理提出要去敦煌参观，还希望能见到常书鸿。在周总理的关注下，身心极度危困的常书鸿突然得到解放，还被安排进入研究所革委会任职，境遇大为改变。至下半年，他也获准赴北京看病，这才有了参观故宫出土文物展览，与沈从文相遇的机缘。此时他俩的工作都隶属于国家文物局系统，随着文物考古工作的逐步恢复，心情也有了很大改善，有了从事业务的冲动。二位老友在展览会的不期而遇，恍如隔世，激动之情不难想见。这是他们自 1951 年故宫午门城楼上为“敦煌艺术展”联手忙碌之后的重新见面，中间竟相隔了整整 21 年。当时还处在万马齐喑、危难犹存的“文革”后期，他们除了惊讶和感叹之外，还很难有坦诚深入的交谈，这应该是几年后沈从文提笔写下这封千言长信的原因。

二、湖南沅陵结交

常书鸿与沈从文的结交，是在抗战初的湖南沅陵。

1937 年 7 月 7 日卢沟桥事变爆发，当时，常书鸿正带领着国立北平艺专的学生在北海公园写生，师生在惊恐中返回学校。不久，教育部即通知学校南迁。常书鸿曾回忆过这段经历：

> 1937 年 7 月 7 日那天，我照例和几个学生去北海公园画画，忽然听到了隆隆的炮声。有人说，日本鬼子在芦沟桥向我们开火了！我们全都一惊，赶紧收拾画具往家走。芦沟桥事变以后，全市大乱，几位画界的同仁一起议论，北平呆不住了，还是往南走吧！②

9 月，接北平艺专校长赵太侔（名畸，以字行，1889—1968）之电，要常书鸿赶去武汉筹备国立艺专在后方的复课事宜。他匆匆将妻女安置在上海，只身赶往南昌。临行时，沙娜送给父亲一块马蹄铁，在欧洲，马蹄铁是幸福的象征。结果在火车上他的名字

① 吴世勇：《沈从文年谱》，第 510 页。

② 常书鸿：《九十春秋——敦煌五十年》，甘肃文化出版社，1999 年，第 29 页。

被警察误认为是共产党人“常青川”，马蹄铁被说成是联络凭证，于是将他拘留审查。经与在武汉的教育部取得联系，部长亲自发来电报，才免去一场误会。①

10 月，赶到江西庐山牯岭，经短期筹备后复课。11 月，又奉命迁校于湖南湘西沅陵的老鸦溪，到即复课。不久，国立杭州艺专也迁来沅陵，二校奉命合并。次年 1 月 31 日《申报》报道《国立艺专暂设沅陵》：

> 教育部以国立北平艺术专科学校及国立杭州艺卫专科学校，先后由战区迁出，两校性质相同，而学生人数不多。经提请行政院会议通过，将两校合并改为国立艺术专科学校，校址暂定湖南沅陵，由该校校务委员会处理校务，闻已派林风眠、赵畸、常书鸿为校务委员，并指定林风眠为主委。

图 2　1938 年，国立艺专师生在湖南沅陵芸庐合影（前排左三为常书鸿）

当时是北平艺专学生的李浴回忆了他们与沈从文见面的过程：

① 常书鸿：《九十春秋——敦煌五十年》，第 31 页。

校长赵太侔率同一部分老师和同学逃了出来，先在江西庐山暂居，又在武汉招了一次新生，最后到了湖南沅陵，借得沈从文先生在南岸老鸦溪的一处宅院为校舍，才算安定了下来。……1938年初，杭州艺专也辗转到了沅陵，两校奉命合并，易名国立艺专。原来的校长制，暂时改为委员制，除了原来的林风眠和赵太侔两人外，又增加常书鸿一人。……后来北平艺专的学生曾到沅江之中称为河上洲的小岛子上住了一段时期，其间有一些老师曾到小岛上去看过我们，沈从文先生本不是艺专老师，却也在其中对我们表示慰问之意。我就是在那次认识沈先生的。先生的平易可亲给我很深的印象。所以在解放后，50年代初，我在工作上也敢于求助于他，并得到了他的热心教导和帮助，受到了很大教益……①

此时只有36岁的沈从文在“长沙临时大学”（即后来的“西南联合大学”）任教材编写工作。1938年元月，“编写教科书的办事处决定迁往昆明”，沈从文则率领同人自武汉辗转抵达湘西的沅陵。《沈从文年谱》载：

1月中旬，编写教科书的办事处决定迁往昆明。沈从文带领办事处的人员到湘西老家，在沅陵“芸庐”——他大哥沈岳霖（字云麓）的新居中住了3个多月。同住的有萧乾、杨振声的大女儿杨蔚、杨振声大儿子杨文衡的夫人侯焕成、赵太侔夫人俞珊。

在家乡居住期间，沈从文多次通过凡事热心的沈云麓大哥，协助、接待、安置经沅陵向后方转移的文教单位和人士，如帮助国立艺专师生在沅陵找房子作临时校舍等。②

此时的常书鸿是国立艺专的负责人之一，自然会与沈从文多有接触。沅陵之会虽然时间并不长，前后不过三个月左右，但这是他们结交的起始。所以沈从文给常书鸿的信首先写到的便是沅陵相识和后来在昆明参观常书鸿的画展。

到昆明后，常书鸿和艺专师生在日军轰炸机不断的侵扰下，依然坚持教学和创作，还多次举办具有爱国精神的画展，常先生不仅以其精湛的绘画作品引人注目，他还坚持写作，发表了多篇以艺术理论为主的文章，显现了他学术兼长的优势。当时也是艺专学生的吴冠中，在《温故启新——读常书鸿老师的画》一文中也涉及当年艺专师生对常书

---

① 李浴：《难忘的1938年》，载吴冠中、李浴、李霖灿等：《烽火艺程：国立艺术专科学校校友回忆录》，中国美术学院出版社，1998年，第9页。

② 吴世勇：《沈从文年谱》，第202页。

鸿的绘画风格和水平在认知上的差异：

半个世纪前，常书鸿老师在昆明给我们授课，日机轰炸日频，唯一的国立艺术专科学校迁到呈贡乡间安江村上课，利用庙宇作教室，在破旧的佛堂里用裸体模特儿作教材，回忆起来真有点不可思议。显然，三十年代的艺术教育是向西洋看齐，是亦步亦趋的初级阶段，是油画，所谓洋画的启蒙时代。受欢迎的教授们大都是从法国留学的，其次是留日的。西方学院派与现代派之争，必然也反映到中国留学生的学术观点中，并且波及再由他们回国后任教的中国艺术青年们。吴大羽老师独具见地，他认为新旧之际无怨颂，唯真与伪为大敌。艺术品评价的关键是作品的质量。第二届全国美展于1936年在南京开幕，吴大羽老师看过后说，常书鸿显然突出。待到后来我在安江村直接受常老师的课，看他的油画，感到确是难得的机会，安江村离巴黎多遥远啊，我们通过常老师的眼睛遥窥法兰西的学院风貌。

各人有自己的偏爱或偏憎，但谁也否认不了客观的学术水平和艺术水平，相反，想有意哄抬也只是徒然。认识水平总在不断提高，今天到中国美术馆细读常书鸿画展，比之五十年前所得的粗略印象，不止有今昔之感，更启发我深深的反思。很幸运能看到常老师劫后余存下来的多幅三十年代巴黎时期的作品，而且保存得相当完好。论油画技法和艺术气质，这些作品确确实实达到了当时法国学院的水平，并登堂入室，浸染了他们沙龙的风度，如《老人》（1936年）、《G夫人肖像》（1932年）、《立着的男体》完全符合了当时巴黎院派的追求，作者因此多次获得金、银奖是必然的（当年春季沙龙的威望远比今天高得多多）。如果今天还强调中国油画技法如何如何落后，似乎中国人就学不深洋油画，则三十年代常书鸿与法国人的竞走中早给了我们自信。技艺，难不倒中国人。①

很早就具有艺术兴趣和鉴赏能力的沈从文，一直关注着中国美术界的动态，1939年6月2日，他在《大晚报·读书界》发表的《谈谈木刻》就是他具有代表性的文章之一。所以，他必定也看到过常书鸿这些代表性的作品，对常书鸿的艺术造诣深有认知。这应该是他们二人结交并不断深化的基础。

三、1951年北京敦煌文物展

沈从文信中回忆的第二部分，便是1951年他们在北京故宫午门敦煌文物展览中的

① 吴冠中：《吴带当风》，山东画报出版社，2008年，第245-246页。

合作。在这“天翻地覆慨而慷”的岁月里，他们二人的经历又有着不谋而合的地方。

北京解放后，在新中国尚未建立之前，约1949年8月，经由负责文物工作的郑振铎介绍，沈从文进入历史博物馆工作，“这一决定终于导致沈从文与文学创作的最终告别”①。他的工作起初只是为陈展品写标签，然而自此开始他的心志转向对古代工艺史的研究，他先从古玉工艺入手，很快就撰写了一批文章。因为成果突出，20世纪50年代初他还曾在中国工艺美术学院兼课，而讲稿主要是他的文章。

与沈从文异曲同工的是，远在边荒之地敦煌的常书鸿，在经历一段极其艰难困苦的生活后，也是在郑振铎的关注下，终于完成了由旧中国的“国立敦煌艺术研究所”向新中国的“敦煌文物研究所”的转型。接着，在抗美援朝的反美爱国教育的大背景下，应命在北京故宫午门举办了“敦煌文物展览”，并取得了巨大的成功。

此次展览自始至终都得到以马衡先生为馆长的历史博物馆的全力支持，正是从筹展之始便有了常、沈的第二次见面和合作。这就是沈从文在信中所说的“解放后，弟转业至午门上历博，作一普通说明员，恰巧不久敦煌艺术展览即在午门楼上举行，弟复有机会始终参加此工作，特别值得纪念，即为此规模伟大艺术展出，近于狂热的作了大半年说明员，也因此学习了不少东西，并在工作中熟识了不少人，还影响到此后近三十年坚持不离开历史博物馆工作……”，他用“近于狂热的作了大半年说明员”，这是自谦之辞，但也是事实，他自筹展之初就介入实际工作，在人手不足的情况下，做了许多体力劳作。常先生生前曾对我讲：“当时许多展品的装潢设计，安排移置，沈从文不但提出过很好的意见，而且亲自动手，一点也不摆架子，完全就是一个体力劳动者的样子。”展览开始后他主动担任讲解员，每天按时上下班，乐此不疲。常书鸿遗存下的这一时期的工作笔记里，沈从文的名字频频出现，说明他们接触很多，比之沅陵短暂的交往来，关系大大地深化了。

常书鸿摆脱困境的过程比之沈从文要艰难得多。毕竟沈从文身在北京，又名重一时，常书鸿则远在边荒之地，人文环境也大不相同。

1950年8月22日，中央文教委文化部文物局局长郑振铎，指派西北军政委员会文化部文物处处长赵望云、副处长张明坦，还有刚刚就任甘肃省文管会主任的何乐夫三人到达莫高窟，正式落实对“国立敦煌艺术研究所”的接管工作。接管工作顺利完成后，常书鸿即随赵望云、张明坦赴西安参加文代会。此时接到郑振铎电话，要常书鸿尽快筹集展品，在北京举行敦煌文物展览。常立即选带了一批临摹品与赵、张一起出发。此时，却发生了著名的“抢画事件”，即所里以段某人为首的三个年轻人阻拦

---

① 凌宇：《沈从文传》，北京十月文艺出版社，1988年，第441页。

汽车，以登记造册为理由，强行将一部分临摹品截留。到北京后的常书鸿因为展品数量不足，不得不又亲自日夜奔波回到敦煌，讲明道理，才得以将被强留的临摹品带走，然后与多位员工一起赶往西安，原希望人数并不多的全所员工一起去北京筹备展览，但最终只有夫人李承仙（带着哺乳的婴儿嘉煌）和两位女性员工一起赶往北京。“抢画”的三个男性员工都以“参加革命工作”为由，去了陕西某县参加土改。于是，常书鸿在北京的大型敦煌文物展览，敦煌所方面主要是由常书鸿夫妇和欧阳琳、黄文馥两位女士负责，加上不久后由美国返回的常书鸿女儿沙娜也加入进来，使筹展班子有所增强。至此，筹展团队是一男四女，在这种情况下，历史博物馆的帮助就显得非常重要。历博美术组弟子潘絜兹是得力干将，还有张文教、沈从文、陈鹏程、史树青、张剑锷等人，他们一起成立了“敦煌文物展览筹备会联合工作室”，由常书鸿任主席，筹展工作很快就紧张有序地展开了。

沈从文全程参与了此次展览工作，大致从1950年底到1951年6月15日展览结束的几个月里，他始终勤奋工作。筹备工作完成后，筹展人员大致可以休息一下了，他又主动为展览担任讲解工作。当时他的本职是为历博的“原始社会陈列”担任讲解工作，为敦煌文物展览讲解则是他的分外事务。汪曾祺回忆说：

> 沈（从文）先生到了历史博物馆，除了鉴定文物，还当讲解员。常书鸿先生带了很多敦煌壁画的摹本在午门楼上展览，他自告奋勇，每天都去。①

“自告奋勇”四个字表达了沈从文对敦煌文物展览的积极态度，不仅如此，他还深入敦煌壁画的研究之中，撰写了论文。《沈从文年谱》载其1951年：

> 4月13日，写完《敦煌文物展览感想》。本文未发表过，因原稿未见，现收入《全集》第31卷《文史研究必需结合文物》集中的文稿，是社会科学院古代服饰研究室的抄稿。②

此说对中有错。沈从文撰写的《敦煌文物展览感想》一文被正式收入1951年的《文物参考资料》第二卷第五期，本期是《敦煌文物特刊》，分为上下两册，沈文收在下册。上册有郑振铎的三篇文章，有常书鸿的《敦煌艺术的源流与内容》，还有徐悲鸿、阴法鲁、吴作人、陈梦家等人的文章。下册的作者包括了梁思成、向达、夏鼐、宿白、

---

① 汪曾祺：《宋朝人的吃喝》，北京文艺出版社，2008年，第183页。

② 吴世勇：《沈从文年谱》，第329页。

王重民、傅乐欢、阎文儒、傅振伦等。特刊作者无一不是成就突出的学者，特别是在敦煌研究上，是故，1951 年的《文物参考资料》之“敦煌文物展览特刊”，称得上是新中国敦煌学勃然兴起的奠基之作。在郑振铎的亲自主持下，常书鸿参与了“特刊”约稿选编的全过程，而沈从文从 127 页到 134 页数千言的《敦煌文物展览感想》，也是一篇花了心血的扛鼎之作，证明他不仅为敦煌文物展览付出了心力，同时也深入其中，甘之若饴。这深深影响到他后来的文物研究事业。他在给常书鸿的信中讲到这个“值得纪念”的经历。

5 月 10 日，他的《日记》载云：

> 几天来为敦煌展作说明，下得楼来时，头晕晕的，看一切人都似乎照旧，钓鱼的钓鱼，打闹的打闹，毁人的毁人，很觉悲悯。槐花已落，天气闷闷有夏初意。久不下雨，收成大是问题。①

这些话都讲得十分真诚，令人感佩，发人深思。这是常、沈二位当代文化巨匠交往中的高潮时段，是当代艺术家、文学家的友谊佳话。可以说，在敦煌研究所的新旧转换中，沈从文先有功焉。

四、结语

常、沈之交的接续和尾声，还需要继续探讨。沈从文有多达 28 册的《全集》和大量相关人物的回忆研究之作，这不是短时间能够浏览无余的。至于常书鸿，他晚年和身后所遭遇的冷落是有目共睹的，这种情况迄今渐有好转，但并未彻底改变。他和夫人李承仙遗存下了数量十分庞大的资料，可以说是关于敦煌学和敦煌研究院的重要史料，当然也是研究常氏一门的第一手资料。可惜这些资料长时间封存在莫高窟常先生的故居中，负责保管者基本上尽到了心力，但不免也有“难防”之患，丢失一小部分，甚而辗转倒卖，流入市场。这些珍贵的资料已由常嘉煌移之北京，开始进行分类扫描等工作。只是数量太大，如无团体性力量介入，将会是一个旷日持久都难以梳理清楚的工程。沈从文的信是常、李遗档中的一件，它的价值可不讲自明，我以为它的公布必定为中外学人所重视，只是常、沈友谊的尾声我们还不大清楚，没有看到相关的材料。

---

① 吴世勇：《沈从文年谱》，第 330 页。

1980年以后，常书鸿移居北京，任国家文物局顾问，享受副部级待遇，入住木樨地的24号楼。而同年7月沈从文也被聘为国家文物局咨议委员会委员，至1985年6月，中组部发文社科院，将沈从文定为正部级的研究员。① 直至1986年初，终于分配到崇文门东大街22号楼一套五居室的房子，有了宽大的工作室。都在北京的两位八旬老人肯定会有联系和不同场合的晤面，只是我们现在没有见到任何记载，我以为在常先生遗存的资料中还会有发现。

两位老人都与甘肃著名的舞剧《丝路花语》有些因缘，这至少又是与敦煌有关的间接联系。前引舞蹈史家董锡玖说，1977年夏，他们一行五人在完成了对敦煌莫高窟的考察后，在兰州向省委领导汇报并建议甘肃应编排一部以敦煌为主题的舞剧，常书鸿参加了这次会议。这个提议是《丝路花雨》的起因。自此伊始，省歌舞团积极搜集资料，精心设计剧情和相应舞蹈。主创者赵之洵（1934—2009，回族）曾先后27次到莫高窟考察研究，广泛听取文物所科研人员的意见。他多次专访常书鸿，得到了常先生重要的指导和帮助。

1979年5月23日，《丝路花雨》正式在兰州演出，一时盛况空前。8月，甘肃省委宣传部邀请以著名舞蹈家吴晓邦（1906—1995）为首的专家组一行16人来兰州观看大型歌舞剧《丝路花雨》，其中就包括沈从文和夫人张兆和。专家组看完演出后给予高度评价。在次日的座谈会上，沈从文先生抢先发言，从服饰到音乐，讲得非常认真、细致，一口气讲了一个多小时，讲完后竟歪在座椅上睡着了。夫人张兆和说，沈先生看了剧后激动得一夜没睡，现在终于睡着了。②

常书鸿、沈从文、张兆和在兰州愉快见面，共忆当年在北京故宫午门的辛劳和欢乐。接着大家又一起奔赴敦煌参观，总算是圆了沈从文长期以来的“敦煌梦”。参观期间，来兰观看《丝路花雨》的专家们和已在敦煌的常书鸿夫人李承仙等人，在敦煌莫高窟合影留念，常、李并肩而坐，满面笑容，留给后世如图3所示的一张有意义的纪念照。③

不久，沈从文一行返回北京。同行的北大中文系教授阴法鲁先生于9月19日给常、李夫妇来信，表达感激之情，还特意提到“归来后，吴晓邦、沈从文诸同志都很好”。对音乐史深有研究的阴先生另纸为李承仙先生回答了几个壁画上的古代乐器的问题，是一份珍贵的学术资料。常、李二位始终保持着与各方面学者们的密切联系，随时随地寻求解疑释惑的机缘，特别是与北京大学诸多学者的关系，尤其显得突出、亲切并产生了深远影响，这是一个值得专文论述的敦煌学先贤们的掌故，允我另文陈述。谨将阴法鲁

---

① 吴世勇：《沈从文年谱》，第648页。

② 陈晓斌：《丝路花雨·诞生》，读者出版社，2021年，第145页。

③ 此照为常嘉皋提供。

先生的信附之文末（见图4），请读者参考。

图3　1979年初秋，北京专家在兰州审看歌舞剧《丝路花雨》后，到敦煌参观［左一为叶宁，左二为作家张兆和（沈从文夫人），左三为舞蹈家盛捷（吴晓邦夫人），左四为李承仙，左六为北大教授阴法鲁，左七为常书鸿，左八为社科院研究员沈从文，左九为舞蹈家协会主席吴晓邦］

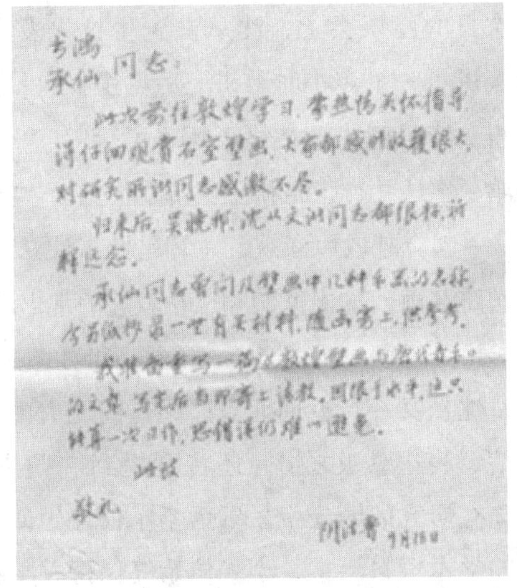

书鸿
承仙 同志：

此次前往敦煌学习，常热情关怀指导，详细观赏石窟壁画，大家都感到收获很大，对研究所诸同志感激不尽。

归来后，吴晓邦、沈从文诸同志都很好，祈释远念。

承仙同志曾问及壁画中几种乐器的名称，今另纸抄录一些有关材料，随函寄上，供参考。

我准备要写一篇以敦煌壁画为资料来源的文章，写完后当即寄上请教。因限于水平，这只能算一次习作，恐错误仍难以避免。

此致

敬礼

阴法鲁　9月15日

图4　阴法鲁给常、李夫妇的信

作者简介：
马明达，暨南大学文学院中外关系研究所教授。